Horst Wildemann

Das Just-In-Time-Konzept

Horst Wildemann

DAS JUST-IN-TIME-KONZEPT

Produktion und Zulieferung auf Abruf

2. neubearbeitete Auflage

Prof. Dr. Horst Wildemann

Das Just-In-Time-Konzept

Produktion und Zulieferung auf Abruf

copyright by gfmt 1990

2. neubearbeitete Auflage 1990

CIP-Titelaufnahme der Deutschen Bibliothek

Wildemann, Horst:
Das Just-in-Time-Konzept – Produktion und Zulieferung auf Abruf
Zürich: Verlag Industrielle Organisation;
München: gfmt, 1988
Deutsche ISBN 3-89415-014-9 (gfmt)

Verlag:
gfmt – Gesellschaft für Management und Technologie-Verlags-KG
Lothstraße 1a, D-8000 München 2
Satz/Herstellung: Layout & Grafik 1000, München
Druck: Brönner + Daentler, Eichstätt
Bindung: Conzella Verlagsbuchbinderei, Urban Meister – München

Meiner Frau
Lieselotte

Inhaltsverzeichnis

Vorwort zur 2. Auflage

Jede Umgestaltung einer Fabrik ist schwierig und kostenintensiv. Dies gilt zumal dann, wenn alternative Konzepte in verschiedene Richtungen zeigen: hier verstärkte Automatisierung und Computerintegration mit erhöhter Personaleinsparung, dort Reorganisation der Fabrik durch eine Entflechtung der Kapazitäten und Produktorientierung bis hin zur Just-In-Time-Produktion und Zulieferung. Es mag sein, daß unter den Führungskräften mancher ist, der einen Mittelweg sucht, wohl wissend, daß dieser nicht immer die höchste Effizienz bietet. Auch verkennt diese Suche nach dem Mittelweg den Kern einer kundennahen Produktion. Kundennähe bedeutet nicht Produktorientierung und auch nicht Marketingorientierung, sondern beinhaltet den Versuch, Kundenabforderungen in Produkt-, Produktions- und Logistikanforderungen zu übersetzen. Mit neuen Technologien, einer Just-in-Time-Produktion und Zulieferung sowie einer Segmentierung der Fabriken sind Kosten, Qualität, Flexibilität, Liefer-, Durchlauf- und Entwicklungszeiten so beeinflußbar, daß diese Umorientierung effizient durchgeführt werden kann.

Die Überarbeitungen in der 2. Auflage des Buches konzentrieren sich auf eine weitere theoretische Fundierung und empirische Analyse der Just-In-Time-Produktion und Zulieferung in über 200 europäischen Unternehmen. Es werden die Erfahrungen der letzten zwölf Jahre dokumentiert. Sie können dazu dienen, das Rationalisierungspotential des Just-In-Time-Konzepts zu erschließen und eine erhöhte Wettbewerbsfähigkeit zurückzugewinnen.

In dieses Buch sind die Ergebnisse vieler Projektstudien, die ich mit meinen Mitarbeitern zusammen in Industrieunternehmen durchführte, eingeflossen. Hierfür möchte ich mich bei allen Beteiligten herzlich bedanken.

München, im August 1990   Univ.-Prof. Dr. Horst Wildemann

Vorwort zur 1. Auflage

Zunehmender Konkurrenzdruck, steigende Kosten und die Forderung des Marktes nach Flexibilität zwingen Unternehmen zur Ausschöpfung vorhandener Rationalisierungsreserven. Das Just-In-Time-Konzept hat sich in mehr als hundert Anwendungen in europäischen Unternehmungen als ein wirksames Instrument hierzu erwiesen. Reduzierungen der Durchlaufzeit von 60–90%, der Bestände bis 50%, der Lager- und Transportkosten bis zu 20%, eine Steigerung der Qualität und der quantitativen Flexibilität sowie der Produktivität von mehr als 25% gegenüber der Ausgangssituation waren die Regel.

An meinem Lehrstuhl haben wir in den letzten sechs Jahren an der wissenschaftlichen Analyse des Just-In-Time-Konzepts und der Entwicklung europäischen Verhältnissen angepaßter Konzeptionen gearbeitet sowie deren Anwendung in über hundert Unternehmen verschiedener Branchen begleitet. Der vorliegende Bericht faßt die Erfahrungen zusammen und kann dazu dienen, die Entscheidungsprobleme in den Unternehmungen bei der Einführung einer Just-In-Time-Produktion und -Beschaffung sicherer zu machen.

An der Anfertigung dieses Berichts waren meine wissenschaftlichen Mitarbeiter, Herr Dr. Heinz-Peter Hoffmann, Herr Dipl.-Wirtsch.-Ing. Wolfgang Kersten, Herr Dipl.-Ing. Klaus Schützdeller, Herr Dipl.-Kfm. Christof Schulte und Herr Dipl.-Kfm. Martin Slomka beteiligt, denen ich sehr herzlich für ihre Mithilfe danken möchte. Danken möchte ich auch den Führungskräften aus der Industrie, die unsere Arbeit in vielfältiger Arbeit gefördert und mit konstruktiver Kritik begleitet haben.

Die umfangreichen Abbildungen wurden von stud. rer. pol. Kai Bielenberg, Peter Frisch und Georg Hettmann in Reinzeichnungen übertragen. Das mühevolle Schreiben des Manuskripts besorgte Frau Patricia Manthey. Ihnen allen möchte ich danken.

Passau, im November 1987   Univ.-Prof. Dr. Horst Wildemann

I.

Kapitel

1. Das Just-In-Time-Konzept: Problemanalyse

1.1. Strategische Grundorientierung in Produktion und Logistik

Über lange Jahre herrschte in der Produktion eine Produktivitätsorientierung in bezug auf die direkten wertschöpfenden Tätigkeiten vor. Aktionsparameter dieser Strategie waren Löhne, Zinsen auf das eingesetzte Kapital sowie eine effiziente Arbeitsteilung mit dem Ziel einer Automatisierung repetitiver Tätigkeiten. Technologien wurden vor allem eingesetzt, um die Produktivität des einzelnen Arbeitsplatzes zu erhöhen. Diese Orientierung mündete in den Satz: »Auf der Schneide des Stahls sitzen die Dividenden« (Schlesinger 1911). Diese Strategie führte solange zu großen Erfolgen, wie die Reduzierung der Hauptzeiten und der direkten Arbeitskosten den zunehmenden Anteil der Gemeinkosten an den Stückkosten überkompensierte. Es kam infolge der Zunahme von indirekten Tätigkeiten zur Erreichung einer hohen Produktivität im direkten Bereich zu Kostensteigerungen. Der damit verbundene überproportionale Anstieg der Gemeinkosten ließ die Strategie der reinen Produktivitätsorientierung obsolet werden.

Die Produktivitätsorientierung der einzelnen Arbeitsplätze wurde abgelöst durch Erkenntnisse aus der Erfahrungskurve, die besagt, daß mit jeder Verdoppelung der Produktionsmenge ein Rationalisierungseffekt in Höhe von 15–25% einhergeht. Bei der Erfahrungskurvenorientierung dominierten die Aktionsparameter Produktstandardisierung und produzierte Menge. Die Rolle der Technologie bestand vor allem darin, Kostenreduzierungen und eine gleichmäßige Qualität im gesamten Produktdurchlauf zu ermöglichen. In dieser Betrachtungsweise ist nicht mehr die Werkzeugschneide dominant, sondern »die gebremste Kreativität der Konstrukteure« (Pöppel) und ein weltweiter Markt.

Eine zunehmende Marktsättigung und das Streben nach qualitativem Wachstum führte jedoch in vielen Branchen zu einer Orientierung auf Käuferinteressen. Die daraus resultierende Steigerung der Produktvielfalt und Variantenzahl ließ eine mengenorientierte Produktionsstrategie nicht zu, da sich aus der Variantenvielfalt eine umgekehrte Erfahrungskurve ergibt: Mit jeder Verdoppelung der Variantenzahl steigen die Stückkosten um 20–35% (vgl. Abb. 1). Abhilfemöglichkeiten bestehen hierzu nicht nur in technologischer Sicht, etwa durch flexible Automatisierung, sondern vor allem auch durch eine Reorganisation der Fabrik im Sinne einer Fertigungssegmentierung mit Just-In-Time-Produktion. Diese Vorgehensweise bietet die Möglichkeit, bei begrenztem Kapitaleinsatz die Variantenvielfalt zu bewältigen, indem der Kostenanstieg bei einer Verdoppelung der Variantenzahl auf etwa 10–15% begrenzt wird. Zugleich bietet diese Strategie der Bewältigung

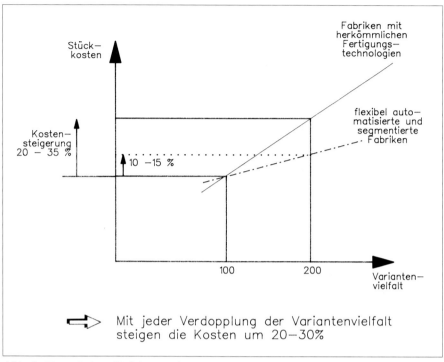

Abb. 1: Umgekehrte Erfahrungskurve bei einer Variantenverdoppelung

der Variantenvielfalt den Vorteil, daß Marktnachteile vermieden werden, die bei einer Produktstandardisierung zur Reduzierung der Variantenzahlen auftreten können.

Mit der Strategie der Markt- und Kundenorientierung werden zusätzliche Erfolgsfaktoren im Wettbewerb fokussiert. Neben die Kosten treten gleichbedeutend die Erfolgsfaktoren Flexibilität, Qualität und Zeit. Die markt- und kundenorientierte Produktionsstrategie strebt eine Verbesserung der Position bei diesen Erfolgsfaktoren an, um den Kundennutzen zu erhöhen. Damit wird erkennbar, daß eine markt- und kundenorientierte Produktionsstrategie weder mit einer Strategie der Marketingorientierung, die den Kundennutzen nicht erhöht, noch mit einer Strategie der Produktorientierung, die einen höheren Kundennutzen durch Produktverbesserungen erzielt, gleichgesetzt werden kann. Der Markt- und Kundenorientierung liegt eine ganzheitliche Betrachtung der Wertschöpfungskette zugrunde, die durch den Einsatz von Just-In-Time-Prinzipien eine kurzfristige Lieferung qualitativ hochwertiger Produktvarianten entsprechend den Kundenwünschen ermöglicht.

Der Erfolgsfaktor Qualität dokumentiert sich im Rahmen einer markt- und kundenorientierten Strategie durch eine neue Zielfunktion, die auf die Vermeidung von Fehlerfolgekosten ausgerichtet ist. Wichtigster Ansatzpunkt ist eine Neuorientierung der Qualitätssicherungsmaßnahmen, weg von einer nachträglichen Ergebniskontrolle, hin zu einer präventiven regelorientierten Kontrolle der Prozeßparameter, die für die Produktqualität und für die Vermeidung von Fehlern ausschlaggebend sind. Eine Reorganisation der Fabrik nach JIT-Prinzipien schafft hierzu ein geeignetes Produktionsumfeld, das eine hohe Transparenz des Produktionsprozesses und schnelle Rückmeldungen gewährleistet, so daß eine Dezentralisierung der Qualitätssicherung möglich wird.

Für den Erfolgsfaktor Zeit kommen der Produkteinführungszeit und der Auftragsdurchlaufzeit besondere Bedeutung zu. Die Produkteinführungszeit ist zu verringern, um der Zeitfalle auszuweichen, die durch die Verkürzung von Produktlebenszyklen und das damit verbundene Schrumpfen von Entwicklungszeit und Marktperiode entsteht (vgl. Abb. 2). Neben dem Einsatz neuer Technologien in Konstruktion und Entwicklung baut die markt- und kundenorientierte Strategie hierzu auf das Konzept des Simultaneous Engineering und eine Übertragung von Just-In-Time-Prinzipien auf den Entwicklungsbereich.

Die Schaffung durchgängiger Material- und Informationsflüsse entlang der Wertschöpfungskette führt zu einer schnelleren Auftragsbearbeitung sowie zu einer Beschleunigung des Auftragsflusses. Eine Erhöhung des Wechselpotentials durch Reduzierung von Rüstzeiten wirkt sich ebenfalls positiv auf die Durchlaufzeit aus, da die rüstbedingten Liegezeiten abnehmen und durch die Möglichkeit

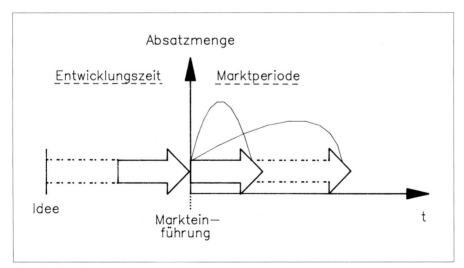

Abb. 2: Die Zeitfalle

zum schnelleren Wechsel die Fertigung in kleineren Losen rentabel wird. Auf der Zulieferantenseite werden diese Maßnahmen ergänzt durch eine produktionssynchrone Beschaffung, die kurze und termingerechte Zulieferzeiten ermöglicht. Insgesamt lassen sich deutliche Reduzierungen der Durchlaufzeit vom Kundenauftrag bis zur Auftragsablieferung erreichen, die zu einer Verringerung des Umlaufbestands auf allen Wertschöpfungsstufen sowie marktseitig zu einer erhöhten Lieferflexibilität und Termineinhaltung bei kürzeren Lieferzeiten führt. Eine markt- und kundenorientierte Produktionsstrategie ermöglicht somit Ergebnisverbesserungen aus Umsatzsteigerungen und Kostenreduzierungen.

Als Lösungsansatz, der den vielfältigen und wechselhaften Marktanforderungen gerecht wird, ohne daß gleichzeitig ein Ansteigen des Umlaufvermögens innerhalb der Produktion und im Fertigwarenlager erfolgt, steht das Just-In-Time-Konzept (JIT) zur Verfügung. Dieses Konzept führt zu einem Überdenken des Leistungsstellungsprozesses mit dem Ziel, möglichst nachfragegenau zu fertigen. Ansatzpunkte des JIT-Konzepts sind organisatorische Veränderungen in der gesamten Wertschöpfungskette. Unter der Forderung, das Material zum richtigen Zeitpunkt, in richtiger Qualität und Menge am richtigen Ort bereitzustellen, erfolgt eine Neuorganisation des betrieblichen Ablaufs, die sich sowohl auf den Material- als auch auf den Informationsfluß erstreckt.

1.2. Just-In-Time als Produktivitätssteigerungsprogramm

Um eine kundennahe Produktion unter internationalen Wettbewerbsbedingungen zu erreichen, stehen mehrere Optionen offen:
1. Fortfahren in der traditionellen Methode der Kostenreduzierung,
2. Erhöhung der Automatisation bis hin zu einer mannlosen Fabrik und
3. Reorganisation des Wertschöpfungsprozesses eines Produkts, also der gesamten logistischen Kette vom Abnehmer über den Produzenten bis hin zum Lieferanten nach Just-In-Time-Prinzipien.

Die bisherige Reduzierung der Hauptzeit und damit der direkten Personalkosten hat bei einem direkten Lohnanteil von weniger als 10% an den Herstellkosten an Wirksamkeit verloren. Die Steigerung der Automation beinhaltet ein hohes Beschäftigungsrisiko, eine hohe Komplexität der Systeme und ein überproportionales Ansteigen des Kapitalbedarfs. Die Reorganisation des Produktionssystems, um im Sinne einer JIT-Produktion einen Markt zu bedienen, stellt einen neuen Weg dar, das Ziel einer kundennahen Produktion zu erreichen.

Das JIT-Konzept zielt darauf ab, Verschwendung in der Produktion zu eliminieren. Um Ineffizienzen in der Produktion zu erkennen, sind drei Fragen zu beantworten:

1. Welche Aktivitäten in der Produktion erhöhen die Wertschöpfung am Produkt?
2. Welche Aktivitäten führen lediglich zu Kostensteigerungen?
3. Welche Aktivitäten sind erforderlich, um den Kunden zufriedenzustellen?

Die Beantwortung dieser Fragen führt zu einer wertanalytischen Betrachtung der Produktionsaktivitäten und letztlich zu einer Umgestaltung der Produktionsstrukturen, in denen Ursachen für Verschwendungen eliminiert sind. Hervorzuheben ist hierbei die Betrachtung des Menschen. Er wird nicht, wie bei der Automatisierung, als das schwächste Glied in der Produktion angesehen, das durch Kapital zu ersetzen ist. Vielmehr stellt der Mensch als einziger Produktionsfaktor die Problemlösungskapazität bereit, die Produktion effizienter zu gestalten. Die Beantwortung der aufgeworfenen Fragen führt daher zu Forderungen wie: kein Sicherheitsbestand, keine Liegezeiten, keine Zurverfügungstellung von Kapazitäten für Nachtarbeit, ein Zulieferant pro Teil, falls dieser über genügend Kapazität verfügt, kein Einsatz von Mitarbeitern für Tätigkeiten, die keinen Beitrag zur Wertschöpfung leisten. Diese Forderungen machen deutlich, daß das Konzept von JIT nicht auf eine Maximierung der Geschwindigkeit bei der Produktion durch Reduzierung der Haupt- und Nebenzeiten zielt, sondern auf eine Minimierung der für die Produktion einzusetzenden Ressourcen.

In der Vergangenheit gingen die Führungskräfte häufig von der Überlegung aus, daß die Hinzufügung von Sicherheiten z.B. im Umlaufvermögen oder in der Durchlaufzeit eine optimale Auslastung der Kapazitätseinheiten ermöglicht. Es herrschte die Vorstellung, daß diese Sicherheiten zur Effizienzsteigerung beitragen. Inzwischen hat sich die Erkenntnis durchgesetzt, daß Sicherheiten lediglich zu einer erhöhten Kapitalbindung im Umlaufvermögen sowie zur Bereitstellung zusätzlicher Kapazität führen und keinen Beitrag zur Wertschöpfung leisten.

Die wertanalytischen Betrachtungen werden vor allem auf Zeitgrößen wie Durchlaufzeit und Rüstzeit sowohl im Materialfluß als auch im Informationsfluß angewandt. In der Regel beträgt der Wertschöpfungsanteil im Verhältnis zur Liegezeit innerhalb der Durchlaufzeit etwa 10%. Aus dieser Betrachtung heraus wird auch erklärlich, daß bei der Realisierung des JIT-Konzepts eine Durchlaufreduzierung von 60% die Regel ist. Ähnliches gilt für die Wiederbeschaffungszeit und im speziellen auch für die Rüstzeiten. Durch die Reduzierung der Rüstzeiten werden Kapazitäten freigesetzt, die wiederum einen Beitrag zu Produktivitätssteigerungen in einer Größenordnung von 20–30% leisten. Weiterhin ermöglicht das Konzept Bestandsreduzierungen im Umlaufvermögen bis 40% und die Senkung der Qualitätskosten zwischen 20% und 25%. Darüber hinaus sind Flächenreduzierungen durch die Realisierung des Konzeptes in Größenordnungen zwischen 5% und 15% möglich. Diese Ergebnisse zeigen, daß eine kundennahe Produktion gleichzeitig zur Reduzierung der Produktionskosten führt. Die Effizienzsteigerung in der Produktion und Logistik ist auf folgende Wirkzusammenhänge zurückzuführen:

- Strukturveränderungen implizieren eine Verhaltensänderung der Mitarbeiter.
- Veränderungen der Struktur und des Verhaltens führen gemeinsam zu einer Steigerung der Effizienz.

Die Betrachtung der Kapitalbindung in der logistischen Kette von Unternehmen zeigt, daß sich etwa die Hälfte der Kapitalbindung im Umlaufvermögen und die andere Hälfte im Anlagevermögen befindet. In herkömmlichen Produktionsstrukturen wird argumentiert, daß die Höhe des Umlaufvermögens aus Sachzwängen resultiert. Diese Sachzwänge werden damit begründet, daß z. B. der Vertrieb Lieferzeiten akzeptieren muß, die kürzer als die Durchlaufzeiten und die Wiederbeschaffungszeiten sind. Für die Aufrechterhaltung eines hohen Servicegrades sind deshalb Fertigwarenbestände notwendig. In der Produktion ist es ein wesentliches Ziel, die kapitalintensiven Produktionsmittel voll auszulasten. Dies führt zu einer Entkopplung vom Vertrieb und zu größeren Losgrößen. Auch hier werden die Bestände als Ergebnis von Sachzwängen angesehen. Der Einkauf steht zwischen den Polen Versorgungssicherheit und Kostenwirtschaftlichkeit. Die Versorgungssicherheit wird erreicht, wenn gleiche Teile bei mehreren Zulieferanten bezogen werden. Kostenwirtschaftlichkeit ist erzielbar durch die Minimierung der bestellfixen Kosten, also durch den Einkauf einer größeren Menge oder durch weniger Bestellungen; die Folgen sind hohe Rohwarenbestände.

Unter dem Blickwinkel einer kundennahen Produktion stellen Bestände ein Problem dar, da sie nicht unmittelbar an den Kunden weitergereicht werden. Um dieses Problem schärfer zu fassen, ist es sinnvoll, Bestände als gebundene Kapazitäten zu betrachten. In dem Fertigwarenbestand sind nicht nur Materialkosten, sondern auch Abschreibungen auf Anlagen und Personalminuten enthalten. Eine kundennahe Produktion läßt sich erreichen, wenn man die in den Beständen gebundenen liquiden Mittel ins Anlagevermögen überführt, um Kapazitäten Just-In-Time bereitzustellen und Kundenwünsche genau zum Zeitpunkt des Bedarfs zu befriedigen. Diese Betrachtung führt auch zu einer neuen Rechtfertigung von Investitionen durch die Bereitstellung liquider Mittel aus der Auflösung des Umlaufvermögens. Diese erfordert eine Umschichtung der einzelnen Posten in der Bilanzstruktur. Es ist eine Erweiterung des Anlagevermögens zugunsten des Umlaufvermögens mit dem Ziel kurzer Durchlaufzeiten und hoher Flexibilität anzustreben. Diese Forderung wird begründet durch die Beobachtung, daß der Kunde immer die Produkte nachfragt, die gerade nicht vorrätig sind. Es scheint deshalb angebracht, Kapazitäten bereitzustellen, mit denen zum Zeitpunkt des Bedarfs die jeweilige Produktvariante produziert werden kann.

Bestände verdecken Fehler. Die Optimierung einzelner Funktionen wie Einkauf, Produktion und Vertrieb erfordert Bestände, die eine reibungslose Produktion, eine prompte Lieferung, eine Überbrückung von Störungen, eine wirtschaftliche Fertigung und eine konstante Auslastung der Produktionsanlagen erst ermöglichen. In einer Produktion, die auf ein Fließen als Hauptziel ausgerichtet ist, verdecken Bestände störanfällige Prozesse, unabgestimmte Kapazitäten, mangelnde Flexibilität, Ausschuß und mangelnde Liefertreue. Senkt man nun die Bestände, so werden diese Probleme offensichtlich, und es entsteht ein unmittelbarer Zwang, diese zu lösen. Hierdurch wird eine permanente Produktivitätssteigerung des Produktionsgeschehens initiiert.

Die diskontierten Bestandssenkungseffekte haben bei vielen Führungskräften zu dem Mißverständnis geführt, daß es sich beim Just-In-Time-Konzept lediglich um ein Bestandssenkungsprogramm handelt.

Nicht die Tatsache der Bestandssenkung, sondern die Beantwortung der Frage, warum Bestandssenkung so wichtig ist, stellt das eigentliche Problem dar. Die meisten Führungskräfte beantworten diese Frage mit dem Hinweis auf die Kosten des Umlaufvermögens. Da diese Kosten je nach Ansatz etwa 8–25% des Umlaufvermögens betragen, wird darauf verwiesen, daß damit Investitionen zusätzlicher Kapazitäten nicht gerechtfertigt werden können. Die Erkenntnis, daß lediglich ein Drittel der Kapitalrückflüsse bei der Implementierung von Just-In-Time-Prinzipien aus der Reduzierung von Beständen kommt, setzt sich nur schwer durch.

Die Ergebnisse in den Fallstudien zeigen, daß etwa die Hälfte des Produktivitätsfortschritts, der sich in den Größenordnungen zwischen 20% und 40% bewegt, auf den Mechanismus der Bestandssenkung, Problemerkennung und Problembeseitigung zurückzuführen ist. Bei den Unternehmen, bei denen sich diese Erkenntnis durchgesetzt hat, wird die Bereitstellung der Problemlösungskapazität zu einem Problem. In herkömmlichen Produktionssystemen erfolgt die Problemlösung durch Spezialisten aus der Arbeitsvorbereitung oder speziell in den dafür vorgesehenen Instanzen. Die benötigte Zeit für die Problemlösung zieht wiederum Bestände nach sich. Der Ursache-Wirkungs-Zusammenhang
Bestandssenkung → Problemerkennung → Problemlösung
= Steigerung der Effizienz
wird nur dann wirksam, wenn es gelingt, Problemlösungskapazitäten vor Ort bereitzustellen, um diese zu lösen. Eine Zentralisierung und Spezialisierung der Aktivitäten führt nur selten zu kurzfristig wirksamer Fehlerbehebung und -vermeidung. Wirksamer haben sich Problemlösungsgruppen vor Ort unter Einbeziehung der Mitarbeiter und der Spezialisten erwiesen.

Zur Beurteilung der Effizienz der Fertigung sind neben Kosten und Produktivität die Durchlaufzeiten der Aufträge heranzuziehen. Kurze Durchlaufzeiten und kurze Wiederbeschaffungszeiten verringern den Prognosezeitraum, ermöglichen eine kurzfristige Lieferfähigkeit und erlauben eine hohe Flexibilität bei Marktänderungen. In vielen Unternehmen ist die Planungssicherheit der Terminzusagen relativ gering. Einige Aufträge werden früher und einige später als zum geplanten Termin fertig. Die Strategie der zentralen Produktionsplanung und -steuerung lief darauf hinaus, die Streubreite der Auftragsfertigstellung durch permanente Eingriffe in den Produktionsablauf zu reduzieren. Es ist unbestreitbar, daß diese Strategie in vielen Bereichen große Erfolge zeigte. Eine drastische Reduzierung der Durchlaufzeit, konnte dadurch nicht erreicht werden. Dies ist nur möglich durch eine Strukturveränderung, d.h. durch eine Einflechtung der Produktionsbeziehungen mit dem Ziel einer stärkeren Produktionsorientierung. Diese Strukturveränderung führt zu einer Fertigungssegmentierung, bei der das Ziel angestrebt wird, in Teilbereichen das Prinzip der Flußoptimierung zu realisieren und diese Teilbereiche möglichst autonom zu steuern, um eine höhere Transparenz des Betriebsgeschehens zu erreichen.

Eine Definition des Just-In-Time-Konzepts geht von der Produktion der kleinstmöglichen Menge zum spätestmöglichen Zeitpunkt aus. Nach dieser Definition wird durch Realisierung des Fließprinzips die kleinstmögliche Losgröße = 1 angestrebt. Dies gilt auch für Stückzahlen von 1 Mio., denn auch in diesem Fall wird nur ein Teil von einer Station zur anderen weitergereicht. Das Fließprinzip verwirklicht auch den Grundsatz der Produktion zum spätestmöglichen Zeitpunkt. Dies setzt eine Synchronisation der Kapazitäten und in der einfachsten Form eine mechanische Verkettung voraus. Im Fließprinzip müssen Bestände beseitigt werden, da sie den Fluß der Teile behindern. Auch hier ist darauf hinzuweisen, daß diese idealisierte Betrachtung jedwede Verschwendung ausschließt und auch bei den bestorganisierten Unternehmen nur mit Abstrichen realisiert wurde. Auch zeigt die höchste Perfektion den Weg an, mit dem Schritt für Schritt durch Synchronisierung der Kapazitäten, Senkung der Bestände, Reduzierung der Rüstzeiten und Minimierung der Transport- und Liegezeiten die Realisierung des Fließprinzips möglich ist.

Jede Art von Produktion, die ein derartiges Prinzip realisiert, kommt mit einem Minimum an Ressourcen aus. Die Produkte werden zwischen den Operationen weder gezählt noch in Container gepackt und zwischengelagert, so daß sie kein Handling vor der nächsten Operation benötigen. Solche Aktivitäten, die zu einer Losfertigung gehören, finden nicht statt. Eine flußoptimierte Fertigung benötigt auch keine Planungen der einzelnen Aktivitäten, da diese durch den gesamten Fluß in sich selbst optimiert ist.

Die Kostenreduzierung im Fließprinzip wird durch Spezialisierung und Automatisierung sowie die Wiederholung ein und des gleichen Produkts erreicht. Bei einer kundennahen Produktion wiederholen sich aber nicht die gleichen Produkte, sondern lediglich der Wechsel von einem zum anderen Produkt. Betrachtet man nun den Wechsel als repetitives Element und versucht diesen kostenmäßig und zeitlich gegen Null gehen zu lassen, so können in jeder Art von Produktion Fließprinzipien realisiert werden. Ziel ist es deshalb, die Vorteile der Fließfertigung auch in der Losfertigung zu erreichen.

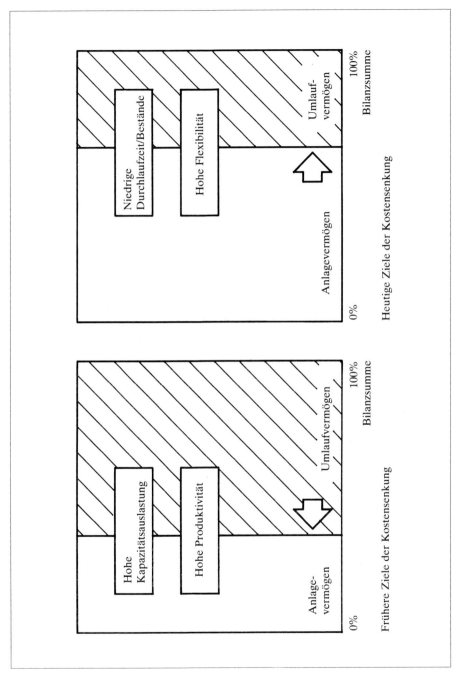

Abb 3: Die Umwandlung von Umlauf- in Anlagevermögen

Die Umgestaltung der Produktion und Zulieferung nach JIT-Gesichtspunkten orientiert sich somit an vier Erkenntnissen:

Erkenntnis 1: Bestände in der Produktion und im Fertigwarenlager stellen gespeicherte Kapazitäten dar!

Es wird postuliert, daß es zweckmäßiger ist, »Kapazitäten« nicht im Umlaufvermögen, sondern im Anlagevermögen zu speichern. Dies erfordert eine Umschichtung in der Bilanzstruktur. Es ist eine Erweiterung des Anlagevermögens zugunsten des Umlaufvermögens (vgl. Abb. 3) mit dem Ziel kurzer Durchlaufzeiten und hoher Flexibilität anzustreben. Diese Forderung wird begründet durch die Beobachtung, daß der Kunde immer die Produkte nachfragt, die gerade nicht vorrätig sind. Es scheint deshalb angebracht, zusätzliche Kapazitäten bereitzustellen, mit denen zum Zeitpunkt des Bedarfs die jeweilige Produktvariante produziert und gleichzeitig die zeitliche Verzögerung zwischen auftretender Nachfrage und Reaktion verringert werden kann.

Erkenntnis 2: Bestände verdecken Fehler!

Die Optimierung einzelner Funktionen wie Einkauf, Produktion und Vertrieb erfordert aufgrund inhärenter Unsicherheiten Bestände, die eine reibungslose Produktion, eine prompte Lieferung, eine Überbrückung von Störungen, eine wirtschaftliche Fertigung und konstante Auslastung der Produktionsanlagen erst ermöglichen. In einer Produktion, die sich am Fließprinzip orientiert, verdecken Bestände störanfällige Prozesse, unabgestimmte Kapazitäten, mangelnde Flexibilität, Ausschuß und unzureichende Lieferbereitschaft. Senkt man nun die Bestände, so werden diese Probleme offensichtlich (vgl. Abb. 4); darüber hinaus entsteht ein unmittelbarer Zwang, diese zu lösen. Hierdurch wird eine permanente Rationalisierung des Produktionsgeschehens initiiert.

Erkenntnis 3: Zur Beurteilung der Effizienz der Fertigung sind neben Kosten und Produktivität die Durchlauf- und Wiederbeschaffungszeiten heranzuziehen!

Kurze Durchlaufzeiten und kurze Wiederbeschaffungszeiten verringern den Prognosezeitraum, verbessern die Lieferfähigkeit und erlauben eine hohe mengenmäßige Flexibilität bei Marktänderungen. In vielen Unternehmen ist die Planungssicherheit der Terminzusagen relativ gering. Einige Aufträge werden früher und einige später als zum geplanten Termin fertig (vgl. Abb. 5). Die Strategie der zentralen Produktionsplanung und -steuerung lief darauf hinaus, die Streubreite der Auftragsfertigstellung durch permanente Eingriffe in den Produktionsablauf zu reduzieren (vgl. Ellinger/Wildemann 1985). Es ist unbestreitbar, daß diese Strategie in vielen Bereichen Erfolge zeigte. Eine drastische Reduzierung der

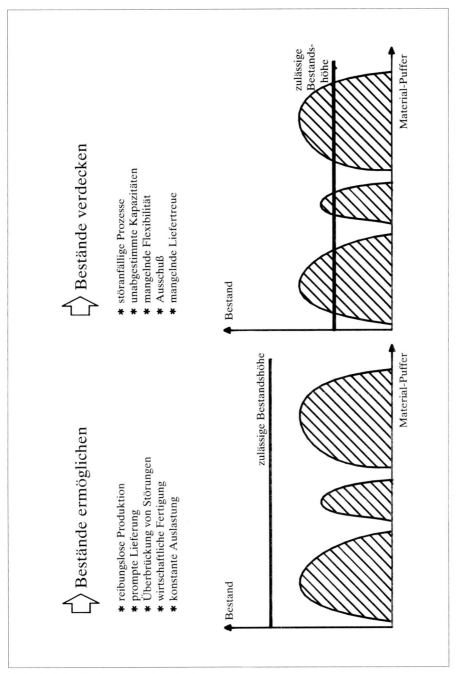

Abb. 4: Die Funktion von Beständen

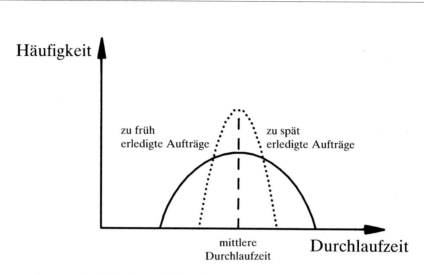

Ansatzpunkt: Reduzierung der Streubreite bei der Auftragsfertigstellung durch permanente Eingriffe in den Produktionsablauf

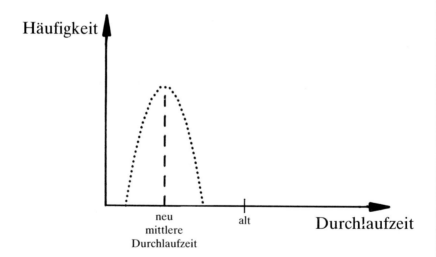

Ansatzpunkt: Verringerung der mittleren Durchlaufzeit – bei geringer Streu-breite in der Auftragsfertigstellung – durch Veränderung betrieb-licher Strukturen

Abb. 5: Die Ansatzpunkte zur Durchlaufzeitreduzierung

Durchlaufzeit, etwa eine Halbierung, ließ sich durch eine Strukturveränderung, d.h. durch eine Entflechtung der Produktionsbeziehungen mit dem Ziel einer stärkeren Produktionsorientierung, erreichen. Diese Strukturveränderung führt zu einer Fertigungssegmentierung, bei der das Ziel angestrebt wird, in den Teilbereichen das Prinzip der Flußoptimierung zu realisieren und diese Teilbereiche möglichst autonom zu steuern, um eine höhere Transparenz des Betriebsgeschehens zu erhalten und Bestände durch bessere und schnellere Informationen zu ersetzen.

Die anzustrebende Durchlaufzeit ist abhängig von der Prognosesicherheit (vgl. Abb. 6). Über die Fertigungszeit betrachtet nehmen die Prognosefehler für den Bedarf in unterschiedlichem Maße zu. Um den Prognosefehler bei Teilen mit unsicherer Bedarfsprognose auf ein für eine wirksame Produktionsplanung und -steuerung erforderliches Maß zu begrenzen, ist eine Reduzierung der Durchlaufzeiten erforderlich. Dabei gilt: Je geringer die Prognosesicherheit, desto stärker müssen die Bestrebungen zur Reduzierung der Durchlaufzeiten bzw. Wiederbeschaffungszeiten sein.

Lange Durchlaufzeiten verursachen bei schwankender Marktentwicklung einen umsatz- und kostenwirksamen Verzug (vgl. Abb. 7). In einer Marktaufschwungphase bewirkt die lange Durchlaufzeit eine Zeitverzögerung, bis der Bedarf durch die einsetzende Produktion befriedigt werden kann. Vorhandene Marktpotentiale lassen sich nicht ausschöpfen – und es besteht die Gefahr, daß die Konkurrenz Marktanteile schneller besetzt. In einer Marktabschwungphase bewirkt die lange Durchlaufzeit eine anhaltende Beschäftigung, der keine Nachfrage gegenübersteht. Das Resultat ist ein übermäßiger Aufbau von Beständen.

Erkenntnis 4: Nicht Funktions-, sondern Flußoptimierung ermöglicht eine JIT-Produktion!
Das Fließprinzip gilt als die kostengünstigste Organisation des Fertigungsprozesses. Ziel ist es, die Vorteile der Fließfertigung auch in der Losfertigung zu nutzen. Dies geschieht z. B. durch die Produktion von Tageslosgrößen. Damit verbunden ist die Einführung von generellen organisatorischen Regelungen zur Aufrechterhaltung eines kontinuierlichen Auftragsflusses unter der Maxime: von jedem Auftrag täglich nur ein kleines Quantum zu fertigen. Der ständige Wechsel der Produktion tritt damit als besonderes Problem hervor. Rüstzeitminimierungsstrategien und Investitionen in eine flexible Produktionstechnik sind die Voraussetzung zur Erlangung einer Synchronisation der Kapazitäten.

Zur Umsetzung dieser Erkenntnisse ist ein neues Fundament in Produktion und Beschaffung zu legen.

Eine verbesserte Reaktion auf Kundenwünsche läßt sich dann erreichen, wenn die Auftragsdurchlaufzeit möglichst kurz ist. Orientiert am Prinzip der Fließfertigung wird versucht, die Flußoptimierung auch bei wechselnder Produktion zu nut-

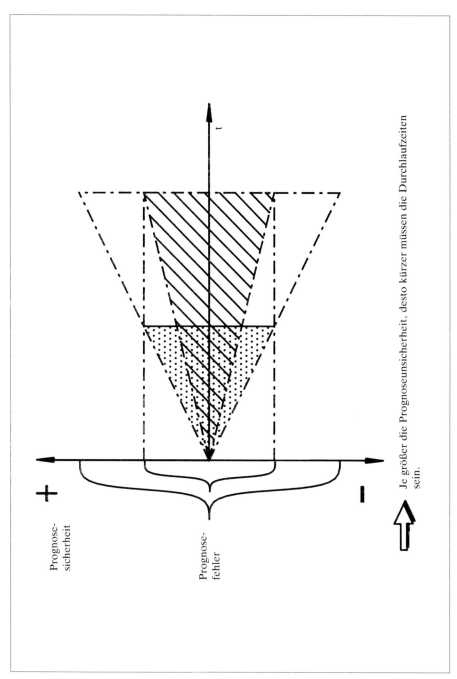

Abb. 6: Der Zusammenhang zwischen Durchlaufzeit und Prognosesicherheit

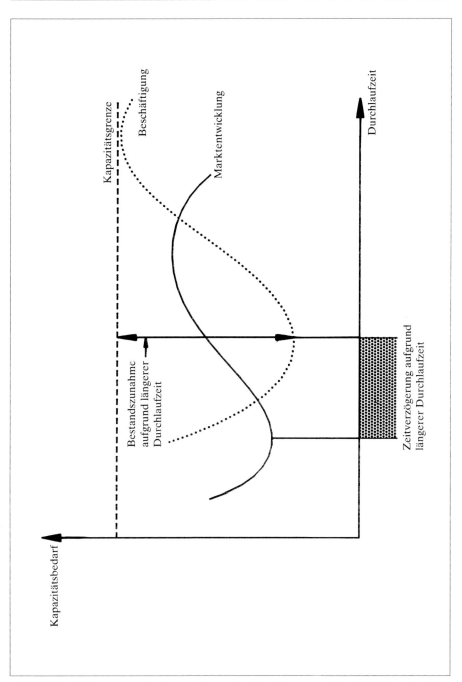

Abb. 7: Der Zeitverzug zwischen auftretender Nachfrage und betrieblicher Reaktion

zen. Die konventionelle Funktionsspezialisierung in Form der Werkstattorganisation verliert gegenüber einer objektbezogenen Ablaufgestaltung an Bedeutung.

Eine weitere die Auftragsdurchlaufzeit bestimmende Größe ist die Höhe der zu fertigenden Losgröße. Die Einflußparameter sind dabei die zeitlichen Aufwendungen für die Anlagenumstellung und die Übergangszeiten sowie die Berücksichtigung zusätzlicher Mengen wegen unzureichender Qualitätssicherheit. Zur Minimierung des Rüstaufwands steht ein breitgefächertes Instrumentarium organisatorischer und konstruktiver Maßnahmen an der Anlage bis hin zu einer verbesserten Arbeitsstrukturierung und Ausbildung des Einrichtepersonals bereit. Ein nach Funktion ausgerichtetes Betriebsmittel-Layout bedingt einen erhöhten Transportaufwand, der sich in langen Wegen widerspiegelt. Damit verbunden ist die Ausweitung der Bestände, die als zusätzliche »Arbeitspuffer« interpretiert werden können und eine hinreichende Ablaufsicherheit gewähren sollen. Die Ausweitung der Sicherheitspuffer soll die Beschäftigung einzelner Anlagen gewährleisten. Jedoch erhöht sich dadurch das Umlaufvermögen.

Kleinere Losgrößen mit geringem Bestand auf den einzelnen Fertigungsstufen verlangen somit sichere Produktionsbedingungen. Zur Erhöhung der Qualitätssicherheit ist zwischen zwei unterschiedlichen Stragetien zu unterscheiden:
– Kontrolle des Produkts auf jeder Stufe der Wertschöpfung für sämtliche Teile oder
– absolute Prozeßsicherheit.

Die erste Strategie bedeutet in der Regel einen zusätzlichen Arbeitsgang nach jedem Fertigungsschritt. Die hier wirksam werdenden Kostenimplikationen sind mit der Ausbringungsmenge linear ansteigende Aufwendungen. Es handelt sich um variable Kosten. Abweichungen des Produkts von vorgegebenen Qualitätsnormen werden erst sichtbar, wenn der entsprechende Arbeitsgang abgeschlossen ist. Anders bei der zweiten Strategie, der absoluten Prozeßsicherheit. Hier ist der Ablauf so zu gestalten, daß nur dann der eigentliche Arbeitsgang vollzogen wird, wenn sämtliche genau zu spezifizierenden Bedingungen am Betriebsmittel und am Arbeitsobjekt optimal sind. Es entfällt die permanente, sich über den gesamten Ablauf vollziehende Prüfung der Einzelteile. Die anfallenden Kosten haben fixen Charakter und sind mit steigender Ausbringungsmenge degressiv fallend. Qualitätsstrategien dieser Art lassen sich durch Meßwertgeber, Sensoren, Miniaturschalter usw. realisieren. Es steigt der Automatisierungsgrad der Anlage. Im angelsächsischen Sprachgebrauch ist hierfür der Begriff »Autonomation« zu finden. Hierunter wird verstanden, daß der direkte personelle Arbeitsanteil im Ablauf auf ein Minimum beschränkt ist. Aufgabenschwerpunkte des Personals liegen vor allem in der Behebung von Maschinenstörungen und in der Instandhaltung. Eine mögliche Mehrmaschinenbedienung und -verantwortung verringert die Fertigungslohnkosten weiter. Die Mehrmaschinenbedienung ist allerdings in der Regel mit zusätzlicher Aus- bzw. Weiterbildung des Personals verbunden. Sie erleichtert die Zuordnung von Mensch und Maschine erheblich, scheitert jedoch an der häufig unzureichenden Bereitschaft des Personals zum Arbeitsplatzwechsel. Hier ist das Führungspersonal gefordert, durch motivatorische Maßnahmen und vollständige Information darauf hinzuweisen, daß eine solche Arbeitsorganisation mit dazu beitragen kann, einen interessanten und zukunftsträchtigen Arbeitsplatz zu gestalten. Verbunden mit Transformation von Erfahrungen durch das Personal von einem Arbeitsplatz zum anderen wächst das Problembewußtsein für Nachbarbereiche. Die oft anzutreffende Isolation wird durchbrochen. Dadurch ist es möglich, im Rahmen einer flexiblen Organisation »humane Reserven« effizienter zu mobilisieren. Die Erfahrung zeigt, daß die konsequente, funktionsübergreifende Mitwirkung des Fertigungspersonals zu Verbesserungsvorschlägen führt. Die Berücksichtigung und die Verwertung dieser Vorschläge macht häufig erst auf Schwachstellen bzw. »Unwirtschaftlichkeiten« innerhalb der Fertigungsorganisation aufmerksam.

Nicht abgestimmte Kapazitätsquerschnitte zwischen einzelnen Betriebsmitteln führen entweder zu Leerkosten oder zu Beständen. Es sind die Engpaßmaschinen, die die mögliche Ausbringungsmenge bestimmen. Angestrebt wird deshalb eine Kapazitätsharmonisierung. Prozeßbedingte Restriktionen hinsichtlich dieser Forderung lassen sich nur durch eine Entzerrung (Entkopplung) des Ablaufprozesses erreichen; beispielsweise über gezielt angelegte Bevorratungsebenen für nachfolgende Arbeitsgänge oder durch eine Segmentierung der Fertigung. Damit wird eine lokale Zusammenfassung unterschiedlicher Betriebsmittel unter dem Aspekt der Komplettbearbeitung von Teilen und Baugruppen angestrebt. Diese quasi autonomen organisatorischen Einheiten innerhalb der Fertigung verlangen individuelle Steuerungskonzepte. Steuerungskreise, zwischen zwei und mehreren Bearbeitungsquellen angelegt, agieren ohne permanente Kontrolle oder Eingriffe einer übergeordneten Instanz. Bei auftretender Nachfrage nach einem Produkt an einer Stelle meldet diese sofort einen Bedarf bei dem vorgelagerten Arbeitsplatz an. Die Steuerung erfolgt somit in dezentralen Regelkreisen.

Das Prinzip der Fertigungssegmentierung hat direkte Auswirkungen auf Konstruktion und Entwicklung. Die komponentenbezogene Erfahrungsakkumulation bei einer objektorientierten Konzentration von Betriebsmitteln zieht es nach sich, dieses Rationalisierungspotential umfassend zu nutzen. Hieraus ist die Forderung nach einer konsequenten Mehrfachverwendung von Bauteilen bzw. -gruppen abzuleiten. Dies geschieht einerseits in der Weise, daß die betrachteten Produktkomponenten gleichzeitig Eingang in unterschiedliche Alternativprodukte finden; hierdurch treten Stückkostendegressionseffekte auf. Andererseits können bewährte Modularkomponenten über mehrere Produktlebenszyklen hinweg hergestellt werden und Eingang in das Fertigprodukt finden; damit stabilisiert sich das dem

Fertigungsfluß angepaßte Betriebsmittel-Layout und ermöglicht einen langfristigen Einsatz.

Die Standardisierung von Bauteilen und -gruppen erlaubt eine zügige Marktbedienung, da, neben der Verringerung der Durchlaufzeiten in der Produktion, der zeitliche Aufwand für Konstruktion und Entwicklung abnimmt. Trotzdem ist der geforderte hohe Individualisierungsgrad der Endprodukte zu erfüllen. Die kundenspezifische Kombination der Komponenten sollte deshalb zu einem späten Zeitpunkt im Wertschöpfungsprozeß, möglichst im letzten Montagearbeitsgang, erfolgen. Die hohe Variantenzahl, beispielsweise Farbdifferenzierungen bei großvolumigen Produkten, macht es aus Kostengründen (Kapitalbildung) nahezu unmöglich, sämtliche Varianten zu bevorraten. Ohne Aufblähung eigener Fertigwarenlager kann der Hersteller nur dadurch reagieren, die kundenbezogene Auftrags- bzw. Durchlaufzeit zu minimieren. In einigen Branchen bedeutet dies, diese auf Stundenrhythmus zu reduzieren.

Die umfassende Realisierung von Just-In-Time-Konzepten beschränkt sich nicht nur auf die Ablauforganisation, sondern tangiert ebenfalls die Aufbauorganisation. Mit der Fertigungssegmentierung ist gleichzeitig eine Kompetenzverlagerung verbunden. Dispositions- und Ergebnisverantwortung werden näher an den Erstellungsprozeß gerückt, übergeordnete Koordinations- und Kontrollinstanzen entfallen. Die Organisationstiefe verringert sich – die Organisationspyramide wird flacher. Kleinere organisatorische Einheiten beschleunigen den Informationsfluß und erhalten einen erweiterten Freiraum hinsichtlich des Einsatzes und der Gestaltung des für die Leistungserfüllung notwendigen Personals bzw. der Abläufe. Die induzierte Möglichkeit verstärkter Eigeninitiative in bezug auf die Problemlösung durch den einzelnen Mitarbeiter führt auf der näher zur Fertigung angesiedelten Führungsebene zu einer Ausweitung des Arbeitsbereichs. Die Kompetenzausweitung der Vorgesetzten spiegelt sich in den dezentralen Entscheidungen, der umfassenden Produktverantwortung ebenso wie in der Disziplinargewalt über die Mitarbeiter wider.

Bestandsarme Fertigung bei reaktionsschneller Erfüllung der Marktforderungen bedingt – über die gesamte logistische Kette betrachtet – eine enge Zusammenarbeit zwischen Abnehmer und Lieferant. Produktionssynchrone Beschaffung verlangt einen umfassenden Informationsaustausch und letztlich die Öffnung des Zulieferers für eine Änderung der Produktionsstrategie und die Einführung einer Just-In-Time-Zulieferung.

Die enge Bindung von Zulieferer und Abnehmer sowie die Ausweitung der Kontrollspanne erhöhen den Koordinationsaufwand. Das zu bearbeitende Informationsvolumen steigt. Somit findet Just-In-Time-Produktion ihr logistisches Pendant in einem umfassenden integrativen Informationskonzept wie dem CIM (Computer Integrated Manufacturing).

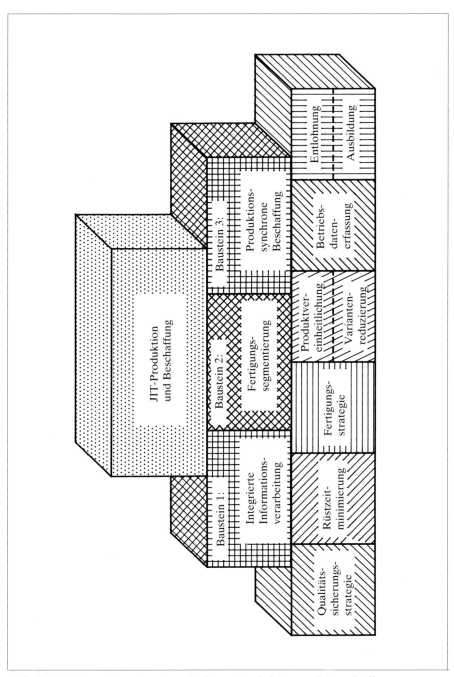

Abb. 8: Die Bausteine einer Just-In-Time-Produktion und -Beschaffung

Ein JIT-Konzept, das auf diesen Erkenntnissen fußt, ermöglicht eine kostengünstige Produktion variantenreicher Produkte ohne umfangreiche Bestände bei einem hohen Servicegrad. Aufgrund der schnellen Präsenz am Markt lassen sich durch eine umstellungsfreundliche und flexible Organisation produktionsseitig Markteintrittsbarrieren aufbauen und Marktanteile gewinnen. Eingebunden in die logistische Kette führt das so konzipierte Produktionssystem nicht nur zu einer Verbesserung der individuellen Situation der Unternehmungen, sondern zieht gleichzeitig eine im internationalen Vergleich leistungsfähigere Volkswirtschaft nach sich.

1.3. Bausteine des Just-In-Time-Konzepts

Just-In-Time ist eine neue Produktions- und Logistikstrategie. Unter der Forderung der Bedarfserfüllung zum richtigen Zeitpunkt, in richtiger Qualität und Menge am richtigen Ort erfolgt eine Neuorganisation des betrieblichen Ablaufs, die sich auf den Material- wie auch auf den Informationsfluß mit dem Ziel erstreckt, die Aktivitäten des Wertschöpfungsprozesses an engen Marktbedürfnissen auszurichten.

Das Just-In-Time-Konzept besteht aus mehreren Bausteinen (vgl. Abb. 8):
– Baustein 1: Integrierte Informationsverarbeitung
– Baustein 2: Fertigungssegmentierung
– Baustein 3: Produktsynchrone Beschaffung.

Zur Implementierung einer JIT-Produktion und -Beschaffung ist eine ganzheitliche Betrachtung der Auftragsabwicklung in einer »Logistischen Kette«, die z.B. Zulieferer, Rohmateriallager, Fertigung, Teilelager, Montage, Fertigwarenlager und die Warenverteilung bis hin zum Abnehmer umfaßt, erforderlich (vgl. Abb. 9). Der Materialfluß verläuft vom Zulieferunternehmen zum Abnehmer. Der zur Koordination notwendige Informationsfluß verläuft entgegengerichtet und zeitlich vorgezogen vom Abnehmer zum Zulieferanten.

1.3.1. Integrierte Informationsverarbeitung

Die an der Flußoptimierung orientierte kundennahe Produktion zieht zwangsläufig neue Planungs- und Steuerungskonzepte nach sich, die eine Vereinfachung der Informations- und Koordinierungsaufgaben zum Ziel haben. Damit die Ablaufsicherheit gewährleistet wird, werden generelle, strikt einzuhaltende Regeln vorgegeben. Als Modell hierfür dient das Supermarktprinzip. Der Kunde geht an vollen Regalen vorbei und entnimmt nur die Teile, die er benötigt. Der Vorlieferant entdeckt den Fehlbestand und füllt diese entnommenen Teile auf. Die Übertragung dieses Supermarktprinzips erfordert eine Veränderung der Informations-

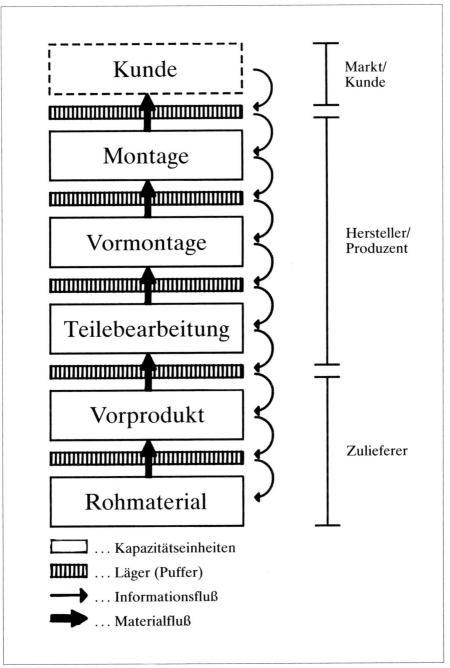

Abb. 9: *Die logistische Kette zwischen Abnehmer, Produzent und Zulieferer*

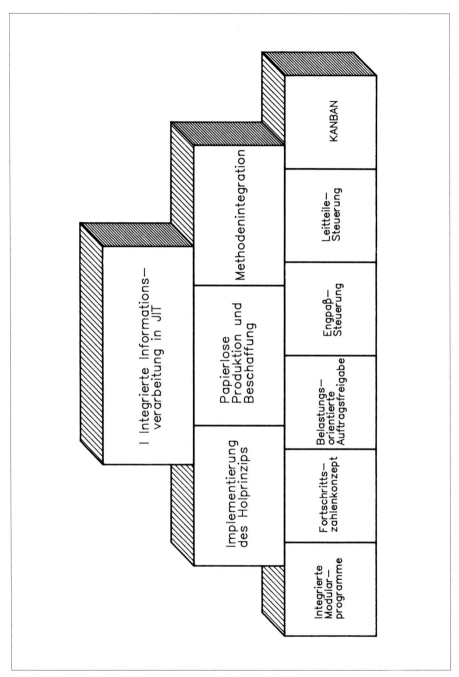

Abb. 10: Integrierte Informationsverarbeitung in JIT

verarbeitung. Die Elemente dieser integrierten Informationsverarbeitung mit JIT sind in Abb. 10 dargestellt.

Der für die Produktion notwendige Informationsfluß wird eng mit dem Materialfluß verknüpft und bewegt sich auf der gleichen Ebene in entgegengesetzter Richtung. Es werden sogenannte selbststeuernde Regelkreise gebildet. Die Forderung nach einer verbrauchsgesteuerten Produktion wird durch das selbständige Ordern von Teilen durch die einzelnen Stellen erreicht. Gleichzeitig erfolgt die Umkehrung der Bringschuld in eine Holpflicht durch den potentiellen Verbraucher. Da der Bedarf in diesem System über die Nachproduktion (möglichst in konstanten Losgrößen zur Ergänzung des Umlaufbestandes in der logistischen Kette) abgedeckt wird, ist eine Steuerung zu Beginn oder zum Ende der Produktionskette erforderlich. Der Produktionsauftrag wird von der verbrauchenden an die produzierende Stelle gegeben.

Der Impuls dazu kann mit einem Beleg, einem elektronischen Medium oder durch Kopplung der Information an Behälter erfolgen.

Die Einführung der Holpflicht erfordert eine detaillierte Planung der organisatorisch zu verbindenden Kapazitätseinheiten, eine Gestaltung dezentraler, im Fertigungsbereich angeordneter, physisch begrenzter Pufferläger, die Einhaltung von Verfahrensregeln durch den Mitarbeiter und einen flexiblen Personal- und Anlageneinsatz zur Anpassung an Beschäftigungsschwankungen.

Die EDV-Unterstützung ist bei der Simulation der Belastung, der Ermittlung des Materialbedarfs und des Umlaufbestandes und bei der Erstellung der Nachfrageimpulse sinnvoll. Der Anstoß zur Fertigung erfolgt durch einen Kundenauftrag bzw. nach Produktionsprogramm.

Die Implementierung des Holprinzips orientiert sich also an einer Nachfrage-Angebots-Situation. Der Kunde fragt Teile Just-In-Time nach, die Produktion und Zulieferung stellt dafür ein Kapazitätsangebot bereit. Hierdurch wird die zentrale Steuerung (zentralverwaltungswirtschaftliches Steuerungsprinzip) durch ein marktwirtschaftliches Prinzip ersetzt.

Im Gegensatz zur Bringschuld wird bei der Holpflicht die Beweislast umgekehrt. Der Empfänger muß beweisen, daß er den Impuls zur Nachproduktion frühzeitig und im Rahmen der getroffenen Regelungen gegeben hat. In einem nach dem Bringprinzip gesteuerten System kann sich der Empfänger bei Nichtverfügbarkeit von Material und Kapazitäten, die gebracht werden müssen, jeweils exkulpieren. Durch die Umkehrung der Beweislast und deren Einbindung in ein vermischtes Regelkreissystem ändert sich auch das Kontrollkonzept. Die zentrale Kontrolle war bemüht, durch detailliertere Planung und häufigere Rückmeldung den Genauigkeitsgrad des Produktionsablaufes zu erhöhen. Dieses Konzept wird ersetzt durch eine Gruppenkontrolle, in dem der jeweilige Nachfolger die Einhaltung des Planes beim jeweiligen Vorgänger kontrolliert.

Einer zentralen Kontrolle bedarf lediglich die Überwachung des Gleichgewichtszustandes des gesamten Systems; eine detaillierte Ablaufregelung ist nicht erforderlich. Hinzu kommt, daß das Kontrollkonzept nach dem Holprinzip alle Aspekte der Kundenbelieferung, nämlich Mengen, Qualitäten und Zeiten, gleichermaßen prüft. Diese Veränderung des Kontrollkonzepts hat auch eine Änderung der Betriebsdatenerfassung zur Folge. Nicht die Erfassung jeder einzelnen Kapazitätseinheit und deren Zustand, sondern die Input- und Outputgröße eines durch vermaschte Regelkreise verbundenen Systems ist zu kontrollieren. Der Aufwand für die Betriebsdatenerfassung wird damit erheblich reduziert.

Die selbststeuernden Regelkreise durch Implementierung des Holprinzips sind auf den innerbetrieblichen Materialfluß und auch auf indirekte Funktionen wie Instandhaltung und Verrichtungsnacharbeit, Konstruktionsleistungen, sowie auf Zulieferungen auszudehnen. Die Anwendung dieser einfachen Koordinierungsregel erstreckt sich über den gesamten Wertschöpfungsprozeß der Leistungserstellung hinweg. Im Gegensatz zu den üblich realisierten Teiloptima an einzelnen Betriebsmitteln oder in einzelnen Bereichen wird hier ein ganzheitlicher Ansatz angestrebt, der ein Optimum über den gesamten Wertschöpfungsprozeß zu erreichen versucht. Das Supermarktprinzip ist also auf sämtliche Einheiten innerhalb des Leistungsprozesses anzuwenden. Je geringer die Höhe der zwischen den einzelnen Produktionsstellen liegenden Teile (Mengen- und Zeitpuffer) ist, desto mehr nähert sich die Produktion den Prinzipien der Fließfertigung an.

Als weiteres Prinzip der integrierten Informationsverarbeitung in Just-In-Time wird eine papierlose Produktion und Beschaffung angestrebt. Papierlose Produktion und Beschaffung bedeuten die Übertragung der auf dem Papier vorhandenen Informationen auf ein elektronisches Medium. Dieser Aspekt ist aber bei einer wertanalytischen Betrachtung nicht ausreichend. Es geht um die Implementierung eines papierlosen Produktions- und Steuerungssystems, das es gestattet, ohne zusätzliche Aufwendungen eine Kommunikation zu ermöglichen. Hierzu sind ebenfalls Strukturveränderungen erforderlich. Durch Einführung von
– Standardbehältern mit Standardmengen,
– Sichtlägern in der Produktion,
– dem Prinzip der körperlichen Teileflußkontrolle,
– einem Ampelsystem, welches die Betriebsbereitschaft von Anlagen symbolisiert,
– räumlicher Konzentration von Betriebsmitteln,
– Visualisierung von Outputarten oder von Beständen durch die Einführung farbiger Behälter,
– geeigneten Layouts (z.B. U-Form) mit räumlicher Konzentration der Arbeitsplätze
wird eine papierlose Kommunikation für alle ermöglicht, die in den Wertschöp-

fungsprozeß eingebunden sind. Transparenz erlaubt somit einen fast kostenlosen Informationsstand über Planabweichungen und führt zu einer direkten Rückkopplung und damit zu einer schnellen Fehlerbeseitigung.

Die Produktionsregel nach dem Supermarktprinzip lautet: »Produziere das, was der Kunde gestern verbraucht hat!« Diese Produktionsregel hat selbstverständlich ihre Grenzen dort, wo die Forderung lautet: »Produziere das, was der Kunde morgen benötigt.« Im letzten Fall ist das Supermarktprinzip durch eine zentrale Planung und Steuerung zu ergänzen. Dieser Sachverhalt erfordert die Kombination unterschiedlicher Planungs- und Steuerungsmethoden wie

– Integrierte Modularprogramme,
– Fortschrittszahlenkonzept,
– Belastungsorientierte Auftragsfreigabe,
– Engpaßsteuerung
– Leitteiletransparenz und
– KANBAN-Prinzipien.

1.3.2. Fertigungssegmentierung

Die Realisierung einer kundennahen Produktion nach JIT-Prinzipien setzt Strukturveränderungen im Wertschöpfungsprozeß voraus. Die Strukturveränderungen im Sinne der Fertigungssegmentierung orientieren sich an folgenden Merkmalen:

– Markt- und Zielausrichtung,
– Produktorientierung,
– mehrere Stufen der logistischen Kette eines Produkts in einer Organisationseinheit,
– Übertragung indirekter Funktionen in das Segment und Kostenverantwortung.

Die Fertigungssegmentierung hat eine weitgehende Entflechtung der Kapazitäten zum Ziel (vgl. Abb. 11). Dies läßt sich nicht durch Insellösungen, sondern nur durch eine ganzheitliche Betrachtung der logistischen Kette und deren bewußte Gliederung in organisatorische Einheiten nach Produkt und Technologie erreichen. Die produktionswirtschaftlichen Ziele wettbewerbsfähige Kosten, Lieferzeit, Flexibilität und Qualitätssicherheit stehen dabei gleichrangig nebeneinander. Die Kapazitätsquerschnitte der organisatorischen Einheiten sind hinsichtlich ihres Outputs zu synchronisieren, um Liegezeiten zwischen den Segmenten zu vermeiden. Neben den Automatisierungsbemühungen stehen Bestrebungen zur Steigerung der Verfügbarkeit der Anlagen und der Personalflexibilität. Die Fähigkeiten der Mitarbeiter müssen in die Planung der Prozesse und die Instandhaltung einbezogen werden, um eine Anpassung der Kapazitäten an Beschäftigungsschwankungen verstärkt zu ermöglichen. Dabei wird eine Reduzierung der Arbeitsteilung (z. B. Zusammenlegung von Fertigungs-, Instandhaltungs- und Qualitätssicherungsaufgaben) angestrebt.

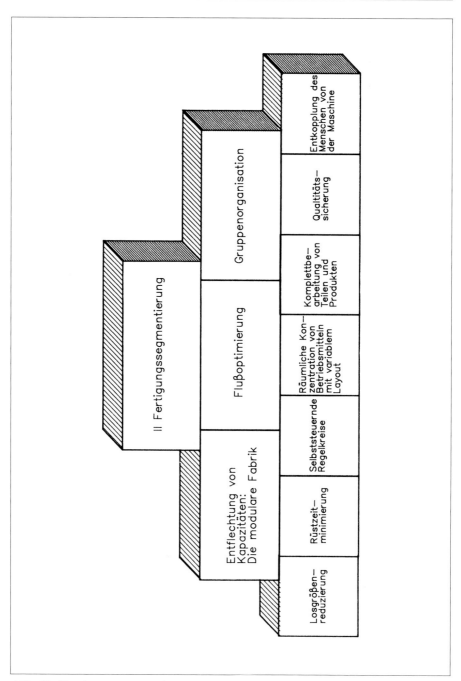

Abb. 11: Fertigungssegmentierung

Die Fertigungssegmentierung zielt auf eine neuartige Ablauforganisation durch die Veränderung des Kontrollkonzepts ab. Es wird eine Gruppenorganisation angestrebt, die für ein Produkt bzw. für ein bestimmtes Segment die gesamte Kostenverantwortung trägt. Die Änderung der Ablauforganisation ermöglicht die Anwendung einfacher Informations- und Planungssysteme und damit die Übertragung dispositiver Tätigkeiten auf die Organisationseinheit. Durch Rückführung von indirekten Tätigkeiten in den direkten Bereich erfolgt eine Überführung von Gemeinkosten in direkte Kostenbestandteile.

Eine weitere Problematik bei einer wechselnden Produktion besteht darin, das Material auch ohne Verkettung fließen zu lassen. Das setzt den Einsatz geeigneter Transportmittel bis hin zur Einrichtung von Bahnhöfen mit geregeltem innerbetrieblichem Transport voraus. Die Übertragung des Flußprinzips auf die Losfertigung führt auch zu der Erkenntnis, daß es selten zu einer Steigerung des gesamten Outputs führt, wenn lediglich eine Operation – und sei sie noch so kapitalintensiv – über eine höhere Kapazität verfügt, die voll auszulasten wäre. Dies führt an dieser Kapazitätseinheit zu Beständen, zusätzlichem Handling und administrativen Aufwendungen, die keinen Beitrag zur Wertschöpfung bringen und den Output der Gesamtproduktion auch nicht steigern. Aus dieser sicher vereinfachten Betrachtung heraus resultiert die Forderung, eine Steigerung der Produktionsgeschwindigkeit durchgängig über die ganze Wertschöpfungskette bis hin zum Zulieferanten anzustreben. Dies führt weg von der Optimierung der einzelnen Funktionen hin zu einer Flußoptimierung über die gesamte logistische Kette.

Zur Erreichung dieser Flußoptimierung werden Techniken wie Produktion von Tageslosgrößen, Reduzierung der Rüstzeiten und Verknüpfung der Operationen erforderlich. Um diese Techniken einzusetzen, ist prognostizierbare Qualität die Voraussetzung. Es wird angestrebt, nur Gutteile zur nächsten Operation weiterzugeben. Die Zielfunktion einer solchen Qualitätssicherung lautet »Minimierung der Fehlerfolgekosten«. Just-In-Time setzt also keine Null-Fehler-Produktion voraus, sondern lediglich vorhersehbare Fehlerraten im Sinne prognostizierbarer Prozesse. Das Just-In-Time-Konzept liefert als Methode eine Reihe von Hilfestellungen zur Verbesserung der Qualitätssicherheit:

1. Unmittelbare Rückmeldung, die durch niedrige Bestände ausgelöst wird.
2. Beschränkung auf Produktionsraten, die eine permanente Anlaufkontrolle benötigen.
3. Möglichkeit des Mitarbeiters, eine Maschine anzuhalten und auf eine unmittelbare Lösung zu drängen, wenn ein Problem auftritt.

Diese Maßnahmen haben erhöhte Anforderungen an die Verfügbarkeit der Anlagen zur Folge, die in der Regel durch Instandhaltungsmaßnahmen stark beeinflußt werden. Insofern ändert sich auch die Instandhaltungsstrategie durch Just-In-Time.

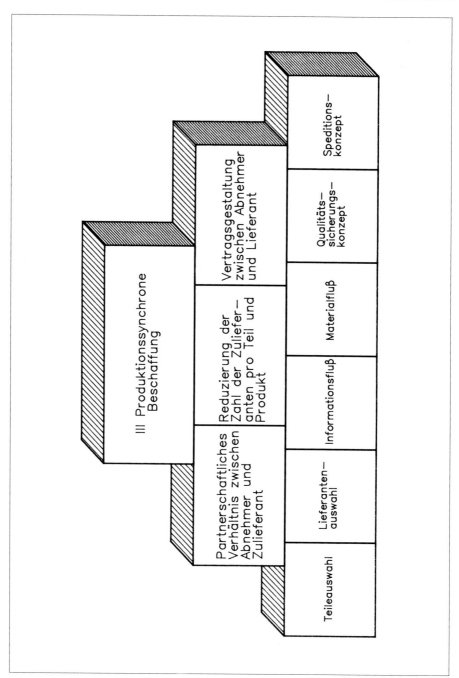

Abb. 12: Produktionssynchrone Beschaffung

Die Fertigungssegmentierung und damit die Entflechtung der Glieder der logistischen Kette finden ihre Grenze
- in der Höhe des Planungs- und Durchsetzungsaufwands bei bestehenden Einheiten,
- in der Nutzung von Kostendegressionseffekten durch die Produktion unterschiedlicher Produkte auf gleichen Anlagen (Maschinendegression, Bereichsdegression) und
- in nicht hinreichender Personalqualifikation und Mobilität zum effizienten Betrieb der weitgehend autonom im Fertigungssegment zu erfüllenden Aufgaben.

1.3.3. Produktionssynchrone Beschaffung

In der Automobil-, Elektro- und Hausgeräteindustrie gilt die produktionssynchrone Beschaffung nach Just-In-Time-Prinzipien als ein effizientes Werkzeug zur Lenkung der Kosten. Viele Zulieferanten sehen darin eher ein Instrument zur Überwälzung von Lagerhaltungs- und Qualitätssicherungskosten sowie zur Abschöpfung von Rationalisierungspotentialen. Um diese kontroversen Behauptungen zu versachlichen, sind die Bausteine einer produktionssynchronen Beschaffung (vgl. Abb. 12):
- Teileauswahl,
- Lieferantenbewertung und -auswahl,
- Analyse des Informationsflusses zwischen Lieferant und Abnehmer und der einsetzbaren Kommunikationstechnologien,
- Qualitätssicherungs- und
- Speditionskonzept
hinsichtlich ihrer Ausgestaltungsformen und betriebswirtschaftlichen Konsequenzen zu analysieren.

Zulieferunternehmen sichern sich ihre Wettbewerbsfähigkeit dadurch, daß sie Produkte kostengerecht und mit kurzen Lieferzeiten anbieten. Die Lieferzeit ist in der Regel geringer als die für die Leistungserstellung notwendige Herstellungszeit; dies ist im Einzelfall abhängig von der Absatzstruktur der Unternehmung. Es ist jedoch ein Trend zu kürzeren Lieferfristen festzustellen. Der Nachfrager bestellt so spät wie möglich, um bei der Disposition die Unsicherheiten zu minimieren. Gleichzeitig verengt sich der zeitliche Planungsspielraum des Anbieters. Dieses reaktive Anpassen an fremddefinierte Planwerte überträgt sich auf sämtliche vorgelagerten Dispositionsebenen und führt zu einer permanenten Überprüfung und Verschiebung abgegebener Terminzusagen oder zu Friktionen bei der Belegungsplanung der Kapazitäten.

Eine kurzfristige Lieferfähigkeit kann sich auch aus der Vorhaltung von Rohmaterial sowie Zwischen- und Fertigprodukten ergeben. Dieses Umlaufvermögen verursacht Kapitalbindungskosten. Aus der Möglichkeit der Vorhaltung eines Kapazitätsangebots (= Anlagevermögen) und von Beständen (= Umlaufvermögen) zur Aufrechterhaltung einer kurzfristigen Lieferfähigkeit ergibt sich ein Optimierungsproblem, das im konkreten Fall einer Lösung zugeführt werden muß.

Bestände in der logistischen Kette lassen sich auf eine Vielzahl von Ursachen zurückführen. Es ergibt sich z.b. eine Tendenz zur Ausweitung des Umlaufvermögens durch die fortschreitende Spezialisierung von Zulieferunternehmen.

Zur Sicherstellung eines störungsfreien Durchlaufs der Aufträge und zur Berücksichtigung eventueller Unterbrechungen organisatorischer wie auch kapazitiver Art neigen Entscheidungsträger in der Regel zu risikoscheuen Schätzungen. Es wird versucht, innerhalb der zeitlichen Vorgaben einen Puffer einzuplanen. Gilt es, die zu erstellende Leistung unabhängig auf mehreren Entscheidungsebenen zu disponieren, heißt dies, daß sich die individuellen Sicherheiten summieren. Kommt es während des Erstellungsprozesses innerhalb einer Abteilung zur Unterschreitung der zuvor angegebenen Schätzung, wird die fertige Leistung zurückgehalten. Ansätze zur Verringerung der dadurch verursachten Bestände ergeben sich aus der Reduzieruug der Dispositions- und Entscheidungsstufen.

Die Verringerung der Planungsstufen kann zu einer engeren Planungsvarianz führen. Es ist deshalb zu versuchen, zeitliche Planungsvorgaben zentral zu überwachen und den einzelnen Stellen den bereichsübergreifenden Charakter dieser Aufgaben zu vermitteln. Zentrale Informationsspeicher (z. B. Datenbank) bei dezentralen Entscheidungsbefugnissen in unterschiedlichen Abteilungen sind eine Möglichkeit zur integrativen zielkonformen Auftragserfüllung. Beim Einsatz von Informationsverarbeitungstechniken läßt sich auch ohne zusätzliche Aufwendungen die Dispositionsfrequenz erhöhen. Kürzere Dispositionszyklen bedeuten durch die Nähe zum Realisierungszeitpunkt eine höhere Prognosesicherheit, aber auch die Bestellung kleinerer Mengen, wobei ein Optimum zwischen Beschaffungs-, Lagerungs- und Transportkosten zu ermitteln ist.

Analoge Tendenzen ergeben sich bei einer Betrachtung der Lagerstufen. Roh-, Zwischen-, Ersatzteil- und Fertigwarenlager wie auch Werkstattpuffer binden Kapital. Durch verbesserte Dispositionsverfahren lassen sich Läger zusammenfassen. Weiterhin hat die Prognosequalität entscheidenden Einfluß auf die Bestände. Diese kann nur durch eine bessere und schnellere Informationsübermittlung erreicht werden. Ähnlich einem Frühwarnsystem sind Prognoseverfahren zu entwickeln, die rechtzeitig Chancen und Risiken hinsichtlich Art und Menge der nachgefragten Menge abschätzen. Dabei bestimmt die Durchlaufzeit die notwendige Prognosegenauigkeit. Je geringer die Durchlaufzeit ist, desto geringer sind tendenziell die an die Prognose zu stellenden Genauigkeitsanforderungen. Die für die Verbesserung der Prognosequalität notwendige frühe Informationsbereitstellung läßt sich z.B. durch eine enge partnerschaftliche Kundenbeziehung erreichen.

Beschafft der Abnehmer von ihm entwickelte Produkte in einem unterschiedlichen Typenmix und mit variablen Mengen, ist es sinnvoll, daß bei der Zulieferunternehmung Kapazitäten gemietet werden, deren Auslastung durch den Abnehmer erfolgt. Um die Erkenntnisse der Erfahrungskurventheorie umfassend zu nutzen, bietet es sich auch an, nicht nur das Verfahrens-Know-how der Zulieferunternehmung, sondern auch deren Produkt-Know-how zu nutzen. Damit wird die Bindung für die Zulieferunternehmung sicherer, und gleichzeitig können Verbesserungsvorschläge direkt Eingang in Produktentwicklungen finden. Hierzu ist es erforderlich, daß der Produzent an die Zulieferunternehmung einen Anforderungskatalog für das zu erstellende Produkt weitergibt. Die Zulieferunternehmung übernimmt in Abstimmung mit dem Produzenten die fertigungs- und funktionsgerechte Konstruktion des Teiles. Durch die Weitergabe von Produkt-Know-how an die Zulieferunternehmung kann der Konstruktionsaufwand beim Produzenten verringert werden. Gleichzeitig kann die Zulieferunternehmung ein ihrer Kapazitätsausstattung angepaßtes Teil zu niedrigen Herstellungskosten produzieren.

Bei der Auswahl der Zulieferunternehmungen für eine produktionssynchrone Beschaffung werden nicht nur die Kriterien Preis, Qualität, Zuverlässigkeit und Service betrachtet, sondern auch ihre Anpassungsfähigkeit hinsichtlich gewünschter Anlieferungsfrequenz, exakter Termine und eines hohen Qualitätsstandards berücksichtigt. Spezialisierte Zulieferunternehmen, die die gesamte fremdvergebene Produktion abdecken und sich in räumlicher Nähe zum Abnehmer befinden, werden bevorzugt. Durch die Vergabe der Fertigung an eine Zulieferunternehmung entsteht eine beiderseitige Abhängigkeit, es ergeben sich aber auch Vorteile für beide Partner. Größere Stückzahlen und eine längerfristige Kapazitätsauslastung erlauben dem Zulieferunternehmen, Kostendegressionseffekte zu realisieren, und ermöglichen dem Abnehmer eine fast bestandslose Fertigung mit einer Konzentration auf die strategisch wichtigen Produktionsbereiche. Bei der Einbindung kleinerer Zulieferunternehmungen wird auch der Gesichtspunkt der Zurverfügungstellung sowohl des Umlauf- als auch des Anlagevermögens (häufig einer bereits erprobten Fertigungstechnologie) herangezogen. Solche kleineren Zulieferunternehmungen fertigen in der Regel zu niedrigeren Gemeinkosten.

Für den Produzenten eröffnet sich dadurch eine Möglichkeit, die Fertigungstiefe zu reduzieren und gleichzeitig in den verbleibenden Bereichen die neueste Technologie im eigenen Unternehmen zur Akkumulation von Erfahrungen und zur Gewinnung weiterer Marktanteile zu nutzen.

Hiermit verbunden sind Überlegungen zur Reduzierung der Anzahl der Zulieferunternehmungen für ein Produkt, also die Abkehr vom Prinzip der Mehrquellenversorgung. Die Vorteile der Mehrquellenversorgung – wie eine breite technische Unterstützung, Wettbewerbspreise und ein höherer Schutz bei Störungen (z. B. Transportunterbrechungen) – müssen abgewogen werden gegenüber den

Kosteneinsparungseffekten einer Einquellenversorgung. In der Praxis wird häufig aus Gesichtspunkten der Versorgungssicherheit und des Wettbewerbs einer Zwei-quellenversorgung mit unterschiedlichen Lieferumfängen (z. B. 70% zu 30%) der Vorzug gegeben, wobei nur der Hauptlieferant in die produktionssynchrone Beschaffung einbezogen wird.

II.

Kapitel

2. Integrierte Informationsverarbeitung im JIT-Konzept

Die Planungs- und Dispositionsaktivitäten in der logistischen Kette werden in der Regel zwischen den Fertigungs- und Montagebereichen des Produzenten von der Produktplanungs- und Steuerungsabteilung, zwischen dem Produzenten und dem Lieferunternehmen von der Einkaufsabteilung und zwischen dem Produzenten und dem Abnehmer von der Verkaufsabteilung durchgeführt. Um diese vielfältigen Planungs-, Dispositions- und Kontrollaufgaben wirtschaftlich wahrnehmen zu können, ist eine modulare Erweiterung der bestehenden integrierten Modularprogramme um Prinzipien und Konzepte der JIT-Produktion erforderlich, die eine Gestaltung unternehmensspezifischer Lösungen in Abhängigkeit von Produkt, Technologie und Zuliefersituation gestatten.

Ausgangspunkt für eine JIT-Informationsverarbeitung sind die in vielen Unternehmen zur Produktionsplanung und -steuerung eingeführten MRP-Systeme (Material Requirement Planning). Dabei wurde häufig die Ablauforganisation der Unternehmen in der Regel entsprechend den Erfordernissen der Systeme angepaßt, über Jahre hinweg die erforderlichen Datenbestände aufgebaut und dafür hohe Aufwendungen getätigt. Für eine JIT-gerechte Informationsverarbeitung, die in einem überschaubaren Zeitraum und mit begrenzten Aufwendungen eingeführt werden soll, sind deshalb auf Grundlage der bestehenden Systeme Erweiterungen vorzunehmen, ohne ungeeignete Strukturen festzuschreiben.

MRP-Systeme bilden nicht nur die Basis für eine Einführung von JIT-Prinzipien in der Produktionsplanung und -steuerung, sondern auch für die Integration der betriebswirtschaftlichen und der technischen Datenverarbeitung zu einem CIM-System (Computer Integrated Manufacturing Systems) mit gemeinsamem Grunddatenbestand.

Die Ergebnisse einer empirischen Erhebung über die EDV-Anwendung in der Produktion unterstützen diesen Lösungsansatz: Der EDV-Einsatz ist in denjenigen Produktionsbereichen am weitesten fortgeschritten, die der Produktionsplanung und -steuerung zuzuordnen sind, so daß PPS-Systeme als ein »Kristallisationskern« zukünftiger CIM-Systeme betrachtet werden können.

Für eine erfolgreiche Einführung einer JIT-Produktionsplanung und -steuerung sowie einer umfassenden CIM-Lösung ist folgende Vorgehensweise erforderlich:

1. Schritt: Für die Problemstellung »JIT-PPS« bzw. »CIM« ist eine integrative Struktur zu definieren.
2. Schritt: Aus der Gesamtstruktur werden die erforderlichen Systembausteine abgeleitet.

3. Schritt: Es wird geprüft, welche Anforderungen durch die bestehenden Systeme abgedeckt werden. Gleichzeitig ist die Frage zu beantworten, wie die Kommunikation aller Komponenten im Gesamtsystem ermöglicht werden kann.

4. Schritt: Die Einführung erfolgt schrittweise durch Um- und Ausbau der bestehenden Systeme.

Der Grund für eine solche Vorgehensweise erklärt sich u. a. aus dem notwendigen Zeitbedarf. Es ist der augenblickliche Entwicklungsstand bestehender Systeme und die damit verkürzte Zeit für die Schaffung eines Gesamtsystems zu berücksichtigen, wie auch die Restnutzungsdauer der vorhandenen Systeme, die sich in einer Wirtschaftlichkeitsbetrachtung niederschlägt.

Wird diese Einführungsstrategie für ein JIT-PPS-System gewählt, so leitet dies Forderungen nach JIT-gerechten Lösungsalternativen ab, und zwar durch
– einen Methodenmix im PPS-Bereich,
– die Veränderung der Bevorratungsstrategien zur Realisierung einer kundenauftrags- und erwartungsbezogenen Fertigung,
– eine verbrauchsbezogene Materialbereitstellung und Realisierung der Losgröße »Eins«,
– eine nachfragebezogene Kapazitätsplanung und -belegung,
– die produktions- bzw. montagesynchrone Zulieferung,
– eine kosten-, termin- oder kapazitätsbezogene Anwendung von Steuerungsstrategien und
– die Implementierung eines Logistik-Controllingkonzepts.

2.1. Methodenmix im Produktionsplanungs- und Produktionssteuerungsbereich

Zur Bewältigung der Planungs-, Koordinierungs- und Kontrollaufgaben innerhalb der logistischen Kette sind aus den verfügbaren Konzepten
– zentrale MRP-Systeme,
– Fortschrittszahlensystem,
– belastungsorientierte Auftragsfreigabe,
– Engpaßsteuerung und
– KANBAN-Prinzipien
effiziente, auf die Besonderheiten im Einzelfall abgestimmte Lösungen zu gestalten (vgl. Abb. 13).

1. Die verbreitetsten Dispositionssysteme sind zentral organisierte MRP-Systeme. Der Produktionsprozeß wird in weiten Teilen als im voraus prognostizier- bzw. determinierbar betrachtet. Auf der Basis von Datenbanken werden umfassende Modelle des Fertigungsprozesses entworfen; die notwendige Transparenz

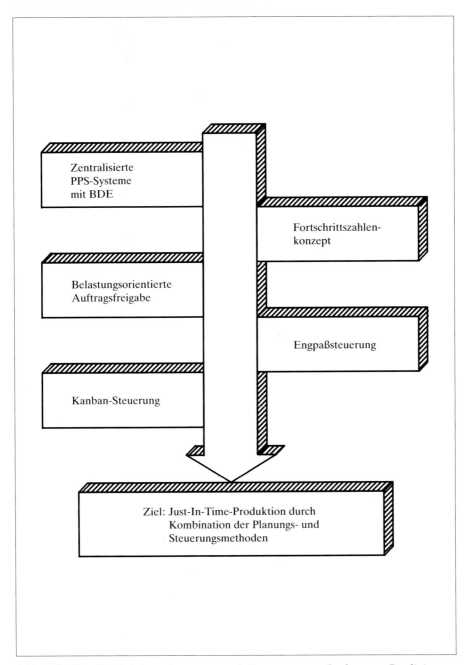

Abb. 13: Die Produktionsplanungs- und Steuerungsmethoden zur Realisierung einer JIT-Produktion

über das aktuelle Betriebsgeschehen liefert die Betriebsdatenerfassung (BDE). Der gewünschte schnelle und sichere Materialdurchsatz in der Produktion wird durch dialogorientierte Informationssysteme, ständige Rückmeldungen und Eingriffe in den Produktionsablauf sichergestellt (vgl. Ulrich/Hug 1984).

Die routinemäßige Verarbeitung großer Datenmengen wird durch die Einführung einer aktionsorientierten (vgl. Berthold 1983), d. h. am aktuellen Entscheidungsbedarf orientierten, Datenverarbeitung erleichtert. Integrierte Datenverarbeitungssysteme sind und bleiben eine wesentliche Voraussetzung zur Planung und Koordination der Aktivitäten in der logistischen Kette. Dialogorientierte Programme setzen sichere und vollständige Daten voraus. Dies verlagert die Verantwortung über die Aktualität der Daten in den Eingabebereich. Um hier die Eingabedaten sicherer zu machen, wird eine Datenverarbeitung mit dezentraler Intelligenz angestrebt.

Damit findet eine Aufgabenverteilung zwischen vernetzten zentralen und dezentralen Systemen statt, die trotz einer durch Losgrößenverringerung induzierten Vervielfachung und Steigerung der Auflagehäufigkeit zu handhabbaren Datenvolumina führt. Der Zentralrechner übernimmt im wesentlichen Koordinierungsaufgaben, also z. B. die Zuordnung von Bearbeitungsaufgaben oder die Auslösung von Rahmenaufträgen für abgegrenzte Werkstattbereiche. In diesen sorgen mit der zentralen EDV vernetzte PCs vor Ort für die Feinsteuerung im jeweiligen Bereich.

Der zentrale Steuerungsbegriff in MRP-Systemen ist der Auftrag (Kunden-, Fertigungs-, Lager- oder Einzelauftrag). In einer JIT-Produktion und mit angebundenen Zulieferern ist dies nicht der Auftrag, sondern die Produktions- oder Zulieferungsrate, die von einer vorgegebenen Rahmenvereinbarung abgebucht wird. Die tägliche Produktions- und Beschaffungsstrategie errechnet sich z. B. aus dem Periodenbedarf, dividiert durch die Anzahl der Arbeitstage. Um solche Produktionsraten steuern zu können, ist unter Anwendung des herkömmlichen MRP-Konzepts die Messung des Arbeitsfortschritts je Arbeitsfolge oder einzelner Abschnitte des Wertschöpfungsprozesses erforderlich. Dies ist beispielsweise mit Hilfe des Fortschrittszahlenkonzepts möglich.

2. Beim Fortschrittszahlenkonzept wird der Bedarf einer Planperiode kumuliert und zeitbezogen dargestellt (vgl. Abb. 14) (vgl. Heinemeyer 1986). In einem Koordinatensystem sind über die Zeitachse die Bedarfsmengen zu summieren. Die entstehende Kurve dient dem Zulieferer als Soll-Lieferplan. Die gefertigten und angelieferten Mengen werden nun gleichfalls in dieses Koordinierungssystem eingetragen. Übersteigt bei einem Vergleich der Verlauf der Ist-Kurve die Soll-Kurve, so liegt ein Vorlauf oder eine Überdeckung vor, unterhalb der Kurve ein Rückstand. Der horizontale Abstand zwischen Soll- und Ist-Verlauf macht eine Aussage über die potentielle Reichweite. Das Fortschrittszahlen- oder Kennzahlenkonzept dient somit als Kontroll- und Planungsinstrument unter weitgehender

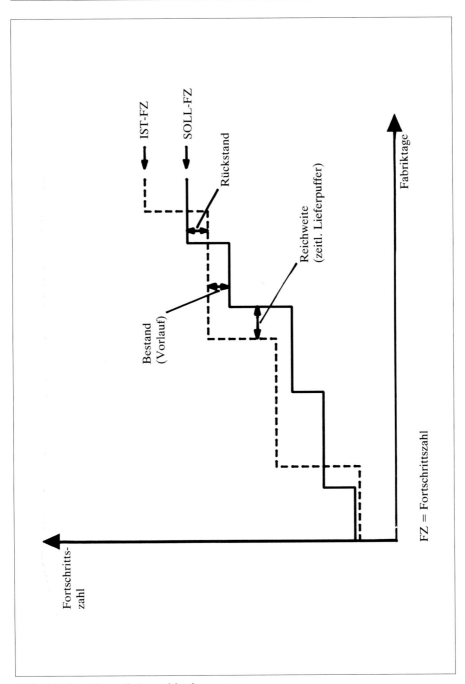

Abb. 14: Das Fortschrittszahlenkonzept

Dispositionsautonomie der Zulieferer sowie für abgegrenzte Bereiche im Unternehmen.

3. Die Produktion einer Unternehmung ist jedoch über den gesamten Ablauf gesehen kein deterministischer, sondern ein stochastischer Prozeß (vgl. Wiendahl et al. 1983). Bei Rechner-Simulationen von Produktionsabläufen läßt sich feststellen, daß durch ein geringfügiges Absenken der Kapazitätsauslastung eine überproportionale Bestandsreduzierung sowie eine Durchlaufzeitverkürzung auftritt. Hieran orientiert sich das Konzept der belastungsorientierten Auftragsfreigabe. Die einzelnen Kapazitätseinheiten lassen sich als einen Trichter auffassen, durch den – entsprechend dem Ablaufplan – das Material fließen muß (vgl. Abb. 15). Die Füllhöhe des Trichters signalisiert den an dieser Stelle vorhandenen Arbeitsvorrat. Es handelt sich dabei um Bestand an Material. Die Dispositionsregel lautet: Erst wenn eine dieser Kapazitätseinheiten leerzulaufen droht, wird ein neuer Auftrag für die Fertigung freigegeben. Durch die Vermeidung der bei konventionellen Systemen auftretenden Überplanung von Kapazitäten verringern sich der Materialbestand im Betrieb und die Durchlaufzeit. Die sonst üblichen Warteschlangen innerhalb der Werkstatt stauen sich nicht physisch, in Form »angearbeiteter« Aufträge vor den einzelnen Anlagen, sondern liegen als zu disponierender Auftragsbestand vor, der möglichst spät freizugeben ist. Hierdurch wird eine schnellere Zuordnung und spätere Einplanung von Teilen und Aggregaten zu Kundenaufträgen möglich. Die nach der Auftragsfreigabe abgegebenen Termine sind sicherer. Insbesondere im Falle einer hohen Mehrfachverwendbarkeit bestimmter Materialien eröffnet das späte Fixieren des Verwendungszwecks einen weiten Handlungsspielraum zur kurzfristigen Reaktion auf Markterfordernisse oder Störungen im Produktionsprozeß, ohne daß damit eine Ausweitung des Umlaufvermögens verbunden ist.

Nach der Dispositionsregel der belastungsorientierten Auftragsfreigabe entsteht eine Nachfrage nach Fertigungsaufträgen in der Produktion (Sog-Wirkung). Auch kann das Umdisponieren von Aufträgen in der Fertigung reduziert werden. Diese Effekte scheinen der Gesetzmäßigkeit, daß sich durch Druckerhöhung in einem System verbundener Röhren der Durchsatz erhöht, zu widersprechen. Die Maxime, jeden Auftrag sofort nach Eingang in die Fertigung zu schleusen in der Hoffnung, daß sich damit der Durchsatz und die Produktivität erhöht, hat immer nur einen auf das Ziel der Maximierung der Kapazitätsauslastung bezogenen Erfolg gehabt. Daneben ist diese Maxime mit einem erhöhten Steuerungs- und Handlingsaufwand verbunden.

Zur Unterstützung der Produktionssteuerung durch die belastungsorientierte Auftragsfreigabe liegen bereits Programmpakete vor (vgl. Ulfers 1984). Auch ist es möglich, das Grundprinzip durch geringe Zusatzprogrammierung in bestehende Modularprogramme zu integrieren (vgl. Junghanns 1986).

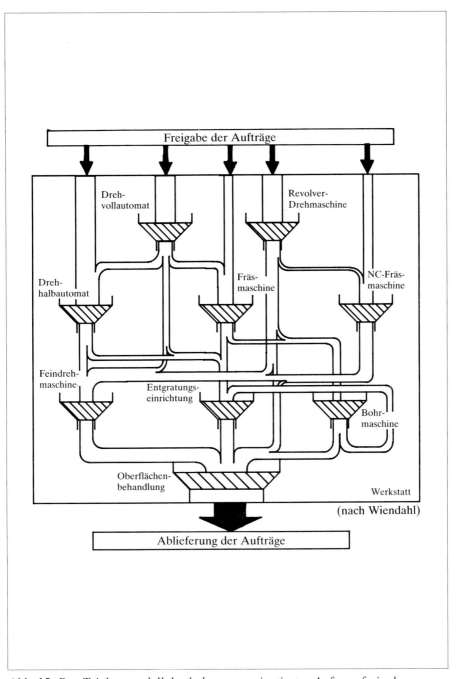

Abb. 15: Das Trichtermodell der belastungsorientierten Auftragsfreigabe

4. Die Höhe des Materialdurchsatzes innerhalb der Produktion wird durch die Engpaßaggregate bestimmt. Bezogen auf das Trichtermodell ist bei gleicher Belastungsintensität der Engpaß die Anlage mit dem geringsten Ausflußquerschnitt. Folglich liegt hier die kritische Stelle, an der sich bei der Einplanung der Aufträge die längste Warteschlange bildet. Engpässe bestimmen somit die Durchsatzmenge für die folgenden Kapazitätseinheiten. Die Konzentration der Planungsaktivitäten auf die häufig wechselnden Engpässe ist eine bereits sehr alte Forderung. Neu ist die Idee, durch Simulation festgestellte Engpässe als Ausgangspunkte für die Gestaltung von Planungs- und Steuerungskonzepten zu wählen (vgl. Fox 1983). Nur diese Engpässe und evtl. die ihnen nachgelagerten Bereiche sollen zentral gesteuert werden. Im Gegensatz zu MRP-Systemen verlangt das OPT-Konzept (Optimized Production Technique) hier sogar eine erhöhte Datengenauigkeit, um die Engpässe entsprechend auszulasten, die ja die höchste Ergebnisrelevanz des gesamten Systems aufweisen. Die aufgrund aufwendiger Rechenverfahren nur zentral durchführbare Engpaßsteuerung liefert Prämissen für die dezentrale Steuerung der den Engpässen vorgelagerten Bereiche. Es wird der jeweilige Engpaß als Fixpunkt genommen (vgl. Abb. 16), wobei für die nachgelagerten Produktionsbereiche vorwärts und für die vorgelagerten rückwärts terminiert wird. Die zu terminierenden Kapazitäten weisen aufgrund der Engpaßprämisse ein ausreichendes Kapazitätsangebot auf, wodurch der sonst übliche Kapazitätsabgleich entfällt. Durch gezielte Aktivitäten zur Angleichung des Engpasses an die anderen Kapazitätsquerschnitte läßt sich die Gesamtleistung erhöhen. Ist die lokale Lage der Engpässe planbar, wird empfohlen, diese an den Anfang und nicht an das Ende der logistischen Kette zu legen, um so ein mögliches Vollaufen der logistischen Kette mit Material zu vermeiden.

5. Die Umsetzung der am Ablauf orientierten Planungskonzeption in organisatorische Regelungen kann durch KANBAN-Prinzipien erreicht werden (vgl. Wildemann 1985). Ziel ist es, zentral den Rahmen abzustecken, in dem revolvierende Prozesse bei dezentraler Planung und Steuerung zur Steigerung der Reaktionsschnelligkeit und Aufwandsreduzierung ablaufen können. Der für die Produktion notwendige Informationsfluß wird eng mit dem gegenläufigen Materialfluß verknüpft und bewegt sich auf der gleichen Ebene (vgl. Abb. 17). Es werden sogenannte selbststeuernde produkt- wie verfahrensbezogene Regelkreise gebildet. Die Forderung nach einer verbrauchsgesteuerten Produktion läßt sich durch das selbständige Ordern von Teilen durch die einzelnen Verbraucher (Stellen) erreichen. Gleichzeitig erfolgt die Umkehr des Bring- in ein Holprinzip durch den potentiellen Verbraucher. Da der Bedarf in diesem System über die Nachproduktion (möglichst in konstanten Losgrößen zur Ergänzung des nahezu konstanten Umlaufbestands in der logistischen Kette) abgedeckt wird, ist die Einführung von EDV-geführten Bevorratungsebenen (Läger) zu Beginn und am Ende der Produk-

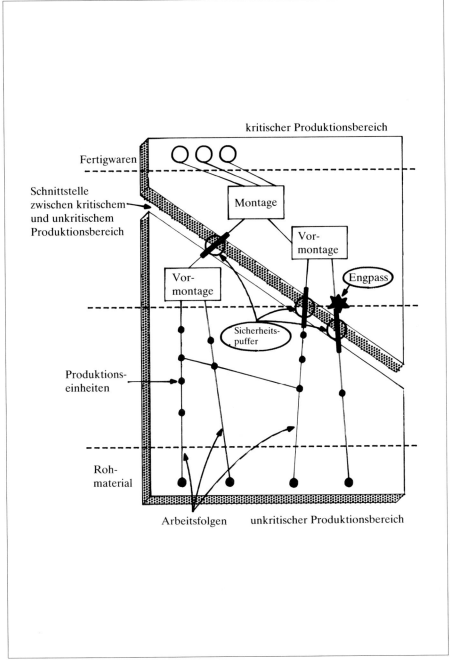

Abb. 16: Dezentrale Puffer innerhalb der Engpaßsteuerung

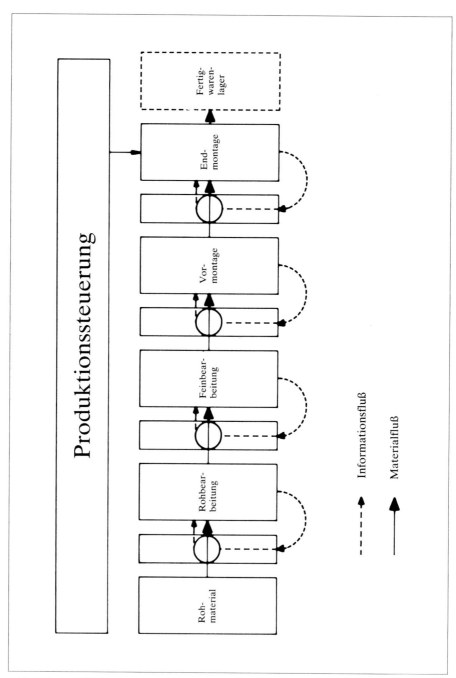

Abb. 17: Das KANBAN-Regelkreissystem

tionskette erforderlich. Der Produktionsauftrag wird von der verbrauchenden an die produzierende Stelle gegeben. Dies kann mit einem Beleg (KANBAN-Karte), einem elektronischen Medium oder durch Kopplung der Information an Behälter (Zwei- oder Drei-Behälter-System) erfolgen.

Die Einführung des Holsystems erfordert eine detaillierte Planung der organisatorisch zu verbindenden Kapazitätseinheiten (nicht mehr als zehn), eine Gestaltung dezentraler, im Fertigungsbereich angeordneter, physisch begrenzter Pufferläger, einen flexiblen Personaleinsatz zur Anpassung an Beschäftigungsschwankungen und die Einhaltung von Verhaltensregeln durch die Mitarbeiter. Diese Regeln verpflichten den Verbraucher, seinen Abruf bei der ihn versorgenden Materialquelle auf die gerade benötigte Menge zu beschränken und verlangen vom Erzeuger, nur bei einer Bedarfsmeldung qualitativ einwandfreie Leistungsergebnisse exakt in der angeforderten Quantität bereitzustellen. Eine EDV-Unterstützung ist bei der Auswahl geeigneter Produkte, deren Ablaufsequenz, Zuordnung zu Betriebsmitteln, der Bestimmung der Produktreihenfolge der Bearbeitung (Standardlosgrößen, Tagesverbrauch) und der Festlegung der KANBAN-Kartenzahl (Werkstattbestand) sinnvoll. Der Anstoß zur Fertigung erfolgt durch einen Kundenauftrag bzw. nach Produktionsprogramm. Produktionsaufträge, durch eine zentrale Steuerungsstelle freigegeben, sind nicht erforderlich.

Jedes der fünf vorgestellten Konzepte baut auf teilweise unterschiedlichen Voraussetzungen auf. Da diese Prämissen in der Regel nicht für das gesamte Unternehmen zutreffen, können nur Teilbereiche als Anwendungsgebiete in Frage kommen. Ein Methodenmix ist in zwei Grundmustern denkbar. Zum ersten können unterschiedliche Methoden parallel auf spezielle Fertigungssegmente angewendet werden, die durch bestimmte Produkte und Prozesse definiert sind. Erforderlich wird in diesem Fall eine zentrale Koordination der einzelnen Segmentaktivitäten. Zum zweiten ist eine Kombination zentraler Planungsvorgaben aus den ersten vier Konzepten mit einer Durchsetzung nach KANBAN-Prinzipien realisierbar. Koordinationsaufwand entsteht hierbei in geringerem Maße, da die Regelkreisbildung zu »Kapazitätsgruppen« führt, die jeweils als Einheit zentral geplant und dezentral gesteuert werden.

2.2. Bevorratungsstrategien: Trennung von kundenauftragsbezogener und erwartungsbezogener Fertigung

Hohe Bestände werden häufig dadurch mitverursacht, daß die Bevorratungsebenen auf einer zu hohen Stufe angesiedelt sind. In traditionellen MRP-Systemen stehen keine Verfahren für die Entscheidungsunterstützung bei der Festlegung von Bevorratungsebenen zur Verfügung.

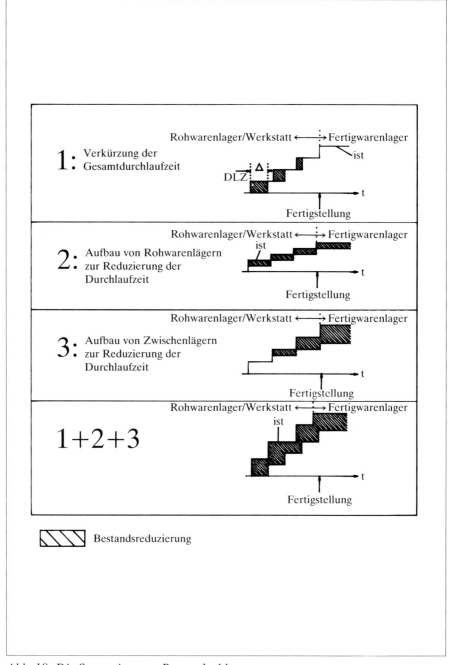

Abb. 18: Die Strategien zum Bestandsabbau

Bestände lassen sich durch Verfolgung dreier Strategien reduzieren (vgl. Abb. 18). Die erste Strategie zielt auf eine Verkürzung der Gesamtdurchlaufzeit ab. Als Folge können die Vorräte an Fertigungserzeugnissen geringer dimensioniert werden. Erfährt ein Produkt schon zu einem sehr frühen Zeitpunkt seines Entstehungsprozesses den entscheidenden Wertzuwachs und ist die marktbezogene Reaktionszeit hinreichend gering, so empfiehlt sich die zweite Strategie, nämlich die gezielte Bevorratung von Rohmaterial. Für den Fall eines in großer zeitlicher Nähe zum Fertigstellungstermin liegenden Hauptteils des Wertzuwachses sollte als dritte Strategie die Bevorratungsebene vor diesen Arbeitsgang gelegt werden.

Durch die Einführung von Bevorratungsebenen wird versucht, die durch Prognosefehler verursachten Bestände möglichst auf einer Ebene niedriger Wertschöpfung anzusiedeln. Ziel muß sein, auf den unteren Fertigungsstufen erwartungsbezogen zu produzieren und mit geringer Durchlaufzeit über möglichst viele Stufen hinweg kundenauftragsbezogen zu fertigen. Dies bedeutet, daß für sämtliche vor der Differenzierung gleicher Teile liegenden Schritte ein breiteres Verwendungsspektrum für diese Teile besteht. Somit ist zwischen erwartungs- und auftragsbezogener Disposition eine Lagerstufe einzurichten.

Bevorratungsebenen auf einer relativ niedrigen Stufe im Wertschöpfungsprozeß verringern zwar das Umlaufvermögen, können aber lange Durchlaufzeiten für Kundenaufträge zur Folge haben. Dementsprechend bedeutet eine relativ späte kundenspezifische Produktionsanpassung eine Verbesserung des Servicegrades bei geringerem Prognoserisiko.

2.3. Materialbereitstellung und Losgrößenstrategien

Ziel des Just-In-Time-Konzepts ist die Bereitstellung des richtigen Materials in der richtigen Menge zum richtigen Zeitpunkt am richtigen Ort. Die verbrauchsgenaue Materialbereitstellung ist letztlich mit einer Steigerung der Bereitstellungsfrequenz nach einem präzisen Bereitstellungsraster und gesplittetem Bereitstellungsvolumen verbunden (vgl. Zimmermann 1984). Dies hat Folgen für die Auftragsabwicklung. In MRP-Systemen dienen Fertigungsaufträge als Basis für die Leistungserstellung.

Auf jeder Produktionsstufe werden Beschaffungs-, Fertigungs- oder Montageaufträge von der zentralen Produktionssteuerung einzeln freigegeben und verfolgt. JIT-Prinzipien setzen dagegen Rahmenaufträge auf Wochen- oder Monatsbasis, von denen dann kürzer befristete Produktionsraten abgebucht werden, voraus. Im Rahmen von Selbststeuerungsmechanismen können die abgeglichenen Fertigungsmengen durch dezentrale Stellen angestoßen werden, wobei die zentrale Auftragsverfolgung sich auf die Erstellung des Rahmenauftrags beschränkt.

Steuerungs- und Rückmeldeaufwand sind simultan mit einer Steigerung der Reaktionsschnelligkeit zu reduzieren.

Während MRP-Systeme die Materialbedarfsplanung ebenso wie die Bedarfsdisposition auf Werksebene für Eigenfertigungs- und Zukaufteile im Wochen- oder Monatsraster vornehmen, erfordern JIT-Prinzipien eine tägliche lagergenaue Disposition dieser Teile. Die Effekte dieser Änderung lassen sich an verringerten Durchschnittsbeständen und erhöhter Materialverfügbarkeit nachweisen. Zusätzlich ergibt sich eine Reduzierung des Handlingaufwands, wenn erwartungsbezogen disponierte Zukaufteile auch direkt an das jeweilige Lager bzw. die entsprechende Bearbeitungsquelle anstatt generell an ein Zwischenlager (Wareneingang) geliefert werden.

Erfolgt die Bereitstellung und Reservierung von Materialien und Teilen wie in MRP-Systemen für ein Los jeweils in der vollen Bedarfsmenge, ist diese tagesgenau auf den Starttermin des Einplanungszeitraums zu terminieren (vgl. Abb. 19).

Daraus resultieren hohe Werkstattbestände und lange Durchlaufzeiten. Die bereitgestellten oder reservierten Teile stehen darüber hinaus für eine problemlose alternative Verwendung nicht mehr zur Verfügung. Dagegen ist bei der Anwendung von JIT-Prinzipien eine Klassifizierung nach Materialwert bzw. -bedeutung entsprechend dem Pareto-Kriterium zu treffen. A- und ausgewählte B-Materialien werden stundengenau mit präziser Bestandsführung auftragsfortschrittsabhängig bereitgestellt. Für C- und restliche B-Teile stehen Handläger zur Verfügung, die stichtagsbezogen auf quantitativen Inhalt zu prüfen sind. Die bedarfsgenaue Anlieferung von Fertigungsmaterial in kleinen Mengen für einen Auftrag mehrmals pro Tag ermöglicht die Überlappung von Bearbeitungsaufgaben und eine flexible Verwendung von noch nicht bereitgestelltem Material im Falle von Störungen im Produktionsprozeß. Eine stärkere Detaillierung des Dispositionsrasters sowohl in bezug auf den zeitlichen als auch den mengenmäßigen Bedarf wirkt sich somit bestands- und durchlaufzeitsenkend aus.

In den Systemreaktionen auf das Auftreten von Fehlteilen unterscheiden sich das MRP- und das JIT-Konzept ebenfalls. Bei langer Vorlauf- oder Lieferzeit einer Materialart können Aufträge zwangsfreigegeben und auch neue Aufträge sowie Lieferabrufe ausgelöst werden, obwohl die Verfügbarkeit des Materials nicht sichergestellt ist. Bleibt die termingerechte Lieferung aus, führt das Fehlteil in MRP-Systemen zu einem Stau im Produktionsprozeß mit dem Effekt wachsender Bestände an noch nicht benötigten Bauteilen. Dem Disponenten steht eine Fehlteil- und Auswirkungsanzeige lediglich einstufig zur Verfügung, und es existiert kein Systemautomatismus zur Unterstützung der Stornierung von Parallelaufträgen. Zur Verringerung der Kapitalbindung für angearbeitete Aufträge und des zusätzlichen Aufwands in der Bestandsverwaltung plädiert die JIT-Systematik für ein mehrstufiges Aufzeigen der Auswirkungen von Fehlteilen auch auf Parallel-

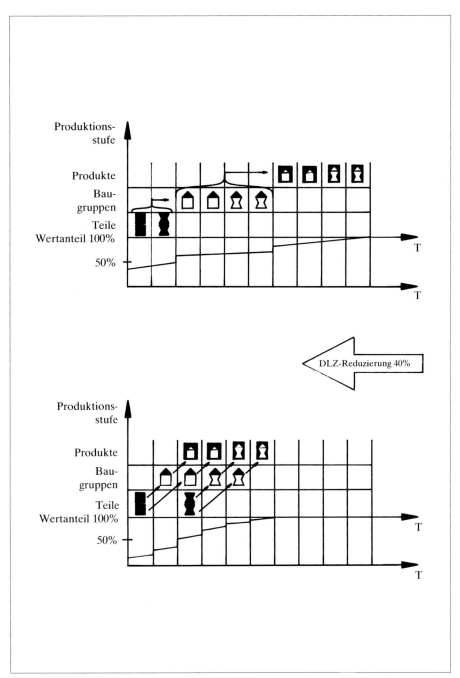

Abb. 19: Die Materialbereitstellung zum Bedarfszeitpunkt

aufträge. Beschränkt werden sollte diese Vorgehensweise jedoch auf Produkte und zugehörige Teile, die einer Rennersteuerung unterliegen (ca. 10–15%), da sonst der Aufwand für die Ermittlung der Bedarfsverursacher bei mehrfach verwendbaren Teilen zu groß wird. Nach Vorschlag durch das EDV-System kann dann der Disponent über die Stornierung von Werkstattaufträgen entscheiden. Grundsätzlich sieht das JIT-Konzept darüber hinaus eine verbesserte informationstechnische Lieferantenanbindung zur Vermeidung von Fehlteilen durch gesicherte Just-In-Time-Anlieferung vor.

Ein weiterer entscheidender Unterschied besteht bei der Losbildung. Traditionell bestimmen Einflußgrößen wie Maschinenstundensätze, Rüst- und Bestandskosten die Anzahl der zu einem Los zusammengefaßten Bedarfe. MRP-Systeme bilden fixe Losgrößen für mehrere Bearbeitungsstufen mit entsprechenden Vorlaufzeiten auf der Basis grober Bearbeitungszeiten und sowohl vor- als auch nachgelagerten Zeitpuffern. Der JIT-Ansatz besteht hingegen in der Festlegung einer Minimallosgröße ohne Zusammenfassung mehrerer Bedarfe. Durch Variation der Losauflagehäufigkeit wird die erforderliche Mengenflexibilität erreicht. Diese Art der Losbildung führt somit weder zu einem Verlust der Verbindung zu dem Bedarfsverursacher noch zu einer verfrühten Materialbereitstellung. Prognosefehler und Bestände werden reduziert sowie die Ausnutzung von Kapazitätsengpässen im Hinblick auf die Bedarfsdringlichkeit von Teilen verbessert.

2.4. Kapazitätsplanung und -belegung

2.4.1. Verbrauchs- und montagesynchrone Auftragsfreigabe

MRP-Systeme weisen in der Regel folgende mehrstufige Planungs- und Steuerungssystematik auf: In der Produktionsprogrammplanung wird mit Hilfe der Kunden- bzw. Programmaufträge der Primärbedarf nach Art, Menge und Termin bestimmt. Die Mengenplanung nimmt diesen Primärbedarf auf, ermittelt deterministisch durch Stücklistenauflösung bzw. stochastisch aus Verbrauchsstatistiken den Brutto-/Netto-Bedarf an Material und Teilen und berechnet Werkstattlosgrößen und Bestellmengen. Die Terminplanung ordnet mit Hilfe der Netzplantechnik die Werkstattaufträge zeitlich den betrieblichen Kapazitätseinheiten zu und führt anschließend einen Ausgleich zwischen Kapazitätsbedarf und -angebot durch Verschieben von Aufträgen herbei. Diese Aufträge werden über eine zentrale Produktionssteuerungsabteilung in die Fertigung eingesteuert und überwacht. Die Impulsgebung des Auftragsdurchlaufs erfolgt dabei nach dem »Bring«-Prinzip. Das Ergebnis dieses Prinzips ist im wesentlichen von aktuellen Rückmeldeinformationen und dem aktuellen Stand der Planung abhängig, so daß zusätzlich eine Betriebsdatenerfassung und eine hohe Planungsfrequenz erforderlich sind.

Trotzdem führen in der Produktion häufig auftretende Störungen, Verzögerungen etc. in der Regel zur Bildung hoher Bestände.

In einer JIT-Produktionsplanung und -steuerung erfolgt im Gegensatz dazu die Auslösung eines Fertigungsauftrags nicht durch den Impuls einer zentralen Produktionssteuerungssystematik an die verschiedenen Werkstattbereiche auf allen Fertigungsstufen, sondern durch Einsteuerung der Aufträge in die letzte Fertigungsstufe, z. B. in die Endmontage. Diese gibt innerhalb eines Regelkreissystems einen Sekundärimpuls an die ihr vorgelagerte Stufe weiter, diese wiederum an die ihr vorgelagerte usw. Das Regelkreissystem kann sich über die ganze logistische Kette bis hin zu den Lieferanten erstrecken. Die Impulsgebung des Auftragsdurchlaufs erfolgt dabei nach dem »Hol«-Prinzip.

Da in der Regel nur ausgewählte Teile des gesamten Teilespektrums über eine solche Abrufsystematik sicher gesteuert werden können, ergibt sich für das PPS-System die Anforderung, daß die Regelkreise im System abgebildet und die entsprechenden Kapazitäten im Rahmen der Abrufsteuerung frei verfügbar sind. Desweiteren ist festzulegen, von welchen Punkten innerhalb der Regelkreiskette eine Kontrollrückmeldung erfolgen soll und worauf sich diese inhaltlich bezieht, da im Rahmen der Abrufsteuerung aus den einzelnen Aufträgen oftmals gleichbleibende Produktionsraten gebildet werden, was eine Identifizierung erschweren kann. Schließlich sind veränderte Übergangs- und Durchlaufzeiten in den Regelkreisen bei der übergeordneten Auftragsterminierung im MRP-System zu berücksichtigen.

2.4.2. Terminierungsansätze

Konventionelle MRP-Systeme führen eine Vorwärts- und/oder Rückwärtsterminierung der Werkstattaufträge unter Berücksichtigung von Pufferzeiten durch. Es erfolgt eine Zuordnung aller Werkstattaufträge zu Kalenderzeiten und Kapazitäten. Dabei wird zunächst mit unbegrenzten Kapazitäten terminiert. Erst nach Vorgabe von Kapazitätsrestriktionen wird, sofern eine Überschreitung auftritt, in einem zweiten Schritt ein Kapazitätsabgleich durch Verschieben von Aufträgen vorgenommen.

Diese Vorgehensweise ist DV-technisch sehr rechenaufwendig und in ihren Ergebnissen durch das aktuelle Betriebsgeschehen oftmals schnell überholt. Für eine Just-In-Time-Produktionsplanung und -steuerung bieten sich als Alternativen die
– Rückwärtsterminierung mit geblockten Pufferzeiten,
– belastungsorientierte Auftragsfreigabe,
– Engpaßsteuerung
an.

Bei der Rückwärtsterminierung mit geblockten Pufferzeiten werden die Aufträge, ausgehend vom spätestmöglichen Endtermin (Liefertermin), ohne Berücksichtigung von zusätzlichen Pufferzeiten mit der kürzestmöglichen Durchlaufzeit eingeplant (vgl. Abb. 20). Dies führt in der Regel zu einer Überlastung der Kapazitäten, was durch das Verschieben von Arbeitsgängen in Richtung Gegenwart ausgeglichen werden kann. Ergebnis dieser Vorgehensweise ist eine bessere Übersicht über die effektive Belastung von Kapazitätseinheiten sowie eine Verringerung der Gesamtdurchlaufzeit und der Bestände (vgl. Beier 1986). Voraussetzung ist allerdings eine hohe Prozeßsicherheit der Fertigung, da die so terminierten Aufträge durch kurzfristig auftretende Störungen oder Engpässe in Verzug geraten können.

Bei der belastungsorientierten Auftragsfreigabe erfolgt die Kapazitätsterminierung in zwei Schritten: Zunächst wird die Belastung der Kapazitätseinheiten geprüft. Anschließend werden die terminlich dringlichen Aufträge eingelastet, bis die Belastungsgrenze der Kapazitätseinheiten erreicht ist. Die Einlastung erfolgt für die Planperiode, jedoch ungebunden an einen festen Termin. Durch diese Vorgehensweise entfallen die aufwendige Kapazitätsterminierung und -abgleich, wie sie in MRP-Systemen vorgenommen werden.

Die bekannte Dominanz des Engpaßaggregats für die Ausbringungsmenge und damit dessen bevorzugte Stellung bei der Gestaltung der Abläufe führt zu einer sich auf diese kritischen Stellen beschränkenden Belegungsplanung. In Simulationen lassen sich diese Engpässe ermitteln, von denen angenommen wird, daß sie über eine bestimmte Zeitperiode hinweg bestehenbleiben. Hier erfolgt eine exakte Bestimmung der Reihenfolge der Aufträge. Die nachfolgenden Bearbeitungsstellen, an denen eine hinreichende Kapazitätsreserve besteht, werden progressiv vom Engpaß ausgehend geplant, so daß sich hieraus der mögliche Fertigstellungstermin des Auftrags ermitteln läßt.

2.4.3. Zyklische Planung

Wesentlicher Bestandteil einer Just-In-Time-Produktionsplanung ist die Bestimmung rüstzeitoptimaler Reihenfolgen, da für eine Fertigung mit Produktionsraten kurze Rüstvorgänge an den einzelnen Betriebsmitteln Voraussetzung sind. Zusätzlich gilt es, den Anteil der Maschinennutzungszeiten durch verbesserte Werkzeug- und Werkstückwechselsysteme zu erhöhen.

In MRP-Systemen erfolgt die Reihenfolgeplanung nach Auftragsterminen und -prioritäten ohne Berücksichtigung von Rüstzeitaspekten. Für eine JIT-Produktion bietet sich als Vorgehensweise eine strikte Trennung der Rüsttätigkeiten in solche, die bei laufender Maschine ausgeführt werden können und solche, bei denen ein Stillstand des Produktionsvorgangs erforderlich ist, an. Alle bei laufender Maschine durchzuführenden Tätigkeiten sind vorbereitender Art, während die Tätigkeiten bei Maschinenstillstand den eigentlichen Werkzeugwechsel beinhalten. Auch die organisatorischen Maßnahmen werden, ebenso wie die konzeptionellen,

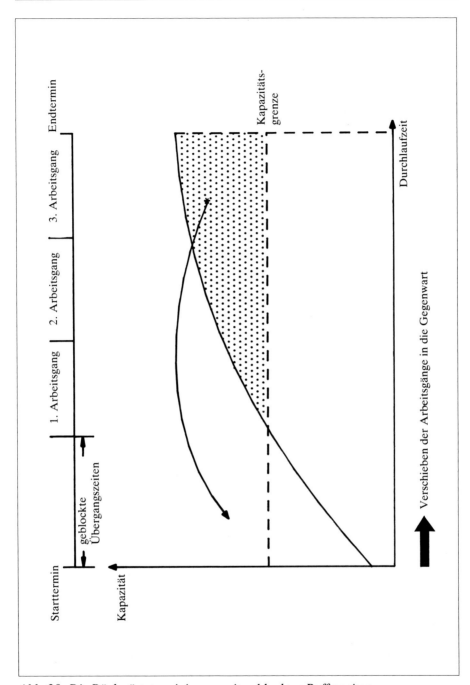

Abb. 20: Die Rückwärtsterminierung mit geblockten Pufferzeiten

durch die Standardisierung von Produkten, Vorrichtungen und Produktionsabläufen wesentlich unterstützt, da diese die Einführung von festgelegten Umrüstrhythmen auf der Basis der zyklischen Planung ermöglicht (vgl. Abb. 21 und Liesegang/Wildemann 1978).

Der Ablauf der zyklischen Planung beinhaltet mehrere Schritte. Zunächst werden für ein abgrenzbares Teilespektrum alle Rüstzeiten in Form einer Matrix (Arbeitsgang/Betriebsmittel) erfaßt. Hieraus ist die rüstoptimale Produktionsreihenfolge als Basiszyklus abzulesen. Gefertigt wird jeweils ein Los jedes Produkts, so daß der gesamte Zyklus nach einem festgelegten Zeitraum bearbeitet ist und neu gestartet werden kann. Die Variation der gefertigten Mengen kann nur dadurch erfolgen, daß einzelne Zykluselemente andere ersetzen, wobei jedoch die grundsätzliche Reihenfolge erhalten bleibt, oder durch mehrfache Auflage der einzelnen Zykluselemente. Hierbei ist dann allerdings keine konstante Zykluszeit einzuhalten.

Die wesentlichen Vorteile der zyklischen Planung liegen neben der Ermittlung der rüstoptimalen Reihenfolge in einer genauen Vorhersagbarkeit des Umrüstvorgangs. Dies wiederum ermöglicht die rechtzeitige Bereitstellung der notwendigen Werkzeuge, Vorrichtungen, Hilfsmittel, des Personals usw.

Ein JIT-PPS-System sollte einen derartigen Algorithmus zur Verfügung stellen. Damit ergibt sich allerdings zusätzlich die Problematik eines Abgleichs mit den in der konventionellen Terminierung ermittelten Reihenfolgen. Zusätzlich bieten sich im Fertigungsbereich organisatorische Maßnahmen an, die eine Verlagerung von Rüsttätigkeiten bei stillstehender Maschine in Zeiten des Maschinenablaufs bewirken (vgl. Kap. 3.5.). Derartige Veränderungen wirken sich ebenfalls auf die Auftragsterminierung aus.

2.5. Planungssystematik und DV-technische Realisierung einer produktionssynchronen Beschaffung

Die Realisierung kürzerer Durchlaufzeiten in der logistischen Kette verlangt eine hohe Versorgungssicherheit mit kurzen Wiederbeschaffungszeiten. Hierzu ist es erforderlich, von der bisherigen Erteilung von Einzelbestellungen bzw. Lieferabrufen entsprechend der Idee derAuftragsverwaltung auf einen intensiveren Informationsaustausch mit den Zulieferanten überzugehen, der durch eine mehrstufige Planungssystematik gestützt werden muß. Bei den Planungssystematiken lassen sich in der Regel drei Ebenen finden (vgl. Abb. 22):
– Rahmenvereinbarung,
– Rahmenauftrag und
– Lieferabruf.

Maßnahmen zur Rüstzeitverkürzung

	A	B	C	D	E
A	X				
B		X			
C			X		
D				X	
E					X

 Rüstzeitoptimale Auftragsreihenfolge

Ablauf der zyklischen Planung

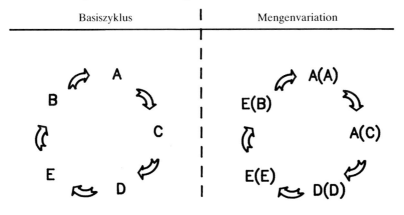

Abb. 21: Die zyklische Planung zur Minimierung der Rüstzeiten

Diese Ebenen unterscheiden sich vor allem bezüglich ihres Planungshorizonts und der Prognosesicherheit der übermittelten Daten.

Auf der ersten Planungsebene wird unter Berücksichtigung der jeweiligen Unternehmensziele und unter Einbeziehung der spezifischen Lieferantensituation eine Rahmenvereinbarung mit in der Regel 12 Monaten Laufzeit abgeschlossen. Auf dieser Planungsebene erfolgt eine unverbindliche Kapazitäts- und Bedarfsvorschau nach Artikelgruppen gemäß einer Quartalseinteilung. Ebenso sind die Qualitätsanforderungen beim Lieferanten festzulegen. Auch der Planungsablauf und eventuelle Konsequenzen bei der Abweichung von der Rahmenvereinbarung bezüglich Menge, Lieferzeit, Qualität etc. werden festgeschrieben. Im Sinne einer rollierenden Planung erfolgt eine Überarbeitung der Rahmenvereinbarung beispielsweise nach jeweils sechs Monaten entsprechend den aktuellen Daten.

Die zweite Planungsebene legt für den Lieferanten Rahmenaufträge fest. Diesen liegt in der Regel ein Zeitraum von drei Monaten zugrunde, für die durch die Rahmenauftragserteilung die Freigabe für Materialbeschaffung und notwendiger Vorfertigung erfolgt.

Rahmenaufträge werden rollierend nach jeweils einem Monat angepaßt. Zu diesem Zeitpunkt meldet der Lieferant bekannte oder erkennbare Störungen, die eine spätere Auftragsannahme verhindern können, sowie zusätzliche freie Kapazitäten.

Planungs-ebene	Planungs-horizont (Monat)	Bezeichnung	Inhalt/Bedeutung
1	12	Rahmenver-einbarung	Kapazitäts- und Bedarfsvorschau z. B. rollierend im 6 Monats-Turnus
2	3	Rahmen-auftrag	Freigabe für Materialbeschaffung Freigabe notwendiger Vorferti-gungen, z. B. rollierend monat-liche Anpassung
3	1	Lieferabruf	Zustellung des Wochenbedarfs Vorschau über die folgenden 4 Wochen, z. B. rollierend im Wochenturnus

Abb. 22: Der Inhalt der Planungsebenen

Der Lieferabruf, und damit die eigentliche Bestellung, erfolgt auf der letzten Ebene. Aus den im Rahmenauftrag vorgeplanten Artikeln werden verbindliche Angaben bezüglich Variante, Menge, Termin, Auslieferung und Ort erteilt.

Zur Durchführung und Umsetzung der beschriebenen Planungssystematik ist zwischen Abnehmer- und Zulieferunternehmen ein direkter Informationsaustausch anzustreben, der dem Zulieferer möglichst frühzeitig Informationen über den Material- und Kapazitätsbedarf des Abnehmers weitergibt, so daß diese Informationen dann rechtzeitig in der Planung Berücksichtigung finden.

Voraussetzungen für ein flexibles Abrufsystem sind die Anpassung der Bearbeitungsrhythmen an die kurzfristige Lieferabrufübermittlung, die Einplanung kurzfristiger Änderungen und die Überprüfung der Durchführbarkeit.

Die beiden wesentlichen Abgrenzungskriterien zwischen Lieferabrufsystemen und PPS-Systemen bestehen zum einen in der Fristigkeit der Planungshorizonte, die bei Lieferabrufen differenziert zu handhaben sind, sowie in den Planungs- und Steuerungsparametern. Für die Behandlung von kurzfristigen Änderungen sollte ein Instrument für die durchgängige selektive Neuplanung mit EDV-Unterstützung geschaffen werden. Zur Annahme und Bestätigung eines Auftrags ist immer eine mengenmäßige und terminliche Überprüfung der Durchführbarkeit beim Zulieferer erforderlich.

Derzeit befinden sich Integrationskonzepte in der Erstellung, die gewährleisten sollen, daß die Beziehungen zwischen Zulieferern und Herstellern (z. B. Automobilindustrie) so zu verknüpfen sind, daß Änderungen im Produktionsprogramm des Herstellers automatisch in der Dispositionsdatei (-datenbestand) der Zulieferfirmen überspielt werden können. So ist beispielsweise im Sinne einer Beschleunigung des Informationsflusses denkbar, daß der aktuelle Produktionsplan des Abnehmers täglich aufgelöst wird und nach Abgleich der Bedarfe mit dem Lieferantenkonto diese tagesgenau im Dispositionsprogramm des Lieferanten erscheinen.

Bei dieser Form der Lieferantenanbindung lassen sich vier Fälle unterscheiden, die jeweils spezifische Abwicklungsroutinen erfordern:

1. Die nachgefragten Teile stellen einen Bedarf der Endmontage dar; sie werden ausschließlich von einem Lieferanten bezogen.
2. Die benötigten Teile sind Bedarf der Endmontage, werden aber von mehreren Lieferanten bezogen. Hier sind Algorithmen zur Aufteilung der abzurufenden Mengen auf die in Frage kommenden Lieferanten erforderlich.
3. Die Teile sind für eine untergeordnete Fertigungsstufe vorgesehen und werden von einem Alleinlieferanten bezogen.
4. Die Teile gehen in eine untergeordnete Fertigungsstufe und werden von mehreren Lieferanten bezogen.

Großen Aufwand bereitet in der Praxis die Abstimmung notwendiger Informationen. Zwar wurden im Arbeitskreis Vordruckwesen/Datenaustausch des VDA bereits Inhalt und Länge der für die Datenübertragung notwendigen Datensätze festgeschrieben (s. VDA-Empfehlungen zu Anfragen, Rahmenabschlüssen, Lieferabrufen, Lieferscheinen, Rechnungen usw.) (vgl. Abb. 23), jedoch sind diese weitgehend auf die Automobilindustrie zugeschnitten. Hier gilt es, modular aufgebaute Formulare zu entwickeln und als Bildschirmmaske zu überarbeiten, so daß branchenunabhängige Lösungen zur Verfügung stehen, die eine schnellere Einführung der mehrstufigen Planungssystematik erleichtern.

Üblicherweise liegen nur Informationen über den Materialbestand im eigenen Werk vor. Anlieferungen erfolgen nicht selten mit Abweichungen von den Lieferterminzusagen, die nicht vorhersehbar sind. Hierdurch können Fehlmengen mit der Folge von Produktionsstörungen auftreten. Zudem gestaltet sich eine Kapazitätsplanung für Lager, Wareneingang und Qualitätskontrolle schwierig. Hier setzt die Information über die Bestände im logistischen Kanal an. Um den Bestand an Teilen, der sich in der Transportstrecke befindet, in die Disposition und Steuerung des Abnehmers aufzunehmen, gilt es, Informationssysteme einzusetzen, die bereits ab Warenausgang des Zulieferers den zu erwartenden Eingang beim Empfänger melden.

Informations- und Steuerungssysteme, die dem JIT-Prinzip Rechnung tragen, machen keinen prinzipiellen Unterschied zwischen der Steuerung der Eigenfertigung oder der Zulieferanten.

Erfahrungen in Praxisfällen haben gezeigt, daß im Rahmen der Informationsflußgestaltung der notwendige Inhalt eines Lieferabrufs bereits einer konkreten Lösung zugeführt wurde. Die Frage nach der einzusetzenden Kommunikationstechnologie ist häufig noch offen. Die Einführung von Liefermeldungen, die mit dem jeweiligen Dispositionslauf des Abnehmers aktualisiert an die Lieferanten zu melden sind, führte zu erheblichen Reduzierungen der Informationen je Abruf, wobei eine einheitliche Nummernsystematik vereinbart und gleichzeitig ein Teilestammsatz beiderseitig verbindlich festgelegt wurde. Damit ist die Grundlage für eine wirtschaftliche Datenübertragung gegeben, die sich z. B. auch im Fortschrittszahlenkonzept dokumentiert, bei dem als Abrufinformation lediglich
– die Teilnehmer,
– der Bedarfstermin und
– die Menge (Fortschrittszahl des Teils, d. h. kumulierter Bedarf je nach Periode, z.B. ein Jahr)
übertragen werden. Alle übrigen Daten wie Lieferant, Lieferort, Verwendungsort etc. sind im Teilestammsatz enthalten.

Der direkte Informationsaustausch zwischen Abnehmer und Zulieferunternehmung sollte in Form eines Informationsverbunds mit elektronischen Medien

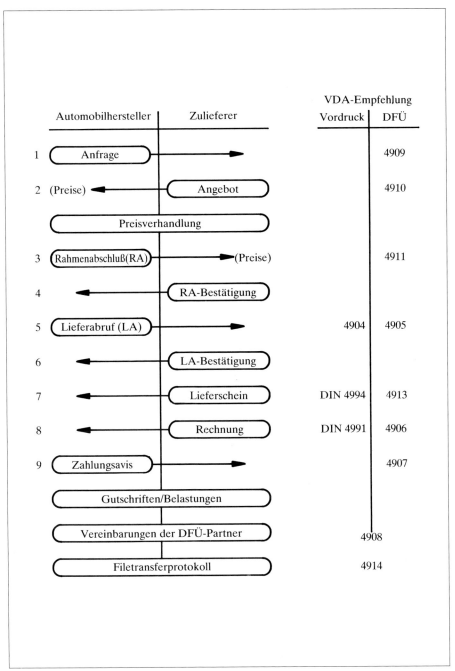

Abb. 23: Die Informationsströme zwischen Automobilherstellern und Zulieferern

erfolgen. Die Eignung eines derartigen Kommunikationssystems läßt sich anhand der folgenden Beurteilungskriterien ermitteln:

– wirtschaftliche Bearbeitung auch bei seltener Inanspruchnahme bzw. geringen Datenvolumina. Im Falle einer häufigen Nutzung des Mediums spielen Anschluß- und Fixkosten gegenüber den Übertragungskosten nur eine untergeordnete Rolle,

– Möglichkeit der Übermittlung von Informationen mit einem ausreichenden Zeichenvorrat für die Textkommunikation und Kompatibilität der Endgeräte,

– Dialogfähigkeit für die Abstimmung der Partner bei kurzen Übertragungszeiten zur Erhöhung der Reaktionsgeschwindigkeiten,

– Integrationsmöglichkeit in die vorhandene EDV bei geplanter Rechner-Rechner-Kommunikation,

– Übertragungs- und Zugriffsicherheit.

Zur Zeit ist noch kein System in der Lage, alle gestellten Anforderungen zu erfüllen, so daß auf eine Kombination verschiedener Systeme, nämlich

– Textkommunikation und

– Datenkommunikation

zurückgegriffen wird (vgl. Abb. 24). Diese Einteilung stützt sich auf die Möglichkeit einer maschinellen Verarbeitung der Informationen. Die Textkommunikation läßt derzeit in der höchsten Ausbaustufe den direkten Anschluß an Büro-Textsysteme zu. Dagegen erlaubt erst die Datenkommunikation den unmittelbaren Zugriff auf eine DV-Anlage, bzw. einen aus Datensicherheitsgründen isolierten Datei-Bereich.

1. Für den Telex-Dienst ist als besonderer Vorteil anzuführen, daß eine eindeutige Dokumentation sowohl des Ansprechpartners als auch des Informationsinhalts in schriftlicher Form gegeben ist. Hierdurch wird einerseits der Abschluß von Verträgen in juristisch einwandfreier Form ermöglicht, andererseits die Gefahr von Fehlern oder Fehlinterpretationen der Informationen eingeschränkt bzw. vermieden. Die Übertragungsgeschwindigkeit ist mit 50 bit/s relativ gering.

Neben dem beschränkten Zeilenvorrat – entweder Klein- oder Großbuchstaben und einige Sonderzeichen – wirkt sich die zentralisierte Aufstellung der Anlagen in den Unternehmungen nachteilig für das Telexsystem aus; im allgemeinen verlängert nämlich der betriebsinterne Postweg (Postverteilung) die Übertragungsdauer. Der adressierte Ansprechpartner wird relativ spät erreicht.

2. Zusätzlich zur Übertragungsmöglichkeit von alphanumerischen Zeichen erlaubt der Telefax-Dienst auch, graphische Daten zu übertragen. Durch die Bindung an bestimmte Übertragungsformate ist das Telefaxsystem für die häufige Übermittlung kleiner Datenmengen wie z. B. Abrufaufträge weniger kostengünstig als das Telexsystem. Es ist jedoch vorteilhaft einzusetzen, wenn eine Zusammenarbeit von Zulieferanten und Abnehmern auch im Bereich von Konstruktion

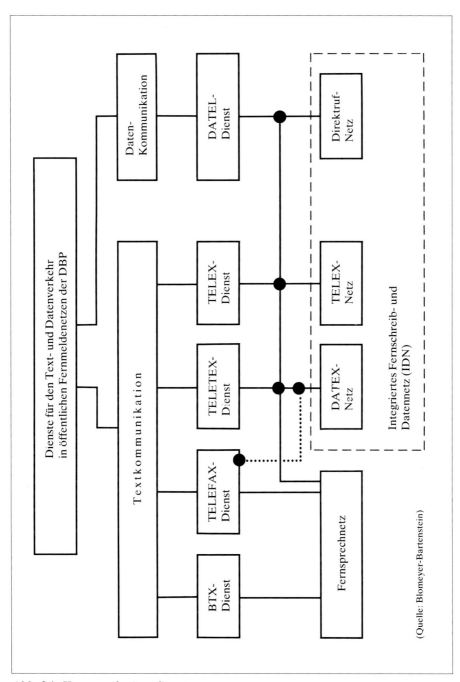

Abb. 24: Kommunikationsdienste

und Entwicklung besteht; hierbei können beispielsweise Zeichnungsänderungen (Pläne, Skizzen) schnell und sicher übertragen werden. Allerdings besteht keine interne Speichermöglichkeit von Informationen. Die über das öffentliche Fernsprechnetz laufende Übermittlung bei Geräten der sog. Gruppe 2 beansprucht ca. 3 Minuten für eine DIN A4 Seite, die Gruppe 3 bewältigt die gleiche Menge in ca. 1 Minute. Die Gruppe 4 nimmt das Datex-L-Netz für den digitalen Datentransport in Anspruch. Folglich dauert die Übertragung einer DIN A4-Seite wenige Sekunden. Die anfallenden Kosten bestimmt das in Anspruch genommene Netz.

3. Der Teletex-Dienst stellt eine Erweiterung der Leistungen des Telexsystems dar. Zur Datenübertragung wird das Datex-L-Netz benutzt, was eine 50fache Erhöhung der Informationsgeschwindigkeit gegenüber dem Telex bedeutet. Das Teletexsystem fordert jedoch zwingend das Vorhandensein von elektronischer Datenverarbeitungskapazität (Speicherschreibmaschinen, Textsysteme, DV-Anlagen) bei den Teilnehmern.

Die Vorteile des Teletexsystems stellen die schnellere Übertragungsgeschwindigkeit (2400 bit/s) und die einfache Änderung des Dateiinhalts mit Hilfe der EDV dar. Darüber hinaus ist Teletex kompatibel zu Telex (Teletex-Telex-Umsetzer – TTU –), d. h. von einem Teletex-Anschluß aus lassen sich sowohl nationale als auch internationale Telexanschlüsse erreichen. Teletex ist zusätzlich mit interner Speicherkapazität ausgestattet, so daß auch außerhalb der Arbeitszeiten die Information übermittelt wrden kann.

4. *Bildschirmtext* (Btx) ist ein dialogorientiertes Nachrichtenübertragungssystem, bei dem die Übermittlung alphanumerischer Zeichen und Bilder über das Telefonnetz erfolgt. Im Vordergrund steht zunächst das Abrufen von Informationen aus einer Informationszentrale (Btx-Leitzentrale). Daneben bietet Btx, das die Informationen in Form von Btx-Seiten speichert, aber auch die Möglichkeit des Nachrichtenaustauschs der Teilnehmer untereinander (Dialog), indem geschlossene Benutzerbereiche innerhalb der Informationsspeicher bereitstehen, für die definierte Teilnehmer einen Zugangsberechtigungscode erhalten. Da als Datenendgeräte auch Btx-fähige Personalcomputer verwendet werden können, ist es möglich, Btx durch wahlweisen Zugang zum Datex-P-Netz zur Rechner-Rechner-Kommunikation zu nutzen. Hierbei ist jedoch zu betonen, daß bei dieser Form der Nutzung von Btx Gebühren sowohl für das Telefon als auch für den Datex-P-Dienst anfallen. Der Vorteil des kostengünstigen Mediums Btx wird durch diesen Umstand relativiert. Anschlußerkennung, Zahlencode und individuelle Kennwörter erhöhen die Zugriffs-/Zugangssicherheiten. Die künftige Möglichkeit des Dienstübergangs zwischen Btx, Telex und Teletex erweitert den Verbreitungsgrad und erhöht damit die Erreichbarkeit einzelner Teilnehmer. Die Fixkosten des Systems betragen in der Minimalkonfiguration etwa das Doppelte des Telefaxsystems; aufgrund der hohen Übertragungsgeschwindigkeit (1200 bit/s für die

Informationssendung, 75 bit/s für die Rückantwort) sind die variablen Kosten, insbesondere bei der Übermittlung umfangreicher Dateiinhalte, geringer als bei Vergleichssystemen. Allerdings wird beim Übergang auf parallele Netze deren Gebühr zusätzlich fällig.

In den Bereichen der Datenkommunikation fallen die Datel-Dienste Datex-L und Datex-P.

5. Beim *Telebox-Dienst* erfolgt keine direkte Kommunikation, sondern über einen Telebox-Zentral-Computer können Informationen im Telebox-Speicher abgelegt werden. Dies ist sowohl im öffentlichen Fernsprechnetz als auch im Datennetz möglich. Der Abruf erfolgt, vorausgesetzt es liegt ein empfangsberechtigter Teilnehmer vor, in gleicher Weise, indem sich der Nutzer mit Adresse und persönlichem Paßwort zu erkennen gibt. Für den Telebox-Dienst wird ein zeichenorientiertes, asynchrones Datenendgerät benötigt. Aufgrund des in Anspruch genommenen Netzes ist die erhobene Nutzungsgebühr entsprechend uneinheitlich.

6. Beim *Datex-L-Dienst*, einer digitalen Datenübertragung, wird eine gewählte Verbindung über eine Leitungsvermittlung aufgebaut und bleibt dann während der Dauer der gesamten Kommunikation bestehen. Die Post stellt hier genormte (duplexfähige) Schnittstellen zur Verfügung. Datencode und Übertragungsgeschwindigkeiten sind zwischen den Teilnehmern individuell abzustimmen (300, 2400, 4800, 9600 und 64 000 bit/s). Daneben bietet die DBP als Zusatzleistungen Kurzwahl, Direktruf, Gebührenübernahme, Teilnehmerbetriebsklasse und Anschlußerkennung an. Die Kosten sind abhängig von der Entfernung und der Übertragungsgeschwindigkeit.

7. Die Vorteile bei *Datex-P* sind in der Bündelung von Datenpaketen und deren anschließenden Versendung auf dem jeweils rationellsten Weg mit Übertragungsgeschwindigkeiten bis zu 48 000 bit/s über virtuelle Verbindungen durch die Post an die einzelnen Adressaten. Damit ist eine 255fache Belegung eines Hauptanschlusses durch unterschiedliche Teilnehmer möglich, ohne auf die Übertragungsgeschwindigkeiten einzelner DVA Rücksicht nehmen zu müssen. Kennzeichnend ist die geringe Fehlerquote sowie die verkehrsmengenorientierte und nicht entfernungsabhängige Gebührenstruktur.

Zur Nutzung der Datel-Dienste müssen auf Kunden- bzw. Lieferantenseite inhaltlich kompatible Software-Programme zur Ein- und Ausgabe erstellt werden. Einer breiteren Anwendung steht damit zur Zeit noch ein erheblicher Anpassungsaufwand entgegen. Im Hinblick auf eine langfristige Anbindung einer größeren Zahl von Lieferanten durch die Kommunikation von beiderseitigen Dispositionsdaten unmittelbar über den Rechner ist der Datex-P-Dienst zu empfehlen. Im Bereich der Textverarbeitung bietet sich der Teletex-Dienst sowohl als wirtschaftliche als auch anwendungsfreundliche Leistung bzgl. der Kompatibilität zu Telex und textverarbeitenden PCs und DVAs an.

8. Neben den öffentlichen Fernmeldenetzen bietet die DBP zur Übertragung digitaler Daten das öffentliche Direktrufnetz mit zeitlich oder ständig festgehaltenen duplexfähigen Verbindungen zwischen »Hauptanschlüssen für Direktruf« (HfD) an. Es sind Übertragungsgeschwindigkeiten von 50–48 000 bit/s gestaffelt möglich. Posteigene, digitale Knoteneinrichtungen erlauben eine Vervielfachung oder eine Kanalteilung für mehrere HfDs. Kostenparameter sind die Entfernung wie auch die Übertragungsgeschwindigkeit und die Nutzungszeit.

Der Einsatz von text- und datenverarbeitenden Kommunikationstechnologien setzt eine planmäßige Analyse der Informationsbeziehungen zwischen Abnehmer und Zulieferant voraus. Diese führt zu:

a) erhöhter Transparenz des Planungsgeschehens

Entsprechend der Überlegung, daß mit kürzer werdendem Zeitraum vor dem unmittelbaren Bedarfszeitpunkt der Materialien die mengen- und terminmäßigen Unsicherheitsschwankungen geringer sind, ist für den Zulieferanten die frühzeitige Kenntnis über eine Bedarfsänderung von Bedeutung. Die simultane Verfolgung der Planung des Bedarfs beim Abnehmer läßt die Notwendigkeit einer Kapazitätsreservierung oder Rohmaterialbeschaffung beim Zulieferanten erkennen. Umgekehrt ist für den Abnehmer damit die Versorgungssicherheit in erhöhtem Maße gewährleistet, da der Lieferant schneller in der Lage ist, kurzfristige Planänderungen in der eigenen Disposition zu verarbeiten und diese dem Abnehmer zu bestätigen bzw. abzulehnen.

Der Reaktionszeitraum für Maßnahmen vergrößert sich damit. In einer weiteren Ausbaustufe der Informationsübertragung zwischen Lieferant und Nachfrager ist neben der Abrufsystematik mit Hilfe der Kommunikationstechnologien die Übertragung von Teile-, Konstruktions- und Werkzeugdaten anzustreben. Dadurch ist gewährleistet, daß die durch die Änderungshäufigkeit bedingten Anpassungen der Planungs- und Dispositionsdaten für die Beschaffung und Produktion des Lieferanten mit minimaler zeitlicher Verzögerung den verantwortlichen Bearbeitungsstellen zugeleitet werden. Diese kontinuierliche Aktualisierung der Teilestammdaten ist nicht isoliert von der Abrufsystematik zu betrachten, sondern in die DV-Struktur zu integrieren.

b) Förderung des Dialogs

Die erhöhte Transparenz des Planungsgeschehens wird durch die intensivierte Dialogorientierung des Einkaufs- bzw. Verbrauchsablaufs in ihrer positiven Wirkung für die Vertragspartner unterstützt. Die Informationszeit wird um so kürzer, je höher der Grad der automatisierten Integration der Planungsschritte in die sonst sehr zeitaufwendigen manuell durchzuführenden Tätigkeiten der jeweiligen Einkaufs- bzw. Verkaufsorganisation ist.

So erfordert die briefliche Kommunikation einen wesentlich höheren personellen und damit zeitlichen Aufwand als die unmittelbare Kopplung zweier Rechner-Anlagen, die selbsttätig die für die Bestellungen erforderlichen Informationen austauschen können. Dabei ist gleichzeitig die Rechtsverbindlichkeit der Bestellung zu berücksichtigen, die bei telefonischer Absprache nicht immer eindeutig geklärt ist. Kurzfristige Rückkopplungen sind darüber hinaus insbesondere bei Änderungen der Planung erforderlich.

c) Reduzierung des Anteils operativer Tätigkeiten

Die Einteilung der Kaufteile nach Einkaufswert führt zu einer Klassifizierung von ABC-Teilen. Danach sind es nur wenige A-Teile, die einen hohen Bedarfswert ausmachen. Eine Fehlschätzung von nur 1% wirkt sich hier viel stärker auf das Einkaufsergebnis aus, als wenn beispielsweise C-Teile um 10% abweichen (Harlanger/Koppelmann 1983/84). Das bedeutet, daß der Anteil operativer Tätigkeiten der Einkäufer zu reduzieren ist und deren Aufgabenschwerpunkt auf die kritischen Teile zu konzentrieren ist. Durch eine automatisierte Abwicklung der Bestellabläufe unkritischer und regelmäßig erforderlicher Teile läßt sich ein zeitlicher Freiraum für die Einkäufer schaffen, der z.B. für die Beschaffungsmarktforschung oder Preisverhandlungen aufgewendet werden kann.

Diese formalen Ziele haben ihren Ursprung in dem Grad der Integration der automatisierten Planungs- und Bestellarbeitsgänge in die jeweilige Organisation der Einkaufs- bzw. Verkaufsbereiche. Auf der gleichen Basis kann die Unterscheidung verschiedener Modelle (vgl. Abb. 25) für die Informationsübertragung zwischen dem Einkauf des Abnehmers und dem Verkauf des Lieferanten erfolgen.

Modell 1:

Danach beruht die einfachste Form der Kommunikation der Partner auf einer konventionellen Telex- oder Teletex-Verbindung, d h. textverarbeitenden Medien.

a) Telex-Telex-Verbindung

Die unmittelbare Übertragung von Bestelldaten aus dem Dispositionsrechner zum Lieferanten durch den Versand eines Telex direkt durch den Rechner ist heute nur bei wenigen EDV-Anlagen vorgesehen. Eine Verarbeitung des empfangenen Telex durch den Lieferanten-Rechner ist nicht möglich, d. h., es ist manueller Aufwand erforderlich, der die Informationen für das eigene Planungsgeschehen umsetzt.

b) Telex-Teletex-Verbindung

Verfügt einer der Partner über einen Teletex-Anschluß, so besteht die Möglichkeit, ein eingehendes Telex direkt im Rechner verarbeiten zu lassen. Dies erfordert jedoch eine besondere Ausstattung des Rechners beim Teletex-Empfänger.

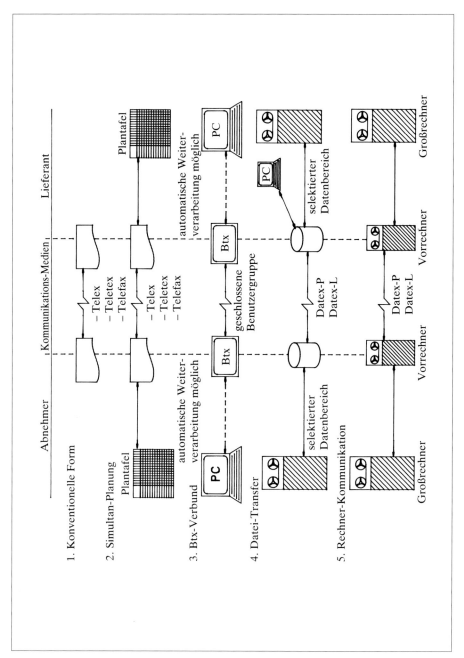

*Abb. 25: Die Modelle zur integrierten Informationsverarbeitung zwischen Liefe-
rant und Abnehmer*

c) Teletex-Teletex-Verbindung

Die Möglichkeit einer unmittelbaren Verarbeitung ist hier an die gleiche Bedingung geknüpft wie bei der Telex-Teletex-Verbindung.

Die Verarbeitung der Informationen ist von einer zwangsläufigen Kopplung mit den Dispositionsverfahren von Lieferant und Abnehmer in den meisten Fällen losgelöst. Daher kommt dieses Modell in den Fällen zur Anwendung, in denen der bisherige Ablauf der Bestellabwicklung beibehalten werden soll. Damit wird zwar einerseits keine wesentliche Erleichterung für die repetitiven Aufgaben der Einkäufer erreicht. Andererseits ist aber nur geringer Aufwand für die organisatorische Einbindung des Verfahrens erforderlich.

Ist im Rahmen der produktionssynchronen Beschaffung eine schrittweise Anbindung der Lieferanten das Ziel, so ist die Erweiterbarkeit der Kommunikationsverfahren von entscheidender Bedeutung. Die Technologien der Textkommunikation sind aufgrund ihrer Verbreitung auf eine nahezu unbegrenzte Anzahl von Lieferanten anzuwenden. Ein Dialog zur Abstimmung von Rückfragen ist jedoch mit hohem zeitlichem Aufwand verbunden, da die Übertragungsgeschwindigkeit und die technologische Beschaffenheit der Medien eine zeitverzugslose Gesprächsführung nicht zuläßt.

Modell 2:

Bessere Übersicht über das Planungsgeschehen ist dann zu erhalten, wenn zwischen den Teilnehmern eine gemeinsame Systematik der Dokumentation mit Hilfe von Plantafeln vorliegt. Hierbei werden in den jeweiligen Dispositionsbereichen identische Tafeln aufgestellt. Auf der horizontalen Achse wird ein Zeithorizont aufgetragen, der sich an der jeweiligen Wiederbeschaffungszeit der Lieferanten orientiert und einige Planperioden im Überblick umfaßt. Für die Praxis hat sich die Dreiteilung in Zeitbereiche vom Zeitpunkt »heute« mit tagesgenauer Übersicht für eine Woche, mit wochengenauer Übersicht für einen vierwöchigen Horizont und monatlicher Übersicht für ein weiteres Quartal bewährt. In vertikaler Richtung erfolgt eine Aufteilung nach Kaufteilen. Für jedes Kaufteil steht damit eine »Zeile« der Zeitachse zur Verfügung, in die Karten mit Angabe der Bestellmenge, bezogen auf den Anlieferungstermin, gesteckt werden. Aufgrund vereinbarter Bestellmengen ist eine Wiederverwendung der Karten für jede Bestellung ohne inhaltliche Veränderung möglich. Die aktuelle Situation hinsichtlich der Einhaltung von Lieferterminen ist an der Tafel in übersichtlicher Form unmittelbar erkennbar und ermöglicht bei eventuell auftretenden Abweichungen vom Plan frühzeitig Maßnahmen einzuleiten. Die erforderliche Aktualisierung der Informationen der Plantafel ergeben sich aus den täglichen Bedarfsmeldungen des Abnehmers und der entsprechenden Kapazitätsbelegung des Lieferanten. Auf beiden Seiten sind die Veränderungen simultan aufzuzeigen. Die notwendigen

Informationen sind über Telex- oder Teletex-Verbindungen zu übermitteln. Eine weitere Möglichkeit, einen Lieferabruf einzuleiten, besteht darin, nach dem Prinzip der KANBAN-Steuerung die Karten für eine definierte Behältermenge unter Berücksichtigung der Lieferzeit per Telefax dem Lieferanten zu melden. Diese Karten sind entsprechend in die Plantafel einzuordnen.

Die JIT-Prinzipien fordern die Reduzierung von Dispositions-Entscheidungs-Ebenen zur Verkürzung der Informationsdurchlaufzeit und zur Reduzierung der Sicherheitsbestände. Danach ist der Direktabruf aus der Fertigung anzustreben, um im Sinne der Versorgungssicherheit der Fertigung dem Verbraucher die größtmögliche Transparenz über die Planung und den Bestand an Materialien zu garantieren. Somit ist dann die Plantafel objektbezogen beim Verbraucher zu installieren. Besondere Probleme bilden dann die Kommunikation zwischen Zulieferer und Abnehmer sowie die Mehrfachverwendung der Kaufteile an verschiedenen Fertigungslinien. Hier tritt die Forderung einer zentralen Koordination der Bestellabwicklung auf, die dann in Händen einer übergeordneten Beschaffungsinstanz liegen sollte.

Die erforderliche Übersicht über den Inhalt der Plantafel schränkt die Anzahl der Teile, die mit diesem Hilfsmittel zentral geplant werden, ein. Mit der Forderung nach der Übersichtlichkeit ist gleichzeitig eine begrenzte Erweiterbarkeit des Verfahrens verbunden. Daher ist vor dessen Einführung eine exakte Analyse über den Umfang der angestrebten Lieferantenanbindung erforderlich.

Den Vorteilen der relativ problemlosen Integrationsmöglichkeit in das Planungsverfahren, der weiten Verbreitung der verwendeten Kommunikationsmittel und der relativ niedrigen Aufwendungen für die Installation der Medien, steht eine nur bedingt mögliche Dialogführung gegenüber, wobei eine strengere Disziplin zur Aktualisierung der Plantafeln zu verlangen ist. Nur so ist eine kongruente Abbildung der Bedarfsmeldung an unterschiedlichen Orten sicherzustellen. Die Disponenten bzw. die Einkäufer werden allerdings nicht von Routinetätigkeiten entlastet.

Modell 3:

Neben dem Aspekt der vielseitigen Verwendbarkeit des eingesetzten Mediums ist die Unternehmensgröße als Maßstab für den zulässigen Aufwand, der für die Investitionen aufgebracht wird, ein wesentliches Auswahlkriterium. So wird es für einen Lieferanten nicht sinnvoll sein, z. B. einen im Verhältnis zu den Text-Kommunikationstechnologien kostenintensiven Datex-Anschluß zu betreiben, wenn dieser ausschließlich einem Kunden dient. Als Alternative hierzu kann eine Btx-Verbindung aufgebaut werden, die auch ein kleineres Unternehmen vielseitig verwenden kann (z. B. Abwicklung aller Bankangelegenheiten). Dem Partner steht es frei, die Antwort manuell oder mit Hilfe eines BTX-fähigen PCs oder des

Großrechners auszuwerten. Die Führung eines Dialogs wird allerdings durch z.T. sehr lange Antwortzeiten erschwert. Dieses Modell unterstützt damit, bei automatischer Weiterverarbeitung der Daten, die Forderung nach reduziertem Anteil repetitiver Tätigkeiten des Einkäufers zwingt einen Lieferanten aber gleichzeitig nicht, den gleichen Automatisierungsgrad vorzuhalten. Diese Form der Kommunikation kann daher insbesondere für die Beziehung unterschiedlich strukturierter Geschäftspartner als Kompromiß angesehen werden.

Eine weite Verbreitung dieses Systems wird behindert durch die bislang hohe Fehlerrate, die bei einer Übermittlung über längere Distanzen in das Ausland auftreten. Damit beschränkt sich die Anwendung dieses Verfahrens auf das Inland.

Aufgrund der unveränderten Abwicklung des Dispositionsverfahrens ergibt sich bei diesem Verfahren keine verbesserte Planungstransparenz. Der Integrationsaufwand in die bestehende Organisation ist bei nicht automatisierter Weiterverarbeitung der Daten gering.

Modell 4:

Die verbreitete Durchdringung der EDV in dispositiven Bereichen bietet vielfach bereits die Möglichkeit einer direkten Rechnerverbindung untereinander. Voraussetzung dazu ist einerseits die feste Verknüpfung der Rechner mit Hilfe der Datenkommunikations-Technologien und andererseits die logische Abstimmung der Protokolle, die für die »Verständigung« der Rechner-Software sorgt. Ein wesentliches Problem in dieser Form der Kommunikation ist in der Datensicherheit zu sehen, die einen nicht zugriffsberechtigten Datenzugang verhindert. Dieses Risiko läßt sich in der ersten Aufbaustufe der Rechner-Kommunikation dadurch verringern, daß lieferantenbezogen spezielle Dateien für die Dispositionsdaten initiiert werden.

Eine zusätzliche Sicherung ist eine zeitliche Zugangsbeschränkung. Dabei wird zugelassen, daß der Lieferant täglich zu einer bestimmten Zeit auf die für ihn bereitgestellte Datei beim Abnehmer zugreifen kann. Durch diese zeitliche Bindung wird sichergestellt, daß Informationen nur zu fixen Terminen ausgetauscht werden.

Der mit diesem Modell verbundene Aufwand für die Realisierung der komplexen individuell abgestimmten Konzepte setzt eine intensive, langfristig angelegte Beziehung zwischen Abnehmer und Lieferant voraus.

Die Realisierung dieses Modells erfordert einen hohen Aufwand für die organisatorische Eingliederung in bestehende Verfahren. Da es sich jedoch um einmaligen Aufwand für die Erstellung der erforderlichen Dateien und die physische Anbindung an die Datenkommunikationstechnologien der Post handelt, ist das Verfahren nahezu beliebig erweiterbar. Die Grenzen sind in der Kapazität der kommunizierenden Rechner und in der Anschlußmöglichkeit an die Datennetze zu

Anwendungskriterien / Modelle	Anzahl Lieferanten	Standorte der Lieferanten	Lieferzeit* / Informations-DLZ	Planungsfrequenz	Datenvolumen, d.h. Anzahl der Teile und Lieferanten	Nachfragemacht*	Beabsichtigte Mindestdauer der Beziehung	Beabsichtigte Intensität der Beziehung
1	unbegrenzt	BRD Europa Übersee	>5	wöchentlich	gering	>5% v.U.	kurzfristig	Beschaffungsvolumen je Teil <30%
2	stark begrenzt	BRD Europa Übersee	>5	wöchentlich	sehr gering	>10% v.U.	mittelfristig	Beschaffungsvolumen je Teil <50%
3	stark begrenzt	BRD	>5	wöchentlich bis täglich	sehr gering	>10% v.U.	mittelfristig	Beschaffungsvolumen je Teil 50%-70%
4	EDV-Kapazitätsabhängig	BRD Europa**	<2	täglich	sehr hoch	>15% v.U.	langfristig	Beschaffungsvolumen je Teil >70%
5	EDV-Kapazitätsabhängig	BRD Europa**	<2	stündlich bis täglich	sehr hoch	>15% v.U.	langfristig	Beschaffungsvolumen je Teil >70%

* Die angegebenen Werte sind als Anhaltspunkte zu verstehen

** Datex-Verbindungen nach Übersee sind z.Z. nur begrenzt einsetzbar

Abb. 26: Die Anwendungskriterien der Kommunikationsmodelle

sehen. Allerdings ist die Verbreitung der Datex-Dienste noch sehr gering, so daß eine vielseitige Verwendung derzeit noch nicht gegeben ist.

Vorteilhaft wirkt sich sowohl beim Lieferanten als auch beim Abnehmer die Arbeitserleichterung durch die Automatisierung der Disposition aus. Aufgrund des schnellen Verbindungsaufbaus und des direkten Einblicks in die Dateien läßt sich ein Dialog leicht realisieren. Der Aufbau der Dateien mit einer Planungsübersicht für mehrere Perioden fördert für beide Seiten die Planungstransparenz.

Modell 5:

Die weitestgehende Form der automatisierten Kommunikation ist die dialogorientierte Direktkopplung zweier Rechnersysteme. Unabhängig von der automatischen Verarbeitung der innerhalb der Datenkommunikationsmedien ausgetauschten Informationen ist eine Planabstimmung zwischen Zulieferant und Abnehmer erforderlich. Das bei dieser Lösung auftretende Problem der Datensicherheit läßt sich beispielsweise durch die Installation eines Vorrechners aufheben. Dieser Rechner arbeitet unabhängig vom Hauptrechner und erfüllt in erster Linie die physischen und logischen Voraussetzungen für eine Kopplung an einen anderen Rechner. Der Vorrechner steuert und speichert die auszutauschenden Informationen und verhindert durch die Trennung vom Hauptrechner einen Zugang in zentrale Datenbanken. Der Datenzugriff erfolgt über den Vorrechner, der nur so lange belegt wird, wie es die Zeitdauer der Datenübertragung erfordert. Die notwendige Kapazität des Vorrechners ist abhängig vom zu erwartenden Datenvolumen, d. h. der Anzahl der Teile und der Lieferanten, die mit diesem Verfahren koordiniert werden sollen. Zur Entlastung des Hauptrechners kann es sinnvoll sein, die Kapazität so auszulegen, daß der Vorrechner auch Funktionen der Datenaufbereitung und -verdichtung übernehmen kann. Eine anschließende Plausibilitätsprüfung trägt bereits vor der Bearbeitung in Dispositionsprogrammen zur frühzeitigen Fehlererkennung der Daten bei. Je nach Art und Umfang der Aufgabenstellung, die dem Vorrechner zugedacht wird, ist bereits ein PC für eine solche Lösung geeignet.

Ebenso wie für das Modell 4 gilt auch hier als Anwendungskriterium die beabsichtigte Intensität und die Dauer der Zusammenarbeit, um den Aufwand für die einmalige Anpassung der Organisations- und Informationsstruktur der beteiligten Unternehmen zu rechtfertigen. Es stellt sich darüber hinaus die Frage, inwieweit dieser Aufwand in Relation zur Wiederbeschaffungszeit und zur Planungs-, Abruf- und Änderungsfrequenz steht.

Die mit der Datenkommunikation erreichbare kurze Informationsflußzeit von der Erstellung eines Abrufs bis zur Verarbeitung beim Lieferanten verliert dann an Bedeutung, wenn lange Lieferzeiten bestehen. Führt jedoch die Planungs- und Änderungsfrequenz zu einem hohen täglichen Datenvolumen, so ist auch hier die

Dienst/Netz Kriterium	Telefon	Telex	Direktruf	Datex-L	Datex-P
Kosten	⊖	○	○	●	●
Ausschußkosten	344,—	200,—	400,—	400,—	400,—
Fixkosten	177,—/207,—	65,—/170,—	180,—/350,—	170,—/1120,—	170,—/775,—
Verbindungskosten	~0,23/0,13	~0,23	20,—/0,037[1]	~0,09	~0,003
Übertragungsmöglichkeit	○	○	○	○	●
Dialogfähigkeit	⊖	○	●	●	●
Übertragungssicherheit	○	○	⊖	⊖	●
Vertraulichkeit	○	⊖	●	●	●
Erreichbarkeit	⊖	⊖	●	⊖	⊖

Datenkommunikation

● geeignet ⊖ bedingt geeignet ○ ungeeignet

[1] Umgerechnet auf die Übertragungsgeschwindigkeit

Abb. 27: Die Beurteilung der Postdienste für die Eignung zur produktionssynchronen Beschaffung

Textkommunikation

Kriterium \ Dienst/Netz	Telex	Telefax	Teletex	Btx	Telebox
Kosten	○	○	●	⊖	⊖
Ausschußkosten	200,—	255,—	400,—	65,—	⎱ abhängig vom benötigten Netz
Fixkosten	65,—/170,—	~32,—	170,—	8,—	
Verbindungskosten	~0,32	1,15	~0,09	0,23/0,07[2]	
Übertragungsmöglichkeit	○	●	●	●	●
Dialogfähigkeit	○	○	⊖	⊖	○
Übertragungssicherheit	⊖	○	●	○	⊖
Vertraulichkeit	⊖	⊖	⊖	●	●
Erreichbarkeit	●	○	●	●	●

● geeignet   ⊖ bedingt geeignet   ○ ungeeignet

[1] DBP: Wichtige Gebühren bei der Datenübertragung
[2] Umgerechnet auf die Übertragungsgeschwindigkeit

Abb. 28: Die Beurteilung der Postdienste für die produktionssynchrone Beschaffung[1])

informationstechnische Anbindung zu empfehlen. Die Datenkommunikation bedeutet insbesondere dann eine erhebliche Reduzierung des Aufwands an Routinetätigkeiten, wenn die Lieferfrequenz und damit die Abruffrequenz sehr hoch ist. Das gleiche gilt bei einer hohen Änderungshäufigkeit der Abrufe. Durch die unmittelbare Verarbeitung von Daten ist zu jedem Zeitpunkt eine transparente Planung gewährleistet, die mit Hilfe von Terminals gleichzeitig in der Disposition wie auch in der Fertigung verfügbar sein kann.

Eine schematische Darstellung und eine Übersicht über die Anwendungskriterien der vorgestellten Modelle ist in Abb. 26 enthalten. Die Eignung der Postdienste für eine produktionssynchrone Beschaffung ist in Abb. 27 und Abb. 28 dargestellt.

In einer weiteren Ausbaustufe der Informationsübertragung zwischen Lieferant und Nachfrager ist neben der Abrufsystematik mit Hilfe der Kommunikationstechnologien die Übertragung von Teile-, Konstruktions- und Werkzeugdaten anzustreben. Dadurch ist gewährleistet, daß die durch die Änderungshäufigkeit bedingten Anpassungen der Planungs- und Dispositionsdaten für die Beschaffung und Produktion des Lieferanten mit minimaler zeitlicher Verzögerung den verantwortlichen Bearbeitungsstellen zugeleitet werden. Diese kontinuierliche Aktualisierung der Teilestammdaten ist nicht isoliert von der Abrufsystematik zu betrachten, sondern in die DV-Struktur zu integrieren.

2.6. Steuerungsstrategien

2.6.1. Steuerung mit Leitteilen

In MRP-Systemen behandelt die Steuerung sämtliche Teile mit gleicher Gewichtung. Alle Aufträge werden einzeln gesteuert. Zur Verwirklichung von JIT-Prinzipien kommt dagegen auch eine Fertigungssteuerung über sogenannte »Leitteile« in Betracht (vgl. Abb. 29). Als Leitteile können Teile eines Endprodukts definiert werden, die den gesamten Fertigungs- und Montageprozeß durchlaufen. Diese Teile werden EDV-technisch einzeln identifiziert und durch dezentrale Rückmeldungen beispielsweise über Barcodeleser laufend überwacht, so daß stets der Arbeitsfortschritt und der Standort einzelner Aufträge verfolgt werden kann (vgl. Balcezak 1984). Dies ermöglicht eine dezentrale Auslösung von Zusteuerungsimpulsen für benötigte Teile, so daß eine papierlose Abrufsteuerung möglich wird. Auftragsbegleitpapiere, Qualitätskarten, Lagerbelege etc. werden nicht mehr benötigt, wodurch übliche Fehler bei der Belegverwaltung vermieden werden und die dafür erforderlichen Personalkosten einzusparen sind. Problematisch ist jedoch die Bestimmung geeigneter Leitteile sowie die Zuordnung von Daten und Funktionen zu den zentralen bzw. dezentralen Rechnersystemen.

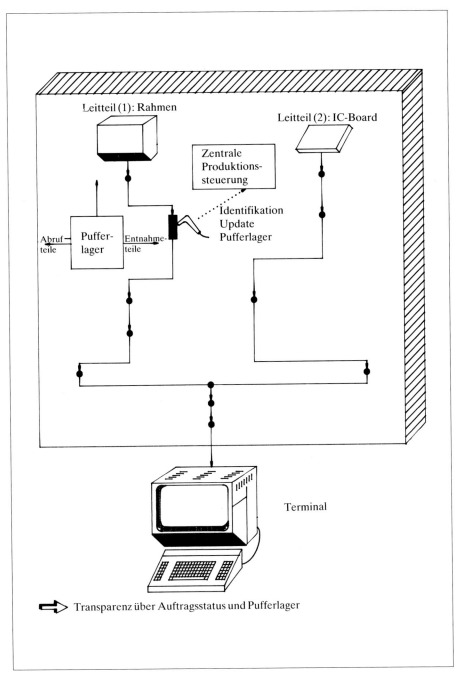

Leitteil (1): Rahmen

Leitteil (2): IC-Board

Zentrale
Produktions-
steuerung

Identifikation
Update
Pufferlager

Abruf-
teile

Puffer-
lager

Entnahme-
teile

Terminal

Transparenz über Auftragsstatus und Pufferlager

Abb. 29: Steuerung mit Leitteilen

2.6.2. Verknüpfung von technischer und dispositiver Fertigungssteuerung

Traditionell besteht eine Trennung zwischen dispositiver Fertigungssteuerung und technischer Prozeßsteuerung. Unter JIT-Gesichtspunkten ist dagegen eine Auflösung dieser Differenzierung wünschenswert. Damit ist es beispielsweise möglich, über abgerufene Aufträge erforderliche Steuerungsimpulse an die Lager- und Transportsteuerung zu geben. Hierzu sind im PPS-Bereich Schnittstellen zu bilden, die eine Einbindung in eine unternehmensspezifische Rechner- und Programmhierarchie ermöglichen. Diese kann z. B. folgende Struktur aufweisen: Die Prozeßsteuerung an den einzelnen Maschinen, Handhabungs-, Transport- und Lagersystemen bildet die unterste Ebene in der Rechnerhierarchie. Aufgrund unterschiedlicher Hardware werden auf dieser Ebene in der Regel verschiedenartige Steuerungen eingesetzt, die mit Hilfe eines übergeordneten Prozeßleitsystems zu koppeln sind. Eine standardisierte Schnittstelle, die den Austausch von Daten zwischen Steuerungen und Rechner unterschiedlicher Hersteller in einem lokalen Netzwerk (LAN – Local Area Network) erlaubt, ist das sog. Manufacturing Automation Protocol (MAP). Die Prozeßrechner können ebenfalls über ein LAN mit einem übergeordneten Fertigungssystem gekoppelt werden, das seinerseits mit CAD-Rechnern und der kommerziellen DV zur Produktionsplanung und -steuerung in Verbindung steht (vgl. Abb. 30).

Die Kommunikationsfähigkeit zwischen diesen Ebenen und Komponenten ist letztlich die Voraussetzung für die Verwirklichung eines CIM-Konzepts (vgl. Lechner 1986).

2.6.3. Dezentralisierung von Produktionsplanungs- und Produktionsfertigungskonzepten

Die zentrale Planung und Steuerung der betrieblichen Kapazitätseinheiten erfordert eine geeignete Betriebsdatenerfassung, so daß nach jedem Arbeitsgang entweder online oder periodisch eine Rückmeldung erfolgen kann. Der gewünschte Materialdurchsatz in der logistischen Kette wird dann auf Basis der laufenden Rückmeldungen durch entsprechend korrigierende Eingriffe in den Produktionsablauf sichergestellt (vgl. Ulrich/Hug 1984).

Bei einer Just-In-Time-Produktion ist jedoch eine größere Zeitnähe von Steuerungsmaßnahmen erforderlich. Dies wird erreicht, wenn parallel zu den Reorganisationsmaßnahmen im Fertigungsbereich wie z. B. Fertigungssegmentierung oder flußorientierter Aufbau von KANBAN-Regelkreisen eine Reorganisation der Produktionsplanung und -steuerung mit einer Dezentralisierung von dispositiven Funktionen erfolgt. Dabei werden bestimmte Planungs- und Entscheidungskompetenzen wie z. B. die kurzfristige Reihenfolgeplanung innerhalb festgelegter Handlungsspielräume in den ausführenden Bereich rückverlagert. Auf einem ähnlichen Konzept beruht beispielsweise das Fortschrittszahlensystem.

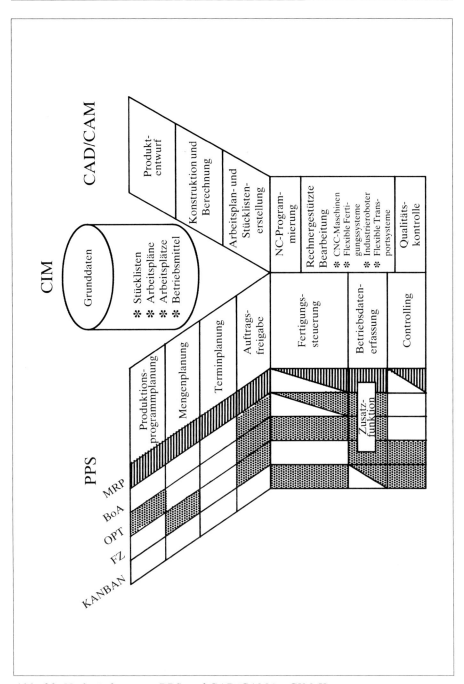

Abb. 30: Verknüpfung von PPS und CAD/CAM im CIM-Konzept

Durch die Dezentralisierung reduziert sich die Komplexität der zentralen Fertigungssteuerung. Der gesamte Materialfluß unterliegt einer ständigen Kontrolle, so daß Rückmeldungen jeweils nur nach mehreren verknüpften Arbeitsgängen erforderlich sind. Neben der Zahl der Rückmeldungen reduziert sich auch das zu übertragende Datenvolumen, wenn die Produktion mit festen Raten erfolgt. Weiterhin werden einige Steuerungsfunktionen konventioneller PPS-Systeme durch generelle Regelungen wie z. B. »nur Weitergabe von Gutteilen« und »Produktion nur auf Anforderung« etc. abgedeckt.

Für das übergeordnete MRP-System ergeben sich damit folgende Anforderungen:
– Es müssen die für die dezentralen Entscheidungen benötigten Informationen bereitgestellt werden.
– Der dezentrale Dispositionsspielraum muß klar sein.
– Wird in einem Teil der Fertigung in Produktionsraten und in einem anderen Teil nach Werkstattaufträgen gefertigt, so ist ein Abgleich zwischen diesen Fertigungsbereichen durch das zentrale MRP-System notwendig.

2.7. Auswahl unternehmensspezifischer JIT-Steuerungskonzepte

Erfahrungen aus über 200 Unternehmen, die JIT-Pilotprojekte durchführten, zeigen, daß aufgrund unterschiedlicher Fertigungsaufgaben viele Unternehmen maßgeschneiderte PPS-Konzepte benötigen. Als Lösungsansatz bietet sich folgende Vorgehensweise an:
– Festlegung einer grundsätzlichen Strategie der Auftragsabwicklung,
– Auswahl geeigneter PPS-Konzepte anhand entsprechender Eignungskriterien und
– unternehmensspezifische Kombination der Konzepte.

Die Erfüllung der Aufgaben in der Auftragsabwicklung wird im wesentlichen durch die vorhandenen Parameter
– Zeiten (Fristen, Termine),
– Kosten und
– Kapazitäten
bestimmt.

Im Einklang mit den Kundenwünschen gilt es, diese drei Varianten so abzustimmen, daß die Konkurrenz verschiedener Aufträge um knappe Ressourcen aufgelöst wird. Hierzu sind drei unterschiedliche Strategien denkbar, diese Problemstellung einer Lösung zuzuführen (vgl. Abb. 31).

1. Vorhandenes Kapazitätsangebot und abgegebene Termine sind als Datum zu betrachten.

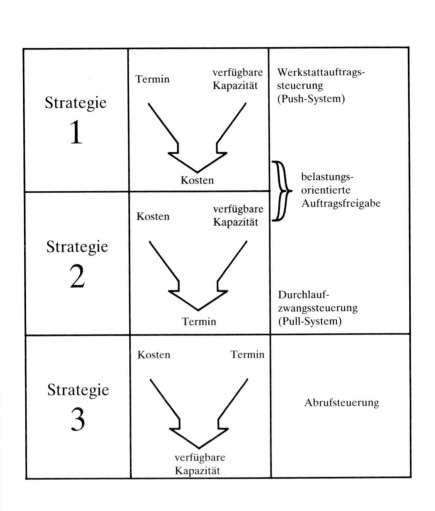

Abb. 31: Die Planungsvariablen und deren Zuordnung zu Steuerungskonzepten

– Kurzfristiges Ausweichen auf Fremdkapazitäten oder Erweiterung des eigenen Leistungsangebots, was zwangsläufig zu einer Kostenerhöhung führt.

2. Kosten und Kapazitäten werden als fixe Größen behandelt. Damit ist ein Ausweichen nur möglich, indem Termine verschoben werden, eine Maßnahme, die unterschiedliche Aufträge berühren kann.

3. Termin und Kosten gelten als Festwerte.

Es sind kurzfristig *Kapazitätsreserven* zu aktivieren, die allerdings kostenneutralen Charakter aufweisen können.

In diesen Vorgehensweisen spiegelt sich wider, mit welchen Sicherheitsrisiken die Leistung im Zeitpunkt der Vereinbarung im Hinblick auf die zielgerechte Erfüllung behaftet ist.

Vor allem in Situationen, bei denen mit einem hohen Unsicherheitsgrad aufgrund eines langen Zeitintervalls zwischen Planung und Realisation zu rechnen ist, vereinbart der potentielle Kunde einen fixen Ablieferungstermin. Vorherrschend ist somit die Strategie 1 bei einer auftragsorientierten Einzelfertigung. Die Vermeidung von Leerkosten verlangt bei der vorausgehenden Planung eine hohe Kapazitätsauslastung, wodurch gleichzeitig das Entscheidungsfeld bezüglich der Belegungsfreiheit für Folgeaufträge für die einzelnen Kapazitätseinheiten eingeschränkt wird.

Letztlich bedeutet eine Leistungserfüllung unter den angeführten Prämissen bei Konfliktfällen entweder Ausweitung des eigenen Kapazitätsangebots oder kurzfristiges Ausweichen auf Fremdkapazitäten. Zwar verringert der Rückgriff auf fremde Kapazitätsanbieter das Folgerisiko hinsichtlich der Beschäftigung von Kapazitätseinheiten, allerdings steigt die Gefahr eines nicht fristgerechten Fertigstellungstermins, da die externen Betriebsmittel selten nachfragegenau frei verfügbar sind. Eine generelle Bereitstellung von abrufbereiten Kapazitätseinheiten oder bestimmten Belegungszeitanteilen ist in der Regel nur durch vertragliche Vereinbarungen möglich, die entsprechend abgegolten werden müssen (Kostenwirkungen). Damit erhalten die als variabel anzusehenden zusätzlichen Kosten die Qualität von Fixkosten. Diese erhöhen den Zwang der weiteren Beschäftigung.

Vor allem bei der Massenproduktion hat die Optimierung der Abläufe und die Auslastung der Kapazitätseinheiten höchste Priorität. Der Absatz paßt sich in der Regel der Produktionsausbringung an. Die Termineinhaltung verliert, sofern überhaupt eine solche einschränkende Bedingung vorliegt, an Bedeutung (Strategie 2). Etwaige Schwankungen bei der Nachfrage werden über Lagerbestände ausgeglichen.

Strategie 3, bei der eine Variation des Kapazitätsvolumens als Anpassungsmöglichkeit unterstellt wird, bedeutet das Vorhandensein von »Slack-Variablen«. Durch deren Mobilisierung kann ein Rationalisierungspotential erschlossen werden, ohne daß zusätzliche Kostenwirkungen zu verzeichnen sind.

Typische Reserven dieser Art sind Bestände oder »Unwirtschaftlichkeiten« innerhalb des organisatorischen Ablaufs und der Struktur. Ein Beispiel für die Vermeidung von »Slack-Variablen« sind Zulieferbetriebe mit Serienfertigung, die mit dem Abnehmer Rahmenverträge vereinbart haben, wobei diese kurzfristig Abrufmengen termingenau abliefern sollen. Das ökonomische Leistungsergebnis kann dabei langfristig nur durch eine ständige Suche nach möglichen Kostenreduktionen verbessert werden. Bei Störungen ist zwar der Rückgriff auf andere Fremdkapazitäten möglich, doch erfolgt eine solche Verlagerung selten kostenneutral.

Die unterschiedliche Gewichtung der einzelnen Parameter bei der verfolgten Steuerungsstrategie im Rahmen der Auftragsabwicklung verlangt den Einsatz eines geeigneten Instrumentariums zur effizienten und wirtschaftlichen Lösung der anstehenden Probleme.

Die Langfristigkeit des Planungsvorlaufs und die Einmaligkeit der zu erbringenden Leistung, die das wesentliche Kriterium der Strategie 1 darstellt, ist eingebettet in die ökonomische Forderung der hinreichenden Kapazitätsauslastung. Unsicherheiten über die betrieblichen Beschäftigungssituationen einzelner Anlagen zum Zeitpunkt der eigentlichen Leistungserstellung bedingen eine relativ große Planungsvarianz. Die im voraus ermittelten terminlichen Eckdaten für die einzelnen Produktionsbereiche müssen unbedingt eingehalten werden. Der Grund hierfür ist einerseits der vereinbarte Lieferzeitpunkt mit dem Kunden, andererseits führen Terminüberschreitungen vor allem bei einer angespannten Kapazitätssituation zu Kollisionen mit anderen Aufträgen des Produktionsprogramms. Ständig wechselnde Engpässe an einzelnen Betriebsmitteln, die sich aus diesen Planänderungen ergeben und darüber hinaus ausschließlich aus der gewählten Reihenfolge der Bearbeitung derAufträge herrühren, sind die Folge. Die geringe Wiederholfähigkeit der Ablauffolgen läßt die Vorgabe genereller Regeln für den eigentlichen Fertigungsprozeß für die einzelnen Aufträge nur unzureichend zu. Produktionsstrukturen dieser Art erfordern permanente Steuerungsimpulse einer übergeordneten Instanz. Dort ist zentral das Betriebsgeschehen zu erfassen, um so kurzfristige, der jeweils vorgefundenen Belastungssituation an den verschiedenen Betriebsmitteln angepaßte, die zuvor definierten Restriktionen nicht verletzende Vorgaben zu machen. Diese Koordinationsfunktion versucht ein Gesamtoptimum zu erreichen, das häufig zu erhöhten Kosten in Teilbereichen führen kann. Die dispositive Entscheidungsfreiheit auf der operativen Ebene wird eingeschränkt. Die Funktionserfüllung steht im Vordergrund.

Eine organisatorische Lösung bildet in der Regel die zentrale Werkstattsteuerung mit umfassender Betriebsdatenerfassung oder »Terminjägern«. Die Planungsfunktion tritt hierbei – bezogen auf den notwendigen Aufwand – hinter die Steuerung zurück. Der Planungszusammenhang oder die Transparenz des Ablaufs geht für die im operativen Bereich Tätigen teilweise verloren, so daß selbst die

Zuordnung von Material und Betriebsmitteln zentral erfolgen muß, was den Aufgabenumfang für die Steuerungsinstanz weiterhin erhöht. Es handelt sich um ein »Schiebe-«(Push-)System, bei dem der Ausführende in der Produktion häufig keine Kenntnis über die Folgeaufträge bzw. -arbeitsgänge besitzt. Dies trifft vor allem dann zu, wenn bei dieser Form der Leistungserstellung gleichzeitig ein hoher Grad an Arbeitsteilung vorliegt.

Das »Durchschieben« von Aufträgen, wobei auf Basis der Lager- und Rüstkosten errechnete größere Mengeneinheiten aus Gründen der Stückkostenminimierung losweise den Bearbeitungsstellen zugeführt werden, erhöht zwangsläufig die mittlere Durchlaufzeit und die im Umlauf befindlichen Bestände. Die damit verbundene räumliche Behinderung der Aufträge (Materialien) an den einzelnen Anlagen wird zusätzlich durch die gleichzeitig auftretende Konkurrenz um die Kapazitätseinheiten erhöht. Nur durch ein ständiges Ändern der Prioritäten, d. h. Vorziehen bzw. Verschieben von Aufträgen, ist die Leistungserfüllung sicherzustellen.

Teilweise vermieden wird diese Situation durch die belastungsorientierte Auftragsfreigabe. Die Einlastung eines Auftrags erfolgt hierbei erst dann, wenn sichergestellt ist, daß die für die Bearbeitung vorgesehenen Betriebsmittel zum Zeitpunkt der potentiellen Inanspruchnahme über die notwendige Plankapazität verfügen. Die diese Restriktion verletzenden Aufträge werden vorerst zurückgestellt und bei der folgenden Belegungsplan-Erstellung berücksichtigt. Somit lassen sich die Durchlaufzeiten und vor allem der Werkstattbestand der in Arbeit befindlichen Aufträge reduzieren. Der bei konventionellen Planungssystemen hohe Umlaufbestand wird quasi von in Zukunft zu erfüllenden Aufträgen im Dispositionsbestand vorgehalten bzw. gespeichert.

Bei Abläufen, die eine längere zeitliche Konstanz aufweisen, wird eine Ausrichtung der Bearbeitungsstellen an der Prozeßfolge angestrebt. Diese temporäre Spezialisierung der Produktionsstruktur mit universellen Anlagen schlägt sich sowohl in der Ausbringung als auch im notwendigen Informationssystem nieder. Die Ablauffolgen werden kontinuierlich wiederholt, wobei sich das Leistungsergebnis in geringen Varianten darstellt. Die wenigen für den Erstellungsprozeß vorgegebenen generellen Regeln sind einfach, und der Ablauf zeichnet sich durch eine hohe Vollzugssicherheit aus. Dies läßt sich dadurch erreichen, daß die Qualitätskontrolle direkt an der für den Arbeitsgang verantwortlichen Stelle angesiedelt wird (z. B. Selbstkontrolle), oder daß interne, an der Anlage eingerichtete Kontrollsysteme automatisch die entsprechende Prüfung der Wirksysteme vornehmen. Auf zusätzliche Steuerungsimpulse kann somit verzichtet werden, denn die initiierende Einschleusung des Materials in ein solches System ist gleichzeitig identisch mit der bei konventionellen Systemen üblichen Auftragsfreigabe. Die Beendigung des letzten Arbeitsganges ist damit gleichzeitig die Fertigmeldung.

Über mehrere Betriebsmittel oder Fertigungsstufen hinweg läuft die Ablauffolge selbsttätig ohne zusätzliche koordinierende Eingriffe übergeordneter Steuerungsinstanzen ab. Jede in dieser Kette befindliche Produktionseinheit zieht, sofern der Informationsfluß und damit die Bedarfsmeldung entgegengesetzt dem Materialfluß verläuft – also von der im Produktionsprozeß letzten Stelle zum Anfangsbearbeiter –, jeweils »Arbeit« von der vorgelagerten. Diesem »Hol-Prinzip« liegt also eine Durchlaufzwangssteuerung zugrunde. Jeder Bearbeitungsplatz ist somit nicht nur verantwortlich für sein Leistungsergebnis, sondern ebenso für die Belegung der eigenen Kapazität, solange eine Bedarfsforderung einer nachfolgenden Stelle vorliegt.

Der durch den Verzicht auf die Steuerung auftretende Einsparungseffekt ist allerdings nicht vollständig erfolgswirksam, sondern wird teilweise relativiert durch einen höheren Planungsaufwand und Aktivitäten der physischen Einrichtung bzw. Ausrichtung der Betriebsmittel.

Die Verringerung der situativen Eingriffe bedeutet eine Reduzierung des Störpotentials auf der operativen Ebene. Die standardisierten Abläufe führen zu exakteren Terminvorgaben, die in der Regel auch eingehalten werden. Der Anteil stochastisch, durch Verschieben der Aufträge auftretender Eilaufträge verschwindet fast völlig. Eine differenzierte Kapazitätsabstimmung entfällt, denn durch die organisatorisch am Ablauf ausgerichteten Bearbeitungsstellen mit harmonisiertem Leistungsverhalten ist gleichzeitig die Engpaßproblematik ausgeräumt. Der Fertigungsbeginn an der ersten Bearbeitungsstelle, durch die nachfolgenden Bearbeitungsplätze ausgelöst, gibt Gewähr dafür, daß an diesen Einheiten ein entsprechendes Kapazitätsangebot zur Verfügung steht.

Bei stark wechselndem Produktionsprogramm und häufigerer Mengenvariation der zu erstellenden Produkte ist eine Kombination des »Bring-Prinzips« mit dem Instrument der belastungsorientierten Auftragsfreigabe möglich. Hier tritt dann allerdings eine Funktionsverschiebung auf. Durch die Anwendung dieses Planungssystems wird das vorliegende Produktionsprogramm auf Plausibilität hinsichtlich des Leistungsvollzugs geprüft und werden durch die Simulation eventuell auftretende Engpässe ermittelt.

Unternehmungsintern anzuwendenden Strategien steht die Koordination der Zulieferer gegenüber. Ziel des Abnehmers ist, die termin- wie mengensichere Verfügbarkeit notwendiger Materialien ohne gleichzeitig entsprechende Bestände an Vormaterial vorzuhalten. Um die Wiederbeschaffungszeit zu verringern, wird ein definiertes Kapazitätsvolumen, sei es nun in Betriebsmittelstunden oder in einem mengenmäßigen Leistungsergebnis, vereinbart. Lediglich der Zeitpunkt der Inanspruchnahme dieser quantitativen Reservierung ist kurzfristig für den Nachfrager frei disponibel. Der Abruf bzw. die Kontrolle über die erbrachte Leistung erfolgt beispielsweise nach dem Fortschrittszahlenkonzept. Konvergiert die zu lange

Wiederbeschaffungszeit eng mit der notwendigen Fertigungs- bzw. Herstellzeit beim Zulieferer, ist dessen vertragliche Leistungserfüllung ohne das Vorhalten von Leerkapazitäten nur über das Anlegen von Beständen möglich. Die Wirkung dieser Maßnahme ist in der Regel kostenneutral. Es erfolgt eine Funktionsverlagerung.

Da in einer Unternehmung im allgemeinen sämtliche Planungsvoraussetzungen anzutreffen sind, ist es notwendig, entsprechende Planungs- und Steuerungsinstrumentarien abzuleiten bzw. zu kombinieren, um die einzuschlagende Strategie oder das Strategiebündel optimal zu verfolgen.

Ausgangsüberlegung für die Auswahl eines für das Unternehmen geeigneten PPS-Konzepts ist, daß die einzelnen Konzepte die Funktionsgruppen der Produktionsplanung

– Produktionsprogrammplanung,
– Mengenplanung,
– Terminplanung und
– Auftragsfreigabe,

den Bereich der Fertigungssteuerung sowie Controllingaspekte in sehr unterschiedlichem Umfang abdecken. Zusätzlich sind in der Regel BDE-Systeme erforderlich (vgl. Abb. 31).

MRP-Systeme decken die Funktionsgruppen der Produktionsplanung weitgehend ab. Schwachpunkte liegen auf der Seite der Fertigungssteuerung, die nicht optimal erfüllt wird und zu Problemen wie z. B. überhöhter Bestandsbildung und langen Durchlaufzeiten führt. Controllingaspekte lassen sich in MRP-Systemen berücksichtigen, wenn die im System vorhandenen Mengen- und Zeitdaten mit Wertgrößen verknüpft werden.

Die belastungsorientierte Auftragsfreigabe berührt nur die Terminplanung und die Auftragsfreigabe, wobei letztere teilweise Steuerungsfunktionen beinhaltet.

Von den Planungsfunktionen erfüllt das Fortschrittszahlensystem die Mengenplanung und die Auftragsfreigabe. Eine Terminplanung erfolgt insoweit, als durch die Vorgabe von Fortschrittszahlen über die Zeit Ecktermine für die betriebliche Leistungserstellung gesetzt werden. Eine Kapazitätsterminierung mit zeitlicher Zuordnung von Aufträgen zu Kapazitätseinheiten erfolgt jedoch nicht. Dies wird wie auch die gesamte Fertigungssteuerung von Fortschrittszahlensystemen zur dezentralen Regelung den Meistern übertragen.

Die Engpaßsteuerung beinhaltet als Terminplanung eine exakte Kapazitätsterminierung für den Engpaß sowie davon ausgehend eine Rückwärtsterminierung für Aufträge in den vorgelagerten und eine Vorwärtsterminierung für Aufträge in den nachgelagerten Fertigungsbereichen. Damit verbunden ist die Auftragsfreigabe. Nur für den Engpaß erfolgt eine laufende Fertigungssteuerung.

Das KANBAN-System ist ein ausschließliches Steuerungssystem. Durch die physische Teileflußkontrolle sowie die generellen Regelungen im KANBAN-System werden Funktionen der Betriebsdatenerfassung mit abgedeckt.

Zusammenfassend kann gesagt werden, daß die Funktionsgruppen der Produktionsplanung nur durch MRP-Systeme in ihrem vollen Umfang zu erfüllen sind. Die anderen PPS-Konzepte setzen daher in der Regel zusätzlich immer ein MRP-System voraus.

Zur Auswahl geeigneter PPS-Konzepte kommen Kriterien wie z. B.
– Organisationstyp der Fertigung,
– Erzeugnisstruktur,
– Stückzahlen/Produktionsvolumen,
– Stetigkeit des Absatzverlaufs und
– Konstanz des Produktmix
in Betracht.

Tendenziell kann festgestellt werden, daß KANBAN- und das Fortschrittszahlensystem eher für Serienfertiger mit begrenzten Stückzahlenschwankungen geeignet sind, während MRP, belastungsorientierte Auftragsfreigabe und Engpaßsteuerung insbesondere auf die werkstattorientierte Einzel- und Kleinserienfertigung ausgerichtet sind. Allerdings führt die Kombination der Konzepte häufig zu besseren Ergebnissen, wobei sich für das übergeordnete MRP-System die zusätzliche Anforderung ergibt, die Koordination für die nach unterschiedlichen Prinzipien gesteuerten Bereiche sicherzustellen.

2.8. Kombinationsmöglichkeiten von Planungs- und Dispositionssystemen zur Optimierung der logistischen Kette

In den Unternehmen, die JIT-Prinzipien verfolgen, kommen weitgehend individuelle Planungs- und Steuerungskonzepte auf der Basis von MRP-Systemen zum Einsatz. Ausschlaggebend hierfür ist die unterschiedliche Produktvielfalt und Wiederholhäufigkeit der Aufträge, die Fertigungsstruktur, die Sicherheit des Produktvollzugs, die Streuung der geplanten Bearbeitungs-, Durchlauf- und Wiederbeschaffungszeiten sowie die Struktur des Zuliefermarktes. Trotz der Vielfalt der Lösungsansätze sind Lösungsmuster erkennbar, die sich auf drei Grundtypen zurückführen lassen:

Typ A: Trennung der logistischen Kette nach Produkten,

Typ B: Aufteilung der logistischen Kette nach Produktions- und Dispositionsstufen,

Typ C: Kombination einer zentralen Engpaßsteuerung mit einer Verbrauchssteuerung:

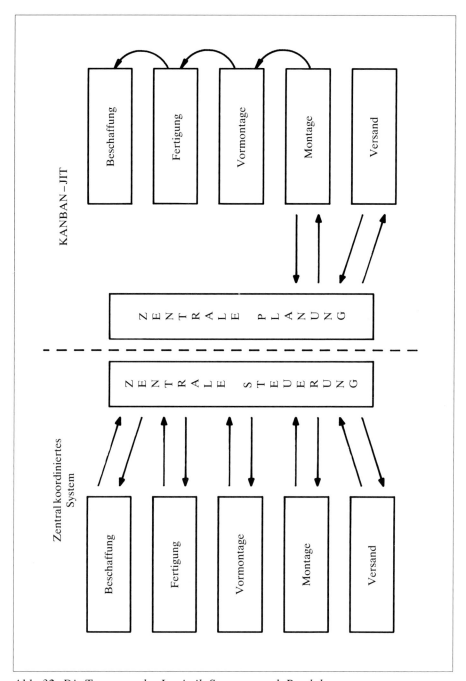

Abb. 32: Die Trennung der Logistik-Systeme nach Produkten

Bei Typ A erfolgt die Trennung des Produktionsprogramms nach dem Kriterium der Wiederholhäufigkeit der Produkte, nicht nach alleinigen Stückzahlenkriterien (vgl. Abb. 32). Die Unternehmen wählen häufig Produkte aus, die eine Lebensdauer von mindestens sechs Monaten und eine Mindestwiederholbarkeit von einmal pro Woche haben. Neben das Kriterium der Wiederholhäufigkeit tritt das der Vorhersagegenauigkeit. Eine Verbrauchssteuerung erlaubt in der Regel Mengenschwankungen von ± 10% pro Woche und ± 30% pro Monat (vgl. Wildemann 1984). Darüber hinausgehende Mengenabweichungen lassen sich mit generellen organisatorischen Regelungen kaum lösen.

Die Verbrauchssteuerung beschränkt sich auf die hochwertigen A- und B-Teile. Dies hat zur Folge, daß mit ca. 5–10% der Teilmenge zwischen 70 und 80% des Wertschöpfungsanteils am Produktionsprogramm nach JIT-Prinzipien zu steuern sind.

Eine produktionssynchrone Beschaffung erfolgt insbesondere bei Hauptlieferanten, die in räumlicher Nähe (kürzere Informations- und Transportwege) angesiedelt sind. Dabei werden Zulieferanten bevorzugt, die eine gleichbleibende Qualität liefern und eine hohe Terminisierung gewährleisten.

Die parallele Anwendung von JIT-Prinzipien und zentralen Produktionsplanungs- und -steuerungssystemen führt häufig dazu, daß eine Reduzierung der Stücklistentiefe angestrebt wird. Darüber hinaus sind selbststeuernde Regelkreise als eine Kapazitätseinheit zu behandeln, was die BDE erleichtert und Auswirkungen auf das übergeordnete PPS-System hat. Gleichzeitig wird ein höheres Gewicht auf eine häufigere und mit erhöhter Planungssicherheit ausgestattete Grobplanung gelegt.

Primäres Ziel der zentralen Produktionssteuerung ist die Optimierung der Stückzahl (Minimalstückkosten) in den Fertigungsstufen der logistischen Kette (lokale Optima). Die Verbrauchssteuerung nach JIT-Prinzipien ist dagegen auf den Produktionsdurchsatz je Produkt über die ganze logistische Kette gerichtet.

Für die Aufteilung nach Produktions- und Dispositionsstufen in Typ B ist es angebracht, Bevorratungsebenen jeweils an einer Schnittstelle unterschiedlicher Planungs- und Steuerungsbereiche anzusiedeln (vgl. Abb. 33). Häufig werden z. B. JIT-Prinzipien zur Realisierung einer produktionssynchronen Beschaffung und zur Versorgung der Montage angewandt. Die Vorfertigung wird zentral gesteuert und als Dienstleistungsbereich angesehen.

Bevorratungsebenen auf niedriger Wertschöpfungsstufe gewährleisten eine kontinuierliche Materialbereitstellung, so daß einerseits die mit schwankender Nachfrage verbundenen Störungen und andererseits die durch Prognosefehler verursachten Bestände geringgehalten werden können.

Die Steuerung der letzten Glieder der logistischen Kette (z. B. Montage) kann in Losgrößen erfolgen, die gleich dem Kundenauftrag sind. Bedarfsänderungen sind

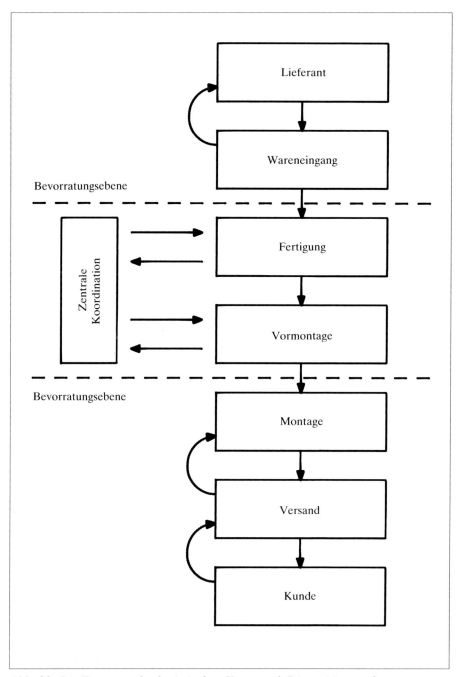

Abb. 33: Die Trennung der logistischen Kette nach Dispositionsstufen

in direkter Abhängigkeit von Kundenaufträgen (Primärbedarf) nicht nach fertigungsstufenbezogenen Losgrößen vorzunehmen.

Bei der Aufteilung der logistischen Kette nach Produktions- und Dispositionsstufen erfolgen Dispositionsänderungen durch Änderung des Nettobedarfs jeder Sachnummer auf der Fertigungs- und Dispositionsstufe. Ein Neuaufwurf der Planung über die gesamte Stücklistentiefe erfolgt dagegen nur periodisch.

Eine Kombination einer zentralen Engpaßsteuerung mit einer Verbrauchssteuerung nach Typ C setzt voraus, daß die Engpässe für eine überschaubare Planperiode identifizierbar und nahezu konstant sind (vgl. Abb. 34). Solche Engpässe können häufig nur durch zeit- und kostenintensive Simulation ermittelt werden.

Kombinationen unterschiedlicher Planungs- und Dispositionsansätze nach Typ A und B haben sich etwa gleich häufig über alle Branchen durchgesetzt. Typ C dagegen wird vor allem im Maschinenbau sowie in der Haushaltsgeräte- und Elektrotechnik angewandt.

Ein besonderes Problem bei der Verknüpfung unterschiedlicher Steuerungskonzepte ist es, die organisatorischen Schnittstellen als Nahtstellen zu konzipieren, um den Informations- und Materialfluß nicht zu unterbrechen. Planungshorizont und Detaillierungsgrad sowie eine Delegation von Aufgaben in den ausführenden Bereich schaffen hierzu die Voraussetzung. Um dezentral zielgerichtet Entscheidungen fällen zu können, sind individuelle Informationen am Arbeitsplatz bereitzustellen. Dies erfordert häufig eine zusätzliche Aufgabenerweiterung der vorhandenen DV-Verfahren.

Damit ablauforganisatorische Schnittstellen den Informationsfluß nicht trennen, wird versucht, aufbauorganisatorisch die Kompetenz und Verantwortung über diese Schnittstellen hinausgehen zu lassen und eine personenzugeordnete Produkt- bzw. Komponentenverantwortung zu installieren, die weitgehend autonom über die logistische Kette ausgeübt wird. Erweiterte Verantwortungsbereiche schaffen erst die Voraussetzung, um »Just-In-Time« auf Marktimpulse zu reagieren.

2.9. Anwendungsschwerpunkte und Wirkungen der integrierten Informationsverarbeitung

Bei der Einführung einer integrierten Informationsverarbeitung für JIT kommt der Gestaltung der Produktionsplanung und -steuerung eine Schlüsselrolle zu. Neben der Forderung nach einer Integrationsfähigkeit gegenüber der technischen Datenverarbeitung muß die Produktionsplanung und -steuerung in der Lage sein, die veränderten Fertigungsstrukturen einer JIT-Produktion abzubilden und informationstechnisch zu unterstützen. Eine Optimierung des Materialflusses nach JIT-

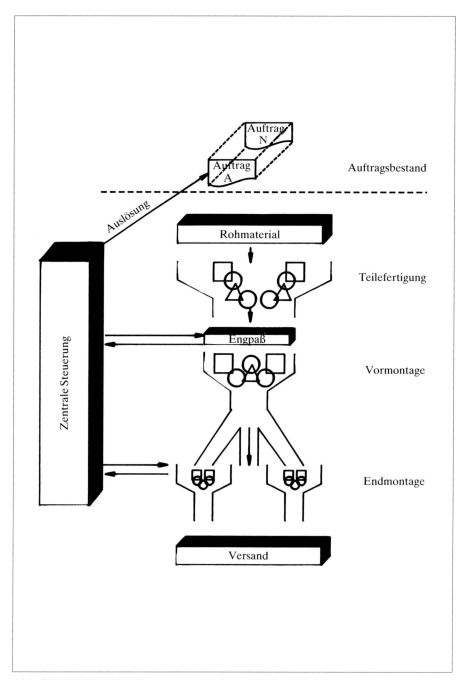

Abb. 34: Die Kombination von Engpaß- und Verbrauchssteuerung

Prinzipien führt häufig zu einem Nebeneinander unterschiedlicher Fertigungsstrukturen, z. B. Linien- und Werkstattfertigung in einem Unternehmen. Damit entsteht zwangsläufig die Forderung nach einem abgestimmten Methodenmix im PPS-System, der den Strukturen gerecht wird.

Dieser Aspekt kennzeichnet die Anwendungsschwerpunkte in analysierten Fallbeispielen, deren verdichtete Merkmalsausprägungen in Abb. 35 dargestellt sind. In 60,7% der Fälle erfolgt die Abwicklung der gesamten PPS-Funktionen mit durchgängiger EDV-Unterstützung. In je einem Fall liegt aufgrund der unternehmensspezifischen Bedingungen eine manuelle Abwicklung der Disposition bzw. Steuerung vor. In drei Fällen wird eine manuelle Planung vorgenommen, während alle anderen Aufgaben EDV-gestützt angewickelt werden. In 21,4% der Fälle ist eine EDV-Unterstützung nicht gegeben. Bei 75,0% der Fälle ist eine EDV-Unterstützung nicht gegeben. Ebenfalls 75,0% der Unternehmen realisierten eine Kombination unterschiedlicher Planungs- und Steuerungsprinzipien, die sich an produktbezogenen bzw. dispositionsbezogenen Kriterien orientiert. In sieben Fällen erfolgte eine Kombination zentraler MRP-Systeme mit dem KANBAN-Steuerungsprinzip, in sechs Fällen eine Verknüpfung von MRP und Fortschrittszahlen, und in je vier Fällen ein Methodenmix aus MRP und belastungsorientierter Auftragsfreigabe bzw. Engpaßsteuerung.

Bezüglich der Steuerungsstrategie zeichnet sich eine Kombination zentraler Steuerungsansätze mit dezentralen Steuerungsfunktionen in Teilbereichen (14,3%) sowie mit Leitteilsteuerung (21,4%) ab. Lediglich 53,6% der Unternehmen weisen eine ausschließlich zentrale Steuerung auf. Bei den verfügbaren Modularprogrammklassen gewinnen die neueren Entwicklungsrichtungen der materialflußorientierten (fünf Fallbeispiele) und der ereignisorientierten bzw. kundenauftragsorientierten Systeme neben den traditionellen Systemen mit Materialwirtschafts-, Kapazitätswirtschafts- bzw. Kostenrechnungsorientierung an Bedeutung. Der überwiegende Anteil der Unternehmen (42,9%) stellte im Zuge der Informationsflußinformation den Materialbereitstellungsrhythmus von Wochen- bzw. Monatsfrequenzen auf Tagesfrequenz um. Daneben erfolgte in Verbindung mit der Anwendung von KANBAN-Prinzipien eine Veränderung der Losgrößenstrategie auf definierte Minimallosgrößen, deren Auflagefrequenz variiert wird (Anteil 25%).

Bei der Anwendung der Prinzipien der integrierten Informationsverarbeitung zeichnet sich ein Schwerpunkt der Pilotanwendungen auf Vormontage- und Montagebereiche ab, für die spezifische informatorische Abläufe gestaltet werden, die sich an Produkten bzw. Produktgruppen orientieren. Ein zweiter Schwerpunkt liegt auf der übergreifenden informatorischen Verknüpfung der Planungs-, Dispositions- und Steuerungsebenen im Sinne einer integrativen Informationsflußgestaltung.

Merkmal	Merkmalsausprägungen (n=28≙100%)				
Grad der EDV-Unterstützung für PPS	manuelle Abwicklung (21,4%)	manuelle Planung sonst EDV-gestützt (10,7%)	manuelle Disposition sonst EDV-gestützt (3,6%)	manuelle Steuerung sonst EDV-gestützt (3,6%)	vollständig EDV-gestützte Abwicklung (60,7%)
Methoden-integration	Ausschließlich MRP-Systeme (25,0%)	MRP und Fortschrittszahlen-konzept (21,4%)	MRP und Belastungs-orientierte Auftragsfreigabe (14,3%)	MRP und Engpaß-steuerung (14,3%)	MRP und Kanban-steuerung (25,0%)
Steuerungs-strategie	Ausschließlich zentrale Steuerung (53,6%)	Überwiegend zentrale Steuerung, Teilbereiche dezentral (14,3%)	dezentrale Steuerung 10,7%	Überwiegend zentrale Steuerung, Teilbereiche mit Leitstellsteuerung (14,3%)	Leitteil-steuerung (7,1%)
Material-bereitstellungs-strategie	Monatsfrequenz (25,0%)	Wochenfrequenz (32,1%)	Tagesfrequenz (42,9%)		
Losgrößen-strategie	fixe Losgrößen (39,3%)	variable Losgrößen (35,7%)	definierte Mini-mallosgrößen (25,0%)		
Beauftragungs-system	Einzelauftrag (32,1%)	Sammelauftrag (25,0%)	Rahmenauftrag mit Lieferabruf (42,9%)		
Modular-programm-klassen	Materialwirt-schaftsorientiert (39,2%)	Kapazitätswirt-schaftsorientiert (21,4%)	Kostenrech-nungsorientiert (17,9%)	Materialfluß-orientiert (17,9%)	Ereignis-orientiert (3,6%)
Impulsgebung des Auftrags-durchlaufes	Bringprinzip (46,4%)	überwiegend Bringprinzip (17,9%)	überwiegend Holprinzip (21,4%)	Holprinzip (14,3%)	
Schwerpunkt der Pilot-anwendungen	Planungs-systematik (10,7%)	Disposition und Steuerung (21,4%)	Vorfertigungs-bereich (14,3%)	Montage-bereich (46,4%)	Produktionssyn-chrone Beschaffung (7,1%)

Abb. 35: Merkmalsausprägungen der untersuchten Fallbeispiele zur integrierten Informationsverarbeitung

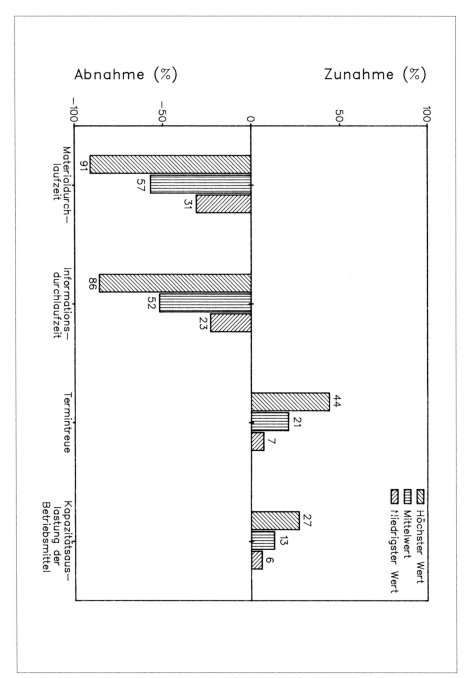

Abb. 36: Wirkungen der integrierten Informationsverarbeitung

Die wirtschaftlichen Wirkungen der integrierten Informationsverarbeitung wurden durch einen Vergleich der Situation vor und nach Einführung der integrierten Informationsverarbeitung ermittelt. Dabei wurden Veränderungen der wichtigsten Zielgrößen erfaßt. Es ist davon auszugehen, daß die realisierten ökonomischen Ergebnisse nicht ausschließlich durch die Anpassung des Informationssystems erzielt worden sind. In der Regel haben auch andere projektbegleitende Aktivitäten einen Einfluß auf die Zielerreichung ausgeübt. Die in Abb. 36 dargestellten Wirkungen sind in Abhängigkeit von der Häufigkeit ihres Auftretens aufgeführt; neben dem merkmalsbezogenen Mittelwert werden höchster und niedrigster Wert in den untersuchten Fallbeispielen genannt.

Durch die integrative Gestaltung des Informationssystems ergeben sich zunächst verkürzte Materialdurchlaufzeiten. Einen wesentlichen Einfluß haben die in den Fallbeispielen reduzierten Losgrößen, die Abstimmung der Kapazitäten, die Erhöhung der Materialbereitstellungsfrequenz sowie die Einführung des Holprinzips. Bei den analysierten Unternehmen ergab sich eine durchschnittliche Materialdurchlaufzeit-Reduzierung von 57%, wobei die Werte zwischen 31% und 91% schwankten.

Die zweite wesentliche Veränderung betrifft die Verkürzung der Gesamtinformationsdurchlaufzeit. In den untersuchten Fallbeispielen gelang es, eine durchschnittliche Reduktion um 52% zu erzielen. Die Haupteinflußgrößen bestehen in einer Reduzierung der Planungs- und Dispositionsebenen, der Erhöhung der Datenverfügbarkeit und Datensicherheit, der Erhöhung der Planungs- und Dispositionsqualität sowie der Steigerung des Formalisierungsgrades. Die ermittelten Werte bewegen sich zwischen 23% und 86% gegenüber der Ausgangssituation.

Die Realisierung einer integrativen Informationsverarbeitung erhöht die Planungssicherheit. Kürzere Reaktionszeiten, höhere interne und externe Lieferverbindlichkeiten und reduzierte Änderungserfordernisse bei bereits gestarteten Aufträgen führen insgesamt zu einer deutlichen Steigerung der Termintreue, die im Mittel bei 21% liegt. Im schlechtesten Fall wurden 7%, im besten Fall 44% bei der Zunahme der Termintreue erreicht.

Die Straffung des Informationsdurchlaufs, die Anwendung eines Methodenmix im Produktionsplanungs- und Steuerungsbereich, die Verbesserung der Materialverfügbarkeit und die Anpassung der Planungs- und Dispositionsparameter resultieren in einer höheren Kapazitätsauslastung der Anlagen, die in 16 Fallbeispielen mit durchschnittlich 13% erfaßt wurde und eine Bandbreite von 6% bis 27% aufweist. Die Ergebnisse der Anwendung der integrierten Informationsverarbeitung führen insgesamt zu einer deutlichen Verbesserung der Reaktionsfähigkeit und Reaktionsgeschwindigkeit des Gesamtsystems.

III.

Kapitel

3. Fertigungssegmentierung

Zur Realisierung von JIT-Prinzipien sind Strukturveränderungen in der logistischen Kette erforderlich. Für den internen Bereich der Unternehmung ist eine Segmentierung mit dem Ziel der Entflechtung der Kapazitäten für den externen Bereich, den Zulieferern, eine Reduzierung der Anzahl der Zulieferanten und deren direkte Kopplung an das Fertigungsprogramm des Abnehmers sowie eine Übertragung von logistischen Funktionen auf Dienstleistungs- oder Speditionsunternehmen erforderlich.

Die Schaffung kleiner organisatorischer Einheiten nach dem Grundsatz »Man muß klein werden, um zu wachsen« und deren direkte Ausrichtung auf Marktsegmente hat bei einer ganzheitlichen Betrachtung der logistischen Kette anzusetzen und die Erkenntnisse sowohl der strategischen Planung als auch der Fertigungsorganisation zu berücksichtigen.

3.1. Ansätze und Prinzipien der Fertigungssegmentierung

Für die Begründung der Fertigungssegmentierung lassen sich eine Reihe von Ansätzen aus der empirischen Forschung der letzten Jahre heranziehen. Hierzu gehören

- aus dem Bereich der strategischen Planung die Merkmale erfolgreicher Unternehmen, die Bildung strategischer Geschäftseinheiten sowie das »focused-factory«-Konzept,
- aus dem Bereich der Ingenieurwissenschaften das Konzept der Gruppentechnologie und Fertigungsinseln sowie
- aus dem Bereich der Verhaltenswissenschaften Motivationstheorien und Konzepte der Arbeitsstrukturierung.

Von den Merkmalen, die Peters/Waterman (1984) bei der Analyse besonders erfolgreicher amerikanischer und kanadischer Unternehmen identifiziert haben, haben folgende einen Bezug zur Fertigungssegmentierung:

a) Dicht am Kunden
Enger Kontakt zu den Kunden lieferte den erfolgreichen Unternehmen Ideen für neue Produktentwicklungen und -verbesserungen. Ferner wird durch die unmittelbare Rückkopplung von Kundenwünschen die Marktnähe erhöht, die langfristig als ein Erfolgspotential zu werten ist.

b) Produktivität durch Mitarbeiter

Einen wesentlichen Beitrag zum Erfolg liefert die Mitarbeiterorientierung der Unternehmen. Die Fertigungssegmentierung leistet hierzu einen Beitrag durch Motivation der Mitarbeiter über persönliche Entfaltungsmöglichkeiten und effiziente Arbeitsstrukturen in kleinen Arbeitsgruppen, kurzen Kommunikationswegen und dezentraler Entscheidungskompetenz vor Ort.

c) Einfache Formen, kleine Stäbe

Einfache Organisationsstrukturen, die nur wenige Stabsfunktionen enthalten, sind ein weiteres Merkmal erfolgreicher Unternehmen. Dabei dominieren informelle Kommunikationsstrukturen, die zu einem hohen Informationsgrad aller Mitarbeiter führen. Die Fertigungssegmentierung kommt dem Ziel flacher Strukturen entgegen, indem sie Planungs- und Entscheidungskompetenzen in den ausführenden Bereich verlagert. Durch die räumliche Konzentration der Betriebsmittel wird die Komplexität der Ablaufsteuerung reduziert.

Insbesondere bei stark diversifizierten Multiprodukt-Unternehmen hat sich die Notwendigkeit zu einer differenzierten Planung und Steuerung der unterschiedlichen Aktivitäten gezeigt. Deshalb wurde erstmals bei General Electric eine Aufteilung der Tätigkeitsfelder in »Strategic Business Units« bzw. »Strategische Geschäftseinheiten« (SGEs) vorgenommen, für die dann jeweils eine spezifische Marktdatenerfassung, Stärken-Schwächen-Analyse, Zieldefinition und Maßnahmenfestlegung vorgenommen wurde. Basis für die Definition einer strategischen Geschäftseinheit bilden in der Praxis Produkt-Markt-Kombinationen.

Als Abgrenzungskriterien werden häufig herangezogen:
– Jede SGE verfolgt ein spezifisches Ziel.
– Eine SGE ist auf ein eindeutig definierbares und andauerndes Kundenproblem ausgerichtet.
– Eine SGE steht in Konkurrenz zu bestimmten anderen Marktteilnehmern. Sie ist nicht primär als interner Zulieferer tätig (vgl. Dunst 1979).

Das Defizit dieses strategischen Planungsansatzes, nämlich die zu geringe Berücksichtigung des Fertigungsbereiches, versucht Skinner in seinem »focused-factory«-Konzept aufzuheben. Hier wird von der Hypothese ausgegangen, daß es unmöglich ist, in der Fertigung eine Vielzahl von heterogenen Zielen simultan zu verfolgen. Bessere Ergebnisse lassen sich dann erzielen, wenn sich die Aktivitäten auf wenige erfolgskritische Ziele konzentrieren und entsprechend ausgerichtete Fertigungsbereiche aufgebaut werden (vgl. Skinner 1974).

Im Rahmen der Fertigungssegmentierung stellen gruppentechnologische Überlegungen eine wichtige Grundlage dar. Die Strategie der Gruppentechnologie wurde in den 30er Jahren entwickelt und weist im wesentlichen drei Phasen auf (vgl. Warnecke et al. 1980). Die erste Phase ist gekennzeichnet durch Teile- und

Fertigungsfamilienbildung. Dabei wurden Cluster-Methoden angewandt, um gleiche oder ähnliche Formen bzw. Bearbeitungsverfahren zu Gruppen zusammenzufassen. Durch die Nutzung von Ähnlichkeiten sollten die Einsatzmöglichkeiten bestehender Anlagen erhöht werden. Die zweite Phase, die um 1960 einsetzte, basierte auf der Erkenntnis, daß ähnliche Teile nicht nur in der Art der Bearbeitung, sondern auch in der Bearbeitungsfolge Gemeinsamkeiten aufweisen; die Optimierung des Materialflusses rückte in den Vordergrund. Um Teile bzw. Produkte in einem kontinuierlichen Fluß zu fertigen, wurden Fertigungszellen gebildet, die auf die Fertigung einer oder verschiedener Teilefamilien ausgerichtet sind. Nachteilig war allerdings eine relativ große Starrheit dieser Fertigungszellen, so daß sie häufig kapazitative Unter- und Überbelastungen aufwiesen. Die dritte Phase beschränkte sich nicht nur auf Anpassungen im Fertigungsbereich, sondern es galt, das gesamte Informations- und Steuerungssystem zu organisieren. So wird beispielsweise bei der Bildung einer Fertigungsinsel das Ziel verfolgt, möglichst viele betriebliche Aufgaben auf eine Arbeitsgruppe zu übertragen. Angestrebt wird eine Selbststeuerung. Von einer zentralen Arbeitssteuerung werden nach Vornahme eines groben Kapazitätsabgleichs lediglich Ecktermine für ein komplettes Teil bzw. Produkt zugeteilt. Somit wird nicht mehr jede einzelne Phase des Fertigungsprozesses überwacht und gesteuert, was den Handlungsspielraum der Mitarbeiter erhöht.

Die zu beobachtende zunehmende Arbeitsteilung führte in vielen Fällen zu einseitigen Belastungen am Arbeitsplatz und geringerer Arbeitszufriedenheit. Die von TAYLOR propagierten Prinzipien und die damit erwarteten Produktivitätseffekte wurden häufig aufgrund hoher Abwesenheitsraten, starker Fluktuation, hoher Fehlzeiten und Ausschußquoten unterlaufen. Bereits seit den 30er Jahren verweisen deshalb zahlreiche Verhaltenswissenschaftler auf den Einfluß des Arbeitsinhalts und des Handlungsspielraums für die Arbeitseffizienz (vgl. die Übersicht von Staehle 1985). So zeigten die Hawthorne-Experimente, daß ein verstärktes Gruppen- und Zusammengehörigkeitsgefühl zu einer größeren Zufriedenheit der Mitarbeiter und auch zu nennenswerten Produktivitätssteigerungen führen können.

Seit 1974 werden von der Bundesregierung im Rahmen des Forschungsprogramms »Humanisierung des Arbeitslebens« Projekte gefördert, die Untersuchungen und/oder eine praktische Umsetzung von Maßnahmen verfolgen, die einer Erhöhung der Qualität des Arbeitsinhalts dienen.

Es haben sich vier Verfahren zur Arbeitsstrukturierung herauskristallisiert:
– Job rotation, bei der ein systematischer Aufgabenwechsel erfolgt.
– Job enlargement, wobei der Arbeitsumfang auf gleicher sachlicher Ebene erweitert wird.

– Job enrichment: Ansatzpunkt ist eine qualitative Aufgabenausweitung.
– Autonome Arbeitsgruppen: Hier wird eine komplexe Arbeitsaufgabe mehreren Mitarbeitern übertragen, die diese selbständig verteilen und organisieren.

Aus diesen Ansätzen ergibt sich, daß bei der Durchführung der Fertigungssegmentierung verschiedene sich gegenseitig im Gesamtzusammenhang der logistischen Kette ergänzende Gestaltungsprinzipien anzuwenden sind (vgl. Abb. 37). Als wesentlichstes Gestaltungsprinzip der Fertigungssegmentierung ist die Flußoptimierung hervorzuheben. Bei hinreichender Auslastung handelt es sich hierbei um die kostengünstigste Fertigungsorganisation. Die Durchlaufzeiten werden vor allem durch die Verringerung der Übergangszeiten reduziert. Kosteneinsparungen ergeben sich aus der damit verbundenen Bestandsreduzierung und durch geringere Aufwendungen für Informationen zur Koordination der Abläufe. Es liegt eine Zusammenfassung vor, die technisch (Verkettung) oder organisatorisch bedingt ist. Die zentrale Einzelplanung und Kontrolle von Betriebsmitteln wird zugunsten von Gruppenkontrollkonzepten aufgegeben.

Eine Flußoptimierung über die gesamte Breite der logistischen Kette ist bei bestehenden Unternehmen mit nicht abgestimmten Kapazitätsquerschnitten und unterschiedlichen Produktionsprogrammen nur selten wirtschaftlich zu realisieren. Erst eine Teilung der Gesamtkapazität entsprechend den Stufen der logistischen Kette in kleinere Kapazitätsquerschnitte schafft hier die notwendigen Voraussetzungen (vgl. Abb. 38). Ansatzpunkte zur kostengünstigen Realisierung des Fließprinzips auch bei Kleinserienfertigung ergeben sich aus der Anwendung der Gruppentechnologie (vgl. Hyer/Wemmerlöv 1984), der direkten Verbindung von Fertigungsinseln und der Einführung flexibler Materialtransportsysteme.

---

* Flußoptimierung
* kleine Kapazitätsquerschnitte in jeder Fertigungsstufe
* räumliche Konzentration von Betriebsmitteln mit
   variablem Layout
* Komplettbearbeitung von Teilen und Baugruppen
* selbststeuernde Regelkreise
* Selbstkontrolle der Qualität bzw. statistische Prozeßkontrolle
* Entkopplung von Mensch und Maschine

Abb. 37: Die Prinzipien der Fertigungssegmentierung

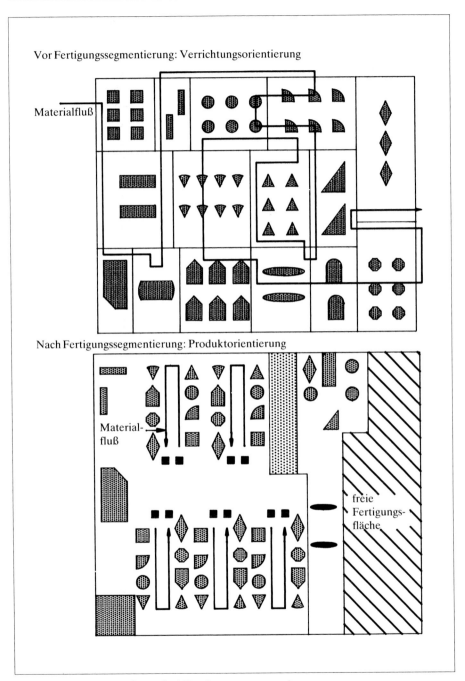

Abb. 38: Layoutgestaltung bei Fertigungssegmentierung

Auftretende Unsicherheiten über die künftige Belegung der Kapazitätseinheiten führt zu der Frage über das Investitionsverhalten und die leistungsbezogene Auslegung der Betriebsmittel. Hier zeichnen sich zwei generelle Tendenzen ab:
– der Einsatz hochflexibler Betriebsmittel (z. B. Bearbeitungszentren), die mehrere unterschiedliche Arbeitsgänge bei einer einmaligen Aufspannung und somit bei minimalen Übergangszeiten ausführen, oder
– spezialisierte Anlagen mit kleinen Kapazitätsquerschnitten.

Die Entscheidung hierüber ergibt sich aus der Einschätzung der individuellen Absatzsituation des Leistungsergebnisses. Kleine Kapazitätseinheiten führen bei Beschäftigungsänderungen weder zu neuen Produktionsfunktionen noch zu erheblichen Kostenschwankungen. Vielmehr ähnelt der Kostenverlauf dem einer multiplen Betriebsgrößenvariation. Die Stückkosten bleiben relativ stabil. Allerdings geht beim Verfahrensvergleich zwischen beiden Alternativen der mit größeren Kapazitätseinheiten verbundene, durch höhere Ausbringung implizierte Stückkostendegressionseffekt verloren.

Kleine *Kapazitätsquerschnitte auf jeder Fertigungsstufe* verringern das Belegungsrisiko der Anlagen. Die bei Beschäftigungsrückgang im Einsatz verbleibenden Betriebsmittel arbeiten weiterhin im optimalen Bereich. Ansatzpunkte zur Rationalisierung an den einzelnen Anlagen setzen an den Subsystemen an, vor allem zur Reduzierung der Nebennutzung, beispielsweise durch automatisierte Werkzeugwechselsysteme, Palettenspeicher usw. Diese Aktivitäten sind auf das Gesamtsystem, das Fertigungssegment bezogen und führen somit nicht zu einer unangemessenen partiellen Leistungserhöhung einzelner Elemente im Fertigungsablauf. Gleiche, wenig komplexe Betriebsmittel reduzieren darüber hinaus die Instandhaltungsaufwendungen.

Die am Verfahrensablauf orientierte Flußoptimierung zieht zwangsläufig neue Steuerungskonzepte nach sich, die eine Vereinfachung der Informations- und Koordinationsaufgaben zum Ziel haben. Damit die Ablaufsicherheit gewährleistet wird, werden generelle Regelungen vorgegeben. Dadurch ist es möglich, die übergeordnete Steuerungsebene zu entlasten und nach dem *Prinzip selbststeuernder Regelkreise* den Zeitpunkt der Bedarfsermittlung autonom durch die verbrauchende Stelle selbst zu veranlassen. Die Planung der Kapazitäten und die Ermittlung der potentiellen Nachfrage wird durch eine zentrale Stelle vollzogen. Zwischen zwei unabhängigen Bearbeitungseinheiten besteht Holpflicht, so daß eine Stelle ihren individuellen Bedarf direkt der entsprechenden, im Ablauf vorgelagerten Einheit meldet. Die eigenständige Verantwortlichkeit der Mitarbeiter erstreckt sich auf:
– die Einhaltung definierter Qualitätsstandards. Auftretende Fehler sind sofort zu beseitigen, um das Ausschußrisiko im nachfolgenden Bearbeitungsprozeß zu minimieren.

– Über- oder Unterschreitungen der vorgegebenen Soll-Mengen, die nicht zulässig sind. Es dürfen nur vollständige Losmengen weitergegeben werden.

Bestehen zwischen den einzelnen Bearbeitungsstellen technologische oder organisatorische Zwangsläufe, so sind diese als eine einzige zu disponierende Planungseinheit aufzufassen. Das übergeordnete Planungssystem beschränkt sich im Rahmen einer Grobplanung auf die

– Verfügbarkeit der Kapazitäten des definierten Fertigungssegments,

– einmalige Festlegung des qualitativen wie quantitativen Produktmixes für den betrachteten zeitlichen Horizont und

– permanente Bestandsüberwachung der einzelnen Bevorratungsebenen.

Die mit der Fertigungssegmentierung verbundene ablauforientierte *räumliche Konzentration* von Betriebsmitteln bei *variablem Layout* beinhaltet gleichzeitig die Verkürzung der Wege für Material und Informationen unter dem Aspekt eines schnellen und möglichst störungsfreien Durchflusses. Die bei einer nach dem Werkstattprinzip organisierten Betriebsmittelanordnung häufig notwendige explizite Steuerung der Transportaktivitäten entfällt nahezu völlig durch die Holpflicht der jeweiligen nachfolgenden Bearbeitungsstellen. Allerdings sind der konsequenten Anwendung dieses Prinzips Grenzen gesetzt, die sich aus Handhabungsgesichtspunkten der Materialien (Gewicht) oder der vorhandenen räumlichen Distanz zwischen den Stellen ergeben. Die hohe Wiederholhäufigkeit im Ablauf einerseits und die kapazitative Leistungskongruenz der Anlagen andererseits erlauben die Einrichtung genereller Regelungen für den Transportdienst. Über eine periodisierte Fahrplangestaltung ist die Materialversorgung aufrechtzuerhalten, ohne daß Fertig- bzw. Vollzugsmeldung als Auslöseimpulse für die anstehende Beförderung abgesetzt werden müssen. Neben der Anzahl an Leerfahrten verringert sich im allgemeinen die gesamte Fahrtroute. Dies gilt besonders dann, wenn der Materialfluß eine kreis- oder U-förmige Gestalt aufweist, wobei die initiierende Materialeingabe- und Materialausgabestation des bearbeiteten Produkts an einer einzigen Stelle liegt (vgl. Abb. 39). Nach dem gleichen Prinzip ist auch die Verbindung mehrerer Fertigungssegmente miteinander möglich.

Durch die enge räumliche Anordnung der Maschinen nach diesen Gesichtspunkten ist ein enger Kontakt (optisch und akustisch) zwischen den Mitarbeitern gegeben, wodurch sich die Koordination und die notwendigen Abstimmungen im Leistungsvollzug erleichtern sowie mögliche Voraussetzungen für einen selbständigen Arbeitsplatzwechsel oder Unterstützung im Rahmen einer kurzfristigen Engpaßbehebung vorliegen. Die übliche Trennung von dispositiven und ausführenden Tätigkeiten, charakteristisch für die konventionelle Fertigung, tritt nur in geringerem Maße auf.

Die Bedeutung der bei der Diskussion der selbststeuernden Regelkreise aufgestellten Forderung nach den Qualitätsnormen erfüllenden Leistungen ergibt sich

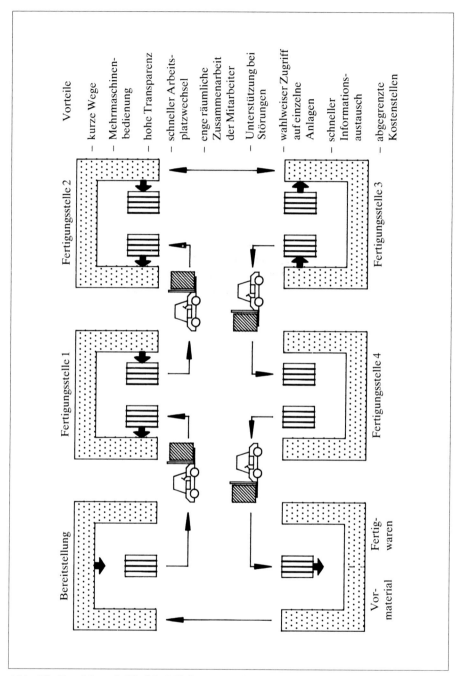

Abb. 39: Der Materialfluß bei U-förmigem Layout

u. a. aus der Tatsache, daß die im Umlauf befindlichen Bestände auf ein Minimum reduziert sind. Fehlerhafte Teile führen somit direkt zu Unterbrechungen und Störungen im Ablauf. Begegnet wird diesem Problem mit zwei unterschiedlichen Qualitätssicherungsstrategien:

1. Übernahme der Kontrolle durch automatische Einrichtungen im Produktionsprozeß und damit Sicherstellung einer gleichbleibenden Wiederholqualität einzelner Bearbeitungsfolgen – automatisierte Prozeßüberwachung –;
2. Anhebung des Leistungsergebnisses durch motivatorische Verstärkungseffekte – Selbstkontrolle der Mitarbeiter –.

Automatisierte Prozeßüberwachung bedeutet eine Objektivierung und Festlegung von meßbaren Qualitätsparametern. Besondere Anforderungen werden somit an die Meß- und Prüftechnik gestellt. Über angeschlossene Rückkopplungseinrichtungen kann z. B. automatisch eine Nachstellung oder ein Austausch der Werkzeuge erfolgen.

Die zweite Strategie im Rahmen des *Prinzips der Selbstkontrolle der Qualität und Komplettbearbeitung von Teilen (Baugruppen)* appelliert direkt an den verantwortlichen Mitarbeiter, mangelhafte Leistungsergebnisse einer weiteren Bearbeitung zu entziehen. Hier liegt die Überlegung zugrunde, daß im allgemeinen die Behebung fehlerhafter Teile am Entstehungsort am kostengünstigsten vollzogen werden kann.

Die Selbstkontrolle verringert die Anzahl unterschiedlicher Bearbeitungsstellen, denn eine zusätzliche Qualitätsprüfung durch spezialisiertes Personal entfällt. Es reduzieren sich die Meßmittelkosten, die Transportaufwendungen sowie die Durchlaufzeit der Produkte. Gleichzeitig verschiebt sich durch die Komplettbearbeitung der Produkte der Prüfinhalt, vor allem bei integriertem Montageprozeß, von der elementbezogenen Kontrolle der Einzelteile eines Produkts bis zur Funktionserfüllung.

Die Ausgestaltung und Einrichtung von Produktionsstrukturen nach dem Prinzip der Selbstkontrolle der Qualität ist jeweils abhängig vom eigentlichen Prozeß und dem Ausbildungsstand der Mitarbeiter. Die organisatorischen Bemühungen verfahren nicht nach dem Grundsatz: »Qualität kostet Geld«, sondern vielmehr heißt es hier: »Hohe Qualität hilft Kosten senken.«

Zunehmende Automatisierung führt – relativ wie absolut gesehen – zu einem hohen Kapitalanteil an den Herstellkosten, folglich steigt die Fixkostenbelastung. Die zu erreichende Produktivitätsverbesserung der Anlagen wächst im allgemeinen unterproportional im Vergleich zu den Kapitalkosten. Ein Kompensationseffekt ist bei den variablen Kosten auszumachen, indem entweder der Personaleinsatz verringert oder die Nutzungszeit derAnlagen erhöht wird. Der Mensch verliert als ablaufbestimmender Leistungsträger an Bedeutung. Es kommt zu einer sachlichen wie zeitlichen *Entkopplung von Mensch und Maschine* (vgl. Staudt

1982). Die kurzfristig festzustellende Verdrängung des Personals an sogenannte »Restarbeitsplätze«, z. B. spezielle Beschickungs- und Einrichtungsarbeiten, ist nur als vorübergehendes Phänomen zu sehen. Der Einsatz der Anlagen ohne oder mit nur geringem Personal über die vereinbarte tarifliche Arbeitszeit hinaus scheint somit ökonomisch notwendig. Nur so wird es wirtschaftlich vertretbar, diese hochtechnisierten Anlagen auch im Rahmen der üblichen Arbeitszeit einzusetzen und deren technologischen Vorteile zu nutzen. Die Bemühungen einer weiteren Automatisierung werden durch die informations- und materialflußorientierte Verkettung von Anlagen bei einer Fertigungssegmentierung erhöht, oder vielmehr werden hierdurch erst die Voraussetzungen hierfür geschaffen. Dies gilt für das Rüsten der Betriebsmittel ebenso wie für die Nebennutzungsanteile.

Der zeitliche Aufwand für das Rüsten stellt eine nicht unerhebliche Nutzungsunterbrechung der Betriebsmittel dar. Die Gesamtdauer für diese Tätigkeiten ist abhängig von der Häufigkeit notwendiger Wechsel. Durch Arbeitsstudien und detaillierte Ablaufanalysen sind Tätigkeiten zu ermitteln, die vorbereitend, noch während der Hauptnutzung, ausgeführt werden können. Spezielle Vorrichtungen, Schnellspann- oder Schnellverschlußeinrichtungen reduzieren weiterhin die Unterbrechungszeit. Über die Belegungsreihenfolge ist weiterhin Einfluß zu nehmen, wenn in Verbindung mit einer Rüstzeitmatrix die jeweilige optimale Folge der Aufträge nach dem Kriterium minimaler Unterbrechungszeiten bestimmt wird.

3.2. Kriterien zur Bildung von Fertigungssegmenten

Zur praktischen Umsetzung der Fertigungssegmentierung ist es erforderlich, Kriterien zu definieren, anhand derer die Aufteilung der logistischen Kette erfolgen soll. Die Fertigungssegmentierung erfolgt in mehreren Schritten. Zunächst werden die logistischen Ketten für unterschiedliche Produkte voneinander getrennt (vertikale Fertigungssegmentierung). Die wirksam werdenden Kriterien ergeben sich im wesentlichen aus Produktmerkmalen. Anschließend erfolgt innerhalb der einzelnen logistischen Ketten eine horizontale Aufteilung nach Produktionseinheiten. Segmentierungskriterien sind dann der Fertigungsprozeß sowie die einzusetzenden (vgl. Abb. 40) Produktionsanlagen.

3.2.1. Vertikale Fertigungssegmentierung
Aus dem Produkt abgeleitete Kriterien zur Bildung vertikaler Fertigungssegmente sind:
– Stückzahl/Produktionsvolumen,
– Produktionstypen,

– Absatzstruktur,
– Produktmix,
– Losgrößen sowie
– Fertigungsablauf.

Bei der Stückzahl sind neben der absoluten Höhe die zu erwartenden Schwankungen sowie die Vorhersagegenauigkeit dieser Kriterien zu berücksichtigen. Bezogen auf die Produkttypen kann eine Trennung nach funktions-, bauart- und fertigungsablaufähnlichen Typen erfolgen, um durch in etwa gleiche Arbeitsgangfolgen und Maschinenbelegungszeiten harmonisierte Abläufe im Segment sicherzustellen. Nach der Absatzstruktur bietet sich eine Trennung in Segmente mit nachfrageorientierter (Kunden-) oder angebotsorientierter (Lager-)Produktion

Elemente des Produktionssystems	Traditionelles Fertigungskonzept	Fertigungssegmentierung
Fertigungsstruktur	große Einheiten: Spezialmaschinen; Funktionsoptimierung; Werkstatt- oder Fließfertigung	Trennung von Standardprodukten und kundenspezifischen Produkten; Fertigung in unterschiedlichen Segmenten; kleine Einheiten; Flußoptimierung; Werk-in-Werk-Konzept; produktorientiertes Layout; gezielte Überkapazitäten; flexible Anlagen
Personalpolitik	spezialisierte Arbeitsplätze mit niedrigem Arbeitsinhalt; Akkordentlohnung; Ausrichtung auf Mengenausstoß	Erweiterung der Arbeitsinhalte um dispositive Aufgaben; Prämienentlohnung mit segmentspezifischen Bezugsgrößen
PPS-Systeme	detaillierte Absatzprognosen; Lagerfertigung; Bildung wirtschaftlicher Losgrößen	kundenauftragsbezogene Fertigung von Varianten und Lagerfertigung von Standardteilen; selbststeuernde Regelkreise
Qualitätskontrolle	Qualitätskontrolle als eigenständige zentrale Organisationseinheit (Fremdkontrolle)	dezentrale Selbstkontrolle
Organisationsstruktur	funktional; hohe Leitungsspannen auf der Meisterebene	objektbezogen; niedrige Leitungsspannen

Abb. 40: Die Gegenüberstellung von traditionellem Fertigungskonzept und Fertigungssegmentierung

sowie mit gleichförmigem bzw. rhythmischem Absatzverlauf an. Weiter können Segmente nach dem Produktmix, d. h. nach den Typen und Varianten sowie der laufenden Veränderungsrate, und nach der absoluten Höhe und den Schwankungen der Losgröße gebildet werden. Von besonderer Bedeutung für die Fertigungssegmentierung sind Wettbewerbsfaktoren wie Produktpreis, die Produktstandardisierung bzw. die kundenspezifische Anpassung, der angestrebte Qualitätsstandard sowie die Spielräume bei Liefer- und Durchlaufzeiten. Ein Fertigungssegment kann immer nur auf eine ganz bestimmte Kombination dieser Wettbewerbsfaktoren ausgerichtet sein.

Die Durchführung der vertikalen Fertigungssegmentierung erfordert häufig mehrere Schritte. Der erste vertikale Segmentierungsschritt trennt zunächst die nach Funktion und Bauart unterschiedlichen Produkte bzw. Produktgruppen im Unternehmen. Diese Trennung erfolgt in der Regel für die gesamte logistische Kette. Zur Verbesserung der Flußoptimierung ist jedoch oft ein vertikaler Segmentierungsschritt sinnvoll, der innerhalb der bereits gebildeten Fertigungssegmente für Teilbereiche weiter differenziert. Die Breite der so gebildeten vertikalen Fertigungssegmente ändert sich in der Regel in Verbindung mit der horizontalen Fertigungssegmentierung im Verlauf der logistischen Kette. Dabei wird in der Regel gegen Ende der logistischen Kette segmentiert, da hier die variantenspezifische Fertigung zunimmt.

3.2.2. Horizontale Fertigungssegmentierung

Zur Bildung horizontaler Fertigungssegmente werden die Kriterien aus dem Fertigungsprozeß, den vorhandenen Maschinen und Ausrüstungen sowie dem Personal abgeleitet.

Erfolgt der Fertigungsprozeß in mehreren Stufen, beispielsweise mit einer zwischengeschalteten Baugruppenmontage, so bieten diese Stufen erste Anhaltspunkte zur Gestaltung horizontaler Fertigungssegmente. Der Fertigungsablauf ist so abzustimmen, daß sich in etwa gleiche Bearbeitungszeiten an allen Maschinen ergeben und damit eine gleichmäßige Kapazitätsbelastung auftritt, um einen durchgängigen, unterbrechungsfreien Materialfluß sicherzustellen, und daß kurze Lieferzeiten und Transportwege realisiert werden. Rüstzeiten, Leistungsbereitschaft sowie Instandhaltungs- und Wartungsbedarf sind aufeinander abzustimmen. Das Auftreten von Beständen wird so auf ein Minimum reduziert.

Eine weitere Voraussetzung für die Segmentierung ist in diesem Zusammenhang die Kompatibilität der Zielsysteme bzw. Peripheriegeräte, beispielsweise der Werkzeug- bzw. der Werkstückträger. An bestehenden Verkettungen ist zu prüfen, inwieweit diese bei einer Segmentstruktur weiterbestehen können.

Die Qualitätskontrolle hat ebenfalls Einfluß auf die Segmentbildung. Es ist zu klären, ob diese in den Bearbeitungsprozeß integrierbar ist oder ob eine prozeßexterne Kontrolle, z. B. in einem besonderen Prüfraum, Prüfungsmittel usw. erforderlich werden, was in der Regel eine Unterbrechung des Materialflusses nach sich zieht. Weitere anlagenbezogene Kriterien zur horizontalen Fertigungssegmentierung ergeben sich aus der Mobilität der Anlagen (standardisierte Fundamente), besonderen Bedingungen, die an den Einsatzort zu stellen sind, sowie dem Platzbedarf der Anlagen und aus der Möglichkeit zur Anbindung an die entsprechenden Ver- und Entsorgungseinrichtungen und Transportsysteme.

Personelle organisatorische Gestaltungskriterien für Fertigungssegmente sind aus den bewirkten Veränderungen bei der Arbeitsorganisation und den Arbeitsbedingungen abzuleiten. Mit der Fertigungssegmentierung gehen häufig die Erweiterung des Aufgabenumfangs und gestiegene Qualitätsanforderungen an die Mitarbeiter sowie eine Verlagerung von Entscheidungskompetenzen einher.

Veränderungen der Arbeitsinhalte haben zwangsläufig Auswirkungen auf die bestehenden Entlohnungssysteme. Das im Fertigungssegment zu verfolgende Entlohnungskonzept sollte gleichzeitig quantitative und qualitative Leistungselemente berücksichtigen.

3.3. Empirische Fälle der Fertigungssegmentierung im Vergleich

Die Anwendung der Kriterien zur Fertigungssegmentierung sowie mögliche Vorgehensweisen machen folgende Fallbeispiele deutlich.

Fallbeispiel A: SKF

Die Ausgangslage bei SKF AG war gekennzeichnet durch ein Produktspektrum mit nach Funktion und Bauart ähnlichen Teilen. Unterschiede bestanden bei den Produktabmessungen, Seriengrößen, Standardisierungen und Umweltbedingungen. Zunächst wurde eine Produktanalyse durchgeführt, die nach den Kriterien
– Höhe und Konstanz des Produktvolumens,
– Konstanz des Produktmixes,
– Standardisierung/Konstanz des Fertigungsablaufs,
– Höhe und Stabilität der Losgrößen,
– Produktabmessungen,
– Wettbewerbsorientierung und
– Spielraum bei Durchlaufzeiten/Lieferzeiten
erfolgte. Die Auswertung dieser Kriterien führte zur Bildung von drei vertikalen Fertigungssegmenten (vgl. Abb. 41; vgl. Neukirchen 1986).

Segment A: Dieses Segment ist folgendermaßen zu charakterisieren:
– relativ konstantes, hohes Produktionsvolumen.
– konstanter Produktmix,

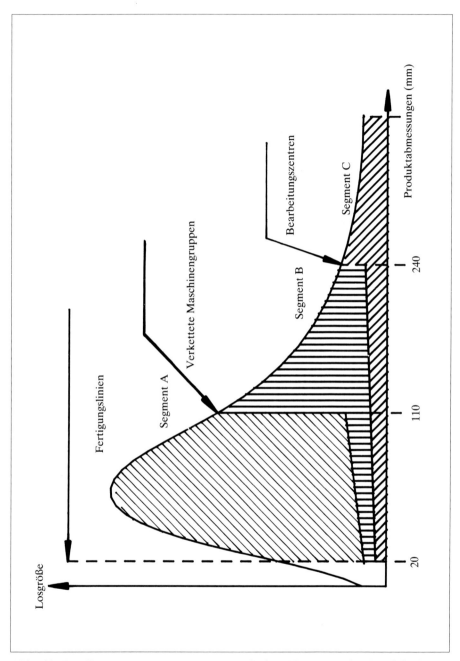

Abb. 41: Die Fertigungssegmentierung nach dem Kriterium der Produktabmessung

– gleichbleibender Fertigungsablauf/standardisierte Produkte,
– sehr große, stabile Losgrößen,
– kleine bis mittlere Produktabmessungen;
– Wettbewerbsfaktoren:
   – niedrige Kosten,
   – hohe Qualität und
– DLZ/Lieferzeiten unkritisch.

Verfolgt wird eine Kostenminimierungsstrategie. Als technisch-organisatorischer Lösungsansatz wurde eine auf bestimmte Produkte spezialisierte Linienfertigung mit flexiblen Transferstraßen gewählt, wobei durch dreischichtigen Einsatz an sechs Tagen sowie z. B. durch Nutzung auch in den Pausen die Einsatzdauer verbessert werden sollte (vgl. Neukirchen 1986).

Durch die Linienfertigung ist eine Flußoptimierung weitgehend realisiert.

Segment B: Segment B ist gekennzeichnet durch deutliche kundenspezifische Anpassung der Produkte und entsprechende Volumenschwankungen im Rahmen einer Konzentrationsstrategie. Dies führt zu veränderten Segmentkriterien:
– mittleres, stark schwankendes Produktionsvolumen,
– wechselnder Produktmix,
– wechselnder Fertigungsablauf/begrenzte Standardisierung der Produkte,
– kleine bis mittlere, schwankende Losgrößen,
– kleine bis große Produktabmessungen;
– Wettbewerbsfaktoren:
   – qualitativ hochwertige Produkte,
   – Erfüllung von Kundenwünschen,
   – konkurrenzfähige Kosten und
– kurze DLZ/Lieferzeiten.

Aufgrund der höheren Anforderungen an die Flexibilität in diesem Segment wurden als technisch-organisatorischer Lösungsansatz verkettete flexible Produktionsmittel gewählt. Eine Erhöhung der zeitlichen Flexibilität erfolgte durch die Entkopplung von Mensch und Maschine (personalarme Schichten, Pausennutzung).

Die einzelne Anlagenordnung erfolgt strikt nach dem Flußprinzip. Weiter hat sich eine Segmentierung (2. Ordnung) nach Fertigungsablaufähnlichkeiten und Ausprägung der Wettbewerbsfaktoren angeboten. Hierdurch entstehen vertikale Segmente mit unterschiedlichen Kapazitäts- und Flexibilitätsbedarfen der einzusetzenden Betriebsmittel. Anschließend wurde eine horizontale Segmentierung nach Prozeßnotwendigkeiten und Steuerungsgesichtspunkten durchgeführt, die beispielsweise unteilbare Kapazitäten und Engpaßaggregate berücksichtigt und auf einen überschaubaren Materialfluß innerhalb der einzelnen Segmente abzielte.

Segment C: Das dritte Segment weist weitgehend Einzelfertigungscharakter auf und verfolgt eine Differenzierungsstrategie:
– relativ kleines, sehr stark schwankendes Produktionsvolumen,
– wechselnde Produkte,
– stark wechselnder Fertigungsablauf,
– extrem kleine Losgrößen,
– kleine bis sehr hohe Produktabmessungen;
– Wettbewerbsfaktoren:
  – absolut kundenspezifische Fertigung,
  – qualitativ hochwertige Produkte und
– kurze DLZ/Lieferzeiten.

Als technisch-organisatorischer Lösungsansatz kommt hier nur die Fertigung mit hochflexiblen Bearbeitungszentren in Frage, wobei lediglich die Realisierung einzelner Prinzipien der Fertigungssegmentierung zur Verbesserung des Material-flusses angestrebt wurde. Eine Auftragsstrukturanalyse ermöglicht eine weitere vertikale Fertigungssegmentierung mit zumindest bedingt ähnlichen Fertigungs-abläufen. Die Realisierung variabler Fertigungslayouts und die Minimierung der Rüstzeiten unterstützt diesen flexiblen Fertigungsprozeß. Die Entkopplung von Mensch und Maschine erlaubt eine Erhöhung der zeitlichen Flexibilität.

Fallbeispiel B: Optyl

Das im folgenden vorgestellte Segmentierungsbeispiel bezieht sich auf ein Werk der Firma Optyl GmbH, in dem jährlich ca. 2,0 Mio. Stück Brillenfassungen aus Kunststoff und Metall von 1000 Mitarbeitern produziert werden. Die Aus-gangssituation läßt sich wie folgt kennzeichnen (vgl. Schreitmüller 1986):
– Die durchschnittliche Fertigungslosgröße für eine Produktvariante beträgt ca. 300 Stück. Das modeabhängige Produktmix zeichnet sich durch eine große Variantenvielfalt aus.
– Die Anzahl der benötigten Arbeitsgänge reicht von etwa 30 bei einfachen Kunststoffbrillenfassungen bis zu 200 bei aufwendigen Metallbrillen; der Umfang der benötigten Fertigungsminuten liegt bei zehn bis sechzig.

Der Zeitraum von der Design-Musterübergabe bis zur Ablieferung der Erst-Bedarfsmenge betrug für Metallbrillen im Mittel 1,5 Jahre. Dies ist aufgrund des saisonalen Termindrucks und der Wettbewerbssituation zu lang.

Eine Grobanalyse des Fertigungsbereichs ergab, daß wesentliche Verbesserun-gen bei den Durchlaufzeiten, den Beständen, der Qualität und den Kosten insbe-sondere durch eine Neustrukturierung des Produktionsprozesses zu erwarten waren.

Der durchgeführte Segmentierungsprozeß lief in mehreren Schritten ab: In der ersten vertikalen Segmentierung erfolgte die Trennung der logistischen Kette in zwei Produktgruppen (Metall- und Kunststoffbrillen). Ziel ist es, diese Produktionsfamilien räumlich getrennt voneinander herzustellen. Innerhalb dieser vertikalen Segmente ergaben sich aufgrund der hohen Zahl an Arbeitsgängen und der Produktkomplexität mehrere horizontale Fertigungssegmente. Innerhalb derer wurde erneut eine vertikale Fertigungssegmentierung nach Modellen und Teilefamilien für horizontale Subsegmente vorgenommen (vgl. Abb. 42). Auch nach dieser erneuten Strukturierung verblieben nicht-ablaufoptimierte Residualstrukturen.

Aufgrund parallelen Auftretens ablaufoptimierter Segmentstrukturen und residualer Werkstattstrukturen ergeben sich spezielle Anforderungen an die Produktionsplanung und -steuerung, da diese beiden Strukturarten gleichermaßen zu bewältigen sind. Außerdem müssen die zwischen den Fertigungsbereichen auftretenden Schnittstellen, die sich auch durch unterschiedlich breite vertikale Segmente ergeben können, plan- und steuerbar sein.

Ergebnis des Segmentierungsprozesses:
Der durchgeführte Segmentierungsprozeß ermöglicht eine Reduzierung der Durchlaufzeit um über 30% bei einer gleichzeitigen Materialbestandssenkung. Dieses äußerst positive Ergebnis ist auf folgende Einflußfaktoren zurückzuführen:
– Die Segmentbildung erfolgt nach Modellen und Teilefamilien.
– Die jeweiligen Teilefamilien werden segmentspezifisch komplett bearbeitet.
– Die Bevorratungsebene (Lager und Puffer) werden genau definiert.
– Zur Bearbeitung von Kleinst- und Sonderaufträgen wird ein Kleinserienteam eingesetzt, das die Residualaufgaben wahrnimmt.
– Die Selbstkontrolle der Qualität durch die Mitarbeiter führt dazu, daß zwischen den Segmenten und Arbeitsplätzen nur Gutteile weitergegeben werden, und trägt somit wesentlich zu dem positiven Gesamtergebnis bei.
– Durch die Implementierung eines Ringtransportsystems wird der innerbetriebliche Materialfluß wesentlich verbessert.

Fallbeispiel C: Carl Freudenberg
Die Ausgangslage bei der Firma Carl Freudenberg GmbH ist folgendermaßen zu umschreiben (vgl. Schmitt 1985): Es handelt sich um einen Hersteller von Dichtungen und Formteilen aus polymeren Werkstoffen. Das Produktspektrum zeichnet sich durch eine besonders hohe Produktvielfalt aus. Das Unternehmen ist von qualitativ hochwertigen Grundstoffen und somit von den Zulieferanten stark abhängig. Als Standardstruktur der Fertigung wird die Werkstattfertigung praktiziert, die bei der betrachteten Unternehmung als Blockstruktur bezeichnet wird (vgl. Abb. 43). Aufgrund der Höhe des Produktionsvolumens (auch bedingt durch Teilefamilienbildung) ergeben sich Großserien. Die Lose, die die gleiche Grundstoffmischung erfordern, sind relativ groß. Unter Wettbewerbsgesichtspunkten

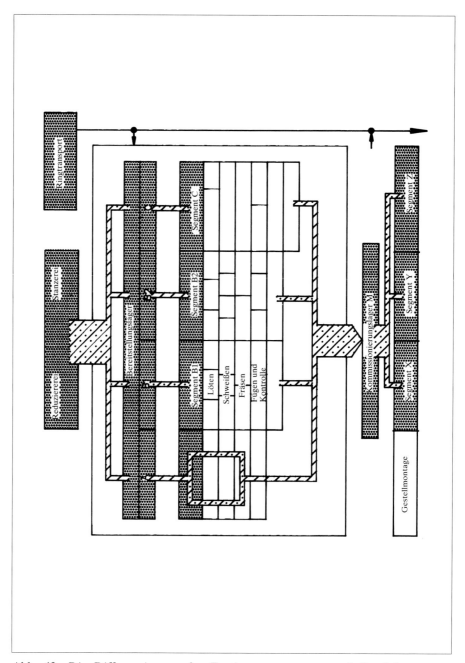

Abb. 42: Die Differenzierung der Fertigungssegmente nach Produktgruppen, Modellen und Teilefamilien

besteht ein permanenter Zwang zur Kostensenkung. Die hohen Anforderungen an die Rohstoffe machen die Einbindung der Zulieferanten in die Unternehmensstrategie notwendig.

Aufgrund der durchgeführten Analysen wurden acht Produktfamilien gebildet, die in zwölf Industriezellen (Fertigungssegmenten) gefertigt werden. Im Rahmen des Neustrukturierungsprozesses werden die logistischen Ketten zunächst nach den Stufen des Herstellungsprozesses, d. h. in horizontaler Richtung, voneinander getrennt. Aus diesem Vorgehen resultieren die beiden Prozeßstufen, nämlich Rohmaterial- und Komplettbearbeitung.

Die Teilefamilienbildung im Bereich der Rohmaterialbearbeitung erfolgt auf Basis einer vertikalen Segmentierung. Aufgrund der Materialverwandtschaft bzw. der Bearbeitungsähnlichkeiten der Grundstoffe ergeben sich vier vertikale Fertigungssegmente (Rohmischung, Rohlinge, Bleche, Federn). Im zweiten Teilabschnitt der horizontalen Segmentierung wird aus den im Rohmaterialbereich erstellten Einzelteilen auf der Stufe der Komplettbearbeitung das Endprodukt erstellt. Innerhalb der Komplettbearbeitung erfolgt bezüglich des gesamten Produktionsprogramms eine vertikale Segmentierung nach Produktfamilien. Aufgrund der Segmentierungskriterien (Form-, Fertigungs- und Funktionsähnlichkeit) ergeben sich acht Produktfamilien, die in acht Fertigungssegmenten komplett bearbeitet werden.

In jeder Industriezelle (Fertigungssegment) wird eine im Rahmen der vertikalen Segmentierung gebildete Produktfamilie durch Zusammenfassung von Maschinen, Einrichtungen und Werkzeugen komplett bearbeitet. Der Bearbeitungsprozeß umfaßt pro Zelle die Fertigungsdurchführung, die Qualitätskontrolle sowie die Verpackung der Fertigteile. Mehrere Arbeitsplätze bilden eine Industriezelle, wobei anzumerken ist, daß jede Person im Segment mehrere Arbeitsgänge verrichtet. Alle benötigten Werkzeuge und Hilfsmittel sind in unmittelbarer Nähe der Industriezelle verfügbar. Jedes Segment ist personell mit einem Meister, einem Fertigungsvorbereiter sowie dem entsprechenden Bedienungspersonal ausgestattet.

Ein Vergleich der Segmentierungsbeispiele zeigt, daß es sich um individuelle Lösungen handelt, die sich bezüglich
– Segmentierungskriterien,
– Segmentierungsablauf,
– Umfang der Materialflußstrecke und
– Autonomiegrad
unterscheiden (vgl. Abb. 44).

Gemeinsamkeiten bestehen hinsichtlich:
– der Zielsetzungen; neben anderen Zielen standen übereinstimmend Durchlaufzeitverkürzung, Bestandsreduzierung und Qualitätssteigerung im Vordergrund;

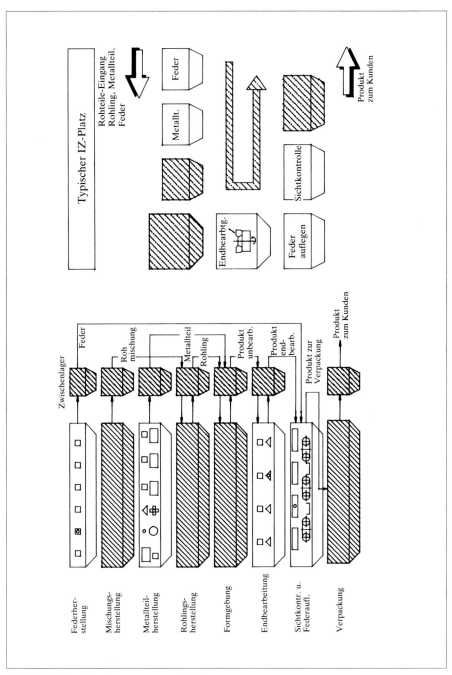

Abb. 43: Blockfertigung versus Fertigungssegment

	SKF, AG	Optyl, GmbH	C. Freudenberg, GmbH
1. Segmentie-rungsab-schnitt	vertikal nach Produktfamilien	vertikal nach Produktgruppen	horizontal nach Pro-duktionsstufen (Roh-material- und Kom-plettbearbeitung)
2. Segmentie-rungsab-schnitt	horizontal in Mittel- und Klein-serien	horizontal nach Fertigungsverfahren	nach Bearbeitungs-prozessen
3. Segmentie-rungsab-schnitt	nein	nach Modellen	nach Produkt-familien
Residual-strukturen	nein	ja	ja
Produkt-spektrum	ähnliche Produkte nach Funktion und Bauart →3 Produktfamilien	ähnliche Produkte nach Funktion und Bauart →3 Produktfamilien	ähnliche Produkte nach Funktion und Bauart →4 Vorstufen →8 Produktfamilien
Segmentie-rungskriterien (vertikal)	Losgrößen Produktionsvolumen Produktmix Produktabmessungen Wettbewerbssituation Fertigungsablauf Durchlaufzeit	Losgrößen Produktionsvolumen Produktmix Wettbewerbssituation Durchlaufzeit	Losgrößen Produktionsvolumen Qualität Termintreue Wettbewerbssituation Durchlaufzeit Angebots- und Bemusterungszeiten
Segmentie-rungskriterien (horizontal)	Technologie Produktionsbereiche Materialfluß Kapazitäten Flexibilität Fertigungsprozeß Layout	Art und Anzahl der Produktionsbereiche Materialfluß Layout Transport Betriebsmittel-kapazität Lager Rüstzeiten Qualität	Fertigungsstufen – Rohteilbearbeitung – Komplettbearbeitung

Abb. 44: Die Gegenüberstellung der Segmentierung in 3 Fallstudien

– vertikaler Segmentierungskriterien; in allen untersuchten Fällen spielen das geplante Produktionsvolumen, Seriengrößen sowie Wettbewerbsfaktoren die größte Rolle;

– der Mitarbeiterorientierung; die Arbeitsinhalte der Mitarbeiter werden um dispositive Aufgaben erweitert; mitarbeiterorientierter Führungsstil sowie

– der Überschaubarkeit; es wurden jeweils kleine, dezentrale Einheiten geschaffen, die nachvollziehbare und transparente Abläufe gewährleisten.

3.4. Anwendungsschwerpunkte und Wirkungen der Fertigungssegmentierung

Neben einer kurzen Reaktionszeit auf individuelle Kundenwünsche ist die Liefertreue ein wesentlicher Erfolgsfaktor im Wettbewerb. Die Vereinbarung und die Einhaltung von Lieferterminen verlangt eine hohe Planungssicherheit, die nur über eine exakte Prognose zukünftiger Ereignisse erreicht werden kann. Der Toleranzspielraum zulässiger Planabweichungen ist zu beschränken.

Die neuen Fertigungsstrukturen haben direkte Wirkungen auf den Inhalt und die Ausgestaltung der Planungs- und Steuerungssysteme. Der vorbereitende Planungsaufwand der Auftragsabwicklung zur Ermittlung und Festlegung der die Segmentierungskriterien erfüllenden Teile oder Produkte steigt. Die dominierende Funktion einer zentralen Koordinierungsstelle, der Auftragsbearbeitung beispielsweise, wird unterstrichen. Im Vorfeld der eigentlichen Leistungserstellung erfolgt hier die Festlegung der Produktanforderungen und die Abstimmung der einzelnen Unternehmensbereiche zur umfassenden Realisation der Fertigungssegmentierung (vgl. Abb. 45).

Die Fertigungssegmentierung verlangt mittelfristig stabile Ablaufmuster im Durchlauf der Produkte. Unter diesem Aspekt ist die zwangsläufig notwendige Standardisierung organisatorischer Abläufe und der abzugebenden Leistungen zu sehen. Diesen Bemühungen steht ein verringerter Steuerungsaufwand gegenüber. Situationsbedingte Anpassung und Eingriffe in das Betriebsgeschehen beschränken sich auf ein Minimum bzw. sind ohne Koordination übergeordneter Instanzen entsprechend einem betrieblichen Gesamtoptimum lösbar.

Die restriktive Forderung mittelfristig starrer Abläufe in der Leistungserstellung ist in der Regel in den Unternehmen nur partiell zu erfüllen. Darüber hinaus verlangt die Standardisierung von Produkt- oder Teiletypen eine erhebliche zeitliche Dauer. Folglich ist der Großteil der Aufträge weiterhin nach der Methode der konventionellen zentralen Steuerung abzuwickeln. In Verbindung mit der Fertigungssegmentierung bedeutet das zwei unterschiedliche Organisationsprinzipien bei der Auftragsabwicklung im Durchsetzungssystem. Um das inhärente Konflikt-

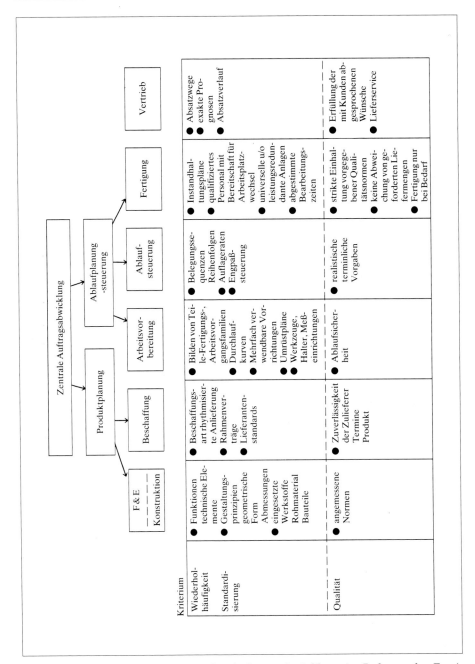

Abb. 45: Die Aufgaben der zentralen Auftragsabwicklung im Rahmen der Fertigungssegmentierung

potential konkurrierender Ablauforganisationen zu minimieren, ist eine klare Abgrenzung der Fertigungsaufgaben der Segmente sowie der Steuerungsaufgaben und -kompetenzen notwendig. Erschwerend wirkt sich hier aus, wenn einzelne der zum Segment zusammengefaßten Betriebsmittel gleichzeitig für konventionell gesteuerte Aufträge bereitgehalten werden müssen. Ähnliche Konflikte treten bei dem Übergang strikt vertikal strukturierter Segmente zu horizontalen Segmenten auf (vgl. Abb. 46).

Üblicherweise wird bei der zentralen Auftragsplanung dann die kapazitative Verfügbarkeit der entsprechenden Betriebsmittel generell beschränkt oder aber als reserviertes, in Sonderfällen in Anspruch zu nehmendes Kapazitätsangebot angesehen. Allerdings ist die Einwirkungsmöglichkeit der zentralen Steuerungsinstanz auf diese Einheiten begrenzt. Vor allem wenn es sich bei den hier in Frage kommenden Betriebsmitteln um im Fertigungssegment eingebundene Engpaßaggregate handelt, sollten diese aus der dezentralen Steuerungsverantwortung entbunden werden. Nur eine zentrale Steuerung hat die notwendige Transparenz über das Betriebsgeschehen, um Kapazitätskonkurrenz im Sinne eines gesamtbetrieblichen Optimums zu lösen. Vor und hinter dem betreffenden Aggregat ist beispielsweise eine Schnittstelle des Segments einzurichten. Durch einen vor und hinter dem Engpaßaggregat anzusiedelnden Puffer läßt sich die Versorgungssicherheit der nachfolgenden Bearbeitungseinheiten sicherstellen.

Folglich ist die Beschäftigungssituation der dezentral gesteuerten Segmente zumindest für die Stellen, die nach unterschiedlichen Kriterien abzuwickelnde Aufträge bearbeiten, zentral zu verwalten (vgl. Abb. 47).

In das Fertigungssegment ist die Kontrollfunktion integriert. Sie kann automatisch oder durch die Mitarbeiter der Gruppe vorgenommen werden. Störungen der Maschine bzw. Fehler sind sofort erkennbar und zu beseitigen. Dadurch sinken die Ausschußraten und die Qualitätssicherungskosten, wobei gleichzeitig das Qualitätsniveau steigt.

Die Fertigungssegmentierung führt zu einer Verlagerung von Planungs- und Entscheidungskompetenzen in den ausführenden Bereich. Die Mitarbeiter sollen innerhalb der einzelnen Fertigungssegmente auf sämtlichen Arbeitsplätzen im Wechsel einsetzbar sein (Job Rotation). Die Herstellung eines vollständigen Produkts in einem Fertigungssegment führt zu einer erhöhten Überschaubarkeit des geleisteten Arbeitsergebnisses. Diese Faktoren sind geeignet, die Motivation der ausführenden Mitarbeiter zu steigern. Dies wiederum wirkt sich auf die Qualität der Produkte und die Mengenleistung positiv aus. In der Praxis konnte die gesteigerte Motivation durch sinkenden Absentismus und verringerte Fluktuation nachgewiesen werden.

Die Fertigungssegmentierung erfordert eine Veränderung der Unternehmensorganisation. Werksleiter und Meister orientieren sich heute in der Regel funktional

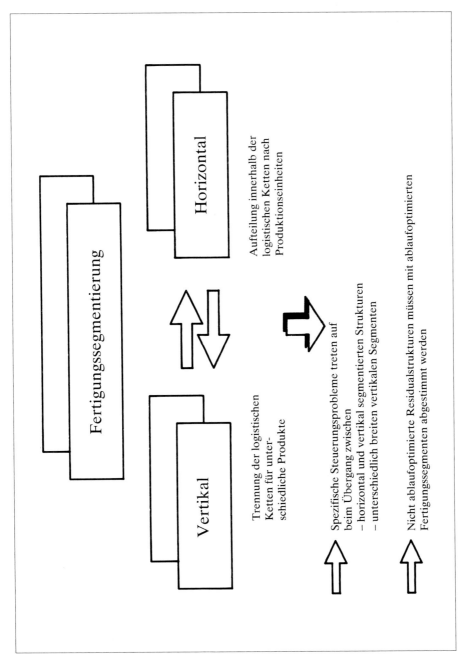

Abb. 46: Die Konsequenzen der Fertigungssegmentierung für die Produktionspla-
nung und -steuerung

nach dem Verrichtungsprinzip. Es wird hier eine Verschiebung erfolgen, und zwar in Richtung auf ein funktionsfähiges Produkt oder Bauteil. Arbeitsinhalte des Mittelmanagements ändern sich infolge der Verlagerung von Dispositionsaufgaben in das Fertigungssegment. Die Spannweite der Führung nimmt hier zu.

Die bislang übliche Trennung von Produktions- und Produktverantwortung wird in Teilbereiche aufgelöst. Bei dieser veränderten Organisationsform sind Produktionsleiter für bestimmte logistische Ketten verantwortlich. Daß sich ihre Verantwortung nicht auf Kapazitäten an verschiedenen Standorten bezieht, ist ein weiterer Grund dafür, die Betriebsmittel für die logistische Kette soweit wie möglich räumlich zu konzentrieren. Diese Vorgehensweise birgt das Risiko einer mangelnden Koordination der Prozeßtechnologie zwischen den Produktionsbereichen in sich. Um dieses Risiko zu vermeiden, kann ein Querschnittsbereich zur Entwicklung der Technologiestrategie geschaffen werden.

Durch die räumliche Konzentration der Arbeitsgänge und die flußoptimierte Fertigung kleiner Lose mit aufeinander abgestimmten Kapazitäten ergeben sich verkürzte Durchlaufzeiten. Die bislang geteilten Kapazitäten sind additiv zusammenzufassen. Bei Anwendungen ergaben sich Durchlaufzeitreduktionen zwischen 33% und 89%. Eine mit der Fertigungssegmentierung einhergehende Optimierung der Rüstvorgänge bringt eine Verkürzung der Rüstzeiten und eine höhere Verfügbarkeit der Anlagen mit sich. Diese Ergebnisse der Fertigungssegmentierung führen gemeinsam zu einer deutlich erhöhten Reaktionsgeschwindigkeit bei quantitativen, qualitativen und zeitlichen Schwankungen des Bedarfs.

Die flußorientierte Gestaltung der Fertigungssegmente trägt zu einer Vereinfachung des innerbetrieblichen Materialflusses und damit zu einer deutlichen Verringerung von Materialtransport und -handhabung bei. Hierdurch sinken die Bestände in der Fertigung. Durch die flexiblere Fertigung (kleine Lose und kurze Reaktionszeiten) lassen sich darüber hinaus die Sicherheitsbestände der Endprodukte senken.

Die Komplexität der Fertigungssteuerung nimmt ab. Der gesamte Materialfluß unterliegt einer ständigen physischen Kontrolle, so daß eine weitgehend »papierarme Fertigung« möglich ist. Die höhere Verfügbarkeit der Anlagen bewirkt geringere anteilige Kapitalkosten am Produkt. Die gleichbleibende Qualität senkt die Ausschuß- und Nacharbeitskosten. Es ist ferner mit Einsparungen der Lohnkosten zu rechnen, da die gesteigerte Produktivität zu personellen Umsetzungen führen kann. Dieser Kosteneffekt wird teilweise dadurch kompensiert, daß infolge hoher Qualitätsanforderungen an die Mitarbeiter die Lohnaufwendungen zunehmen.

Der Aufwand für Vorrichtungen und Werkzeugvoreinstellung wird durch das maschinenlaufzeitparallele Rüsten höher. Die Personalschulung erfordert Zeit und finanzielle Mittel. Auch sind für die Reorganisation zusätzliche Investitionen erforderlich.

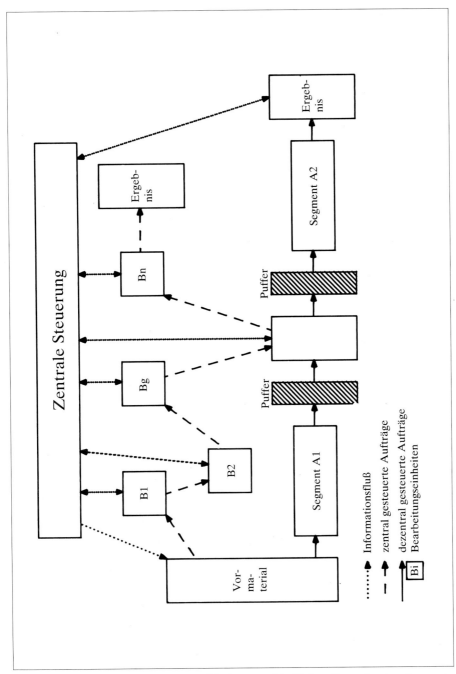

Abb. 47: Der Informations-/Materialfluß unterschiedlicher Organisationskonzepte

Bei der Gestaltung von Fertigungssegmenten ist eine Investitionsstrategie zu formulieren, die den Anteil der Neuinvestitionen im Segment zur Deckung des Kapazitäts- und Flexibilitätsbedarfs definiert. Der Anteil neuer Maschinen in den Fertigungssegmenten bei den befragten Unternehmen liegt bei etwa einem Drittel der Maschinen. Durch Investitionen zur Harmonisierung der Kapazitäten können im Vergleich zur Werkstattfertigung strukturelle Engpässe abgebaut werden.

Die aufgrund der Individualisierung der Nachfrage erhöhte Prognoseunsicherheit des Bedarfs erfordert auch eine andere Strategie des Kapazitätsaufbaus. Die neue Dimension des Wettbewerbs unter Berücksichtigung des Erfolgsfaktors Zeit macht es zunehmend erforderlich, die Flexibilität im gesamten Wertschöpfungsprozeß zu erhöhen. Hierzu bietet es sich an, das Kapazitätsangebot in den der Montage vorgelagerten Produktionsbereichen geringfügig höher auszulegen als in der Montage.

Die gestellten Kapazitätsanforderungen können nur bei einer hohen Verfügbarkeit des Fertigungssegments erfüllt werden. Weitere Investitionsanteile entfallen somit auf Instandhaltungsmaßnahmen. Darüber hinaus wurden etwa in 3/4 aller Fertigungssegmente redundante Maschinenkapazitäten geschaffen, um Maschinenstörungen segmentintern überbrücken zu können. In einigen Fällen stehen Reservekapazitäten außerhalb des Segments zur Verfügung. Nur in wenigen Fällen führen Maschinenausfälle zum Stillstand des gesamten Fertigungssegments.

In etwa 40% der Unternehmen ging mit der Fertigungssegmentierung eine Erhöhung des Automatisierungsgrades einher. Hierbei standen folgende Motive im Vordergrund:
- Qualitätssteigerung durch reproduzierbare Prozesse,
- Rationalisierung durch höhere Anlagennutzung und geringere direkte Lohnkosten,
- Entkopplung von Mensch und Maschine.

Der Einsatz automatisierter Produktionsanlagen ermöglicht die Entkopplung von Mensch und Maschine, so daß die Betriebszeit durch Pausendurchlauf und mannlose Fertigung gesteigert werden kann.

Die Erreichung einer erhöhten Produktionsflexibilität ist eine zentrale Zielsetzung der Fertigungssegmentierung. Flexibilität bezeichnet die Fähigkeit eines Produktionssystems, sich an veränderte Situationen anzupassen. Je nach Art der Situationsveränderung können
- die quantitative Flexibilität,
- die qualitative Flexibilität und
- die zeitliche Flexibilität
unterschieden werden. Zur Bestimmung des Flexibilitätsgrades sind neben den technischen Möglichkeiten der Anpassung noch deren Kosten zu berücksichtigen. Fertigungssysteme, die bezüglich der technischen Möglichkeiten die gleiche

Flexibilität haben, können gemäß den Umstellungskosten nach ihrem Flexibilitätsgrad unterschieden werden. Insbesondere in der Klein- und Mittelserienproduktion sind die Umstellungskosten von zentraler Bedeutung, da sie die Losgröße und somit Bestände und Durchlaufzeiten stark beeinflussen.

Von großer Bedeutung für die Nutzung dieser Flexibilitätspotentiale ist die Zeit, in der jeweils die Umstellung auf neue Fertigungsaufgaben erfolgen kann. Bei abgestimmten Kapazitäten im Fertigungssegment kommt diesem Umrüstvorgang für eine kurze Durchlaufzeit der Produktlose eine entscheidende Bedeutung zu. Investitionen bei Fertigungssegmentierung zielen daher nicht mehr vorrangig auf eine Verkürzung der Hauptzeiten, sondern dienen der Rüstzeitverkürzung. Durch diese Investitionen wird gezielt der »Wechsel« als ständig wiederholter Vorgang im Produktionsablauf des Fertigungssegments automatisiert. Auf diese Weise kann auch bei der Kombination universeller und produktspezifischer Betriebsmittel, wie sie in der Mehrzahl der Fertigungssegmente vorkommt, die erforderliche Durchlaufflexibilität gewährleistet werden. Effiziente Konzepte zur Rüstzeitverkürzung im Rahmen der Fertigungssegmentierung umfassen jedoch nicht nur das Umrüsten der Werkzeuge an der Maschine, sondern beziehen auch das Umrüsten von Organisation und Informationsfluß mit ein.

Investitionen zur Erhöhung der Segmentflexibilität betreffen nicht nur die Flexibilität der Betriebsmittel durch Steuerungen und Rüstkonzepte, sondern auch ganz wesentlich die Schaffung einer flexiblen Infrastruktur im Fertigungssegment. Hierzu sind Investitionen für

– Lager- und Transportsysteme,
– integrierte Pufferlager,
– dezentrale Qualitätssicherung,
– schnelle Layoutveränderbarkeit sowie damit verbunden
– geeignete DV-Systeme und Schnittstellen

erforderlich. Darüber hinaus fallen Aufwendungen zur Schulung von Mitarbeitern an, da ohne entsprechend qualifiziertes Personal die technischen und organisatorischen Flexibilitätspotentiale nicht ausgeschöpft werden können.

Als Definitionsmerkmal für Fertigungssegmente wurde angeführt, daß diese jeweils mehrere Stufen der logistischen Kette umfassen. Hierdurch soll die Zergliederung des Produktionsprozesses vermieden werden. So waren häufig in den untersuchten Segmenten die Montage, die Qualitätskontrolle, die Teilefertigung und die Bereitstellung integriert. Relativ selten sind Wareneingangsfunktionen und die Stationen Fertigerzeugnislager, Verpackung und Versand in das Segment integriert. Dadurch, daß Fertigungssegmente jeweils mehrere Stufen der logistischen Kette umfassen, wird der Zergliederung des Produktionsprozesses, die mit einer Vielzahl von Schnittstellen einhergeht, entgegengewirkt.

Gegen die Dezentralisierung funktionsorientierter Unternehmensbereiche wird häufig eingewandt, daß Spezialisierungsvorteile und Synergieeffekte verloren gehen. In der betrieblichen Praxis zeigt sich jedoch, daß eine neue Dimension der Spezialisierung und der Synergie eintritt, die erhebliche Rationalisierungspotentiale freisetzt. Spezialisierung ist bei integrierten Systemen nicht mehr zu verstehen als konzentrierte Ausrichtung auf eine Funktion, z. B. Konstruktion. Die Spezialisierung erfolgt durch Ausrichtung auf einzelne Produkte, die durch EDV-Unterstützung von der Konstruktion bis zur NC-Programmierung betreut werden. Die integrierte Vorgehensweise über mehrere, bisher getrennte, Funktionsbereiche führt zu einem gemeinsamen Problemverständnis und zu einer Prozeßoptimierung. Diese Synergieeffekte sind höher zu bewerten als die der zentralisierten Organisation, die lediglich zu einer Funktionsoptimierung beitragen. Durch den Einsatz von Techniken der integrierten Informationsverarbeitung wird der Zwang zur räumlichen Konzentration von Mitarbeitern, die auf die gleichen Daten zugreifen müssen, aufgelöst. Die bislang dominierende funktionsbezogene Spezialisierung kann durch die objektbezogene Spezialisierung abgelöst werden. Es erfolgt beispielsweise die Ausrichtung der Mitarbeiter auf einzelne Produkte, die von der Konstruktion bis zur NC-Programmierung betreut werden. Bei den untersuchten Fertigungssegmenten wurden insbesondere die Funktionen Fertigungssteuerung, Transport, Instandhaltung, Disposition und Beschaffung integriert.

Fertigungssegmentierung führt durch die räumliche Konzentration von Betriebsmitteln und von Kontroll-, Steuerungs- und Entscheidungsfunktionen zu einer höheren Effizienz des Gesamtsystems, aber auch zu höheren Anforderungen an die Qualifikation der Mitarbeiter. Die Weiterbildung eigener Mitarbeiter für Planungsarbeiten zielt auf eine Bewußtmachung der Gesamtstruktur und möglicher Interdependenzen ab. Entsprechend qualifizierte Mitarbeiter im Projektteam können mit Unterstützung des Machtpromotors und bei der Vorgabe klarer Zielsysteme eine effiziente Einführung gewährleisten. Das Projektteam entwickelt das Gesamtkonzept und ist für die Festlegung sinnvoller Teilprojekte verantwortlich.

Abb. 48 zeigt zusammenfassend die Merkmalsausprägungen der Segmente. Bei den untersuchten Segmenten dominiert mit 81,25% die kundenauftragsorientierte Fertigung. Lediglich 6,25% der Segmente fertigen programmorientiert, die restlichen 12,5% der Segmente sind im Grenzbereich zwischen beiden Typen anzusiedeln. Das hohe Ausmaß von Kundenauftragsorientierung deckt sich mit der von diesen Segmenten verfolgten Differenzierungsstrategie.

Das Konzept der Fertigungssegmentierung versucht die Vorteile der Fließfertigung mit der hohen Flexibilität der Werkstattfertigung zu vereinigen. Während vor der Fertigungssegmentierung in 17 Fällen Werkstattfertigung vorlag, lag nach der Fertigungssegmentierung in keinem Fall Werkstattfertigung vor. Je zur Hälfte liegt in den untersuchten Fertigungssegmenten Fließ- bzw. Gruppenfertigung vor.

Merkmal	Merkmalsausprägung (n=32≙100%)			
Wettbewerbsstrategie	Kostenführerschaft (9,4%)	Differenzierung (78,1%)	Konzentration (12,5%)	
Typenvielfalt	1 Typ (9,4%)	2–10 Typen (56,2%)	11–100 Typen (28,1%)	> 100 Typen (6,3%)
Variantenvielfalt	Bis 30 Varianten (43,8%)	30–100 Varianten (25,0%)	100–1500 Varianten (31,2%)	
Teilevielfalt	Bis 10 Teile (34,38%)	10–50 Teile (21,87%)	50–500 Teile (25%)	>500 Teile (18,75%)
Auftragstyp	Programmorientiert (6,25%)	Überwiegend programmorientiert (6,25%)	Überwiegend kundenauftragsorientiert (6,25%)	Kundenauftragsorientiert (81,25%)
Fertigungstiefe	Bis 25% Fremdbezug (25%)	25,1%–50% Fremdbezug (31,3%)	50,1%–75% Fremdbezug (28,1%)	75,1%–100% Fremdbezug (15,6%)
Fertigungsart	Einzelfertigung (16,7%)	Kleinserienfertigung (39,8%)	Großserienfertigung (33,4%)	Massenfertigung (10,1%)
Fertigungsablaufart	Werkstattfertigung (0%)	Gruppenfertigung (50,0%)	Fließfertigung (50,0%)	
Betriebsmittelstruktur	Spezialanlagen (12,5%)	Universal- und Spezialanlagen (68,75%)	Universalanlagen (18,75%)	
Anzahl der Mitarbeiter	Bis 30 Mitarbeiter (31,25%)	31–100 Mitarbeiter (25,0%)	101–500 Mitarbeiter (34,38%)	> 500 Mitarbeiter (9,37%)
Qualifikationsstruktur	0 – 20% Facharbeiter (34,4%)	20,1 – 60% Facharbeiter (46,9%)	60,1 – 100% Facharbeiter (18,7%)	

Abb. 48: Merkmalsausprägungen der untersuchten Fertigungssegmente

Bei Produktorientierung des Layouts und der Verantwortung der Fertigungsmitarbeiter für mehrere Arbeitsgänge ist häufig die Organisation des Layouts nach
einer U-Form am effizientesten. Durch die U-Form werden die vom Mitarbeiter
zurückzulegenden Entfernungen und damit die Wegezeiten minimiert.

Die wirtschaftlichen Wirkungen der Fertigungssegmentierung (vgl. Abb. 49)
wurden durch einen Vergleich der Situation vor und nach Fertigungssegmentierung ermittelt. Die Fertigungssegmentierung führt zu einer Verlagerung von Pla-
nungs- und Entscheidungskompetenzen in den ausführenden Bereich. Die Mitarbeiter sollen innerhalb der einzelnen Fertigungssegmente auf sämtlichen Arbeitsplätzen im Wechsel einsetzbar sein (Job Rotation). Die Herstellung eines vollständigen Produkts in einem Fertigungssegment führt zu einer erhöhten Überschaubarkeit des geleisteten Arbeitsergebnisses. Diese Faktoren sind geeignet, die
Motivation der ausführenden Mitarbeiter zu steigern. Dies wiederum wirkt sich
auf die Qualität der Produkte und die Mengenleistung positiv aus. In der Praxis
konnte die gesteigerte Motivation durch sinkende Absentismus- und Fluktuations-
raten nachgewiesen werden. Die Arbeitsproduktivität erhöhte sich bei den erfaßten Segmenten um durchschnittlich 28%.

In das Fertigungssegment ist die Kontrollfunktion integriert. Sie kann automatisch oder durch die Mitarbeiter der Gruppe vorgenommen werden. Störungen der
Maschine bzw. Fehler sind sofort erkennbar und zu beseitigen. Dadurch sinken die
Ausschußraten und die Qualitätssicherungskosten, wobei gleichzeitig das Qualitätsniveau steigt. So konnten in 15 Unternehmen die Qualitätskosten um durchschnittlich 22% gesenkt werden.

Darüberhinaus konnte in zehn Fällen eine durchschnittliche Flächenreduktion
von 6% festgestellt werden.

Eine mit der Fertigungssegmentierung einhergehende Optimierung der Rüstvorgänge bringt eine Verkürzung der Rüstzeiten und eine höhere Kapazitätsauslastung der Anlagen mit sich, die in neun Fällen mit durchschnittlich 9% erfaßt
wurde.

Diese Ergebnisse der Fertigungssegmentierung führen gemeinsam zu einer
deutlich erhöhten Reaktionsgeschwindigkeit bei quantitativen, qualitativen und
zeitlichen Schwankungen des Bedarfs.

Durch die räumliche Konzentration der Arbeitsgänge und die flußoptimierte
Fertigung kleiner Lose mit aufeinander abgestimmten Kapazitäten ergeben sich
verkürzte Durchlaufzeiten. Die bislang geteilten Kapazitäten sind additiv zusammenzufassen. Bei den analysierten Segmenten ergab sich eine durchschnittliche
Durchlaufzeitreduktion von 62%, wobei die Werte zwischen 33% und 89%
schwankten.

Neben einer kurzen Reaktionszeit auf individuelle Kundenwünsche ist die Liefertreue ein wesentlicher Erfolgsfaktor im Wettbewerb. Die Vereinbarung und die

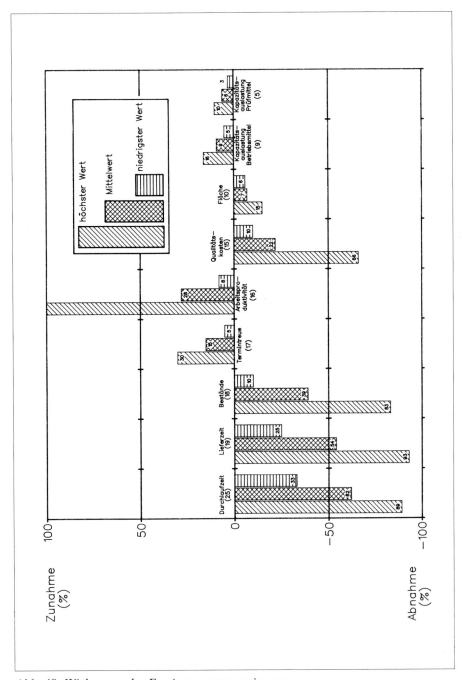

Abb. 49: Wirkungen der Fertigungssegmentierung

Einhaltung von Lieferterminen verlangt eine hohe Planungssicherheit, die nur über eine exakte Prognose zukünftiger Ereignisse erreicht werden kann. Der Toleranzspielraum zulässiger Planabweichungen ist zu beschränken. Bei den befragten Fertigungssegmenten gelang es, die Lieferzeit um durchschnittlich 54% zu reduzieren und die Termintreue um 15% zu erhöhen.

Die flußorientierte Gestaltung der Fertigungssegmente trägt zu einer Vereinfachung des innerbetrieblichen Materialflusses und damit zu einer deutlichen Verringerung von Materialtransport und -handhabung bei. Hierdurch sinken die Bestände in der Fertigung.

Durch die flexiblere Fertigung (kleine Lose und kurze Reaktionszeiten) lassen sich darüber hinaus die Sicherheitsabstände der Endprodukte senken. So konnten die Gesamtbestände bei den befragten Segmenten um durchschnittlich 39% gesenkt werden.

Durchgeführte Wirtschaftlichkeitsanalysen zeigen insgesamt, daß eine Reduktion der Herstellungskosten von etwa 10% realisiert werden kann.

Die Wirkungen der Fertigungssegmentierung lassen sich nur zum Teil direkt an Veränderungen in den Kosten messen. Zusätzlich treten jedoch auch Effekte auf, die nur schwer monetär quantifizierbar sind.

Diese positiven und negativen Wirkungen können in einer Argumentenbilanz abgebildet werden, deren Saldo in die Entscheidung zur Segmentierung einfließt (vgl. Abb. 50).

Die Segmentierung der Fertigung stellt eine geeignete Vorbereitung für die computergestützte Fertigungsintegration dar. Es empfiehlt sich deshalb, im Rahmen der Organisationsgestaltung bereits die Forderungen an automatisierbare und flexible Fertigungsketten mit zu berücksichtigen:

– In der Fertigung sind Rückführungen zu vermeiden.
– Fehlerkorrekturen (Nacharbeiten), soweit sie überhaupt erforderlich sind, dürfen den regulären Materialfluß nicht stören.
– Unter dem Aspekt der Reduzierung der Durchlaufzeiten ist es eventuell erforderlich, einzelne Arbeitsplätze einzurichten, die nicht voll ausgelastet sind.
– Der einzelne Arbeitsplatz muß über ein hinreichend breites Aufgabenspektrum verfügen, so daß die Anzahl der Arbeitsplätze im Segment überschaubar bleibt.
– Das Einrichten der Arbeitsplätze muß parallel und unabhängig vom gerade bearbeiteten Produkt durchgeführt werden.
– Eine Harmonisierung der Kapazitäten innerhalb des Fertigungssegments muß sicherstellen, daß keine Stauungen auftreten. Da Harmonisierungen in der Regel nur bezogen auf den statistischen Mittelwert möglich sind, ist im Vorfeld die Standardisierung voranzutreiben, so daß die Streuung für das gegebene Produktspektrum gering ist.

AKTIVA	PASSIVA
● Breiter Einsatzbereich von Klein- bis Großserienproduktion ● Hohe Flexibilität bezüglich neuer Fertigungsverfahren und -aufgaben ● Einfache Transportmittel ● Übersichtliches Produktionssystem ● „Papierlose Fabrik" möglich ● Variable Maschinenanordnung ● Kurze Leistungszeiten ● Hohe, gleichbleibende Qualität ● Hohe Mitarbeitermotivation ● Gute Vorbereitung für die stufen- weise Einführung eines CIM-Sy- stems ● …	● Einzel- und Massenproduktion nur bedingt möglich ● Hoher Vorbereitungsaufwand ● Bedarf an hochqualifiziertem Per- sonal ● Tiefgreifende Veränderung beste- hender Strukturen ● Höheres Beschäftigungsrisiko ● Höhere Personalabhängigkeit ● … Argumentationsgewinn der Fertigungssegmentierung

Abb. 50: Die Argumentenbilanz für die Fertigungssegmentierung

3.5. Exkurs »Rüstzeitreduzierung«

Rationalisierungsbemühungen setzten in der Vergangenheit immer am Kriterum der Wiederholhäufigkeit an, wobei man sich auf das Merkmal »Stückzahl« beschränkte. Nur bei einer hinreichend großen Anzahl gleicher Teile schien es ökonomisch vertretbar, die zur Erstellung notwendigen Abläufe zu automatisie-ren, generelle organisatorische Regeln einzuführen oder spezielle anlagentechni-sche Voraussetzungen zu schaffen, die es gestatten, Umstellungsprozesse zu beschleunigen. Die Ansätze zur Kostenreduzierung lagen im allgemeinen weniger im Rüstaufwand als vielmehr in der Reduzierung der Bearbeitung je Teil. Rüsten wurde immer nur als »Einmalaufwand« betrachtet, dem viele gleiche Bearbeitungsgänge folgten. Erst die Umkehrung der Sicht industrieller Produktionsprozesse vom Funktions- zum Flußoptimum setzt neue Maßstäbe in der Gestaltung betrieblicher Abläufe.

Ähnlich wie bei der Großserienfertigung gilt es nun nicht mehr eine Funktionskonzentration von Betriebsmitteln anzustreben, sondern unter logistischen Aspekten eine Zuordnung von Ablauf und Material (und damit Objekt) vorzunehmen. Die Vorteile der Fließfertigung auch bei der Losfertigung zu realisieren verlangt aber als Voraussetzung repetitive Tätigkeiten: Enthalten die unterschiedlichen Lose nur geringe Stückzahlen, so wiederholt sich lediglich der Wechsel. Läßt sich nun die Unterbrechungsdauer der Wechsel zwischen den Arbeitsgängen gegen Null reduzieren, so können bei Harmonisierung der Kapazitäten auch bei einer wechselnden Produktion durchgängige Materialflüsse erzielt werden.

Hierzu ist der Rüstvorgang in seine materiellen und immateriellen Anteile zu differenzieren, wobei letztere zu automatisieren sind. Bezogen auf NC-Maschinen bedeutet dies eine Ausweitung der Steuerungsfunktionen auf die Umstellungsprozedur durch die Erstellung von Software-Programmen. Auf einen definierten Primärimpuls hin übernimmt dann die Anlage den eigentlichen Rüstvorgang, dessen Ablauf zeitlich und lokal getrennt vorher analysiert, codiert und zentral gespeichert wurde. An diesem einmaligen Ablauf wird die Substitution manueller Funktionen beim Rüstvorgang deutlich. Entkoppelt vom Betriebsgeschehen übernimmt der Mensch lediglich Planungsaufgaben und deren maschinenlesbare Transformation. Damit entfällt der häufig unter räumlicher Enge ablaufende Umstellungsprozeß an der Anlage ebenso wie damit verbundene Abweichungen in der Präzision der eigentlichen Ausführung. Darüber hinaus reduziert sich die Fehleranfälligkeit des Systems, da vorgezogene Plausibilitätsprüfungen des Ablaufs Korrekturmöglichkeiten eröffnen. Zufällige Leistungsschwankungen, bei manuellen Vorgängen üblich und durch Planungsvarianzen berücksichtigt, treten nicht auf.

Diese EDV-Programme lassen sich als generelle organisatorische Regelungen betrachten, die einen mehrfachen Einsatz verlangen. Erreichen läßt sich dies durch eine konsequente Standardisierung von fertigungstechnischen Abläufen und Produkten. Hier gilt das gleiche wie bei der Bestimmung des optimalen Wechselpotentials. Standardisierungskriterien sind für eine Vielzahl unterschiedlicher Bauteile vorzugeben. Die Übertragung dieser Normen bedeutet teilweise eine Überdimensionierung der Bauteile für bestimmte Aufgaben. Diesen »Zusatzkosten« stehen Einsparungen für sonst notwendige Umstellungsaufwendungen und einfachere Ablaufstrukturen gegenüber.

Trotz der zunehmenden Automatisierung von Rüstoperationen verbleibt ein relativ hoher Anteil manueller Tätigkeiten. Dies eröffnet die Möglichkeit, durch eine gezielte Ausbildung des Personals und die Einrichtung spezieller, bestimmten Anlagen zugeordneter »Rüstteams« Lerneffekte zu nutzen, so daß sich in Abhängigkeit von der Häufigkeit der Umstellungen Rationalisierungseffekte einstellen.

Eine effiziente Rüstzeitverkürzung erfordert somit Maßnahmen im
– organisatorischen,
– konstruktiven,
– dispositiven und
– technologischen Bereich.

Der Wechsel ist als Bestandteil des betrieblichen Ablaufs zu sehen. Folglich sollte dieser mit der gleichen Präzision analysiert und strukturiert werden wie die Hauptnutzung. Organisatorisch sind die Bemühungen darauf zu richten, durch stabile, wiederholt anzuwendende Arbeitsinhalte einen Spezialisierungsvorteil zu nutzen. Die Handlungsvorgaben sind in Form von Arbeits- oder Rüstplänen zu dokumentieren und als generelle Regelungen vorzugeben. So ist sichergestellt, daß ein einmal aufgebautes bzw. entwickeltes Know-how langfristig zur Verfügung steht und unabhängig vom jeweiligen Mitarbeiter genutzt werden kann. Weitere Instrumente der repetitiven Nutzung eines einmal erstellten Wechselpotentials ist die Verwendung und der Einsatz von Vorrichtungen und Justierhilfsmitteln; so erleichtern beispielsweise formschlüssige Klemmelemente das Ausrichten prismatischer Werkstücke, können über Festanschläge am Maschinentisch und durch entsprechende Distanzschienen die Werkstücke schneller lagegenau positioniert werden, ohne daß zusätzliche Kontrollmessungen durchzuführen sind.

Organisatorische Maßnahmen laufen darauf hinaus, Arbeitsabläufe zu überlagern und damit die Arbeitsintensität zu erhöhen. So führt die Forderung, die erfolgswirksame Unterbrechungszeit der Anlagen auf ein Minimum zu begrenzen, zu der Differenzierung der Rüstaufgaben in solche Anteile, die bei laufender Maschine erfolgen können, und in solche, die einen Stillstand der Anlage erfordern (vgl. Abb. 51).

Zeitlich vorzuziehen sind beispielsweise sämtliche vorbereitenden Tätigkeiten wie die Bereitstellung von Werkzeugen, Vorrichtungen, Befestigungselementen usw. Anhand von Checklisten lassen sich vor dem eigentlichen Wechselprozeß die benötigten Teile auf Vollständigkeit und Funktionstauglichkeit prüfen. Die für den Umspannungsvorgang notwendigen Hilfsmittel sollten ausreichend zur Verfügung stehen. Befestigungselemente lassen sich noch während der Bearbeitung des alten Loses an den Vorrichtungen und Werkzeugen anbringen. So kann beispielsweise beim Austausch schwerer Gesenkmatrizen durch den parallelen Einsatz zweier Gabelstapler für den Entnahme- und den Einspannungsvorgang der Rüstvorgang erheblich verkürzt werden. Durch genormte Bauhöhen von Schnittwerkzeugen oder Spritzgießformen reduziert sich der Aufwand für das Einstellen des Schließdrucks zwischen Ober- und Untertisch. Unterschiedliche Höhen lassen

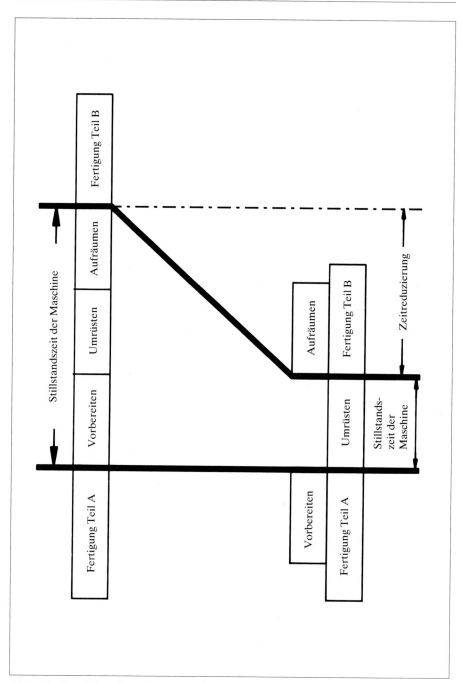

Abb. 51: Das Rüstzeitminimierungskonzept

sich durch festverbundene Distanzplatten an den Formen ausgleichen. Standardisierte Befestigungselemente und Positionen erleichtern darüber hinaus das Fixieren der Werkzeuge.

Zusatzoperationen sind ebenfalls noch während der Laufzeit der Maschine durchzuführen. Das bei Kunststoffverarbeitungsprozessen notwendige Vorwärmen der Formen kann vor dem eigentlichen Einbau erfolgen. Besonders vorteilhaft haben sich hier transportable Dampferzeuger erwiesen. Elektrische Leitungen oder Kühlwasserschläuche sind, sofern keine zentrale Verteilungsweiche vorgesehen ist, mit Schnellverschlüssen auszustatten.

Organisatorische Maßnahmen sind darauf gerichtet, generell die Wechselbereitschaft zu eröhnen. Die damit verbundenen Investitionen beschränken sich nicht nur auf entsprechende Sachmittel (Anlagen, Vorrichtungen), sondern umfassen auch Aufwendungen für die Weiterbildung des Personals. Die Verbesserung des Wechselpotentials geht einher mit einer Erhöhung des Ausbildungsstandes der Mitarbeiter für die Rüstausgaben. Für jede Anlage, besonders aber für Engpaßaggregate, ist ein Rüstplan zu entwerfen. Anhand dieser Rüstzeitmatrix ist es möglich, optimale Rüstfolgen abzuleiten, die möglichst regelmäßig wiederkehren. Bei Spritzgußmaschinen sind Farb- bzw. Materialzyklen vorzugeben, um den Ausschuß, bedingt durch ungewollte Farbbeimischungen oder Lunkerbildungen, zu reduzieren. Daneben ist das Verhältnis von Bearbeitungszeit und Rüstaufwand von Einfluß auf die Belegungsplanung. Rüst- und damit personalintensive Aufträge sind z. B. in die Tagschicht zu verlegen.

Die Konzeption neuer Produkte oder Teile muß unter prozeßtechnischen Gesichtspunkten erfolgen. Neben der Mehrfachverwendung ist zu beachten, daß beispielsweise die Oberflächengeometrie so gewählt wird, daß mit wenigen Fertigungsverfahren der Endzustand des Objekts erreicht werden kann. Daneben ist zu prüfen, ob sich durch eine gezielte konstruktive Gestaltung die gleichzeitige parallele Bearbeitung von Teilen erreichen läßt. Bekanntlich stehen die Kostenverursachung und die Kostenverantwortung bei der Konstruktion in einem reziproken Verhältnis. Gerade in diesem frühen Zeitpunkt der Produktgestaltung ist somit der Einfluß auf die spätere Ausführung hoch. Dies gilt ebenso für die Vorrichtungskonstruktion. Vor allem Aufspann- oder Befestigungshilfsmittel sollten auf eine Maximierung der Freiheitsgrade hinsichtlich des nach einem Befestigungsvorgang möglichen Zugriffs an Werkstückflächen gerichtet sein.

Dispositive Maßnahmen einer effizienten Wechselplanung laufen darauf hinaus, für häufig wiederkehrende Objekte abgestimmte Planungs- und Steuerungskonzepte zu entwickeln, die im Rahmen zyklischer Auflegungstermine eine präzisere Material-, Werkzeug- und Kapazitätsbereitstellung ermöglichen. Neben dem dispositiven Aufwand reduziert sich gleichzeitig der Umfang vorzuhaltender Bestände im Roh- und Zwischenlager sowie die Höhe der Fertigwarenmenge.

Ein wesentlicher Rationalisierungsschwerpunkt ist in der Nutzung technologischer Ansätze zur Verringerung des Rüstaufwands zu sehen. Die notwendigen Einstell- und Einrichtungsvorgänge sind zu automatisieren. Steuerungstechnisch ist die Anlage so zu gestalten, daß sämtliche Betriebszustände der Betriebsmittel selbständig eingenommen werden können. Dies gilt sowohl für die Haupt- wie für die Nebenfunktionen.

Typisches Beispiel ist die Entwicklung von analoggesteuerten zu digitalgesteuerten Drehautomaten oder der Einsatz von Bearbeitungszentren und deren direkte Verknüpfung über Handhabungsautomaten zu Fertigungszellen oder flexiblen Fertigungssystemen. In der weiteren Ausbaustufe wird über das Abgreifen einer modifizierten Information an den Werkstückträgern der Umstellungsvorgang von der Anlage vorgenommen. Die den Rüstvorgang auslösenden Steuerungsimpulse beschränken sich somit auf die Initialinformation zur Identifikation des zu bearbeitenden Objekts; sämtliche weiterhin notwendigen Impulse sind in Form zuvor erstellter und anschließend gespeicherter Programme an der Steuerungseinheit unmittelbar verfügbar.

Die bei konventionellen Anlagen zeitnah manuell umzusetzenden Daten werden so situationsabhängig erstellt und bereitgehalten. Die Planung und Realisation läßt sich zeitlich entzerren. In Simulationsläufen kann unabhängig vom Betriebsmittel die Plausibilität und Fehlerfreiheit des Ablaufs überprüft werden, ohne daß Unterbrechungen an der Anlage auftreten.

Um die Frage nach betriebswirtschaftlichen Wirkungen der Rüstzeit beantworten zu können, muß bekannt sein, mit welcher Strategie Rüstzeitverkürzungen im Unternehmen durchzuführen sind. Es können in der Praxis folgende Strategien auftreten:

– Rüstzeitverkürzung bei Engpaßmaschinen.

Rüstzeitverkürzung bei Engpaßmaschinen bewirkt eine Kapazitätserhöhung am Engpaß, die eine beschleunigte Abwicklung von Aufträgen und damit eine Verkürzung der Durchlaufzeiten erlaubt. Dies führt zu reduzierten Kosten für Umlaufbestände und zu einer höheren Ausbringung. Die Wirtschaftlichkeit von Maßnahmen zur Rüstzeitverkürzung an Engpaßmaschinen kann in der Regel leichter nachgewiesen werden.

– Rüstzeitverkürzung bei allen Maschinen.

Rüstzeitverkürzung bei allen Maschinen zielt neben der Einsparung von Kosten verstärkt auf die Erhöhung der Flexibilität des Unternehmens ab. Eine betriebswirtschaftliche Bewertung dieser Maßnahmen darf sich daher nicht auf Einzelmaßnahmen beziehen, sondern muß das umfassende Rüstzeitkonzept des Unternehmens betrachten. Nur dann können die aus den Wettbewerbswirkungen der Rüstzeitverkürzung resultierenden Ertragssteigerungen abgeschätzt und zugerechnet werden.

Zur Umsetzung dieser Rüstzeitstrategie können als Ansätze
- die Zehn-Minuten-Regel, bei der eine Rüstzeit aller Maschinen innerhalb dieser Bandbreite angestrebt wird,
- die Anpassung der Rüstzeit an den Arbeitsinhalt eines Teils bzw. Loses und damit an den Arbeitstakt der Maschine und
- die Reduzierung der Rüstzeit gegen Null durch vollautomatische Wechsel gewählt werden. Beide Strategien der Rüstzeitverkürzung führen zu veränderten Auszahlungs- und Einzahlungsströmen im Unternehmen (vgl. Abb. 52). Wirkungen der Rüstzeitverkürzung, die eine Veränderung von Auszahlungsströmen implizieren, sind beispielsweise:
- Rüstzeitkonzepte erfordern höhere Investitionen. Der Anteil für Investitionen in die Peripherie der Maschine nimmt zu. Gleichzeitig erhöht sich der Anteil der Investitionsbudgets für Software und »Orgware«,
- Rüstungskonzepte erfordern zusätzlich Investitionen in die Infrastruktur des Unternehmens; also Investitionen, die die Produktivität indirekt steigern.
- Rüstzeitkonzepte erfordern ablauforganisatorische Veränderungen. Der Zwang zur Vorplanung von Abläufen steigt. Beispielsweise muß die rechtzeitige Bereitstellung der zu rüstenden Werkzeuge exakt geplant werden. In PPS-Systemen erfolgt die Reihenfolgeplanung der Auftragstermine ohne Berücksichtigung von Rüstzeitaspekten. Hier sind Ansätze wie z. B. die zyklische Planung zu implementieren. Auch die Dispositionsverfahren ändern sich durch die Möglichkeit zu kleineren Losgrößen. Die Splittung von Losen zur Durchlaufverkürzung ist vorzusehen.
Rüstzeitkonzepte erfordern qualitative Überkapazitäten beim Personal. Jeder Maschinenbediener sollte für den Rüstvorgang ausgebildet werden, damit keine Wartezeiten entstehen.
- Rüstzeitkonzepte verschieben Prioritäten in der Konstruktion. Der Standardisierung ist gegenüber der Materialersparnis häufig der Vorzug zu geben.
Wirkungen der Rüstzeitverkürzung, die eine Veränderung der Einzahlungsströme implizieren, sind u. a.:
- Rüstzeitkonzepte senken die Kosten für Bestände im Umlaufvermögen durch die Reduzierung von Durchlaufzeiten.
- Rüstzeitkonzepte erhöhen die tägliche Nutzungsdauer kapitalintensiver Anlagen. Empirische Erfahrungen zeigen, daß die Stillstandszeiten bei Wechselvorgängen allein durch organisatorische Maßnahmen durchschnittlich um 50% verringert werden konnten.
- Rüstzeitkonzepte erhöhen die Flexibilität des Unternehmens und erschließen damit zusätzliche Umsatz- und Ertragspotentiale.
- Rüstzeitkonzepte verbessern langfristig die Wettbewerbsposition der Unternehmung und sichern damit die Einzahlungsströme langfristig ab.

AKTIVA	PASSIVA

● Langfristige Verbesserung der Wettbewerbsposition
  – Höhere Flexibilität
  – Verkürzte Durchlaufzeiten
  – Individuelle Produktionsfunktion
  – Marktzugangsbeschränkung
  – Qualitatives Wachstum
 	
● Ausschöpfung von Rationalisierungspotentialen
 	
● Produktivitätssteigerung
 	
● Höherer Nutzungsgrad der Anlagen
 	
● Hohe Mitarbeitermotivation / qualifiziertere und attraktivere Arbeitsplätze
	● Höhere Investitionen
	
	● Zusatzinvestitionen für Infrastruktur
	
	● Veränderung der Ablauforganisation erforderlich
	
	● Hoher Schulungsaufwand
	
	Argumentengewinn
	für
	Rüstzeitkonzepte

Abb. 52: Argumentenbilanz für Rüstzeitkonzepte

Die Verkürzung der Rüstzeiten ist ein wesentlicher Beitrag zur Realisierung der JIT-Produktion. Ein unternehmensspezifisches und für die ganze logistische Kette durchgängiges Konzept zur Rüstzeitverkürzung kann eine individuelle Produktionsfunktion erzeugen. Durch einen derartigen Know-how-Vorsprung im Produktionsbereich können Marktzugangsbeschränkungen aufgebaut werden, da der Markt schneller und anforderungsgerechter bedient werden kann. Dieser Wettbewerbsvorteil kann auch langfristig von den Konkurrenten nur schwer aufgeholt werden.

IV.

Kapitel

4. Produktionssynchrone Beschaffung

Die Verkürzung der Lieferzeit beim Produzenten wird, ohne gegen das Postulat minimaler Bestände zu verstoßen, über eine Reduzierung der Durchlaufzeit erreicht, was in der Folge Auswirkungen auf die Wiederbeschaffungszeit von fremdbezogenen Vormaterialien hat. Geringere Bestände beim Produzenten erfordern ein störungsfreies System, da Prognosefehler nicht durch Rückgriff auf alternativ einzusetzende Teile oder Materialien ausgeglichen werden können oder bei Ablaufstörungen zur Beschäftigungssicherung kein Rückgriff auf Puffer- oder Zwischenlagerbestände möglich ist. Eine unzureichende Materialversorgung führt somit direkt zu Unterbrechungen im Produktionsprozeß.

Die Eingliederung von Zulieferanten in eine JIT-orientierte Ablauforganisation gestaltet sich schwierig, da die Zulieferer darin häufig eine Problemverlagerung vermuten. Die Prognose- und Planungsunsicherheit des Marktes wird an die vorgelagerten Stufen weitergegeben, die, so ihre Vermutung, ihren Lieferverpflichtungen nur über vorgehaltene Bestände nachkommen können. Diese Sicht widerspricht dem JIT-Ansatz. Die ökonomische Zielsetzung ist darauf ausgerichtet, die Vorteile einer hohen Versorgungssicherheit mit denen der Wirtschaftlichkeit zu kombinieren, wobei die Wettbewerbsfähigkeit der am Erstellungsprozeß des Produkts beteiligten Unternehmen eine zentrale Stellung einnimmt.

Die Forderung einer kostengünstigen Produktion macht es erforderlich, daß der Abnehmer systematisch eine adäquate Beschaffungsstrategie entwickelt. Generell ist zwischen zwei Strategien zu wählen, die abhängig von der Versorgungssituation sind. Die Abschöpfungsstrategie im Beschaffungsbereich wird vom Streben nach einer kostengünstigen Materialversorgung dominiert. Dies ist für eine JIT-Konzeption in der Regel ungeeignet, da häufig kurzfristig zu realisierende Vorteile die Einrichtung genereller Organisationskonzepte als nicht adäquat erscheinen lassen. Die Investitionsstrategie präferiert die Versorgungssicherheit unter wirtschaftlichen Gesichtspunkten und ist auf eine längere Beziehung zwischen den Geschäftspartnern ausgerichtet.

Die partnerschaftliche Beziehung zwischen den unabhängigen Unternehmen gilt als wesentliches Charakteristikum einer erfolgreichen produktionssynchronen Beschaffung (vgl. Abb. 53). Basis dieser Beziehung sind festvereinbarte Rahmenverträge, die als Sicherheit für die Kapazitätsbereitstellung dienen. Die kurzfristige Materialversorgung wird über ein flexibles Abrufsystem geregelt. Regelmäßige Vorabinformationen in Form von Absatzprognosen oder zu erwartenden Bestellungen erleichtern dem Zulieferer die kapazitative Bereitstellung oder Reservierung von Betriebsmitteln sowie die Disposition von Vormaterialien. Die Qualitätsprüfung wird in der Regel auf den Zulieferanten verlagert. Hier gilt die

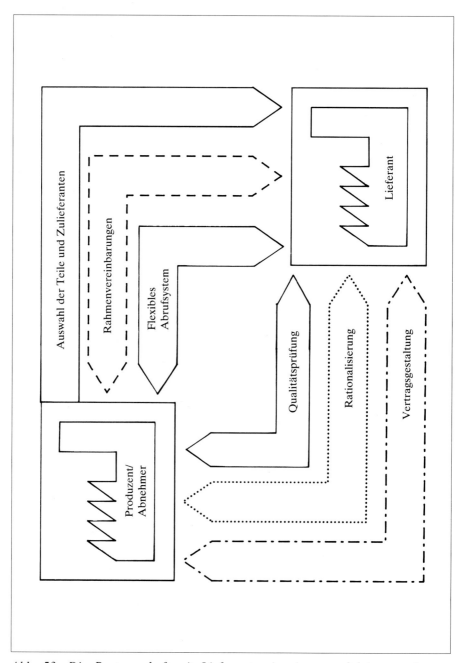

Abb. 53: Die Partnerschaft mit Lieferanten in einer produktionssynchronen Beschaffung

gleiche Überlegung wie bei der Fertigungssegmentierung, daß die Fehlerbeseitigung am Ort des Entstehens am kostengünstigsten ist. Nach anfänglichen stichprobenhaften Wareneingangskontrollen wird nach Erreichen eines entsprechenden Standards des Zulieferers auf eine Qualitätsprüfung vollkommen verzichtet. Einen besonderen Stellenwert nimmt die Frage der Verteilung oder das Abschöpfen von Rationalisierungsvorteilen, sei es durch Erfahrungsakkumulation oder durch wertanalytische Verbesserungen am Fertigungsobjekt, ein. Hierüber ist frühzeitig eine vertragliche Regelung zu treffen, so daß der Hinweis oder die Umsetzung von Verbesserungsvorschlägen und damit die Realisation von Rationalisierungspotentialen beschleunigt wird. Die Diskussion um diese Frage macht deutlich, daß die unter dem Aspekt der JIT-Konzeption eingegangene Bindung von Abnehmer und Zulieferer sich von den üblichen Geschäftsbeziehungen unterscheidet.

4.1. Voraussetzungen zur Anwendung einer produktionssynchronen Beschaffung

4.1.1. Lieferantenauswahl und -bewertung

Die bei der JIT-Konzeption veränderten Beziehungen (vgl. Abb. 54) stellen besondere Anforderungen an die einzelnen Geschäftspartner. Der notwendige enge Kontakt untereinander ist im allgemeinen nur mit einer begrenzten Anzahl von Lieferanten möglich, wobei sich die Ziele beider eigenständiger Unternehmungen angleichen. Beispielsweise ist ein Produkt möglichst schnell und kostengünstig am Markt anzubieten. Das Einbinden des Zulieferers in diesen Prozeß ist in der Regel nur durch ein entsprechendes Angebot und einen intensiven Informationsaustausch zu bewerkstelligen. Das bedeutet höhere Stückzahlen für den ausgewählten Zulieferer.

Die durch eine Mehrquellenversorgung erreichte Risikoverringerung geht verloren. Die hier wirksamen Vorteile, wie eine breitere Unterstützung bei technischen Problemlösungen, die höhere Versorgungssicherheit und vor allem das wettbewerbspolitische Instrument bei anstehenden Preiserhöhungen oder dem Festlegen der Einstandspreise sind abzuwägen gegenüber den mit der Einquellenversorgung verbundenen Effekten der Kosteneinsparung wie Transport, Kostendegression durch höhere Abnahmequoten oder kürzere Lieferzeiten bei flexibleren Dispositionsprämissen.

Aufgrund der möglicherweise großen Entfernungen zwischen den Unternehmungen und der häufig schwankenden Nachfrage ist es in Engpässen üblich, eine Zweiquellenversorgung anzustreben. Es werden unterschiedliche Ziel-Liefermengen vereinbart (z. B. 70% zu 30%). Dabei erfolgt eine direkte organisatorische

Voraussetzungen einer produktionssynchronen
Beschaffung

(1) möglichst wenige Zulieferer pro Teil
(2) Rahmenauftrag mit verbrauchsgesteuertem Abruf
(3) exakte Lieferzeit- und Empfangsvorgaben
(4) direkte Information und Kommunikation zwischen
dem Zulieferer und der verbrauchenden Stelle
(5) höchste Verläßlichkeit hinsichtlich Qualität und
Quantität der Lieferung
(6) Vorgabe des Ablieferungszeitpunktes durch den
Abnehmer
(7) turnusmäßige Erstellung von Sammelrechnungen

Abb. 54: Die Voraussetzungen der produktionssynchronen Beschaffung

Anbindung mit dem Hauptlieferanten, der den Grundbedarf erfüllt. Darüber hinausgehende, stark schwankende Spitzen deckt der zweite Anbieter ab, allerdings dann meist zu höheren Kosten.

Die Auswahl der Lieferanten, die für eine produktionssynchrone Beschaffung geeignet sind, ergibt sich aus den nachgefragten Produkten, Klassifiziert wird die Leistungsart und der spezifische Leistungsstand des Anbieters (vgl. Abb. 55). Für die Nachfrageseite ist entscheidend, ob es sich um Spezial- und Standardprodukte oder Normteile handelt. Für den Anbieter ist wichtig, ob ausschließlich Produkt- oder auch Produkt- und Produktions-Know-how vorhanden ist.

Geeignet sind dabei Zulieferer, die Spezialprodukte fertigen und über ein besonderes Produktions-Know-how verfügen sowie solche, die mit Produkt- und Produktions-Know-how weitgehend standardisierte Produkte herstellen (Kostenvorteil). Neben diesen grundlegenden Kriterien sind individuelle, ausschließlich vom Zulieferer zu vertretende Kriterien bei der Analyse zu beachten. Im wesentlichen sind dies (vgl. Wildemann 1985):
– der Preis und die Leistungsqualität,
– die Zuverlässigkeit hinsichtlich Termineinhaltung und Mengenlieferung sowie
– die räumliche Entfernung und die zu vereinbarende Anlieferungsfrequenz.

Im Rahmen der Lieferantenbeurteilung sind diese generellen Kriterien zu erweitern (vgl. Abb. 56) und operative Bewertungsmaßstäbe abzuleiten, anhand derer eine Leistungskennziffer je Lieferant ermitteln werden kann. Dieser Lieferanten-

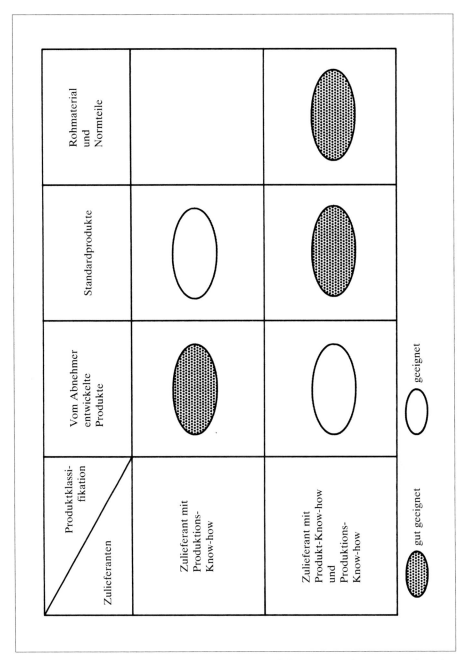

Abb. 55: Die Eignung von Zulieferanten-/Produktions-Kombinationen für eine produktionssynchrone Zulieferung

A Lieferanten bezogene Kriterien

Entfernung	< 100 km	100 km < < 200 km	> 200 km
Mengentreue	exakte Lief.	Abweichung nach oben	Abweichung nach o. u. unten
Termintreue	Mehr als 1 Tag verspätet	bis zu 1 Tag verspätet	Pünktlich
Anpassungsfähigkeit an Lieferfrequenz	nicht möglich	bedingt möglich	direkt möglich
Lieferantenanzahl je Teil	1	2	>2
kundenspezifische Bevorratung	keine Bevorratung	im Regelfall Lieferung ab Lager möglich	spezifische Mindestbestände für alle Teile
technische Beratung und Service	keine Beratung	Schwierigkeiten bei Rückfragen	kompetente Ansprechpartner jederzeit verfügbar
Nachfragemacht des Kunden	<5% Umsatzanteil	>15% Umsatzanteil	>30% Umsatzanteil
Organisationsgrad	gering	mittel	hoch
Durchsetzbarkeit von Auftrags- bzw. Sonderwünschen	nie möglich	verzögert möglich (Kosten)	jederzeit möglich
Vollständigkeit des Programms	nur für wenige Ausführungen	für ca. 70% der Teile lieferfähig	für 100% der Teile lieferfähig

Abb. 56: Kriterien für eine Direktanlieferung

index (vgl. Abb. 57) erlaubt somit eine Aussage über die Eignung einer sich an den Prinzipien der JIT-Konzeption orientierenden Beschaffungsorganisation.

Das Ablieferungsverhalten der Zulieferer ist zu kontrollieren. Vor allem Abweichungen von den vereinbarten Terminen und Mengen sowie Qualitätsmängel der

Kriterien	Gewichtung G	Ausprägung A	G × A
Entfernung			
Mengentreue			
Termintreue			
Anpassungsfähigkeit an Lieferfrequenz			
kundenspezifische Bevorratung			
technische Beratung und Service			
Nachfragemacht beim Lieferanten			
Lieferzeit			
Reklamationen			
Qualität der Teile			
	= 100%		$\sum$ =

A = 1, 2, 3 entsprechend Bewertung

Abb. 57: Index für Lieferantenbewertung

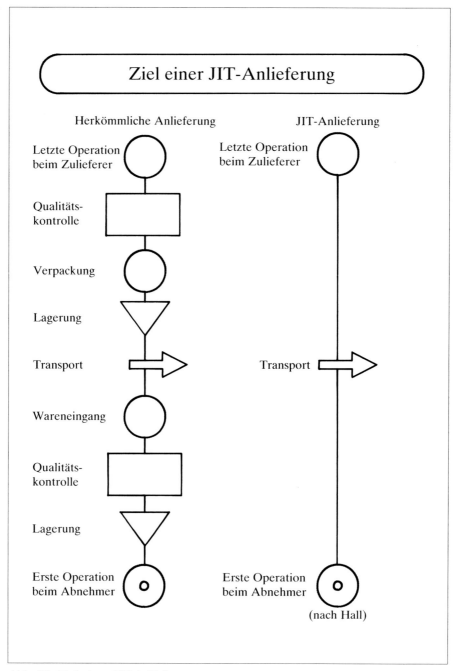

Abb. 58: Ziel einer JIT-Anlieferung

angelieferten Produkte sind zu dokumentieren. Bei Überschreitung zuvor festgesetzter Grenzwerte sind die Abweichungsursachen zu ermitteln und gegebenenfalls Verbesserungsmaßnahmen einzuleiten. Dies ist besonders wichtig, da im allgemeinen die exakten Mengen und die Termine der im Rahmenvertrag vereinbarten Produkte direkt von der verbrauchenden Stelle abgerufen und auch dort angeliefert werden. Die Zwischenschaltung beispielsweise von Disponenten, Einkäufern oder Wareneingangskontrollen entfällt. Der Bestell- bzw. Beschaffungsaufwand wird verringert (vgl. Abb. 58).

Die Rahmenverträge reduzieren den bei Bestellungen notwendigen Aufwand der Materialversorgung erheblich. Der beim Abnehmer entstehende Bedarf wird nach Art, Menge und Liefertermin über einen Abruf beim Lieferanten angezeigt. Es sind vier unterschiedliche Modelle der Abrufe zwischen den Geschäftspartnern denkbar (vgl. Abb. 59). Die Anzahl der Relationen ist bestimmend für den Steuerungsaufwand bzw. den Umfang organisatorischer Regelungen.

Der geringste Entscheidungsfreiraum liegt vor, wenn eine eindeutige Beziehung besteht (Modell 1). Konflikte hinsichtlich der Lieferverpflichtungen treten nicht auf, da jeweils nur eine Bezugsquelle und ein Verbraucher vorliegt. Hier bietet es sich an, ein dezentrales Abrufsystem zu installieren, bei dem der direkte, auf der operativen Ebene angesiedelte Verbraucher den Abruf (Bestellung) ohne Zwischenschaltung einer übergeordneten Instanz auslöst und damit die Materialversorgung individuell eigenverantwortlich vornimmt.

Eine ähnliche Situation zeigt Modell 2, bei der wiederum ausschließlich ein Zulieferer zur Versorgung zur Verfügung steht. Für den Verbraucher ist der Adressat für die Lieferung zwar eindeutig, doch ist bei diesem eine Konkurrenzsituation denkbar, falls die Nachfrage nicht vollkommen erfüllt werden kann. Es ist zusätzlich zu prüfen, ob, sofern sich die Nachfrager an einem Ort unter einem Dach befinden, nicht durch eine Bündelung des Abrufs oder die Einrichtung von Zwischenlagerstufen (Kap. 4.1.2.) sich die Beschaffungskosten verringern lassen. Ein zusätzliches Problem ergibt sich, wenn einem Nachfrager mehrere Leistungsanbieter gegenüberstehen. Hier wird eine generelle Regelung (Quotenverteilung) notwendig, so daß die nachgefragten Mengen an Bauteilen mit der Leistungskapazität der Zulieferer abgestimmt sind.

Stehen sich mehrere Zulieferanten und Verbraucher gleicher Teile in einer Unternehmung gegenüber (Modell 4), kann im allgemeinen auf eine zentral eingerichtete Koordinationsstelle nicht verzichtet werden. Dadurch reduzieren sich die Informations- und die Transportkosten sowie unter Umständen die zu ordernde Menge, da ein interner Abgleich zwischen den einzelnen Verbrauchern beim Nachfrager möglich ist. Daneben steht den Zulieferanten ein einziger Ansprechpartner gegenüber, der einen Überblick über das augenblickliche Betriebsgeschehen und die zukünftige Planung besitzt.

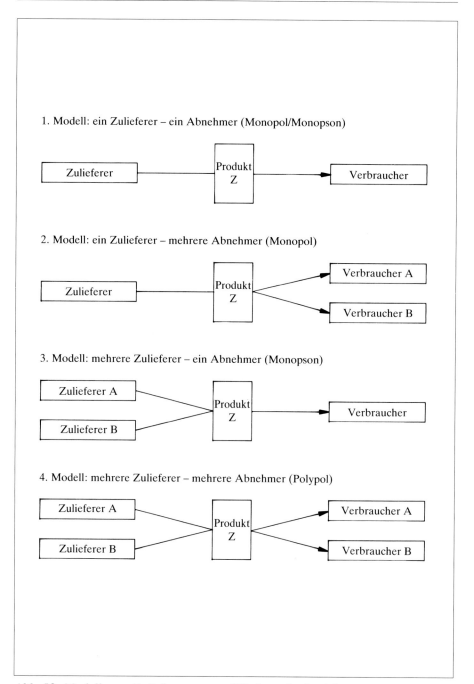

Abb. 59: Modelle von Zulieferanten- und Verbraucherbeziehungen

4.1.2. Bestimmung von Bevorratungsebenen und -arten

Bei der Bestimmung geeigneter Bevorratungsebenen (= EDV-geführte Läger) werden generell die gleichen Kriterien wie bei dem JIT-Konzept (Kap. 2.2.) wirksam. Somit sind es auch hier die Stellen, an denen dem Produkt durch den Folgearbeitsgang

a) der höchste Wertzuwachs oder

b) ein kunden-(auftrags-)spezifischer Gestaltungsschritt

widerfährt. Das erste Kriterium ist ausschließlich auf Kostenvorteile gerichtet, mit dem zweiten sind darüber hinaus Prognoseungenauigkeiten zu relativieren. Mit der kundenbezogenen Definition erfolgt gleichzeitig eine Einschränkung der Verwendungsmöglichkeit der erbrachten Leistung. Ab dieser Fertigungsstufe ist eine auftragsbezogene Planung bzw. Disposition unumgänglich. Im vorgelagerten Stadium kann jedoch eine programmbezogene Fertigung durchgeführt werden. Gleichzeitig reduziert sich bei einer Mehrfachverwendbarkeit des Teils der absolute Bestand. Bei Auftragseingang erfolgt die Stücklistenauflösung nur bis auf diese Ebene. Das beschriebene Teil oder die Baugruppe gilt als »Lagerprodukt«. Die sonst übliche Berücksichtigung zusätzlicher Sicherheiten von Dispositionsstufe zu Dispositionsstufe, die sich in erhöhten Beständen niederschlagen, fällt nicht an.

Neben diesen generellen Kriterien liegt zwischen Zulieferer und Abnehmer eine besondere bestandsverursachende Situation vor, die sich daraus ergibt, daß aus Gründen der Transportökonomie eine bestimmte Auslastung der Transportmittel angestrebt wird. Eine Kongruenz zwischen Transportmenge und der Bedarfssituation beim Abnehmer ist selten gegeben. Die dann notwendige Ausgleichsfunktion ist von zwischengeschalteten Lägern zu übernehmen. Hier sind drei unterschiedliche Typen der Lagerorganisation möglich (vgl. Abb. 60).

Beim Typ A erfolgt die Einlagerung nach Sachnummern. Dies ist vor allem dann üblich, wenn eine Vielzahl von Bauteilen, die häufig mehrfach verwendbar sind oder einen relativ niedrigen Fertigstellungsgrad aufweisen, zentral gesammelt werden.

Vor dem eigentlichen Produktionsbeginn sind in einem fertigungsnahen Bereitstellungslager kommissionierte, zumindest aber kleinere Mengeneinheiten als die angelieferten zur Bearbeitung bereitzustellen. Diese Organisationsform ist häufig bei einer Einzel- oder Kleinserienfertigung anzutreffen. Der in der Fertigung vorhandene Lagerplatz ist meist beengt. Die für die Leistungserstellung notwendigen Teile entnimmt das Personal selbständig. Die Materialversorgung des Bereitstelllagers liegt in der Regel im Verantwortungsbereich des Haupt- oder Wareneingangslagers.

Eine Einlagerung nach Aufträgen (Typ B), bei denen die Bauteile quasi kommissioniert vorgehalten werden, verringert das Materialhandling, da auf eine

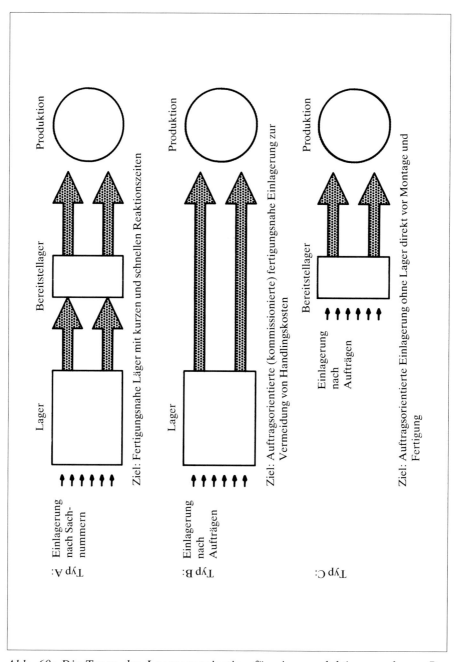

Abb. 60: Die Typen der Lagerorganisation für eine produktionssynchrone Beschaffung

zusätzliche Bereitstellung in der Fertigung verzichtet wird. Bei Auftragsbeginn ist das notwendige Material komplett an die Bearbeitungsstellen zu liefern. Mehrfach verwendbare Teile lassen sich nicht bei Bedarf anderen Aufträgen zuteilen. Aufträge können erst dann begonnen werden, wenn sämtliche Materialien für die gesamten Fertigungsstufen vorhanden sind. Typischer Anwendungsfall ist die geringstufige Fertigung, z. B. Montage.

Der geringste Handlingsaufwand ergibt sich beim Typ C, bei dem das notwendige Material bei der Ablieferung direkt an den benötigten Arbeitsplatz bzw. der hierfür vorgesehenen Bereitstellungsfläche abgestellt wird. Jede zusätzliche Handhabung entfällt. Es liegt eine auftragsbezogene bearbeitungsplatzorientierte Materialversorgung vor, wie es beispielsweise bei einer Fließfertigung großer Serien (Automobilbau) anzutreffen ist. Lieferverzögerungen führen hier sehr schnell zu Produktionsunterbrechungen, weil die zur Verfügung stehende Pufferfläche in der Regel relativ gering ist.

Die durch die Transportoptimierung notwendige Zwischenpufferung der Produkte ergibt sich in erster Linie durch die geographische Entfernung zwischen Zulieferer und Abnehmer und wird in zweiter Linie durch die Lagersituation beim Besteller bestimmt. Tritt als zusätzliche Prämisse das Vorhalten von Sicherheitsbeständen hinzu und ist das Produkt für mehrere unterschiedliche Adressaten oder verschiedene Abnehmer bestimmt, so liegt der ökonomisch sinnvolle Standort beim Zulieferer. Allerdings besteht der Abnehmer häufig auf einer Lagerung in unmittelbarer Nähe seiner Fertigungsstätte. Es ist dann zwischen einem Konsignationslager und einem Vertragslager zu unterscheiden. Beim Konsignationslager stellt der Abnehmer dem Zulieferer Lagerfläche zur Verfügung. Ein einzulagernder Mindestbestand wird vorgegeben. Entnahmen werden dem Zulieferer entsprechend angezeigt, so daß dieser über die jeweilige aktuelle Bestandssituation unterrichtet ist. Als wichtigster Vorteil für den Abnehmer (vgl. Abb. 61) gilt die Verfügungsgewalt über qualitätsrichtige Produkte in lokaler Nähe, wobei dieser sich unmittelbar ein Bild über den vorhandenen Materialbestand machen kann. Der Eigentumsübergang erfolgt bei der physischen Entnahme der Teile, wobei erst zu diesem Zeitpunkt die Fakturierung fällig wird. Der Zulieferer entlastet sein eigenes Lager und hat daneben Dispositionsspielraum, indem er beispielsweise bei nicht hinreichend ausgelasteten Kapazitäten die Bestände im Konsignationslager erhöht. Aus den Materialbewegungen können Prognosen für künftige Bestellungen abgeleitet werden. Allerdings stellt die Höhe der Lagerkosten bei den Verhandlungen über die Einrichtung von Konsignationslägern einen kontroversen und schwierig zu lösenden Vertragspunkt dar.

Beim Vertragslager steht ein dritter Lagerraum möglichst in Nähe des Abnehmers zur Verfügung. Hier ist vor allem zu klären, in welcher Form Besitz und Eigentum an den Produkten auf den Abnehmer übergehen. Da in der Regel ein

ZULIEFERER	ABNEHMER
Dispositionsfreiraum (Kapazitätsauslastung) Transparenz über Lagerentnahmen Prognosesicherheit Transportoptimierung langfristige Zusammenarbeit Entlastung eigenen Lagerraums standardisierter Zahlungsmodus	Versorgungssicherheit Fakturierung bei Verbrauch Verfügungsgewalt (Besitztitel) lokale Nähe qualitätssichere Teile Transparenz über Bestände verminderte Bestände einfacherer Beschaffungsmodus

Abb. 61: Die Vorteile des Konsignationslagerkonzepts

Miet- bzw. Pachtverhältnis vorliegt, sind die Kostenhöhe und deren Übernahme selten Diskussionsgegenstand zwischen Zulieferer und Abnehmer. Hier dominiert in der Regel der Aspekt der Versorgungssicherheit. Meist sind im Vertragslager die Produkte unterschiedlicher Lieferanten zusammengefaßt. Es besteht weder eine direkte Sichtkontrolle durch den Abnehmer über die eingelagerten Produkte (Menge, Qualität), noch hat der Zulieferer die Möglichkeit, höhere Mengen als die Bestellungen abzuliefern. Für beide Lagerarten sollte aber die vereinbarte Mindestlagermenge so definiert sein, daß die maximal mögliche Entnahmegeschwindigkeit kleiner ist als die Aufbaugeschwindigkeit, oder aber die Wiederbeschaffungszeit ausreichend sein, um eine Materialunterdeckung zu verhindern.

Neben der grundlegenden organisatorischen Gestaltung eines solchen zunächst nicht im unmittelbaren Verantwortungsbereich eines der beiden Partner stehenden Lagers ergibt sich die Notwendigkeit, Fragen nach der Zuständigkeit über die
– Bestandshöhe,
_ Übernahme der Lagerkosten,
– Bestimmung des Fakturierungszeitpunkts und
– Verantwortung von Inventurdifferenzen
zu beantworten. Entsprechende vertragliche Regelungen prägen die Vorteilhaftigkeit für den Zulieferer oder den Abnehmer. Den Hauptnutzen hat der Zulieferer, wenn Kosten für das Lager und die Bestandsverantwortung vom Abnehmer getragen werden, der Zulieferer selbst jedoch den Fakturierungszeitpunkt bestimmt. Eine andere Verteilung der Vorteile ergibt sich, wenn der Zulieferer die Bestandsverantwortung behält, der Abnehmer aber die Kosten für das Lager übernimmt

Modelltypen	Bestandsver- antwortung?	Wer trägt die Lager- kosten?	Wer bestimmt den Zeitpunkt der Fakturie- rung?	tendenzieller Hauptnutzen
I	A	A	ZL	ZL
II	ZL	A	A	
III	ZL	ZL	A	A

A = Abnehmer   ZL = Zulieferer

Abb. 62: Die Verteilung der Funktionen bei unterschiedlichen Vertragslager- modellen

und der Fakturierungszeitpunkt durch die entsprechende Entnahme festgelegt wird. Besonders präferiert das Modell den Abnehmer, wenn der juristische Eigentumsübergang erst mit der Entnahme der Materialien vollzogen wird und somit sowohl die Lagerkosten als auch die Bestandshöhe bis zu diesem Zeitpunkt beim Lieferanten verbleiben. Den Zeitpunkt der Fakturierung bestimmt in diesem Fall der Abnehmer (vgl. Abb. 62).

Darüber hinaus sind Modelle realisiert, bei denen ein fest vereinbarter Fakturierungszeitpunkt (beispielsweise zwei Monate nach Anlieferung bzw. Einlagerung) unabhängig vom Verbrauch akzeptiert wird. Inventurdifferenzen sind sachlich nur von dem Personenkreis zu verantworten, der auch physische Kontrolle über das Lager besitzt. Sofern mehrere an diesem Konzept Beteiligte direkten Zugriff auf die Bestände nehmen, entsteht ein organisatorischer Konflikt. Beim Vertragslager, bei dem ein Externer (es kann sich dabei auch um einen Spediteur handeln) die logistische Funktion der Bevorratung übernimmt, ist die Verantwortung über die eingelagerten Mengen eindeutig bei diesem zugeordnet.

4.1.3. Übertragung logistischer Funktionen auf Spediteure und Dienstleistungsunternehmen

Häufige Lieferungen kleiner Mengen als ein wichtiges Kriterium für eine erfolgreiche JIT-Konzeption stehen im Gegensatz zur Reduzierung der Transportkosten bei großen Entfernungen. Dies ist vor dem Hintergrund zu sehen, daß vor allem in der Großindustrie für komplizierte Endprodukte eine Vielzahl an Zulieferbetrieben die Materialversorgung sicherstellen (vgl. Parbel 1984). Geographisch betrachtet besteht z. B. eine regionale Konzentration bestimmter Branchen in der BRD. Grundgedanke der Transportkostenoptimierung ist es, die üblichen Einzellieferungen für ein abgegrenztes Gebiet einem einzigen Spediteur zu übertragen, die dieser sammelt und in einer Ladung an den Bestimmungsort transportiert. Entsprechend dem Produktionsprogramm lassen sich dann noch kostengünstig kleinste Teilmengen bedarfsgerecht den entsprechenden Verbrauchsstellen zuführen.

Hierfür wird ein Gebietsspediteur verpflichtet. Kriterien für die Eingrenzung des Bereichs sind:

– das anfallende Transportvolumen und -gewichte,
– die Entfernung zu den einzelnen Zielstellen,
– die Anfahrfrequenz,
– die Infrastruktur und
– die klimatischen Bedingungen.

Der Gebietsspediteur fährt entweder nach einem festen Fahrplan oder nach Bedarf die einzelnen Zielorte an. Die Lieferungen werden dann zentral gesammelt und an den Abnehmer geliefert. Beim Rücktransport nimmt dann der Gebietsspediteur Leergut bzw. Behälter, in denen die Produkte beim Abnehmer angeliefert werden, mit retour. Durch die Konzentration vieler Einzelsendungen auf ein Fahrzeug entspannt sich die Engpaßsituation im Wareneingang. Der Entladeprozeß vereinfacht sich, so daß der Personalbedarf ebenso wie die Transportkosten sinken.

Durch die Einbeziehung des Gebietsspediteurs tritt eine Veränderung der Lieferorganisation ein. Wird die Bestellung beim Zulieferer in direktem Kontakt mit dem Abnehmer ausgelöst, erfolgt die Vereinbarung und Abstimmung des Materialtransports über die Dispositionsstelle des Spediteurs. Im Rahmen der Transportabwicklung ist der Einsatz des Gebietsspediteurs auf Dauer ausgerichtet, so daß dieser einzelne Routinefunktionen des Empfängers übernehmen kann. Häufig ist die Kommunikation zwischen den Zulieferern und Abnehmern z. B. bei der Bestellung sehr aufwendig.

Die nur sporadische zeitliche Inanspruchnahme und die geringe Frequenz des Kontakts rechtfertigen selten den Einsatz von DV-Anlagen oder den Einsatz neuer Kommunikationstechniken. Ein Rationalisierungsvorteil ist also in einer direkten EDV-Verbindung zwischen Gebietsspediteur und Auftraggeber (Abnehmer) zu sehen, wenn hierüber in Form einer Sammelbestellung für alle im entsprechenden Gebiet ansässigen Zulieferer die jeweiligen Aufträge übermittelt werden.

Die Verteilung bzw. Zuordnung der einzelnen Bestellungen ist dann Aufgabe des Gebietsspediteurs. Diesem kommt so die Datensammel- und Datenverteilungsfunktion zu. Innerhalb des Datenverbunds Spediteur–Auftraggeber ist gleichzeitig die Fakturierung bzw. Rechnungsstellung der Frachtkosten möglich.

Bei der Einführung des vorgestellten Konzepts in der Praxis liegen die wesentlichen Schwierigkeiten in den Vertragsverhandlungen mit den einzelnen Zulieferern. Die vereinbarte Preisgestaltung »frei Werk« ist umzuwandeln in »ab Werk«. Jedoch zeigt es sich in der Praxis, daß erhebliche Schwankungen in den genannten Transportkosten vorliegen. Dies kann in mangelnder Kostentransparenz und in von den Transportunternehmen zugesicherten Sonderkonditionen liegen.

Gebietsspediteur	Abnehmer	Zulieferer

● stabile Pläne
  – Termin
  – Transportvolumen
● enger Kontakt zwischen Abnehmern und Zulieferern
● Wegoptimierung
● langfristige Zusammenarbeit
● sichere Zahlungseingänge
● verringerte Akquisitionsaufwendungen
● festgelegte Aufgabenbereiche
● Übernahme von zusätzlichen Funktionen
● hohe Kapazitätsauslastung
	● geringe Anzahl von Spediteuren
	● geregelte Rückführung von Leergut
	● geringere Verkehrsprobleme bei Anlieferung
	● vereinfachter Wareneingang
	● automatisierte Datenverarbeitung
	● einfachere Terminsteuerung
	● schnellere Bereitstellung von Sonderlieferungen
	● Verlagerung von Routinefunktionen
	● geringere Transportkosten
	● abgegrenzte Verantwortungsbereiche
	● Verringerung des Logistikaufwandes
		● Verringerung des Logistikaufwandes
		● Nähe zum Spediteur
		● einfachere Kostenkalkulation
		● einfachere Vereinbarung des Bereitstellungszeitpunktes für den Spediteur
		● höhere Terminpünktlichkeit
		● geregelte Rückführung von Leergut
		● Verlagerung des Transportrisikos

Abb. 63: Die Vorteile des Gebietsspediteur-Konzepts

Aufgrund der zentralen Stellung des Gebietsspediteurs zwischen Abnehmer und Zulieferer läßt sich die auf die Informationen bezogene Sammel- und Verteilungsfunktion ebenso auf das zu transportierende Material ausdehnen. Hierfür ist notwendig, eine zusätzliche Lagerstufe beim Spediteur einzurichten. Dadurch wird es möglich, den Zwischentransport vom Zulieferer zeitlich unabhängig vom Zielverkehr zum Abnehmer durchzuführen. Damit liegt eine ähnliche Funktion vor, wie sie das Vertragslagerkonzept erfüllt. Individuelle Vereinbarungen zwischen den einzelnen Stellen erweitern den Dispositionsspielraum, ohne daß gleichzeitig die Versorgungssicherheit geschwächt wird. Neben anderen Vorteilen (vgl. Abb. 63), die dieses Logistikkonzept bietet, ist besonders herauszustellen, daß die zu erreichenden Teiloptima auf den einzelnen Ebenen nicht mit dem Gesamtoptimum kollidieren, da auftretende Kosten oder kurzfristige Bestände nicht zu Lasten des Abnehmers gehen.

4.1.4. Vertragliche Regelungen

Die mit einer engen Lieferantenanbindung verbundene gegenseitige Abhängigkeit der Geschäftspartner erhöht das Risiko beim Abnehmer. Eine Verletzung der Regeln wird bei diesem sofort erfolgswirksam. Kurzfristiges Ausweichen auf Alternativanbieter ist selten möglich. Umfangreiche vertragliche Regelungen sind deshalb notwendig, um eine dem JIT-Konzept entsprechende Ablauforganisation zu gewährleisten.

Das partnerschaftliche Verhältnis der häufig in ihrer Struktur und Größe ungleichen Unternehmungen ist darauf gerichtet, die Wettbewerbsfähigkeit und damit rationelle Produktionsmethoden zu fördern. Nicht die Nutzung kurzfristiger Chancen gegenüber dem Partner steht im Vordergrund, sondern eine auf Dauer ausgerichtete Geschäftsbeziehung, wobei sich bietende Rationalisierungspotentiale auszuschöpfen sind. Die Einsparungen müssen transparent gemacht werden und ihren Niederschlag in der Kostenkalkulation finden. Der Zulieferer ist aktiv in den ständigen Wertanalyseprozeß der Leistungserstellung mit einzubinden.

Konkret lassen sich neben der Ausgestaltung des generellen Informationsflusses (vgl. Abb. 64) fünf grundsätzliche Fragenkomplexe ableiten:

1. Liefermenge, Lieferabruf, Liefertermine und Auswirkungen bei Verzug.
2. Qualität und Qualitätssicherung, Gewährleistung, Produkthaftung und Regelung von Rückrufaktionen.
3. Preise, Zahlungsbedingungen, Lieferkonditionen, Eigentumsübergang und deren flexible Gestaltung.
4. Weiterentwicklung der Sach- wie Dienstleistungen und damit die verbundenen Schutzrechte.
5. Ausschöpfung erkannter Rationalisierungspotentiale und deren Bewertung.

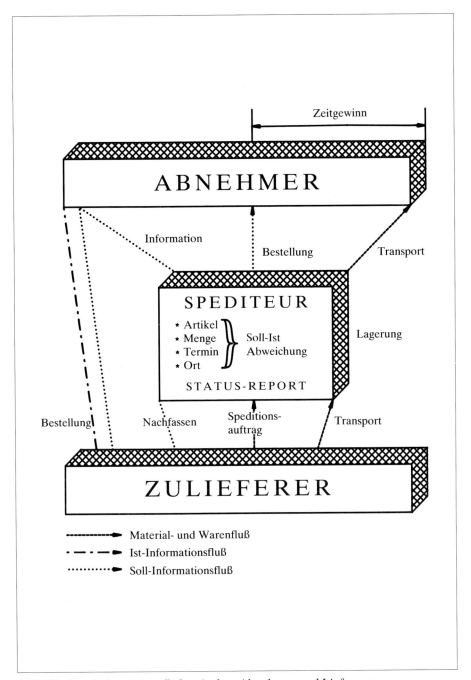

Abb. 64: Der Informationsfluß zwischen Abnehmer und Lieferant

Liefermenge: Hierbei ist festzulegen, ob die kurzfristig abzurufenden Liefermengen auch innerhalb langfristiger Pläne über die Vereinbarungen hinaus schwanken dürfen, was zwangsläufig eine flexible Reaktion des Zulieferanten voraussetzt. Allerdings sind zulässige Schwankungsbreiten auszuhandeln, um die Planungsunsicherheit nicht zu erhöhen. Die Fertigung tagesgenauer Lose ist für den Zulieferer häufig wirtschaftlich nicht möglich, so daß hier zusätzliche Kostenwirkungen nicht auszuschließen sind.

Lieferabruf: Der Lieferabruf (Menge/Termin) ist zu formalisieren. Neben der Form und den einzusetzenden Medien ist der zugebilligte zeitliche Vorlauf und die Datengenauigkeit (Prognosesicherheit) von Relevanz (vgl. Abb. 65). Diese vereinbarten Fristen gelten als besonders situationsabhängig. Werden hier generelle Regeln akzeptiert, sind zusätzliche Auftragsbestätigungen nicht notwendig.

Liefertermine: Im Rahmen der vereinbarten Mengen mit hoher Prognosesicherheit (Wahrscheinlichkeit > 95%) gelten die Lieferzeitpunkte als Fixtermine. Die Genauigkeit der Prognosen ist abhängig vom betrachteten Planungshorizont bzw. der Auftragsdurchlaufzeit.

Lieferverzug: Bei Lieferverzug gelten hinsichtlich der Schadenersatzansprüche die gesetzlichen Regelungen; hiervon ausgeschlossen sind höhere Gewalt, Arbeitskämpfe, Unruhen, behördliche Maßnahmen und sonstige unabwendbare Ereignisse. Darüber hinaus sollten alternative Ausweichkapazitäten vorgeplant bzw. vereinbart werden.

Qualität und Qualitätssicherung: Mit der produktionssynchronen Beschaffung wird die Lieferung termingenauer Null-Fehler-Qualität erwartet. Damit verpflichtet sich der Zulieferant, seine Leistungen einer 100%igen Qualitätsprüfung zu unterziehen.

Gewährleistung: Der Zulieferant gewährleistet, daß alle Liefergegenstände zum Zeitpunkt der Lieferung an den Abnehmer keine Konstruktions-, Material- oder Fertigungsfehler aufweisen und den vereinbarten Spezifikationen entsprechen.

Bei Lieferung fehlerhafter Ware ist der Abnehmer berechtigt, kostenlose Nachbesserung oder umgehende Lieferung einwandfreier Ware zu verlangen.

Produkthaftung: Bei geltend gemachten Ansprüchen gegenüber dem Abnehmer, die auf nachgewiesenen Mängeln der vom Zulieferanten gelieferten Teile beruhen, hält der Zulieferer den Abnehmer von allen Zahlungen frei.

Rückruf: Bei Rückrufaktionen, d. h. Maßnahmen, mit denen die Produkte auf das Vorhandensein eines Mangels überprüft und ggf. der Mangel durch Austausch oder Reparatur behoben werden, trägt der Zulieferant die Kosten. Dies gilt für:
– Kosten des Neuteils und des Aus- und Einbaus,
– Nachbesserungskosten an fehlerhaften Teilen,
– Kosten des eventuellen Umtauschens des Lagerbestands,
– Kosten der Benachrichtigung der Verbraucher,

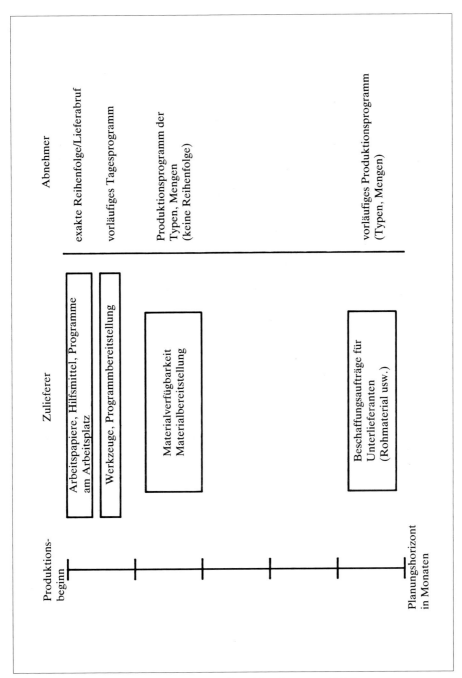

Abb. 65: Das Informationssystem zwischen Abnehmer und Lieferant

– Kosten der Überprüfungsaktion,

– Ersatz von Schäden.

Der Zulieferant trägt ferner die Kosten für Ermittlungen und Überprüfungen, die der Entscheidung für oder gegen eine Rückrufaktion vorausgegangen sind.

Preise: Bei den Preisen wird eine flexible Handhabung angestrebt, damit Produktionsfortschritte, Rationalisierungsmaßnahmen, Material- und Lohnkostenänderungen usw. berücksichtigt werden können. Dies erstreckt sich auch auf Kostenveränderungen beim Zulieferanten (Material/Personal) (vgl. Abb. 66). Die Kostensituation ist in regelmäßigen zeitlichen Abständen zu überprüfen.

Zahlungsbedingungen, Lieferkonditionen und Eigentumsübergang: Die Zahlungsbedingungen und Lieferkonditionen sind gesondert auszuweisen. Es erscheint erforderlich, den Zahlungszeitpunkt mit oder ohne Rabattgewährung fest-

Kostensenkungspotentiale beim Zulieferant	Kostensteigerungspotentiale der Abnehmer
● Produktionsmenge (Gesamtstückzahl)	● Senkung der Abnahmemenge
● Produktionszeit/Stück	● Erwartung höherer Qualität, Investitionen in Qualitätssicherung
● Losgrößenvariation	● Initiierung technischer Änderungen (Forschung, Entwicklung, Konstruktion)
● Materialverbrauch	
● Kapazitätsabstimmung bzw. opt. Auslastung	● Vorgabe nicht fertigungsgerechter Konstruktion
● Beseitigung von Engpässen	● Aufbau von Sicherheitsreserven
● Produkt- und Verfahrensinnovation	● Erwartung permanenter Lieferbereitschaft
● Produkt- und Verfahrensstandardisierung	● Organisatorische Umstrukturierungen
● Qualität, Senkung der Ausschußquote	● Arbeitszeitveränderungen (externer Einfluß)
● Anlageninstandhaltung	
● Einsatz neuer Technologien/Automatisierung	
● Spezialisierung	
● Ausbildung/Fortbildung	
● Einsparung von Personal	
● Optimale Transportmittel	

Abb. 66: Die Gegenüberstellung von Produktivitätspotentialen zur Berücksichtigung von Kompensationseffekten

zulegen. Determinante für den Zahlungszeitpunkt ist der Übergang der Ware in das Eigentum des Produzenten. Insbesondere bei der Übertragung weitreichender logistischer Funktionen auf einen Spediteur ist eine exakte Definition erforderlich. Weiterhin sind die Übernahme der Lagerungs- und Transportkosten, die Transportversicherung und die Verpackung, evtl. das Transportmittel, explizit zu regeln.

Weiterentwicklung der Liefergegenstände und damit verbundene Schutzrechte: Zwischen den Vertragspartnern soll eine Zusammenarbeit bei der Weiterentwicklung der Vertragsprodukte mit dem Ziel stattfinden, technisch führende Produkte am Markt anbieten zu können.

Aus dieser Forderung ergibt sich die gegenseitige Bereitstellung von entsprechendem Know-how. Die Anforderungen der weiterzuentwickelnden Produkte lassen sich auf konventionelle Art in Form eines gemeinsamen festgelegten Pflichtenheftes fixieren.

Eine weitere Möglichkeit der Zusammenarbeit bei der Entwicklung besteht in der Vorgabe von »lockeren« Konstruktionsspezifikationen. Beim Ausarbeiten der Konstruktionsdaten für die zu beschaffenden Teile werden lediglich Anschlußmaße, Leistungsparameter, Gewichte usw. vorgegeben. Innerhalb eines vorgegebenen Toleranzrahmens hat der Zulieferer eigenständige Lösungsvorschläge zu unterbreiten.

Der Zulieferant ist Spezialist für die nachgefragte Leistung. Die Entscheidung über den Fremdbezug bedeutet damit gleichzeitig ein Votum für die Sachkenntnis des Zulieferanten. Somit könnte ein zur Ausführung anstehendes Spezifikationspaket aus einer »Blaupause« bestehen, auf der nur kritische Maße angegeben sind. Häufig sind explizite Materialforderungen bzw. -zusammensetzungen vorgegeben.

Das Beschaffungspaket würde somit einschränkende Spezifikationen, wie genaue Fertigungsvorschriften, vermeiden und dem Zulieferanten beispielsweise die Entscheidungsfreiheit lassen, welches Fertigungsverfahren zur Anwendung kommen soll.

Die enge Zusammenarbeit in Konstruktions- und Qualitätsfragen erleichtert die Problemlösung und erhöht für den Zulieferer die Kenntnis über den späteren Einsatzbereich und die Funktion des Produkts und Qualitätsfragen. So besteht z. B. die Möglichkeit, daß sich das für die Konstruktion und auch für die Qualitätskontrolle zuständige Personal regelmäßig zu einem Erfahrungsaustausch trifft. Technische Fragen können schnell geklärt und mögliche Qualitätsprobleme frühzeitig gelöst werden.

Ausschöpfung von Rationalisierungspotentialen: Die Verfolgung der Flußoptimierung beinhaltet eine Tendenz zur Reduzierung der Zahl der Lieferanten. Allerdings wird die Kontrolle des Lieferverhaltens durch Wettbewerb schwierig, zumal ein solcher Lieferant – entsprechend seiner Erfahrung wegen höherer Stückzahlen – mit Kostenvorteilen gegenüber seinen Mitbewerbern rechnen kann.

Zur Ausschöpfung der Rationalisierungspotentiale bieten sich drei Vorgehensweisen an:

1. Eine permanente Wertanalyse der Zulieferteile durch Mitarbeiter des Produzenten im Werk des Zulieferunternehmens.

Mit der Wertanalyse am Produkt sollen für den Zulieferanten die Kostensenkungspotentiale erschlossen und für den Abnehmer der Wert des Produkts verbessert werden. Die Wertanalyse betrachtet hierbei die Funktionen des Produkts ganzheitlich, d. h., sie basiert auf dem »Zerlegen eines Produkts in einzelne Teilfunktionen«.

Das Ziel ist es, den Verlauf und die Ursachen für die Kosten, die bei der Produktherstellung anfallen, zu ermitteln und den erreichten Funktionsnutzen durch diesen Wertzuwachs gegenüberzustellen. Oft läßt sich z. B. eine gewünschte Spezifikation so abändern, daß eine erhebliche Kostensenkung möglich ist, ohne gravierende Änderungen für den Kunden oder die spätere Weiterverwendung nach sich zu ziehen.

Hierdurch lassen sich auch fertigungstechnische Rationalisierungsmaßnahmen erschließen. Die erreichte Kostensenkung stellt wieder den Ausgangspunkt für neue Produktivitätssteigerungen dar. Die Anwendung der Wertanalyse verlangt allerdings eine vollständige Transparenz der Kosten beim Zulieferunternehmen.

2. Die Anwendung der Erfahrungskurventheorie als Instrument zur Abschätzung der Rationalisierungspotentiale beim Zulieferanten.

Die Grundthese der Erfahrungskurventheorie lautet: Mit jeder Verdoppelung der Produktionsmenge ergibt sich eine Kostensenkung, die auf Lerneffekten, verringerten Fertigungszeiten und Lohnkosten, verbesserten Fertigungsverfahren, effizienterem Einsatz von Produktionsfaktoren und Produktveränderungen beruht.

3. Strategie zur erhöhten Kostentransparenz bei Zulieferungen durch parallele Neuentwicklungen von Teilen und Komponenten.

Der Abnehmer gibt »lockere« Konstruktionsvorgaben mit deren Wissen an zwei Lieferanten, wobei aber letztlich nur ein Lieferant nach der Entwicklung bzw. der Konstruktion die Produktion übernimmt. Ziel hierbei ist es, eine höhere Kostentransparenz bei Entwicklungs- und Fertigungskosten zu erreichen, um aufbauend auf diesen Kosten eine Entscheidung bezüglich der Vergabe von Fremdfertigungsteilen und eine Budgetplanung vorzunehmen.

Die wirtschaftliche Wirkung der produktionssynchronen Beschaffung beruht darauf, bestandsbildende und durchlaufzeitverlängernde Faktoren auszuschalten (vgl. Abb. 67). Hierzu ist eine inner- und zwischenbetriebliche Aufgabenumverteilung, die detaillierte Gestaltung neuer Material- und Informationsflußregelungen sowie der vertraglichen Beziehungen erforderlich. Durch die schnelle Weiter-

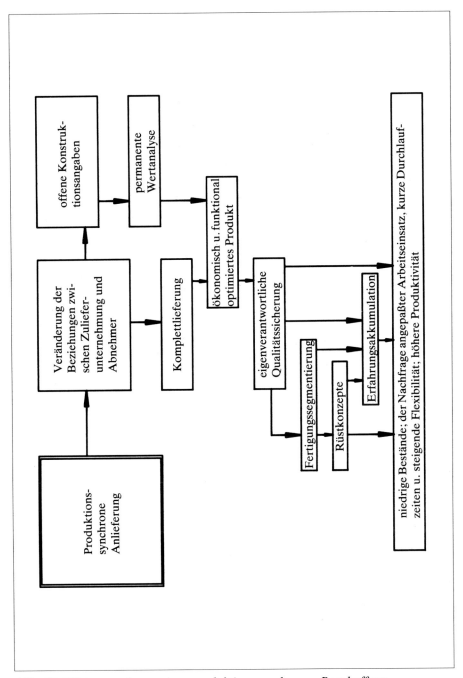

Abb. 67: Wirkungsschema einer produktionssynchronen Beschaffung

gabe des Kundenbedarfs über vermaschte Regelkreise entsteht eine Sogwirkung, die eine Beschleunigung des Materialflusses bewirkt. Die »Produktion auf Abruf« über alle Glieder der logistischen Kette erlaubt auch eine Reduzierung der Bestände in den Bevorratungsebenen durch Fertigungssegmentierung, Rüstkonzepte und Erfahrungsakkumulation.

4.2. Einsatzschwerpunkte einer produktionssynchronen Beschaffung

Bei der Ermittlung von Einsatzschwerpunkten einer der JIT-Konzeption genügenden produktionssynchronen Beschaffung ist die Frage zu stellen, inwieweit die hiermit verbundenen Aufwendungen vom Markt honoriert werden. Ein großer Anteil der durch die logistischen Leistungen erreichten Nutzen ist nur unzureichend quantitativ meßbar.

In einem konkreten Fall aus dem Bereich der Elektroindustrie gelten bislang in einem relativ angespannten Markt Lieferzeiten von drei Wochen als akzeptabel. Einem Mitwettbewerber gelang es, diese Zeitspanne auf einen Tag zu senken. Damit wurde eine Reorganisation der Abläufe bei den anderen Anbietern erforderlich, als Folge von eingetretenen Umsatzeinbußen. Ziel war es, hier ebenso Durchlaufzeiten zu verringern. Nur so ließen sich bisherige Marktanteile zurückgewinnen und die Konkurrenzfähigkeit erhalten. Aufgrund der konkreten Situation konnte die Erfolgsreagibilität einer kurzfristigen Lieferbereitschaft nachgewiesen werden; im allgemeinen aber ist der Lieferservice einer Unternehmung nur schwer zu quantifizieren. Er ist lediglich anhand mittelbarer Markterfolgsfaktoren im Vergleich zu den Mitwettbewerbern über Größen wie z. B. Preis, Qualität, Fachberatung, Wartung sowie Lieferbereitschaft, -bedingungen, -korrektheit, -pünktlichkeit und -zeiten meßbar. Einen wesentlichen Anteil an diesen Leistungen trägt die Logistik bei, die u. a. die

– Produktverfügbarkeit,
– Lieferzeiten,
– Auskunftsfähigkeit und
– Reaktionsfähigkeit

beeinflußt. Zur Erhaltung der Wettbewerbsfähigkeit ist die genaue Kenntnis der durch die Kunden gewünschten Ausprägungen dieser Faktoren notwendig. Hierzu bedarf es umfangreicher Analysen, die diesen Service-Bedarf detailliert nach Kunden, Kundengruppen sowie Produkt oder Produktgruppen aufschlüsseln. Diesem Ist-Profil ist ein Soll-Profil gegenüberzustellen. Bei entstehenden Abweichungen müssen in einzelnen Unternehmungsbereichen Maßnahmen eingeleitet werden, die zielgerichtet ein anforderungsgerechtes Leistungsprofil je Produktgruppe, Kundengruppe und Variante innerhalb einer Kundengruppe anstreben.

Für ein gezieltes Vorgehen ist eine detaillierte Distributionsanalyse der Unternehmung hilfreich. Mit Hilfe einer absatzorientierten ABC-Klassifizierung und durch Marketingmaßnahmen initiierte Stabilisierung des Nachfrageverhaltens können absatzstarke, gleichmäßig nachgefragte Produkte ermittelt werden. Für diese als »Renner« zu bezeichnenden Produkte gilt es, die Durchlaufzeiten in der Fertigung zu verringern und eine JIT-Zulieferung zu implementieren. Hier liegt ein Ansatzpunkt einer durchgängigen logistischen Konzeption vom Kunden zum Zulieferer.

4.3. Anwendungsschwerpunkte und Wirkungen der produktionssynchronen Beschaffung

Produktionssynchrone Beschaffung zieht organisatorische Veränderungen beim Zulieferer und beim Abnehmer nach sich. Der Zulieferer ist in einen langfristigen Rahmenvertrag eingebunden und sieht sich als dominanter Partner des Abnehmers für eine bestimmte Leistung. Er ist enger an das Marktgeschehen gekoppelt, da der Abnehmer Durchlaufzeiten auf ein Minimum beschränkt und auch über Pufferbestände keine hinreichende Möglichkeiten bestehen, Absatzschwankungen zu nivellieren. Diese geringen Ausgleichsmöglichkeiten bedingen die Notwendigkeit termin-, mengen- und qualitätsgenauer Leistungen, da das Gesamtsystem über die vollständige logistische Kette hinweg sensibler auf Abweichungen und Störungen reagiert.

Ein Großteil bei konventionellen Organisationen üblicher Verhandlungsroutinen ist durch generelle Regelungen ersetzt. In der weitestgehenden Ausbaustufe hat der Abnehmer direkten Zugriff auf das Dispositionssystem des Zulieferers. Bei diesem nimmt der Planungs- und Koordinierungsaufwand erheblich ab. Die Auslösung eines im Rahmenvertrag vereinbarten Auftrags erfolgt über einen standardisierten Datensatz (Ident-Nr., Menge, Termin), der von der verbrauchenden Stelle beim Abnehmer initiiert werden kann. Vermeintlich verlorengegangene Unabhängigkeit des selbständigen Zulieferers wird überkompensiert durch die Aufforderung, sich aktiv an der Konzeption der Produkte, zumindest aus fertigungstechnischer Sicht, zu beteiligen sowie die Produktentwicklung zu unterstützen, um kostengünstigere Leistungen bei verbesserter Qualität zu erbringen. Die Beziehung Zulieferer–Abnehmer beschränkt sich nicht mehr nur auf die jeweiligen Bereiche Einkauf, Beschaffung, Vertrieb und Versand.

Sowohl die Konstruktions- und Entwicklungsabteilungen als auch die Planungsverantwortlichen stehen in engem Kontakt. Routineaufgaben wie Materialanforderungen sind direkt von den verbrauchenden Stellen im operativen Bereich auszulösen.

Der Abnehmer wird ebenso wie der Zulieferer von einer Vielzahl situationsbezogener Entscheidungen entbunden. Die für die Einkaufsabteilung zu konstatierende Entlastung eröffnet dieser die Möglichkeit, sich stärker auf die Lieferanten zu konzentrieren und grundsätzlich Fragen der Zusammenarbeit zu klären, wie die Aushandlung von Rahmenverträgen oder die Ausweitung des JIT-Konzepts auf andere Produkte. Daneben sind Lösungen voranzutreiben, die die DV-technische Anbindung der Geschäftspartner ermöglichen, so daß über die installierten PPS-System-Programme Bedarfsanforderungen ohne Zwischenschaltung von Personen direkt beim Zulieferer angemeldet werden oder zu Kapazitätsreservierungen führen.

Der Verzicht auf eine ständige oder stichprobenhafte Wareneingangskontrolle erlaubt dem von diesen Aufgaben entlasteten Personal, sich mit grundsätzlichen Problemen der Qualitätssicherung zu beschäftigen und beispielsweise durch Qualitätsaudits mit dem verantwortlichen Zulieferer Maßnahmen für verbesserte Qualitätsstandards zu erarbeiten.

Der wichtigste Vorteil neben diesen organisatorischen Vereinfachungen liegt für den Abnehmer darin, daß das Marktverhalten und die damit veränderte Prognosesicherheit, die letztlich für die hohen Kosten für Bestände und kurzfristige überstürzte Beschaffungsmaßnahmen verursachend sind, von mehreren am Erstellungsprozeß beteiligten, unabhängigen Unternehmungen getragen wird. Die Phasenverschiebung zwischen Absatzstockung – weitere Anlieferung von zuvor bestellten Vormaterialien, die zu Beständen beim Abnehmer führen – oder zwischen sich neu einstellender Nachfrage vom Markt = erst Abbau von Beständen und dann vorsichtiges Nachordern beim Zulieferer, wird aufgelöst. Gleichzeitig sinkt die Verschrottungsgefahr von Vormaterial bei plötzlichem Nachfragestopp.

Eine besondere Bedeutung findet die Lieferantenanbindung dann, wenn z. B. aus betriebswirtschaftlichen Gründen auf eine Ausweitung der Fertigungstiefe verzichtet und statt dessen mit kleineren Zulieferunternehmungen eine Zusammenarbeit angestrebt wird. Durch die Bereitstellung von Anlagevermögen, Materialdispositionen und Vorfinanzieren von Umlaufvermögen handelt es sich um eine reine Lohnbearbeitung, wobei der Vorteil vor allem in den bei kleineren Einheiten geringeren Gemeinkosten zu sehen ist.

Die Ausprägung charakteristischer Merkmale der untersuchten Fallbeispiele einer PSB gibt Abb. 68 wieder. Es zeigt sich, daß in 66,6% der Studien eine Teileanzahl kleiner als 50 für die Einbeziehung in die PSB geeignet war. Die Gestaltung einer engeren Kooperation mit Lieferanten beschränkt sich in 91,5% der Fälle auf weniger als 30 Unternehmungen. Dies verdeutlicht die zielgerichtete Begrenzung von Anwendungsschwerpunkten der PSB auf Teile-Lieferanten-Kom-

Merkmal	Merkmalsausprägungen (n=12)			
Teilevielfalt	bis 20 Teile (33,3%)	21–50 Teile (33,3%)	51–100 Teile (8,3%)	> 100 Teile (25,0%)
Lieferantenvielfalt	bis 10 Lieferanten (58,3%)	11–20 Lieferanten (16,6%)	21–30 Lieferanten (16,6%)	> 30 Lieferanten (8,3%)
Anzahl der Mitarbeiter (MA)	bis 1000 MA (25,0%)	1001–2000 MA (33,3%)	2001–3000 MA (25,0%)	> 3000 MA (16,6%)
Fertigungstiefe	bis 30% Fremdbezug (16,6%)	31–40% Fremdbezug (25,0%)	41–50% Fremdbezug (33,3%)	> 50% Fremdbezug (25,0%)
Fertigungsart	Einzelfertigung (8,3%)	Kleinserienfertigung (33,3%)	Großserienfertigung (25,0%)	Massenfertigung (33,3%)
Kommunikations-modelle (Mehr-fachnennungen)	Daten-kommunikation (25,0%)	KANBAN/Simultanplanung (41,6%)	Btx-/Teletex-Verbund (33,3%)	Telex-/Telefax-Verbund (66,6%)
Bevorratungs-konzept (Mehr-fachnennungen)	lagerlos (25,0%)	eine Bevorratungsebene (83,3%)	mehr als eine Bevorratungsebene (8,3%)	
Anlieferungs-modell (Mehr-fachnennungen)	Gebietsspediteur-einsatz (33,3%)	Direktanlieferung (25,0%)	Qualitätssicherung beim Lieferanten (50%)	

Abb. 68: Merkmalsausprägungen der untersuchten Fallbeispiele bei produktions-synchroner Beschaffung

binationen, die aufgrund der Versorgungsfrequenz (Wiederbeschaffungszeit, administrativer Aufwand, Transportkosten) und der Kapitalbindung (Materialeinsatzanteil, Bestandswert, Lagervolumen) ein Rationalisierungspotential aufweisen. Die Aufschlüsselung spezifischer Unternehmensdaten verdeutlicht, daß effiziente Anwendungen der PSB nicht an die Unternehmensgröße gebunden sind. Versteht man die Unternehmensgröße als Indikator für eine potentielle Nachfragemacht, so ist aufgrund der Verteilung die Notwendigkeit einer hohen Nachfragemacht als Einsatzvoraussetzung für die PSB in Frage zu stellen. Ebenso weisen die analysierten Fallbeispiele mit einer Kleinserienfertigung (33,3% der Fälle) auf effiziente Einsatzmöglichkeiten hin.

Unterschiedliche Realisierungsformen der PSB spiegeln sich in den Häufigkeitsverteilungen für Kommunikationsmodell, Bevorratungskonzept und Anlieferungsmodell wider. Ein hohes Maß an gegenseitiger Integration in die unternehmensspezifischen Planungs- und Abrufsysteme wird in 25% der Fälle mit der Datenkommunikation als Rechner-Kommunikation (on-line und off-line) angestrebt. Dagegen gelangen traditionelle Technologien bzw. bei einem begrenzten Datenvolumen (analog zu begrenzter Teil-Lieferanten-Anzahl) kostengünstigere Textkommunikationsmodelle (Btx, Telex, Telefax, Teletex) mit 99% wesentlich häufiger zur Anwendung. Eine Simultanplanung nach KANBAN-Prinzipien wurde in 41,6% der Fälle erfolgreich eingesetzt. Abweichend von der Idealforderung einer lagerlosen Bereitstellung der Teile werden in 91,6% der Anwendungsbeispiele eine bzw. mehrere Bevorratungsebenen in den Materialfluß integriert. Diese ermöglichen einen mengenmäßigen und zeitlichen Ausgleich von nicht vollständig abgestimmten Abrufzyklen oder ökonomisch nicht sinnvollen hohen Transportfrequenzen der Anlieferung. Eine Differenzierung der Anlieferungsmodelle kennzeichnet die Bestrebungen zur Optimierung der Anlieferung durch den Einsatz von Gebietsspediteuren (33,3%) und die Realisierung einer Direktanlieferung an den Verbrauchsort (25%).

Insbesondere die handlingaufwendigen Redundanzen der Wareneingangskontrolle werden in 50% der Fallbeispiele eliminiert. Auch erfolgte in der Hälfte der Fälle eine Verlagerung von Qualitätssicherungsfunktionen zum Lieferanten.

Die wirtschaftlichen Wirkungen der PSB sind zum einen durch quantitativ erfaßbare Größen und zum anderen durch kardinal nicht meßbare Kriterien gekennzeichnet. Die in den Fallstudien ermittelten quantitativen Erfolgspotentiale sind in Abb. 69 zusammengefaßt.

So weisen die Anwender von Gebietsspediteurkonzepten ein Kostensenkungspotential für Wareneingangstransporte von 10–15% auf, das auf die Kumulierung einer Vielzahl von häufigen Kleinmengentransporten mit transporttarifbedingt relativ hohen Kilometer-Kosten zu Komplettladungen zurückzuführen ist. Durch die Vermeidung redundanter Bevorratungsebenen und durch eine Direktlieferung

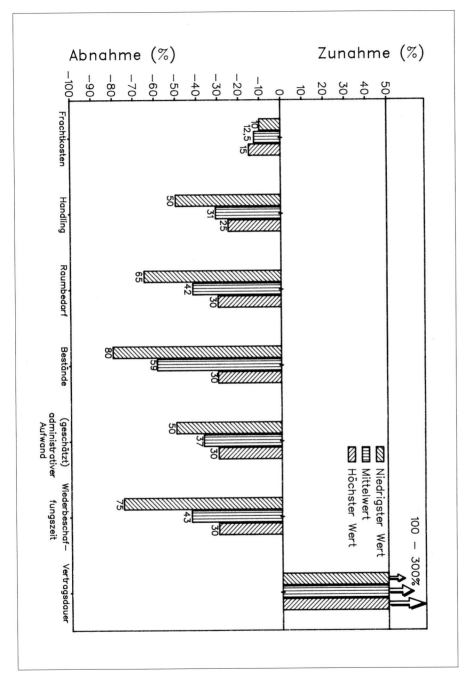

Abb. 69: Wirkungen der produktionssynchronen Beschaffung

ohne zusätzliche Qualitätskontrolle im Wareneingang werden Handlingsreduzierungen von durchschnittlich 31% erreicht. Analog dazu lassen sich Lagerflächen und Flächen im Wareneingang um durchschnittlich 42% reduzieren. In der Flächenbilanz ist jedoch ein eventuell erforderlicher Mehrbedarf für die Bereitstellung der Kaufteile in der Produktion zu berücksichtigen.

Starke Abweichungen zeigen die Angaben erreichbarer Bestandsreduzierungen zwischen 30% und 80% bezüglich der in die PSB einbezogenen Teile. Die Differenzen sind auf die ebenso stark differierenden individuellen Ausgangsbedingungen zurückzuführen. Grundsätzlich ist jedoch das analoge Verhältnis von der Steigerung der Abruffrequenz zur Reduzierung der erforderlichen Bestandsreichweiten bestätigt worden. Durch die Integration der unternehmensübergreifenden Informationsflüsse mit Hilfe von Kommunikationstechnologien werden Erstellungs-, Übertragungs- und Erfassungstätigkeiten reduziert. Resultierende Einsparungen im administrativen Aufwand belaufen sich durchschnittlich auf 37%.

Mit der Optimierung von Material- und Informationsfluß ließ sich in den Fallstudien zugleich eine Verkürzung der Wiederbeschaffungszeit zwischen 30% und 75% realisieren. Umgekehrt proportional dazu verhält sich die Steigerung der Abruffrequenz, die wiederum Voraussetzung für die Bestandsreduzierung ist. Die häufig individuell gestalteten Aufwendungen zur Koordination der Funktionen von Lieferant und Abnehmer (z. B. mit Material- und Informationsflußtechnologien) erfordern eine wirtschaftlich sinnvolle Mindestnutzungsdauer. Eine Verlängerung der Lieferverträge um bis zu 300% war die Konsequenz in den analysierten Fallstudien.

Neben diesen quantitativen Nutzenaspekten ließen sich weitere qualitativ bestimmbare Faktoren identifizieren. Insbesondere die hohe Informationsverfügbarkeit, die vereinfachte Disposition, sichere Prognosen für Kapazitätsauslastung und die Vormaterialbeschaffung sowie der Know-how-Austausch und die »Vertrauensbasis« wurden als Vorteile für den Zulieferanten betont. Darüber hinaus kann mit der kurzfristigen Reaktionsfähigkeit des Zulieferanten auch die Abnehmerflexibilität entscheidend verbessert werden.

V.

Kapitel

5. Vorgehensweisen zur Einführung

Zur erfolgreichen Einführung einer Just-In-Time-Produktion müssen zwei Bedingungen erfüllt werden:
- Die Aussichten, mit der bisherigen Vorgehensweise weiter Erfolg zu haben, sind nicht gut genug.
- Das Unternehmen betrachtet seine Fähigkeit optimistisch, durch innere Innovationen Wettbewerbsstärke zurückzugewinnen.

Beide Faktoren dauern selten lang genug, um signifikante Struktur- und Verhaltensänderungen auszulösen. Die Einführung einer JIT-Produktion benötigt deshalb Promotoren sowohl auf der unteren Ebene, die sich um die alltägliche Unterstützung kümmern, als auch auf der höheren Ebene, um größere strategische Attacken abzuwehren, Ressourcen zu beschaffen und bei jedem Rückschlag eine Alles-oder-Nichts-Entscheidung zu vermeiden. Entscheidungen über die Reduzierung der Fertigungstiefe sind beispielsweise ein Problemfeld, bei dem Promotoren im unteren Bereich selten vorhanden sind, da diese Entscheidungen ihren Einwirkungsbereich verringern und die von ihnen zu vertretenden Investitionsentscheidungen der Vergangenheit obsolet werden können. Hierzu bedarf es entweder eines Problemlösungsdrucks von außen oder einer speziellen Vorgehensweise, die im Innern Problemlösungsdruck erzeugt.

Promotoren einer neuen Fertigungsstrategie müssen nicht nur ungewöhnliche Wege einschlagen, sondern über die ihnen zugewiesenen Pflichten hinausgehen und etwas bewirken, das Glaubwürdigkeit schafft und ihnen bis zu einem gewissen Grad Freiräume gewährt. Ein bewährtes Mittel hierzu ist ein Pilotprojekt, das einer genügend großen Anzahl von Mitarbeitern erlaubt, sich mit dem Konzept vertraut zu machen. Das Projekt sollte in sich unzweifelhaft wirtschaftlich, innerhalb einer Bilanzperiode realisierbar und im Sinne einer Gesamtstrategie erweiterbar sein.

Obwohl diese Vorgehensweise als risikobegrenzt angesehen wird, enthält sie Negativaspekte wie eine Verlängerung der Einführungsdauer für das Gesamtkonzept und insbesondere dann, wenn es Widersachern des Konzepts erlaubt ist, über Berichterstattungspflichten, mehrfache Genehmigungsverfahren und die Einrichtung von Komitees Zwänge zu schaffen, die Fortschritte verzögern und Initiativen ersticken.

Um eine JIT-Produktion auf breiter Front in kurzer Zeit bilanz- und wettbewerbswirksam umzusetzen, schlagen wir eine andere Vorgehensweise vor: Vertrautmachen einer »kritischen« Anzahl von Mitarbeitern mit dem Konzept durch Ausbildung; Eröffnung funktionsübergreifender paralleler Projekte, die unmittelbar marktwirksam sind; intensive innerbetriebliche Schulung aller betroffenen

Mitarbeiter; straffe Projektführung und -kontrolle und Übertragung von Verantwortung auf Personen und nicht auf Gruppen. Promotoren bedienen sich dabei des altbewährten Führungsinstrumentes, zu wissen, wann und wie sie den Projektmitgliedern vertrauen. Dies stellt hohe Anforderungen an ihre Fähigkeit, den Charakter der Mitarbeiter zu beurteilen, ist aber auch die einzig effektive Möglichkeit, Neuerungen zu verwirklichen. Hinzukommen muß eine gewisse Freiheit in der Wahl der Methoden, wobei als Gegenleistung für diese Freiheit meßbare Resultate gefordert werden müssen.

Es ist immer wieder die Beobachtung zu machen, daß sich Sollvorschläge zur Reorganisation von Bereichen nach JIT-Prinzipien stark an vergangene Lösungen anlehnen. Diese erbringen die erwarteten Quantensprünge in Zeit- und Bestandsreduzierungen sowie in Produktionsaktivitätssteigerungen nicht. Dies liegt vor allem an der mangelnden Risikobereitschaft vieler Teammitglieder und ihrer Art der Erfahrungssammlung, die sich lediglich auf relevante Informationen im eigenen Hause und auf vergleichbare Fälle beziehen. Eine Erfahrungssammlung durch analytische Reflexion der Strukturen und der dadurch erforderlich werdenden Handlungen – also mehr theoretische Überlegungen – finden nur in einem geringeren Maße statt; nicht zuletzt deshalb, weil Praktiker häufig zur Kategorie entscheidungsfreudiger Menschen zählen. Der zu beobachtende Aktionismus unter Nichtberücksichtigung von Fern- und Nebenwirkungen veränderter Strukturen und der Ablaufgestalt von Prozessen kann zu Mißerfolgen führen. Zu ihrer Vermeidung ist häufig mehr Nachdenken und weniger »Machen« durchaus richtig am Platz. Für das »Machen« ist Strukturwissen erforderlich, d.h. Wissen über die Art und Weise, wie z.B. die Variablen, Durchlaufzeit, Bestand und Produktivität zusammenhängen und wie sie sich beeinflussen. Da dieses Wissen im Industriebetrieb nicht in Form mathematischer Gleichungen verfügbar ist, stellt die Bildung eines Realitätsmodells einen gangbaren Weg dar. Ein Realitätsmodell muß explizit, in bewußter, jederzeit abfragbarer Weise Zusammenhänge abbilden. Zugestandenermaßen sind solche Zusammenhänge in der Regel nur statistischer Natur und aus einer Vielzahl empirischer Fälle ermittelt. Ein solches Realitätsmodell für die Einführung einer JIT-Produktion stellt die logistische Kette dar. In dieser logistischen Kette werden die Wertschöpfungsaktivitäten eines Produkts vom ersten Wertschöpfungsschritt zum Kunden aufgezeigt. In Form von Werksbilanzen, die Kapazitäten, Bestände, Durchlaufzeiten und mögliche Flexibilitätspotentiale umfassen, wird dieses Wissen zusammengestellt. Neben der Betrachtung der Materialflüsse in der logistischen Kette sind die Informationsflüsse zu analysieren, die diese begleiten. Somit ist das ganze Planungsverhalten, die Änderung von Planungsparametern und die Analyse der Eingangsinformationen erforderlich. Durch den Vergleich von Kennzahlen über einzelne Sachverhalte mit vergleichbaren Unternehmen sind Defizite im aktuellen Fall feststellbar.

Einen weiteren Weg um Defizite zu ermitteln, stellt der Versuch dar, eine ideale Fabrik zu konstruieren. Die dann erreichbaren Werte der Parameter Bestände, Produktivität und Durchlaufzeiten sind den Ist-Werten gegenüberzustellen. In Form eines Zero-Base-Budgeting lassen sich mögliche Potentiale, die durch eine Reorganisation realisierbar erscheinen, aufzeigen. Bei dieser Vorgehensweise ist auf eine Gefahr hinzuweisen, die aus der Tatsache herrührt, daß die meisten Menschen nach dem Prinzip der Überwertigkeit des aktuellen Motivs, so z.B. Bestandssenkung im Umlaufvermögen oder Reduzierung der Durchlaufzeiten, handeln. Verantwortliche Führungskräfte kümmern sich um die Probleme, die sie haben, und nicht um die, die sie noch nicht haben. Bei dieser Handlungsweise wird nicht bedacht, daß eine Problemlösung in einem Bereich zu einer Problemerzeugung in anderen Bereichen führen kann. Der häufigste Fall in einer integrierten Logistik ist der, daß man durch Bestandssenkung in bestehenden Strukturen den Servicegrad und die Auslastung der Kapazitäten reduziert. Negativwirkungen sind nur vermeidbar, wenn man Strukturen und Ablaufprozesse neu organisiert.

Ein weiteres Problem bei der Einführung von Just-In-Time-Prinzipien stellt die Verhaltensweise dar, Ziele nur global vorzugeben und sie als Vermeidungsziele zu negativ zu formulieren. Statements wie »die Bestände sind zu hoch« oder »die Durchlaufzeiten sind zu lang« reichen für eine Reorganisation nicht aus. Häufig kommt es allein auf die Struktur der Rohwaren-, Fabrik- oder Fertigwarenbestände, deren Zusammensetzung sowie auf die Analyse von Durchlaufzeitanteilen bei Produkten, die mit einer hohen Wertschöpfung versehen sind, an. Eine ins Positive gehende Wendung dieser Ziele nach der Methode einer hohen »Effizienz – Divergenz« schafft hier Klarheit. Dieser methodische Ansatz besagt, daß die Aktion auszuwählen ist, von der aus mit hoher Erfolgswahrscheinlichkeit die Erreichung eines Zieles möglich wird. Eine solche Aktion stellt häufig die Einführung des Holprinzips als Steuerungsprinzip oder die Realisierung einer Fertigungssegmentierung für Rennerprodukte dar. Ein weiterer Hinweis auf die zu ergreifenden Maßnahmen ergibt sich aus der Einteilung der Probleme nach den Kriterien Wichtigkeit und Dringlichkeit. Die Wichtigkeit der Maßnahme wird an ihrem Beitrag zur Lösung des Problems gemessen, während die Dringlichkeit sich aus dem gesetzten Zeitrahmen ergibt.

Sollen Quantensprünge in den Zielsetzungen erreicht werden, also Halbierung der Durchlaufzeiten und Bestände, Erhöhung der Produktivität um 50 und mehr Prozent, so genügt es nicht, lediglich Verbesserungsmaßnahmen im bestehenden logistischen System zu ergreifen. Hierzu gibt es nur eine Möglichkeit: strukturelle Umgestaltung des ganzen logistischen Systems und der Fabrikstruktur, und zwar so, daß die negativen Abhängigkeiten zwischen Beständen, Kapazitätsauslastung, Servicegrad und Durchlaufzeit innerhalb des Systems verschwinden. Um dies zu erreichen, hat sich die Segmentierung als ein adäquates Mittel erwiesen.

Um dabei nicht in das andere Extrem der ständigen Veränderung ohne Analyse des Beizubehaltenden zu verfallen, ist es erforderlich, mit der Segmentierung an den Stellen zu beginnen, die robuste Schritte in Richtung einer Fabrik in der Fabrik darstellen. Dies sind in der Regel die Rennerprodukte. Hierzu sind das Sammeln von Informationen und eine analytische Abstraktion erforderlich, um auf die hinter den Mißständen liegenden Ursachen zu schließen. In realen Fallstudien gelingt dies durch Analogisierung zu vergleichbaren Fällen. Obwohl viele Analogien nicht genau die Ursache des Problems erfassen, stellen sie doch die Wurzeln für deren Ermittlung dar. Denn falsche Hypothesen kann man korrigieren; sie sind besser als gar keine Hypothesen für die Ursachen und für die Mängel in der logistischen Kette. In dieser Betrachtung ist auch der Detaillierungsgrad von großer Bedeutung. Nicht der feinstmögliche Detaillierungsgrad führt zu den besten Erkenntnissen, sondern der, mit dem man die Abhängigkeiten der zu beeinflussenden Variablen transparent macht. Für die Erfassung des Zusammenhangs zwischen Durchlaufzeit, Beständen und Produktivität ist es nicht erforderlich, jeden einzelnen Auftrag über die logistische Kette zu verfolgen, sondern es genügen statistisch ermittelte bzw. repräsentative Durchschnittswerte, um über das Wirkungsgefüge Aussagen machen zu können. Auch liefert die Beobachtung des Verlaufs dieser Werte in einer komparativ statischen Betrachtung wichtige Anhaltspunkte. So wurde z.B. aufgrund von Plausibilitätsüberlegungen erwiesen, daß lange Durchlaufzeiten und hohe Bestände eine sehr hohe Kapazitätsauslastung der Produktionsmittel ermöglichen und damit eine hohe Produktivität erzeugen. Erst die Zerlegung dieser Beziehung in einzelne Elemente und ihre Einbettung in die logistische Kette erlauben es, diesen Trugschluß, der vor allem darauf basiert, daß man lediglich direkte Tätigkeiten, die zur Wertsteigerung des Produktes führten, betrachtete und die dafür notwendigen indirekten Tätigkeiten wie Transport und Handling außer acht ließ, zu vermeiden.

Neben dem fehlenden Wissen um die Ursachen logistischer Probleme ergibt sich ein Mißstand aus den Verhaltensweisen von Führungskräften, Probleme nach der Devise »eins nach dem anderen« zu lösen. Es wird postuliert, zunächst das Problem der Bestände, der Durchlaufzeiten und dann der Produktivität anzugehen. Empirische Erfahrung in zehn Jahren Reorganisationsarbeit in logistischen Systemen zeigt, daß es sich hierbei um einen fundamentalen Trugschluß handelt. Nicht die kontinuierliche, in kleinen Schritten vorangehende Weiterentwicklung eines logistischen Systems, sondern eine stufenweise Veränderung – nicht aber eine sprunghafte – bringt eine höhere Zielerreichung. Dazu ist es zunächst erforderlich, sich ein umfassendes Bild des gesamten logistischen Systems mit allen Wechselwirkungen zu verschaffen und einen Anpassungskorridor zu definieren, der nach oben durch den Stand der Technik und nach unten durch Effizienzmaßstäbe, die bei Nichteinhaltung den Ausschluß aus dem Wettbewerb bedeuten, begrenzt ist. Die Definition einer solchen Einführungsstrategie der Überführung eines Ist-Zustandes des logistischen Systems in einen Soll-Zustand zeigt auch, daß die Vermutung, daß letztlich die Veränderung einer Variablen, z. B. die der Durchlaufzeit, alle Probleme löst, nicht zutrifft. Eine solche reduktive Hypothese ist falsch und unvollständig, da sie die Erklärung der logistischen Probleme auf eine Ursache reduziert und negative Rückkopplungseffekte nicht betrachtet. Vor einem solchen Irrtum schützt die Zerlegung eines Problems in einzelne Bestandteile und ihr empirischer Test.

Vor diesem Hintergrund wird zunächst eine Beschreibung der Instrumente, mit deren Hilfe die notwendigen logistischen Basisdaten zur Auswahl JIT-geeigneter Produkte bzw. Ablaufstrukturen erfaßt werden können, vorangestellt. Anschließend erfolgt die Festlegung der Skalenbereiche, die die ausgewählten Merkmale erfüllen müssen. Somit wird es dann möglich, die betriebliche Situation hinsichtlich einer bestandsarmen Fertigung zu beurteilen sowie potentielle Anwendungsbereiche zu definieren. In einem abschließenden Schritt lassen sich dann Handlungsempfehlungen, Einführungsstrategien und Effizienzkriterien ableiten.

5.1. Analyseinstrumente zur JIT-Einsatzplanung

Zur Auswahl JIT-geeigneter Teile lassen sich bekannte Instrumentarien verwenden, die aus dem Blickwinkel der JIT-Produktion in ihren Ergebnissen neu zu interpretieren sind.

5.1.1. XYZ-Analyse

Die Vorhersagegenauigkeit über die Nachfrage nach den Produkten ist wesentlich für die Höhe der vorzuhaltenden Bestände. Je präziser das Produkt nach Art und Menge im voraus zu bestimmen ist, desto eher eignet es sich für eine programmorientierte Disposition. Verbrauchsgesteuert werden die Teile, die einer stochastischen Nachfrage unterliegen.

Die Analyse nach der Prognosesicherheit beginnt am Endprodukt, wobei rücklaufend jede Dispositionsstufe hinsichtlich der geplanten Mengen untersucht wird und aufgrund der Abweichungen eine Klassifizierung der Teile in
– hohe (x),
– mittlere (y) und
– niedrige (z)
Vorhersagegenauigkeit vorgenommen wird.

Gleichzeitig mit der Vorhersagegenauigkeit ist für eine bestandsarme Produktion die Stetigkeit des Verbrauchs und damit die Wiederholhäufigkeit der Auflage der Produkte von Bedeutung. Eine hohe Wiederauflagefrequenz macht es ökono-

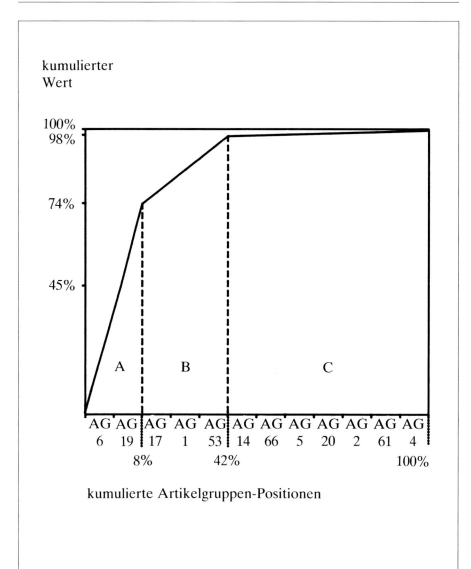

kumulierter
Wert

100%
98%

74%

45%

A   B   C

AG AG AG AG AG AG AG AG AG AG AG AG
6   19   17   1   53   14   66   5   20   2   61   4
8%   42%   100%

kumulierte Artikelgruppen-Positionen

⇨ 8% der Artikelgruppen entsprechen 74% vom Umsatz.

⇨ 42% der Artikelgruppen entsprechen 98% vom Umsatz.

Abb. 70: Die ABC-Analyse über sämtliche Artikelgruppen

misch sinnvoll, generelle organisatorische Regeln einzuführen, um so den Informations- und Steuerungsaufwand zu verringern. Darüber hinaus bieten diese die Voraussetzung zur Einrichtung selbststeuernder Regelkreise.

5.1.2. ABC-Analyse

Um die organisatorischen Aktivitäten, die sich aus der XYZ-Klassifizierung ergeben, auf die Produkte zu lenken, die das höchste Kostensenkungspotential beinhalten, ist eine Bewertung der Produkte notwendig. Es wird hierbei unterstellt, daß die hochwertigen Teile eine höhere Ergebnisrelevanz aufweisen. Diese Schlüsselprodukte lassen sich durch die ABC-Analyse ermitteln. Die Produkte werden nach absteigender Wertigkeit (Umsatz) geordnet. Anschließend wird der kumulierte relative Umsatz aufgetragen (vgl. Abb. 70). Die Einteilung des Umsatzes erfolgt in drei Klassen (A, B, C) wobei sich dann die mengenmäßigen Anteile der Umsatzträger für jede Klasse ableiten lassen. Die Schlüsselprodukte bzw. Hauptumsatzträger bilden einen Rationalisierungsschwerpunkt.

In einem weiteren Schritt wird nun die ABC-Analyse mit der XYZ-Analyse kombiniert (vgl. Abb. 71). Diese Matrix liefert eine nach JIT-Eignung geordnete Produktauflistung, die eine spezifische ökonomische Bewertung der Produkte beinhaltet. Besonders geeignet für ein weitergehendes systematisches Bestandscontrolling sind dabei die Produkte mit einem hohen Verbrauchswert und gleichzeitig sicherer Prognose. A- und B-wertige Produkte mit hoher und mittlerer Vorhersagegenauigkeit gelten als besonders JIT-geeignet. Auf diese gilt es das neue Fertigungskonzept anzuwenden.

Häufig zeigt eine Voruntersuchung nach einer ABC-Analyse, erweitert um D, den 1%-Fall (also 75%, 90%, 100%), eine Streuung der Bestandswerte und die sich dahinter verbergenden Stückzahlen (vgl. Abb. 72), die so erheblich sind, daß mit zentralgesteuerten Dispositionsverfahren eine wirksame Überwachung und Bestandskontrolle nicht möglich erscheint. In Verbindung mit einer Bewegungsanalyse der Lagerteile wird deutlich, daß sowohl eine programm- als auch eine verbrauchsorientierte Disposition für ein und dasselbe Fertigprodukt nebeneinander angewendet werden. Die Bestandsrisiken steigen. Über- und Unterdeckungen an Bezugsteilen sind die Folge.

Die konsequente Anwendung der JIT-Konzeption auf die »Rennerprodukte« und die Einbindung der Zulieferer entbindet die Dispositionsstelle von »Quasi«-Routinetätigkeiten und impliziert neben Bestandssenkungen eine schnellere Reaktion auf die aktuelle Nachfragesituation von seiten des Markts.

Als ein weiterer Anwendungsschwerpunkt der direkten Lieferantenanbindung für eine produktions- oder montagesynchrone Anlieferung gelten Vormaterialien der A- und B-Kategorie mit einer sicheren Prognosegenauigkeit über deren Verwendung. Hier ist zu unterscheiden in kundenauftrags- und programmorientierte

Wertigkeit	A	B	C
X	hoher Verbrauchswert, hohe Vorhersagegenauigkeit, stetiger Verbrauch	mittlerer Verbrauchswert, hohe Vorhersagegenauigkeit, stetiger Verbrauch	niedriger Verbrauchswert, hohe Vorhersagegenauigkeit, stetiger Verbrauch
Y	hoher Verbrauchswert, mittlere Vorhersagegenauigkeit, halbstetiger Verbrauch	mittlerer Verbrauchswert, mittlere Vorhersagegenauigkeit, halbstetiger Verbrauch	niedriger Verbrauchswert, mittlere Vorhersagegenauigkeit, halbstetiger Verbrauch
Z	hoher Verbrauchswert, niedrige Vorhersagegenauigkeit, stochastischer Verbrauch	mittlerer Verbrauchswert, niedrige Vorhersagegenauigkeit, stochastischer Verbrauch	niedriger Verbrauchswert, niedrige Vorhersagegenauigkeit, stochastischer Verbrauch

(Zeilenbeschriftung: Vorhersagegenauigkeit)

▬ = besonders geeignet für JIT-Logistikkonzepte

Abb. 71: Das Bestimmungsraster zur Beurteilung JIT-geeigneter Werkstücke

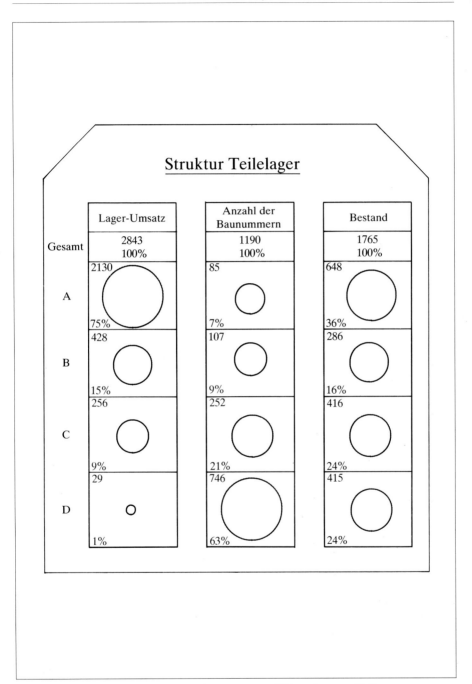

Abb. 72: ABC-Klassifizierung zur Bestimmung JIT-geeigneter Teile

Disposition. Eine möglichst zyklisch wiederkehrende Auflage erleichtert die Leistungserfüllung für den Zulieferer erheblich, wobei die hohen Produktwerte das inhärente Rationalisierungspotential der Leistungen dieser Beschaffungsorganisation auffallend sichtbar machen.

Die Ausweitung auf die C-Teile sollte gleichzeitig mit Ausdehnung der Lieferintervalle verbunden sein. Der gebundene Materialwert bei kleinen Losen ist häufig gering, so daß das notwendige Handling und die Transporthäufigkeit kontraproduktiv wirken. Durch die Einlagerung in offene Läger kann evtl. der innerbetriebliche Aufwand reduziert werden.

5.1.3. Wertanalyse

Traditionell ist das Wertanalyseverfahren darauf gerichtet, im Produkt vorhandene Rationalisierungsreserven zu aktivieren. Ausgehend von der Konzeptwertanalyse und Erzeugniswertanalyse fand dieses Instrumentarium Eingang in die Beurteilung der Fertigungsverfahren. Ziel ist die kostenoptimale Produkterstellung bei höchster Qualitätssicherheit. Realisierte Lösungen werden dabei einer Analyse unterzogen, neu problematisiert und über eine Ideengenerierung verbesserte Lösungsvorschläge unterbreitet. Neben einer dem Erstellungsprozeß angepaßteren Produktgestaltung steht eine konsequente Vereinfachung, Standardisierung und Angleichung von Bauteilen im Vordergrund der Bemühungen.

An Bedeutung gewinnt dieses Verfahren im Rahmen des JIT-Konzepts dadurch, daß in der Beziehung zum Zulieferer nicht vollständige Problemlösungen zur Erfüllung vom Nachfrager vorgelegt werden, sondern von diesem erwartet wird, daß aufgrund von Funktionsbeschreibungen der Lieferant eine eigene, seinen Betriebsmitteln angepaßte Konstruktion (Kap. 4.1.4.) anbietet. Die Weitergabe lockerer Konstruktionsbedingungen setzt in der Regel eine langfristige Geschäftsbeziehung voraus. Verloren geht dann das wettbewerbspolitische Instrumentarium, wie Ausschreibung und Konkurrenzpreisbildung. Die ökonomische Abschöpfung bzw. Bewertung des Lern- bzw. Erfahrungskurveneffekts erfolgt dann beispielsweise über einen regelmäßig tagenden Wertanalyseausschuß, der von beiden Geschäftspartnern beschickt wird. Die Verteilung der Einsparungen ist Gegenstand gesonderter Verträge.

5.1.4. Wertzuwachsanalyse

Die Wertzuwachsanalyse spiegelt die Wertschöpfung des Produkts während des Erstellungsprozesses wider. Die aus den Kalkulationsstücklisten und den Arbeitsplänen entnommenen Daten werden entsprechend dem Arbeitsfortschritt kumuliert über der Zeitachse aufgetragen (vgl. Abb. 73). Neben der Auskunft über die gesamte Fertigungsdurchlaufzeit lassen sich wichtige Informationen über die Einrichtung von Bevorratungsebenen und die Variantendifferenzierung ableiten.

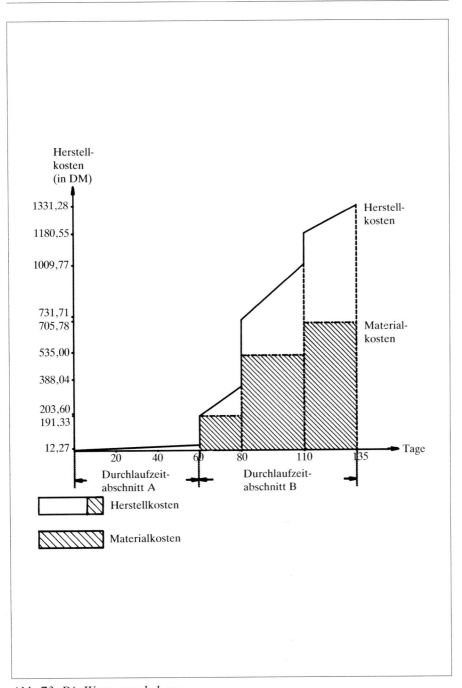

Abb. 73: Die Wertzuwachskurve

Bevorratungsebenen sollen (wenn notwendig) vor solchen Arbeitsgängen einge-
richtet werden, vor denen das Produkt einen überproportionalen Wertzuwachs
erfährt, oder aber dort, wo eine kundenbezogene Spezialisierung vorgenommen
wird. Dabei ist zusätzlich darauf zu achten, daß die Variantenvielfalt zu beschränken ist und die entsprechende Differenzierung möglichst im letzten Arbeitsgang
erfolgen soll.

Verbunden mit der ABC/XYZ-Analyse gibt dieses Verfahren die notwendigen
ablauforganisatorischen Hinweise zur Festlegung der Bevorratungsebene und zur
Reduzierung der Durchlaufzeit. Ein wesentlicher Vorteil besteht darin, daß die
notwendigen Daten und Informationen in der Regel in der Unternehmung schnell
verfügbar bzw. einfach zu beschaffen sind.

5.1.5. Kennzahlen

Kennzahlen dienen dem Vergleich betrieblicher Leistungen. Es handelt sich
sowohl um absolute als auch relative verdichtete Größen, die für eine zeitpunkt-
oder auch zeitraumbezogene Betrachtung heranzuziehen sind. Neben der Ergebniskontrolle (SOLL-IST-Abweichungen) erlauben sie die Darstellung kausaler
Zusammenhänge. Im Rahmen der JIT-Konzeption gelten als wichtigste Kennzahlen

– der Servicegrad,
– die Reichweiten und Umschlaghäufigkeiten von Beständen,
– die Kapazitätsauslastung und Flächennutzungsgrade und
– die Wertschöpfungen in bezug zur Durchlaufzeit I.

Für JIT-Konzepte sind nicht nur Mittelwerte, sondern insbesondere die Streuung der Werte von Bedeutung.

Darüber hinaus gewinnt die Erfassung von Logistikkosten und deren Struktur
immer mehr an Bedeutung.

Die Zusammenfassung einer Vielzahl von Kennzahlen in einem Kennzahlensy-
stem und die periodische Analyse und Aufbereitung der entsprechenden Daten ist
eine Voraussetzung zur Realisierung eines effizienten Logistik-Controllings (vgl.
Kap. 2.9.) Die ermittelten Größen dienen jedoch nicht nur der Überwachung der
Ist-Abläufe, sondern auch der gezielten Steuerung und der Entwicklung von Ziel-
projektionen.

5.1.6. Primärdaten-Erhebung

Häufig reichen die vorgestellten Analysemethoden nicht aus, um eine hinreichende Aussage über die für die Einführung der JIT-Konzeption interpretationsbedürf-
tigen Sachverhalte zu ermöglichen. Dies gilt vor allem für die Schnittstellen zu
den Bereichen Vertrieb, Auftragsabwicklung, Einkauf und Konstruktion. Neben

der Analyse des Informationsflusses ist das Volumen und die Art des Informationsaustausches zu ermitteln. Notwendig wird die Darstellung des Aufgabenzusammenhangs zwischen den einzelnen Bereichen, denn neben der Reduzierung der Bestände und Durchlaufzeit ist es Ziel der JIT-Produktion, die Informationsbeziehungen zu vereinfachen und damit die Gemeinkosten zu senken. Die Daten hierzu sind selten in der erforderlichen Form in den Unternehmungen vorhanden. Zur Erhebung der Daten bieten sich zwei Verfahren an. Den geringeren Aufwand verursacht ein Fragebogen (vgl. Abb. 74), der von einem im zu analysierenden Aufgabenbereich tätigen Mitarbeiter auszufüllen ist. Die kurzfristig verfügbare einheitliche Datenbasis erleichtert zwar die Auswertung, beinhaltet allerdings eine Vielzahl möglicher Fehler aufgrund von Fehlinterpretationen und unzureichender Abstimmung bzw. mangelnder Genauigkeit bei der Beantwortung der

	Merkmale	Merkmalsausprägungen			Maßstab
Vertriebsmerkmale	Auftragseingang	regelmäßig	schwankend	sporadisch	Anzahl/Typ/Zeit
	Auftragsumfang	hoch	mittel – klein	Einzelauftrag	Anzahl Position
	Sonderaufträge	häufig	regelmäßig	selten	Häufigkeit
	Vorhersagegenauigkeit	hoch	mittel	gering	Plan-/Istwert
	Kundenstruktur	Schlüsselkunden	mittlere Konzentration	geringe Konzentration	Umsatzanteil
	Lieferzeiten	lang	marktüblich	kurz	Tage
Produktmerkmale	Variantenvielfalt	gering	signifikant	hoch	Bau-Nrn.
	Variantenfestlegung	Vorfertigung	Vormontage	Montage	Prozeßablauf
	Produktstruktur	weitgehend homogen	heterogen	sehr heterogen	Ähnlichkeitsgrad
	Wertzuwachs	gering	kontinuierlich	hoch	Wertzuwachs/DLZ
	Auflagehäufigkeit	Einzelfertigung	Serienfertigung	Massenfertigung	Menge/Zeit
	Technische Änderungen	keine	gering	häufig	Häufigkeit
Produktionsmerkmale	Fertigungsstufen	einstufig	mehrstufig	vielstufig	Anzahl
	Fertigungsschritte	wenig Arbeitsgänge	mittlere Anzahl Arbeitsgänge	viele Arbeitsgänge	Anzahl AGs
	Durchlaufzeiten	lang, schwankend	mittel, geringe Schwankungen	kurz, konstant	DLZ/Auftrag
	Kapazitäten	flexibel	eingeschränkt, anpassungsfähig	starr	Flexibilität
	Maschineneinsatz	spezifisch	begrenzt	hohe Mehrfachverwendung	Produktverflechtung

Abb. 74: Eine Checkliste zur Bestimmung der JIT-Eignung

Fragen. Für die wesentlichen Schlüsselfunktionen sollte deshalb auf ausführliche Interviews zurückgegriffen werden, so daß bei Bedarf die aufkommenden Unstimmigkeiten direkt durch Fachleute zu klären sind. Nicht zu unterschätzen ist in diesem Zusammenhang die Bedeutung informeller Beziehungen. Je exakter und präziser diese Schnittstellenproblematik hinsichtlich ihres Informations- und Aufgabenzusammenhangs untersucht wird, desto sicherer lassen sich Lösungskonzepte ohne potentielle Systemschwachstellen herleiten.

5.1.7. Simulation

Parameteränderungen (z. B. Halbierung der Losgrößen, Verkürzung der Planungszyklen) innerhalb der industriellen Produktion stellen die Planung mit konventionellen Methoden vor kaum zu lösende Probleme. Entweder ist das zu bearbeitende Datenvolumen zu umfangreich oder die Relevanz einzelner Datenkategorien nicht erkennbar. Folglich wird aus Vereinfachungsgründen ein Modell erstellt, an dem durch Veränderung der Einstellparameter die Wirkungen der Abweichungen exemplarisch dargestellt und das gesamte System mit Simulationen auf Plausibilität geprüft wird. Lager- und Transport- bzw. Materialflußprobleme lassen sich über die EDV-Programme einer Lösung zuführen. Für die Layout-Gestaltung der Betriebsmittel und der einzusetzenden Informationsträger bietet es sich an, auf plastische Modelle zurückzugreifen, anhand derer die zukünftigen Konzeptionen nachvollzogen werden können und die Optimalität alternativer Anordnungen von Betriebsmitteln oder die Auslastung von Pufferlägern ermittelt wird. Auch lassen sich auf diese Weise Flächenbedarf und Entfernungen transparent machen.

Diese Simulationen sind daneben ein pädagogisch probates Mittel, die Mitarbeiter für die neuen Aufgaben zu schulen und vor allem schon in der Konzeptionsphase mit der neuen Situation vertraut zu machen. Damit können Verbesserungsvorschläge frühzeitig aufgegriffen werden, und die zukünftigen Anwender lassen sich aktiv an der Lösungsfindung beteiligen.

5.2. Vorgehensweise zur Unternehmensanalyse

Bei der Analyse der Unternehmung aus logistischem Blickwinkel sind zwei Merkmalskategorien zu differenzieren, und zwar struktur- und situationsbedingte Merkmale.

5.2.1. Analyse der Strukturmerkmale

Die Strukturmerkmale haben unmittelbaren Einfluß auf die Logistikaufgaben.

Diese sind
- Organisationsstruktur,
- der Informationsfluß und
- Materialfluß.

In einem ersten Schritt sind die Informationsbeziehungen in den Aufbauorganisationen zu analysieren. Auf Basis von Organigrammen lassen sich die organisatorische Einbindung der Logistikaufgaben erfassen und die spezifischen Verantwortungsbereiche abgrenzen (vgl. Abb. 75). Bei der Analyse der einzelnen logistischen Teilfunktionen beschränkt sich die Betrachtung nicht nur auf traditionelle Aufgabenstellungen der Materialwirtschaft, sondern Distributionsaufgaben und die für den Materialfluß notwendigen Steuerungs- und Informationsfunktionen finden Beachtung. Neben dem Aufgaben- und Stellenzusammenhang sind es die Informations- wie die Materialflußschnittstellen, die eingehend untersucht werden (vgl. Abb. 76). Hierzu eignet sich vor allem die Interviewtechnik.

Als Voraussetzung für eine sichere Planerfüllung wie auch zur Verbesserung des Lieferbereitschaftsgrades ist eine exakte und schnelle Informationsversorgung bzw. -verarbeitung unabdingbar. Die Beschleunigung des Informationsflusses hat direkte Wirkungen auf die Höhe der vorzuhaltenden Bestände. Entsprechend der Querschnittsfunktion der Logistik bedeutet dies die Analyse des Informationsdurchsatzes und dessen Gestaltung in Form eines Gesamtinformationssystems innerhalb der gesamten logistischen Kette. Grundlagen bilden hierfür Ablaufdiagramme, Interviews mit den Mitarbeitern, die Auswertung formaler Informationsträger (Belege) sowie die empirische Erhebung bzw. Aufnahme der Informationsversorgung. Dabei stellt sich häufig heraus, daß die strukturierten und formalisierten Regeln und Abläufe beispielsweise bei der Auftrags- und Beschaffungsabwicklung besonders im Logistikbereich durch eine Vielzahl informeller Beziehungen umgangen werden und daß die installierten Ausnahmeregelungen den Normalfall darstellen.

Es ist zu prüfen, inwieweit durch den Rechnereinsatz der Formalisierungsgrad im Logistikbereich z. B. durch die Nutzung aktionsorientierter Datenbankkonzepte zu verbessern und die Informationsdichte zu erhöhen ist. Standardisierte Ablauffolgen sind zu automatisieren, so daß die Entscheidungsträger sich umfassend den Sonderaufgaben widmen können. Besonders bewährt haben sich dabei ablauforganisatorische Lösungen, die ähnliche bzw. dem Materialfluß kongruente Strukturen aufweisen. Diese handlungs- und ereignisnahe Informationsverarbeitung erhöht die Ablaufsicherheit und reduziert den Steuerungsaufwand erheblich. Der in Abbildung 76 einer Untersuchung entnommene Informationsfluß in der Auftragsabwicklung zeigt, wie durch eine Vielzahl von Kommunikationsbeziehungen und mangelhafte Eindeutigkeit der Informationswege die Gesamtdurchlaufzeit verlängert wird.

Logistische Funktionen \ Abteilungen	Vertriebsleitung	Vertrieb Exportartikel	Vertrieb Produktgruppe A	Vertrieb Produktgruppe B	Vertrieb Produktgruppe C	Zentrale Auftragsabwicklung	Fertigung Produktgruppe A	Fertigung Produktgruppe B	Fertigung Produktgruppe C	Arbeitsvorbereitung/ Fertigungssteuerung	Auftragsleitstelle	Materialwirtschaft
Absatzplanung	●	O	O	O	O	O						
Produktionsplanung						O	O				●	
Kapazitätsplanung											●	
Materialbedarfsplanung												●
Auftragsabwicklung	O	O	O	O	O	●					●	
Auftragssteuerung							●	●	●	●		●
Auftragsdurchsetzung							●	●	●			
Beschaffung/Einkauf												●
Lagerung und Bereitstellung — Rohmaterial							O	O	O			●
Lagerung und Bereitstellung — Zw.material										●		
Lagerung und Bereitstellung — Fertigerz.		●	●	●	●	●						●
Transport							●	●	●			●
Verpackung und Versand												●

● Federführung
O Unterstützung

⇨ Die logistischen Funktionen sind in mehrere Stufen aufgeteilt; dies gilt im besonderen für die Fertigungssteuerung und die Bestandsverantwortung.
⇨ Gefahr der Doppelwahrnehmung von Aufgaben.
⇨ Problematik der Kompetenzabgrenzung.

Abb. 75: Die Verteilung logistischer Funktionen innerhalb der Unternehmung

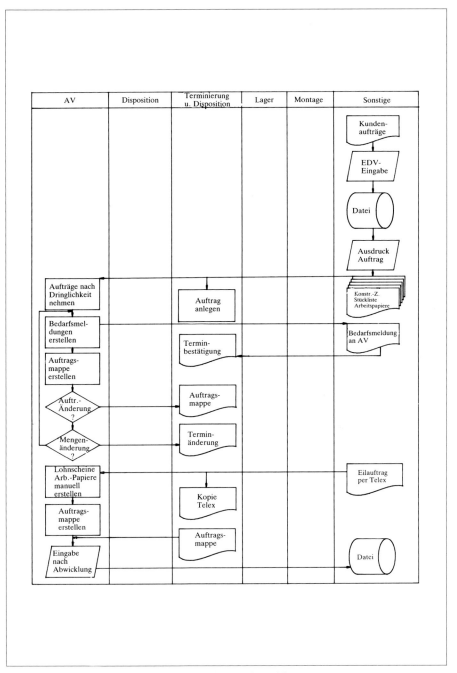

Abb. 76: Der Informationsfluß zur Auftragsabwicklung

Eines der Ziele der JIT-Produktion ist die marktnahe bestandsarme Fertigung. Hier tritt die interdependente Beziehung zwischen Informations- und Materialfluß deutlich hervor. Die Forderung nach kleineren Losgrößen bedeutet häufigere Transporte und damit einen schnelleren Informationsaustausch.

Der Umfang an Logistikaufgaben innerhalb der Unternehmung macht es notwendig, sich bei der Untersuchung auf wenige repräsentative Teile oder Produkte zu beschränken. Die Erfassung der IST-Situation auf Basis von Arbeits- oder Maschinenbelegungsplänen und der Vergleich mit dem tatsächlichen betrieblichen Layout zeigt dabei schnell die Schwachstellen der Anlagenverteilung in der Produktion auf. Die Anordnung der Betriebsmittel nach dem Werkstattprinzip behindert einen zügigen Materialdurchlauf und führt zu häufigen Richtungswechseln und Umwegen beim Produktionsdurchsatz. Ebenso sind Auswirkungen auf die Lagerorganisation durch die gezielte Einrichtung von Bevorratungsebenen innerhalb der Produktion zu erwarten.

5.2.2. Analyse der Situationsmerkmale

Ein wesentliches Situationsmerkmal für die Anwendung von JIT im Unternehmen stellen Bestände der logistischen Kette dar. Es sind im einzelnen die Bestände in einer generellen Bestands- bzw. Bewegungsanalyse zu ermitteln, der sich eine Untersuchung der Ursachen für die Höhe dieser Bestände im Beschaffungs-, Produktions- und Vertriebsbereich anschließt.

Bei der Ermittlung der Bestände und ihrer Bewertung wird das Umlaufvermögen in Roh-, Hilfs- und Betriebsstoffe sowie Halb- und Fertigwaren differenziert. Dabei kristallisieren sich Bestandsschwerpunkte innerhalb der Material- und Erzeugnisgruppen heraus, die dann einzelnen Lagerorten zugeordnet werden können. Aufgrund des ganzheitlichen Ansatzes erstreckt sich diese Erfassung über sämtliche Lagerarbeiten, die die logistische Kette berühren, also die externen
– Vertrags-,
– Konsignations-,
– Speditions-,
– Niederlassungs- sowie die internen
– Rohwaren-,
– Zwischen- und
– Fertigwarenläger.

Kombiniert mit einer Material- oder Warenklassifizierung lassen sich nun lokalisierte bestandsintensive Positionen identifizieren. Als wesentliche Kenngrößen und zur weiteren Analyse der bestandsverursachenden Faktoren lassen sich
– Reichweiten,
– Umschlaghäufigkeiten sowie
– Höchst-/Mindest- und Sicherheitsmengen

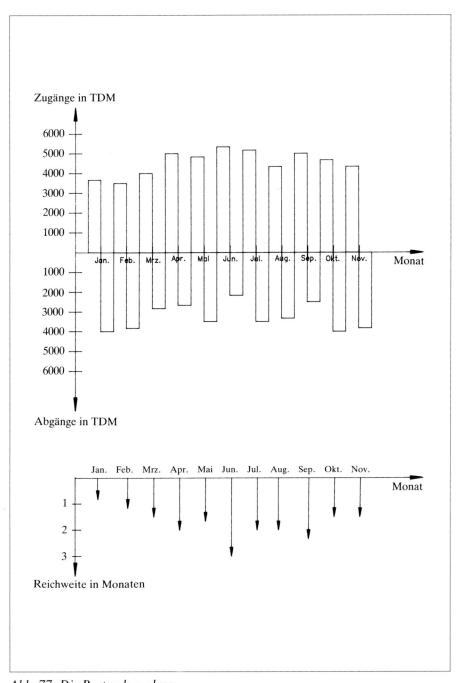

Abb. 77: Die Bestandsanalyse

ermitteln. Ein Beispiel für die Reichweitenerfassung ist in Abbildung 77 dargestellt. Ausgehend von den Bestandsschwerpunkten erfolgt die betriebsbezogene
Analyse. Für einzelne Funktionen, z.B. den Vertrieb, sind Untersuchungskriterien
in Abbildung 78 dargestellt. Die Ursachen für die Bestandshöhe können z.B. aus
dem Abrufverhalten der Kunden resultieren (vgl. Abb. 79). Diese Analyse nimmt
deshalb einen besonderen Stellenwert ein, da durch verbesserte Informationssysteme und frühzeitige Benachrichtigung durch den Abnehmer Nachfrage-
schwankungen schneller im Planungssystem Berücksichtigung finden können.

Üblicherweise setzt die Realisation von JIT-Konzepten in der eigenen Produktion an. Neben der hohen Autonomie in der Ablaufgestaltung ist das Ergebnis der
veränderten Organisation genauer zu kontrollieren und mögliche Störungseinflüs-
se auf ein Minimum zu begrenzen.

Initiierende Pilotprojekte beschränken sich auf Abläufe innerhalb der Grenzen
traditioneller Dispositionsstufen wie Montage, Vormontage oder Teilefertigung.
Selten wird mit schnittstellenübergreifenden Ansätzen begonnen. Zunächst werden geeignete Objekte oder Ablaufzyklen ermittelt. Auswahlkriterien sind die

Analysekriterium	Analysemerkmal	Forderungen für JIT-Konzept
Produktstruktur	● Anzahl Produktgruppen ● Variantenvielfalt ● Umsatzanteile ● Deckungsbeiträge ● Durchlaufzeit	● Verringerung der Typenvielfalt ● Optimierung der Bevor-ratung
Auftragsstruktur	● Einzelaufträge ● Sammelaufträge ● Rahmenverträge ● Lieferabrufe ● Abrufverhalten ● Bestellpositionen je Auftrag ● Auflagehäufigkeiten ● Bestellmengen	● Verbesserung des Pro-gnosesystems ● schnellere Auftrags-abwicklung ● einfache Kommissionie-rung ● Lieferservice/-bereit-schaft
Kundenstruktur	● Anzahl ● Umsatz	● Haupt-/Schlüsselkunden
Distributionsstruktur	● Transportart/-wege ● Verpackung ● Lieferfrequenzen ● Spediteur	● Lagermodelle ● angemessenes Vertei-lungssystem

Abb. 78: Die Analysekriterien für den Vertriebsbereich

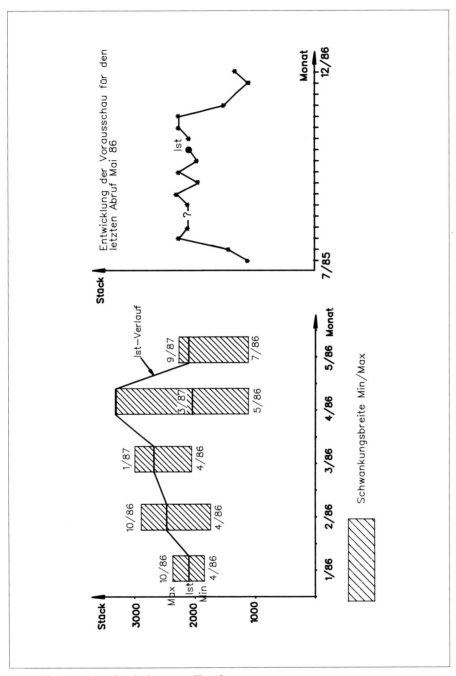

Abb. 79: Das Abrufverhalten von Kunden

Produktreihe(n): Sachnummer: Steuerungskennzeichen: Fertigungskreis (betrachtet): Vorgelagerte(r) Fertigungskreis(e): Nachgelagerte(r) Fertigungskreis(e):			Bezeichnung: ABC-Wertigkeit:

	Eignung f. JIT		Bemerkungen
	ja	nein	
Produktkriterien: einfache Struktur (wenig Fertigungsstufen)			
tägliche Auflagefrequenz (hohe Stückzahl, Wiederholteil, gleichmäßiger Bedarf)			
wenig Varianten der gleichen Baugruppe (<3)			
wenig Änderungen (ausgereiftes Teil)			
Volumen/Behälterinhalt (1 Behälter minimaler Tagesbedarf)			
Prozeßkriterien: sicherer Ablauf			
sichere Qualität			
abgestimmte Kapazitäten (Bedarf < Kapazität)			
flexibler Personaleinsatz (geringe Spezialisierung)			
geringe Rüstaufwendungen/ Nutzungsunterbrechungen			
Raum-/Flächenbedarf für Behälter beim Verbraucher			

Als JIT-Teil geeignet: ☐ ja ☐ nein ☐ mit Einschränkungen

Abb. 80: Die Dokumentation der Untersuchung über die JIT-Eignung

Maßnahmenkatalog zur JIT-Eignung von Bauteilen	
Produktkriterien: einfache Struktur (wenig Fertigungsstufen)	Konstruktive Maßnahmen
tägliche Auflagefrequenz (hohe Stückzahl, Wiederhol-teil, gleichmäßiger Bedarf)	Teileverwendung (mehrfach), Standardisierung, Produktionsplan, rhythmisierte Auflagen, Disposition, Vertrieb
wenig Varianten der gleichen Baugruppe (<3)	Teileverwendung (mehrfach), Standardisierung
wenig Änderungen (ausgereiftes Teil)	Sammlung von Änderungswünschen, definierter Änderungszeitpunkt, Freigabe für Serie nach ausreichender Prüfung
Volumen/Behälterinhalt (1 Behälter minimaler Tages-bedarf)	
Prozeßkriterien: sicherer Ablauf	einfache Betriebsmittel, einfache Werkzeuge, organisatorische Regelungen, beherrschte Tech-nologien, Redundanzen
sichere Qualität	Mitarbeiter-Schulung, angemessene Fertigungs-toleranzen
abgestimmte Kapazitäten (Bedarf < Kapazität)	angemessener Automationsgrad, Engpaßaggre-gat als Planungsgrundlage, gleiches Leistungs-verhalten
flexibler Personaleinsatz (geringe Spezialisierung)	Mitarbeiter-Schulung, Mehrmaschinenbedie-nung, einfache Arbeitsabläufe, Hilfsmittel
geringe Rüstaufwendungen/ Nutzungsunterbrechungen	technische Hilfsmittel, Voreinstellung, Entkopp-lung von Bedienung und Rüsten, störungssichere Anlagen
Raum-/Flächenbedarf für Behälter beim Verbraucher	definierte Abstellplätze, einheitliche Behälter

Abb. 81: Maßnahmenkatalog zur JIT-Eignung von Bauteilen

– Anzahl der Produkte,
– Stetigkeit der Auflagenfrequenz,
– Marktperiode des Produkts bzw. Teiles sowie
– Wertigkeit der Teile.

JIT in seiner einfachsten Form setzt voraus, daß eine genügend große Anzahl an sich wiederholenden Abläufen vorliegt. Die Stetigkeit der Auflagenfrequenz ist ein Maß für die Anwendungshäufigkeit dieser Regeln, die Marktperiode für Anwendungsdauer. Die Wertigkeit macht eine Aussage über die Ergebnisrelevanz bzw. das Rationalisierungspotential. Die relevanten Merkmale sind zu dokumentieren (vgl. Abb. 80) und Maßnahmen zur JIT-Eignung von Bauteilen einzuleiten (vgl. Abb. 81).

Aufgrund der Bauteile und Ablaufkurven lassen sich der Kapazitätsbedarf und die Engpaßaggregate ermitteln. Unterschiedliche Inanspruchnahmen der Kapazitäten können durch Maßnahmen zur Verringerung der Rüstaufwendungen harmonisiert werden. Gleichzeitig hat die JIT-Produktion Auswirkungen auf die zu fertigenden Losgrößen. Basis bildet eine bedarfsorientierte Mengenfestlegung; z. B. wird ein definierter Periodenbedarf auf die definierte Auflagenhäufigkeit während dieser Periode umgelegt, wobei die endgültige Festlegung den eingesetzten Behältern anzugleichen ist. Mengenänderungen in der Nachfrage werden nicht über eine Änderung der Losgröße, sondern durch die Auflagefrequenz berücksichtigt. Ergebnis dieser konzeptionellen Gestaltung ist in Verbindung mit der Bestandsanalyse eine Aussage über das Bestandssenkungspotential, der Verringerung der Durchlaufzeiten und der notwendigen Sicherheitspuffer.

Analog dem Vertriebsbereich erfolgt die Analyse des Beschaffungsbereiches. Es sind hier ebenfalls vier Kriterien, die einer differenzierten Untersuchung (vgl. Abb. 82) unterzogen werden:

– Materialstruktur,
– Lieferantenstruktur,
– Beauftragungssystem und
– Versorgungssystem.

Die Impulse zur Übernahme von JIT-Prinzipien innerhalb der Beschaffung mit produktsynchroner Anlieferung gehen im allgemeinen vom Nachfrager aus. Die Auswirkungen treffen aber auch die Fertigung des Zulieferers. Es wird zwangsläufig notwendig, JIT-Maßnahmen in der Fertigungsorganisation einzuführen, damit eine kostengünstige reaktionsschnelle Materialversorgung sicherzustellen ist. Dies ist die multiplikatorische Wirkung der Verfolgung der JIT-Prinzipien entlang der gesamten logistischen Kette.

In einer zusammenfassenden Betrachtung sind die Kosten der mit dem JIT-Konzept verbundenen Aufwendungen zu erfassen. Die notwendigen Daten sind in den wenigsten Unternehmungen in hinreichendem Umfang und Exaktheit vorhanden. Meist werden diese in den Gemeinkosten erfaßt. Erst eine detaillierte Ermittlung deckt diese Rationalisierungspotentiale auf, die, wie empirische Erhebungen zeigen, bei ca. 20–25% des beeinflußbaren Bestandswerts liegen (vgl. Abb. 83).

Analysekriterium	Analysemerkmal	Forderungen für JIT-Konzept
Materialstruktur	● Bedarfsmengen ● Materialwert ● Wertigkeit ● Mehrfachverwendbarkeit ● Lagerfähigkeit ● Wiederbeschaffungszeit	● stetiger Bedarf
Lieferanten-struktur	● Liefermengen ● Streuung (Versorgungs-sicherheit) ● Lieferservicegrad ● Hauptlieferant	● Mengenkonzentration ● Versorgungssicherheit
Beauftragungs-system	● Bestellmengen ● Bestellvorschriften ● Terminverfolgung	● Verkürzung der Auf-tragszeiten ● sichere Auftragsdaten
Versorgungs-system	● Anlieferungsfrequenz ● Anlieferungsart	● Vereinfachung der Kon-trolle ● Vermeidung von Hand-lingsaufwand

Abb. 82: Die Analysekriterien für den Beschaffungsbereich

5.3. Projektorganisation zur Just-In-Time-Einführung

Als methodischer Ansatz einer auf Erfolgsfaktoren basierenden Restrukturierung von Produktion und Logistik ist ein vom Ergebnis, also vom Kunden und Markt, ausgehender Planungsprozeß vorzuschlagen, der als »Reverse Engineering« bezeichnet werden kann. Das Ziel eines solchen Ansatzes besteht darin, vom Ergebnis ausgehend die vorhandene Produktions- und Logistikstruktur zu verbessern. Im übertragenen Sinne bedeutet dies, die Fertigungs- und Logistikstruktur vom Markt aus zu entwickeln.

Dieser Ansatz hat weitreichende Konsequenzen für den Prozeß der Einführung neuer Produktions- und Logistikkonzepte:

1. Die Planer müssen bei dieser Vorgehensweise den gesamten Wertschöpfungs-prozeß als einheitliches System betrachten und dementsprechend Produktion und Logistik ganzheitlich entwickeln. Dazu sind sowohl radikale Änderungen der Produktionsfunktionen als auch kleine Verbesserungen im Sinne einer wertanalytischen Betrachtung der Wertschöpfungsaktivitäten erforderlich.

Gesamtkosten: 1.345,9 TDM (= 100 %)

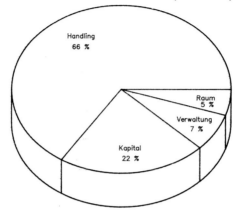

⟹ Der Schwerpunkt der Logistik—Kosten liegt beim Handling
Handlingskosten: 886,6 TDM (= 100 %)

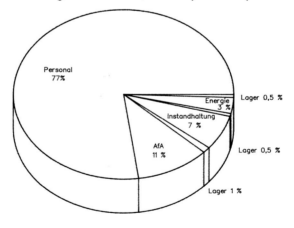

Abb. 83: Die Kostenarten der Logistik

2. Diese retrograde Betrachtung führt dazu, Fabriken und Logistiksysteme als Laboratorium zu gestalten. Die Arbeit der Forschung und Entwicklung für Produkte ist dann eng mit der der Produktionsingenieure verbunden und z.T. kaum von dieser zu unterscheiden. Das ganze Unternehmen wird somit in einen Lernprozeß einbezogen. Die Geschwindigkeit solcher Lernprozesse wird entscheidend von der Problemlösungskapazität der Mitarbeiter abhängen. Insofern bedeutet das Konzept »Fabrik als Labor« konsequenterweise die Schaffung von »Kompetenzzentren« für die Lösung spezifischer Kundenprobleme in abgegrenzten Marktsegmenten. Es wird also eine Produkt-Markt- und Produktionssegmentierung erforderlich. Dabei ist unverkennbar, daß sich die Problemlösungskapazität in zwei Richtungen bewegen muß: einmal in die Nähe des Kunden, um dessen Probleme zu erfassen um die Rolle des eigenen Produkts bei dessen Bedürfnisbefriedigung zu identifizieren, und zum zweiten in die Nähe des Wertschöpfungsprozesses, um diesen effizient zu gestalten und auf Kundenbedürfnisse auszurichten.

3. Die Realisierung dieses Gegenstromprinzips umgekehrt der traditionellen Argumentationslinie Produktentwicklung $\rightarrow$ Fertigungsvorbereitung $\rightarrow$ Produktion $\rightarrow$ Vertrieb stellt die Lösung von Kundenproblemen und deren Umsetzung in Produktion und Logistik in den Vordergrund. Hierbei ist die Einbeziehung von Zulieferanten unentbehrlich. Das Prinzip führt zwangsläufig zu einer engeren Zusammenarbeit mit den Lieferanten.

4. Da die Dynamik der Marktveränderungen unmittelbaren Einfluß auf die Geschwindigkeit der Restrukturierung von Produktion und Logistik und den »Lebenszyklus« implementierter Technologie- und Organisationskonzepte hat, wird die Bewältigung des organisatorischen Wandels zum unternehmerischen Dauerthema (vgl. Bleicher 1988, S. 292 f.). Dabei ist entscheidend, daß die Umsetzung von Markt- und Kundenanforderungen in neue Fabrikstrukturen mehr vom Ideenreichtum, von Zukunftserwartungen sowie von der Bereitschaft und der Geschwindigkeit der Realisierung abhängig ist, als von der Lösung technischer Detailprobleme. Ein Blick auf die Unternehmenspraxis zeigt, daß die Lücke zwischen erfolgreichen und weniger erfolgreichen Unternehmen nicht nur in der relativ besseren Qualität und Konkurrenzfähigkeit der Produkte besteht, sondern in der Fähigkeit, kurzfristige Veränderungen traditioneller Denk- und Verfahrensstrukturen vorzunehmen.

Das Konzept des Reverse Engineering stellt den Versuch dar, eine ideale Fabrik als permanenten Prozeß zu konstruieren. Dabei werden in Form eines Zero-Base-Budgeting »idealtypische« Forderungen erhoben, wie: kein Sicherheitsbestand, keine Liege- und Wartezeiten, keine Zurverfügungstellung von Kapazitäten für Nacharbeit, ein Zulieferant pro Teil, sofern dieser über genügend Kapazität verfügt, kein Einsatz von Mitarbeitern für Tätigkeiten. die keinen Beitrag zur Wertschöpfung leisten. Die dann erreichbaren Werte der Parameter Bestände, Produktivität und Durchlaufzeiten sind den Ist-Werten gegenüberzustellen. Auf diese Weise lassen sich mögliche Potentiale, die durch eine Reorganisation realisierbar erscheinen, aufzeigen.

Die Unternehmungen sind bestrebt, ausgehend von der Ist-Situation, eine Soll-Situation zu einem definierbaren Zeitpunkt zu erreichen. Durch die Einführungsstrategie soll der optimale Anpassungspfad vom Ist- zum Sollzustand festgelegt werden, der innerhalb der Grenzen des Handlungsspielraumes gefunden werden muß. Die untere Grenze des Handlungsspielraumes ergibt sich durch die qualitativen, zeitlichen und kostenmäßigen Anforderungen an das Produktions- und Logistiksystem im Zeitablauf zur Aufrechterhaltung der Wettbewerbsfähigkeit. Nach oben wird der Entscheidungsspielraum durch technologische Möglichkeiten begrenzt. Innerhalb dieser Handlungsmöglichkeiten sind die Unternehmen in ihrer Entscheidung infolge personeller, organisatorischer und finanzieller Restriktionen nicht völlig frei; Klein- und Mittelbetriebe werden hierdurch stärker eingeengt als Großbetriebe.

Die Definition einer solchen Einführungsstrategie der Überführung eines Ist-Zustandes des logistischen Systems in einem Soll-Zustand setzt die Formulierung von Zielsetzungen und Schlüsselbereichen für die kundennahe Bedienung des Marktes voraus. Es geht dabei um die Definition der Erfolgsfaktoren im Markt und deren Umsetzung in Produkt-, Produktions- und Logistikeigenschaften. Für die Umsetzung der Kundenanforderungen in Produkte haben die meisten Unternehmen institutionelle Rahmen in Form von Forschung und Entwicklungs- und Marketingabteilungen geschaffen.

Ein Defizit ist aber bei der Umsetzung von Erfolgsfaktoren in Produktions- und Logistiksysteme feststellbar. Die Strategie war darauf gerichtet, die auftretenden Fehler in der Fabrik, wie z.B. zu hohe Kosten, mangelnde Qualität und Lieferfähigkeit zu minimieren. Gefragt ist demgegenüber eine zukunftsweisende Strategie, die Produktions- und Logistiksysteme als aktiven Wettbewerbsfaktor auf dem Markt nutzt.

Das Verfahren der Adaptation von Erfolgsfaktoren im Markt und deren Umsetzung in Produkt-, Produktions- und Logistikmerkmalen ist mit Zeit- und Organisationsaufwand verbunden. Es muß Klarheit über eine Soll-Vorstellung geschaffen werden, für die viele Experten befragt, detaillierte Szenarien erarbeitet, das weitere Vorgehen durchdacht und Kontakte zu allen Bereichen im Unternehmen aufgebaut werden, die eine Konkurrenzanalyse durchführen und diese dann in Handlungsanweisungen für die Restrukturierung der Produktion und Logistik umwandeln können.

Auf der Grundlage des Konzepts des Reverse Engineering und unter Beachtung des vorliegenden Handlungsrahmens sind zur Konkretisierung der Einführungsstrategie fünf Fragen zu beantworten:

1. Welche Ziele werden mit einer JIT-Reorganisation verfolgt?
2. Wie soll die Systemveränderung vorgenommen werden?
3. Welche Bausteine des JIT-Konzepts sollen realisiert werden?
4. Wo soll mit der Restrukturierung begonnen werden, und in welche Richtung soll sie sich im Unternehmen verbreiten?
5. Welche organisatorischen und personellen Aspekte sind bei der Einführung zu beachten?

Die Einzelentscheidungen der Einführungsstrategie sind zu einem Gesamtkonzept zu integrieren, das durch Berücksichtigung der Interdependenzen der Teilentscheidungen eine Suboptimierung verhindert. Die alternativen Anpassungspfade müssen vor dem Hintergrund der strategischen Orientierung der Unternehmung bewertet werden, um so die situativ beste Vorgehensweise zu bestimmen.

5.3.1. Ziele der Reorganisation

In der empirischen Untersuchung kommt zum Ausdruck, daß die Unternehmen bei der Gestaltung von Reorganisationskonzepten nach Umfang, Konkretisierungsgrad und Art unterschiedliche Zielsysteme wählen. So reichte die Spannbreite der Reorganisationsziele von zwei bis sieben Zielkriterien. Diese umfaßten neben pauschalen Aussagen wie Reduzierung von Schnittstellen auch sehr konkrete Zielgrößen wie z. B. Verkürzung der Durchlaufzeiten um 30%.

Als Ziele der Reorganisation standen bei den untersuchten Unternehmungen eindeutig die Durchlaufzeitverkürzung und das Ziel der Bestandssenkung im Vordergrund (vgl. Abb. 84).

Die relative Dominanz der Durchlaufzeitverkürzung erklärt sich aus den Wirkungsdimensionen des Faktors Zeit. Diese schlagen sich nicht nur in Ergebnisverbesserungen durch eine Verringerung des Umlaufbestandes auf allen Wertschöpfungsstufen nieder, sondern führen marktseitig auch zu einer erhöhten Lieferflexibilität und Termineinhaltung bei kürzeren Lieferzeiten. Kürzere Durchlaufzeiten haben über die Möglichkeit, kurze Rückkopplungsregelkreise aufzubauen, auch einen wesentlichen Einfluß auf die Qualitätssicherheit. Sie schaffen die Voraussetzung, den Prozeß zu korrigieren und damit den Prozeß steuerbarer und sicherer zu machen.

Als weiteres wesentliches Ziel wurde von 64,8% der Unternehmungen die Erhöhung der Flexibilität genannt. Allerdings wurde dieses Kriterium in nur wenigen Anwendungsfällen genauer konkretisiert. Dies trifft auch bei den Zielgrößen Produktivitätssteigerung (48,9% der Nennungen) und Gemeinkostenreduzierung (27,5% der Nennungen) zu. Es zeigt sich, daß bei den untersuchten Zielsystemen der Anteil der qualitativen Zielgrößen überwiegt.

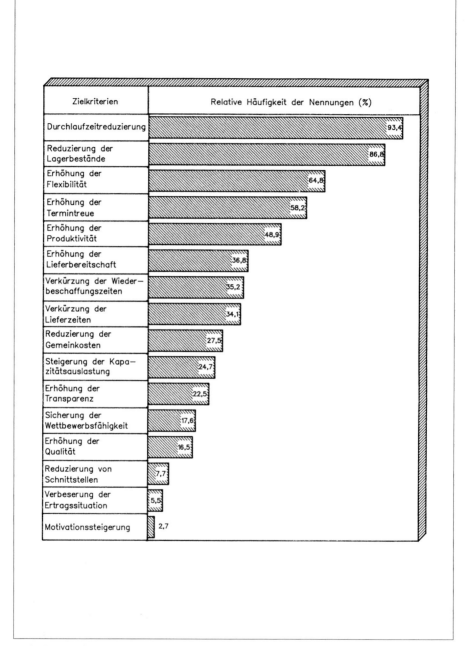

Zielkriterien	Relative Häufigkeit der Nennungen (%)
Durchlaufzeitreduzierung	93,4
Reduzierung der Lagerbestände	86,8
Erhöhung der Flexibilität	64,8
Erhöhung der Termintreue	58,2
Erhöhung der Produktivität	48,9
Erhöhung der Lieferbereitschaft	36,8
Verkürzung der Wieder-beschaffungszeiten	35,2
Verkürzung der Lieferzeiten	34,1
Reduzierung der Gemeinkosten	27,5
Steigerung der Kapa-zitätsauslastung	24,7
Erhöhung der Transparenz	22,5
Sicherung der Wettbewerbsfähigkeit	17,6
Erhöhung der Qualität	16,5
Reduzierung von Schnittstellen	7,7
Verbeserung der Ertragssituation	5,5
Motivationssteigerung	2,7

Abb. 84: Einführungsziele

5.3.2. Art der Systemveränderung

Systemveränderungen lassen sich nach der Größe der Schritte, mit denen der angestrebte Soll-Zustand erreicht wird, unterteilen in
– die kontinuierliche Modifikation des bestehenden Systems,
– die stufenweise Einführung nach einem Stufenplan oder
– die sprunghafte Einführung.

Den Ausgangspunkt für eine kontinuierliche Modifikation bestehender Produktions- und Logistikkonzepte bildet ein Pilotprojekt, das einen repräsentativen Charakter besitzt und an dem die Wirkungsweisen des JIT-Konzepts überprüft werden können. Mit der Umsetzung eines Pilotprojekts lassen sich für einen definierten Teilbereich Erfahrungen sammeln und Schulungseffekte erzielen. Darüber hinaus können relativ schnell bestehende Schwachstellen beseitigt werden. Durch realisierte Bestands-, Durchlaufzeit- und Produktivitätseffekte entsteht eine Sogwirkung auf vor- und nachgelagerte Glieder der logistischen Kette. So ermöglicht beispielsweise die Implementierung einer Pilotanwendung im Montagebereich im nächsten Schritt die Einbeziehung der Vormontageplätze, der Teilefertigung oder die Ankopplung der Kaufteilversorgung über eine produktionssynchrone Beschaffung. In der gleichen Weise kann das für das Pilotprojekt ausgewählte Produkte- oder Teilespektrum schrittweise um andere geeignete Positionen erweitert werden, bevor eine Ausdehnung auf angrenzende Bereiche erfolgt.

Die kontinuierliche Modifikation mit einem Pilotprojekt als Kristallisationskern schränkt das Einführungsrisiko auf einem begrenzten Teilbereich ein. Allerdings enthält diese Vorgehensweise Negativaspekte wie eine Verlängerung der Einführungsdauer für das Gesamtkonzept.

Die stufenweise Einführung nach einem strukturierten Vorgehensplan zielt auf eine Restrukturierung ganzer Produktbereiche ab. Die Umsetzung des Soll-Konzepts erfolgt durch Eröffnung paralleler Projekte, die die gesamte Wertschöpfungskette eines Produktionsbereiches umfassen. Dabei gilt es, bei der Formulierung der Aufgabeninhalte der einzelnen Projekte dem integrativen Ansatz des Konzepts Rechnung zu tragen. Die Projekte sind deshalb so zu strukturieren, daß gegenseitige Abhängigkeiten bei der Umsetzung des Soll-Konzepts berücksichtigt werden. Für die Auswahl der Produktbereiche ausschlaggebend sind die Produkt- und Erzeugnisvarianz, die Wiederholhäufigkeit der Aufträge, die Fertigungsstruktur, die Sicherheit des Produktionsvollzugs, die Streuung der geplanten Bearbeitungs-, Durchlauf- und Wiederbeschaffungszeiten sowie die Struktur des Zuliefermarktes.

Der einer stufenweisen Einführung zugrunde liegende Vorgehensplan ist so flexibel zu gestalten, daß Erfahrungen aus den ersten Ausbaustufen berücksichtigt werden können. Der zeitliche Horizont reicht bis zur Soll-Vorstellung des zukünftigen Fertigungs- und Logistikkonzepts, damit Probleme frühzeitig erkannt werden. Der Stufenplan muß deshalb langfristig orientiert sein und das Gesamtsystem umfassen. Diese Art der Systemveränderung wird unter Risiko- und Kostenaspekten als optimal angesehen.

Eine sprunghafte Einführung ist mit einer totalen Reorganisation ganzer Unternehmungen oder Unternehmensbereiche gleichzusetzen. Sie stellt erhebliche Anforderungen an das Know-how der Planer und die Flexibilität der Organisation. Darüber hinaus sind die mit der Realisierung von JIT-Konzepten verbundenen strukturellen, technologischen und personellen Änderungen oft mit mehrjährigen Anstrengungen verbunden, so daß eine sprunghafte Akzeptanz mit effizienten Resultaten nicht zu erwarten ist. Eine solche radikale Innovation wurde nur bei der Umsetzung von Turn-Around-Strategien gewählt.

Die kontinuierliche Veränderung des Produktions- und Logistiksystems, die mit einem Verbleiben auf einer Erfahrungskurve gleichgesetzt werden kann, wurde von einem Drittel der Unternehmen gewählt. Zwei Drittel der Unternehmen wählten eine stufenweise Veränderung des Systems, die mit einem Verlassen der Erfahrungskurve in Schwerpunktbereichen verbunden ist und in diesen zu signifikanten Verbesserungen der Zielgrößen (z.B. im Durchschnitt 75% Reduzierung der Durchlaufzeit, Verdopplung der Umschlagshäufigkeit des Umlaufvermögens und Produktivitätssteigerungen von 18%) führt. Sprunghafte Veränderungen des Systems, die auf einer neuen Erfahrungskurve aufsetzen, konnten in vier Fällen beobachtet werden, wobei drei mit Erfolg abgeschlossen wurden.

5.3.3. Gestaltungsfelder der Reorganisation

Der Erfolg des Konzepts beruht auf der Tatsache, daß nicht nur die alleinige Kombination der Bausteine und die sich dahinter verbergenden Techniken die positiven wirtschaftlichen Resultate erbringen, sondern die Kombination dieser Bausteine zu einer unternehmensspezifischen Produktions- und Logistikstrategie. Im Rahmen der Einführungsstrategie ist deshalb die Frage zu beantworten, welche Bausteine zu welchem Zeitpunkt realisiert werden sollen. Es lassen sich dabei drei Vorgehensweisen unterscheiden:
– sequentielle Einführung auf der Basis eines »Kernbausteins«,
– parallele Einführung zweier Bausteine und
– simultane Einführung sämtlicher Bausteine.

Die simultane Einführung sämtlicher Bausteine birgt dieselben Risiken wie eine sprunghafte Implementierung in sich. Sie setzt voraus, daß bereits zu einem sehr frühen Zeitpunkt sämtliche Einflußgrößen und Wirkungsweisen des anzustrebenden Konzepts bekannt sind. Demgegenüber gehen die Strategietypen der sequentiellen und parallelen Einführung der JIT-Bausteine von der Annahme aus, daß Struktur- und Verhaltensänderungen nur auf der Grundlage eines evolutionären Entwicklungsprozesses erfolgreich umgesetzt werden können. Den Ausgangspunkt dieser beiden Strategietypen bilden dabei Selektions- und Reihenfolgeentscheidungen, die im Rahmen der Einführungsplanung zu treffen sind. Diese werden in der Regel engpaßorientiert vorgenommen; das heißt, es werden diejenigen Bausteine – einzeln oder in Kombination – ausgewählt, die den kurzfristig größten Einführungserfolg versprechen, indem die bedeutendsten Schwachstellen des bestehenden Produktions- und Logistiksystems beseitigt werden. Da die Schwachstellen von Unternehmung zu Unternehmung aufgrund unterschiedlicher Technologien, Organisationsstrukturen und Unternehmenskulturen verschieden sind, nimmt die Kombination und insbesondere die Ausgestaltung der Bausteine unternehmensspezifische Ausprägungen an.

Die unternehmensindividuelle Umsetzung der Bausteine wird auch durch die empirische Analyse der Ansatzschwerpunkte des JIT-Konzepts unterstrichen. Die Analyse der Ansatzpunkte der Reorganisation zeigt, daß 30% der Unternehmungen eine Strategie der sequentiellen Einführung bevorzugt haben. Dabei ergibt sich für die Kernbausteine folgende Verteilung:
– Integrierte Informationsverarbeitung (n = 21)
– Fertigungssegmentierung   (n = 24)
– Produktionssynchrone Beschaffung (n = 10)

Bei 58% der in die Untersuchung einbezogenen Unternehmen wurde gleichzeitig eine Realisierung zweier JIT-Bausteine verfolgt. Hierbei zielten 25% der Unternehmen auf eine parallele Anwendung von Fertigungssegmentierung und Produktionssynchroner Beschaffung ab. In 66% der in diesem Cluster erfaßten Fallbeispiele erfolgte eine parallele Anwendung der Segmentierungsprinzipien und der integrierten Informationsverarbeitung. Die Strategie der simultanen Anwendung aller Bausteine wurde von 12% der untersuchten Unternehmungen verfolgt.

5.3.4. Ansatzpunkte und Diffusion des Reorganisationskonzeptes

Die Gestaltung einer kundennahen Produktion und Logistik berührt nahezu sämtliche Unternehmensbereiche. Aus diesem Grund ist es erforderlich, den Anwendungsbereich am Anfang nicht zu weit zu fassen. Um die Komplexität des Umstrukturierungsprozesses zu vermindern, ist der Bereich zu definieren, in dem der Einführungsprozeß beginnt, und die Diffusionsrichtung zu planen. Für die Auswahl des Einführungsschwerpunktes sind Entscheidungskriterien wie
– Repräsentativität,
– Erfolgswahrscheinlichkeit,
– Realisierungsdauer und -aufwand,
– Problemlösungsdruck sowie
– Problemlösungs- und Konfliktfähigkeit der am Gestaltungsprozeß beteiligten Mitarbeiter
heranzuziehen. Die Diffusion kann horizontal erfolgen – von einem Montage-

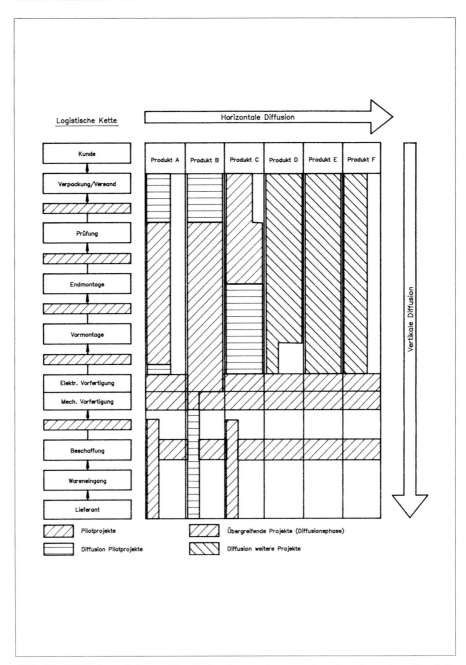

Abb. 85: Diffusionsrichtung für die Implementierung einer kundennahen Produktion und Logistik

oder Fertigungsbereich zum anderen – und/oder vertikal über alle Funktionsbereiche von der Beschaffung über die Vorfertigung und Montage bis zum Versand (vgl. Abb. 85).

Der Zielsetzung nach einer kundennahen Produktion mit verbesserter Reaktionsfähigkeit auf Marktbedürfnisse steht die vertikale Diffusion entlang der logistischen Kette näher. In etwa zwei Drittel der Fälle dient das Produkt als Trennungskriterium für verschiedene Bereiche mit unterschiedlichem Diffusionsgrad. In einem Drittel der Fälle wird lediglich die letzte Produktionsstufe auf Kundenbedürfnisse ausgerichtet und zum Beispiel Kundenauftrag gleich Montageauftrag gewählt.

Die vorhergehenden Stufen der Wertschöpfungskette werden über Bevorratungsebenen (= Läger, ab denen eine auftragsbezogene Fertigung erfolgt) abgegrenzt. Es erfolgt dann eine schrittweise Synchronisation der A-Teilelieferung zum Montageauftrag und eine montagesynchrone Beschaffung der Zukaufteile. Die Wahl der Bevorratungsebene orientiert sich an den Kriterien Variantenbestimmungspunkt des Produkts, dem Wertzuwachsanteil in der logistischen Kette sowie an dem Verhältnis Lieferzeit zu Durchlaufzeit zuzüglich Wiederbeschaffungszeit. Etwa ein Viertel der Unternehmen wählen eine Bevorratungsebene für das Rohmaterial, zwei Drittel der Unternehmen führen zwei Bevorratungsebenen (vor der letzten Produktionsstufe und im Rohwarenbereich) ein.

Bei beiden Vorgehensweisen wird die Ware in Arbeit in Pufferlägern auf Produktionsflächen gelagert und im Fertigwarenlager lediglich Sicherheitsbestände belassen. Etwa 50% der Unternehmen arbeiten darüber hinaus mit einer visuellen Bevorratungsebene, deren Einrichtung sich an temporären Engpässen in der Produktion, Problemen im Beschaffungsbereich oder bei einer horizontalen Unterteillung an Produktbereichen orientiert.

Die horizontale Unterteilung der Produktion ermöglicht es, Konzepte zu entwickeln, ohne die gesamte, auf ein Produktspektrum bezogene logistische Kette zu verknüpfen. Dies führt zu unterschiedlich strukturierten Fertigungssegmenten. Die Integration dieser Segmente zum Aufbau des bereichsübergreifenden Konzepts kann entweder durch eine parallele Entwicklung zur unabhängigen Funktionserfüllung erfolgen oder durch die Verknüpfung über eine Bevorratungsebene.

Diese Ebene hat dann die Aufgabe, in verschiedenen Segmenten existierende unterschiedliche Methoden bestehen lassen zu können, wenn aus beiden Segmenten Teile in einem gemeinsamen dritten Segment verwendet werden. Bei der horizontalen Unterteilung wählen drei Viertel der Unternehmen »Rennerprodukte« als Ausgangspunkt der Diffusion. Diese Wahl geht von der Überlegung aus, mit den Rennerprodukten schnell eine größere Bilanzwirksamkeit der Reorganisation zu erzielen.

5.3.5. Fehler im Einführungsprozeß

Es ist die Beobachtung zu machen, daß sich Sollvorschläge zur Reorganisation von Bereichen stark an vergangene Lösungen anlehnen. Diese erbringen die erwarteten Quantensprünge in Zeit- und Bestandsreduzierungen sowie in Produktivitätssteigerungen nicht. Dies liegt vor allem an der mangelnden Risikobereitschaft vieler Teammitglieder und ihrer Art der Erfahrenssammlung, die sich lediglich auf relevante Informationen im eigenen Hause und auf vergleichbare Fälle beziehen. Eine Erfahrungssammlung durch analytische Reflexionen der Strukturen und der dadurch erforderlich werdenden Handlungen – also mehr theoretische Überlegungen – findet nur in einem geringeren Maße statt; nicht zuletzt deshalb, weil Praktiker häufig zur Kategorie entscheidungsfreudiger Menschen zählen. Der zu beobachtende Aktionismus unter Nichtberücksichtigung von Fern- und Nebenwirkungen veränderter Strukturen und der Ablaufgestalt von Prozessen kann zu Mißerfolgen führen.

Um eine effiziente Einführung einer kundennahen Produktion und Logistik nach JIT-Prinzipien zu erreichen, sind folgende Fehler zu vermeiden:

1. Fehler: Mangelnde Zielerkennung.

Das Produktions- und Logistiksystem wird abgetastet, bis ein Mißstand gefunden wird. Dieser wird beseitigt, dann wird der nächste Mißstand gesucht (Reparaturdienstverhalten). Die Strategie ist darauf gerichtet, eine Minimierung der Fehler zu erreichen.

2. Fehler: Beschränkung auf Ausschnitte aus der Gesamtsituation.

Die Beziehungen der Vertriebslogistik, Produktionslogistik und Beschaffungslogistik untereinander werden nicht verfolgt, es wird eine Funktionsoptimierung angestrebt. Dadurch sind die einzelnen Insellösungen in keine Ordnung zu bringen. Die Rationalisierungspotentiale werden nicht ausgeschöpft, und die Dynamik des Systems bleibt unerkannt.

3. Fehler: Einseitige Schwerpunktbildung.

Man versteift sich auf einen Schwerpunkt, z.B. die Losgrößenbildung oder die Rüstzeitminimierung, die als wichtig erkannt wurden. Es bleiben jedoch gravierende Konsequenzen in anderen Bereichen unbeobachtet.

4. Fehler: Unbedachte Nebenwirkungen.

Im eindimensionalen Denken befangen (z.B. Minimierung des Umlaufvermögens), geht man bei der Suche nach geeigneten Maßnahmen der Systemverbesserung sehr zielstrebig und ohne Verzweigungen vor. Nebenwirkungen werden dabei kaum analysiert (z.B. Verschlechterung des Servicegrades und Auslastungsgrades der Kapazitätseinheiten). Die Verfolgung einer Strategie wie Optimierung des Anlage- und Umlaufvermögens findet selten statt.

5. Fehler: Tendenz zur Übersteuerung.

Zunächst wird sehr zögernd vorgegangen. Wenn sich dann im Produktions- und

Logistiksystem keine positiven Effekte zeigen, greift man kräftig ein, um bei der ersten unbeabsichtigen Rückwirkung wieder komplett zu bremsen (Strategie des »Go-and-Stop«).

6. Fehler: Tendenz zum autoritären Verhalten.

Die Macht, das Produktions- und Logistiksystem verändern zu dürfen, und der Glaube, es durchschaut zu haben, führt zu Verhaltensweisen, die einer Effizienzsteigerung, die auf Verhaltensänderung beruht, abträglich sind. Für eine effiziente Reorganisation ist eine Strategie, die darauf abzielt, eine kritische Menge von Personen mit den Ideen und der strategischen Ausrichtung vertraut zu machen, ihr Verhalten durch Überzeugung zu verändern, am wirksamsten.

7. Fehler: Ungleiches wird gleich behandelt.

Bei der Gestaltung von Produktions- und Logistikkonzepten werden sämtliche Produkte und Geschäftsvorfälle nach den gleichen organisatorischen und technologischen Gesichtspunkten behandelt. Eine Differenzierung nach Wertigkeit, Geschwindigkeit oder Qualität wird nicht vorgenommen. Dies führt dazu, daß in den Material- und Informationsflußsystemen Komplexität durch hohen Planungs- und Steuerungsaufwand verwaltet und nicht durch Vereinfachung von Strukturen und Prozessen reduziert wird.

Diese in der Praxis beobachteten Fehler zeigen, daß herkömmliche Problemlösungsverfahren offensichtlich nicht in der Lage sind, mit solchen integrierten komplexen Reorganisationenprozessen umzugehen, ja die steuernden Eingriffe führen oft genau das Gegenteil von dem herbei, was erreicht werden soll. Insbesondere das Nichtbeachten von Querverbindungen kann zu einer strukturellen Verschlechterung der Funktionsfähigkeit von Produktions- und Logistiksystemen führen. Um Abhilfe zu schaffen, ist der laufende Prozeß zu managen, die ständigen Wechsel der Kundenanforderungen und der Fluktuation des Systems sind in den Griff zu bekommen. Erst wenn die Gesamtbedingungen für ein Fließgleichgewicht im Sinne einer durchgängigen kundenorientierten Produktion und Logistik erreicht sind, lassen sich über das Verhalten der Systeme Erfahrungen gewinnen und vorbeugende Strategien zur Vermeidung von Krisen und zum Aufbau von Erfolgspotentialen skizzieren.

Die formale Organisation ist in der Regel nicht auf die Bearbeitung komplexer, zeitlich begrenzter Planungs- und Gestaltungsaufgaben ausgerichtet. Nur wenige Großunternehmungen verfügen über Planungsstäbe, die die technologischen, wirtschaftlichen und sozialen Implikationen einer Reorganisation umfassend bearbeiten können. Die Einführung des Konzepts erfolgt deshalb in einer speziellen Projektorganisation.

Da Innovationsprozesse, die sowohl auf Verhalten als auch auf Strukturveränderungen abzielen, in der betrieblichen Realität bei einer Reihe von Mitarbeitern auf Willens- oder Fähigkeitsbarrieren stoßen, laufen sie nicht eigendynamisch ab.

Aus diesem Grund ist die organisatorische Eingliederung von Führungskräften der höchsten Ebene in den Planungsprozeß eine der Erfolgsvoraussetzungen der Einführung. Diese haben aufgrund ihrer hierarchischen Stellung im Organisationsgefüge die Möglichkeit, Opponenten oder Förderer des Konzepts zu erfassen, zu überzeugen und den Reorganisierungsprozeß zu fördern. Die zweite zentrale Rolle im Einführungsprozeß haben Planer aus dem Middle-Management inne. Die empirisch nachgewiesene Aussage, daß das Middle-Management der eigentliche Träger tiefgreifender Neuerungen ist, trifft auch für die Reorganisation von Produktion und Logistik zu. Die Anforderungen an die Fachpromotoren sind hoch. Sie müssen auf der Grundlage eines ganzheitlichen Lösungsansatzes ein neues Produktions- und Logistiksystem unter Berücksichtigung der technologischen, organisatorischen, sozialen und insbesondere strategischen Wirkungen konzipieren, bewerten und realisieren. Die Projektteams müssen zur Lösung dieser komplexen Aufgabe funktionsübergreifend zusammengesetzt sein. Um die ständigen Projektmitglieder aus der Arbeitsvorbereitung, Logistik, technischen Planung und Fertigung gruppieren sich Spezialisten, die zur Klärung spezifischer Problemstellungen herangezogen werden. Von dem Einbringen verschiedener Meinungen und Sichtweisen sowie der unterschiedlichen Sensibilität bei der Auseinandersetzung mit dem Reorganisationskonzept erhofft man sich eine größere Sicherheit bei der Ergebnisfindung. Darüber hinaus können Konflikte und Schwachstellen der angestrebten Lösung frühzeitig sichtbar werden, so daß diese sich schon im Vorfeld der Umsetzung ausräumen lassen.

Die Qualifikation der in den Reorganisationsprozeß einbezogenen Mitarbeiter stellt das Management vor ein weiteres Problem. Ein zu geringer Kenntnisstand der Mitarbeiter im Unternehmen kann kompensiert werden durch:
– Einstellen qualifizierter Mitarbeiter,
– Hinzuziehung externer Berater oder
– Schulung der eigenen Mitarbeiter und Planer.

Ein Nachteil der Neueinstellung ist darin zu sehen, daß man sich mit der Einstellung neuer Mitarbeiter zur Lösung einer zeitlich befristeten Projektaufgabe langfristig an einen Experten bindet. Dies kann dann sinnvoll sein, wenn dessen Fachwissen beim Betrieb des neuen Systems oder bei weiteren Planungsvorhaben genutzt werden kann. Die Hinzuziehung externer Berater ermöglicht den zeitlich befristeten Zugriff auf ein Erfahrungspotential. Branchenübergreifende Kenntnisse erfolgreicher Reorganisationskonzepte, geringere Kosten, Beschleunigung der Aktivitäten und Objektivierung der Entscheidungsfindung sind die wesentlichen Vorteile der externen Beratung. Die Nachteile des Einsatzes von Beratern sind darin zu sehen, daß kein eigenes Know-how im Unternehmen aufgebaut wird und Know-how abfließen kann. Wo eine kundennahe Produktions- und Logistikstrategie als Mittel zum Aufbau eines Wettbewerbsvorsprungs eingesetzt werden soll, wird in 90% der Fälle die Schulung der eigenen Mitarbeiter in Kombination mit einem zeitlich befristeten Einsatz von Beratern gewählt.

5.4. Vorgehensweise und Phasenplan

Eine Analyse abgeschlossener Reorganisationsprozesse zeigt, daß erfolgreiche Einführungsstrategien auf einem strukturierten flexiblen Vorgehensplan basieren. In diesem Fall ist der zeitliche und sachliche Ablauf der Reorganisation abgebildet (vgl. Abb. 86). Obgleich sich Problematik, Zielsetzung und Komplexität der beobachteten Reorganisierungsprozesse unterscheiden, lassen sich folgende sieben Phasen herausarbeiten:

Initiierungsphase

In der Initiierungsphase sind Zielsetzung und Aufgabenstellung der Reorganisation zu formulieren. Weiterhin erfolgt die Festlegung der Projektorganisation, die Konstituierung des Projektteams, die Budgetierung der finanziellen und personellen Ressourcen sowie die Verabschiedung des Vorgehensplans anhand eines Projektleitfadens. Parallel hierzu werden Schulungen für sämtliche an der Reorganisation beteiligten Mitarbeiter über alle Hierarchiestufen hinweg durchgeführt, um Macht- und Fachpromotoren systematisch mit den Techniken und Methoden des Konzepts vertraut zu machen. Wesentlich ist, daß sich die Beteiligten sehr schnell der strategischen Bedeutung einer kundennahen Produktion und Beschaffung bewußt werden und erkennen, daß persönliches Engagement zur Lösung bestehender Probleme und Zielkonflikte beiträgt. Eine Grundvoraussetzung hierfür ist, daß das Management den Prozeß des organisatorischen Wandels aktiv unterstützt und kommuniziert. Gelingt es dem Management nicht, Identifikationsbarrieren abzubauen, besteht die Gefahr, daß durch das Projekt lediglich (Teil-)Optimierungen bestehender Strukturen und Prozesse und keine Quantensprünge realisiert werden.

Analysephase

Zur Realisierung der JIT-Zielsetzung ist es erforderlich, eine Übersicht über den Aufwand und die Nutzenpotentiale der Reorganisation des Logistiksystems zu erhalten. Voraussetzung hierfür ist die Erfassung und Beurteilung der Ist-Situation sowie die Konkretisierung der wesentlichen Umweltbedingungen. Um der Komplexibilität bestehender Produktions- und Logistiksysteme Rechnung zu tragen, ist es zweckmäßig, die Analyse in zwei Stufen zu untergliedern. Die erste Stufe umfaßt eine Grobanalyse des gesamten Wertschöpfungsprozesses vom Kunden bis hin zum Lieferanten. Ziel ist es, die wesentlichen Strukturmerkmale einer

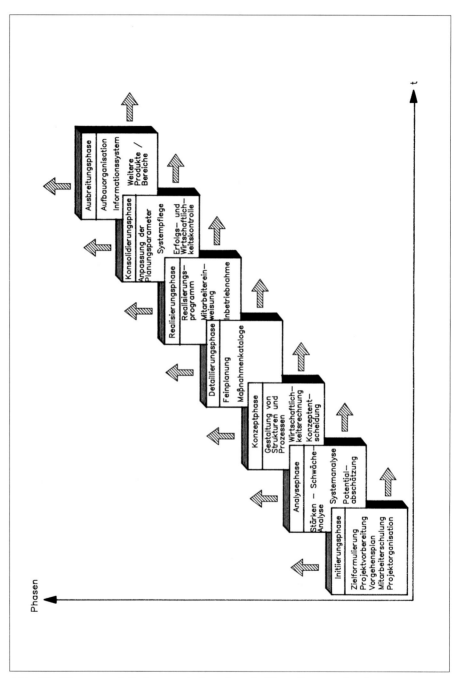

Abb. 86: Phasenmodell einer typischen Just-In-Time-Reorganisation

Unternehmung darzustellen sowie vorhandene Problemfelder und Rationalisierungspotentiale aufzuzeigen. Gegenstand der Untersuchung sind die Wettbewerbsstruktur, das Produktprogramm, der Material- und Informationsfluß, die Technologie- und Fertigungsstruktur, die Qualitätssicherung, der Beschaffungs- und Distributionsbereich sowie die betriebliche Infrastruktur. Für die Bewertung des Produktions- und Logistiksystems werden Analysen der Durchlaufzeiten, Bestände, Kosten und Leistungen durchgeführt. Diese werden ergänzt durch eine qualitative Beurteilung des Logistiksystems anhand von Stärken-/Schwächen-Profilen. Durch das Aufzeigen von Zeit-, Bestands- und Kostenreduzierungspotentialen können erste JIT-Anwendungsgebiete in Form von Pilotprojekten ausgewählt und Entscheidungen über die Weiterführung des Reorganisationsprozesses gefällt werden. Die in der zweiten Stufe durchzuführenden Detailanalysen beziehen sich auf die ausgewählten Pilotprojekte. Wesentlich ist, daß eine exakte und vollständige Datenerfassung durchgeführt wird, da einerseits die vorab identifizierten Schwachstellen auf ihre Ursachen-/Wirkungs-Zusammenhänge untersucht werden müssen und zum anderen Planungsgrundlagen für das Soll-Konzept geschaffen werden.

Konzeptphase

Inhalt dieser Phase ist die Entwicklung, Bewertung und Auswahl von Gestaltungsalternativen einer durchgängigen Produktions- und Logistikkonzeption. Es sind dabei projektbezogene Einzelkonzepte in ein Gesamtkonzept zu integrieren, ihre innerbetriebliche Wirksamkeit und ihre Implikationen auf den Markt zu analysieren. Die Gestaltung einer kundennahen Produktion und Logistik setzt bei den beteiligten Mitarbeitern die Fähigkeit voraus, traditionelle Abläufe und Systemgrenzen in Frage zu stellen. Hierzu hat es sich als zweckmäßig erwiesen, sämtliche Abläufe und Aktivitäten innerhalb der Logistikkette nach wertanalytischen Kriterien zu beurteilen. Dabei sind folgende Fragen zu beantworten: Welche Aktivitäten in der Wertschöpfungskette tragen etwas zur Wertschöpfung bei, und welche Aktivitäten erzeugen lediglich Kosten? Welche Aktivitäten müssen durchgeführt werden, um den Kundennutzen sicherzustellen?

Erfolgreiche Reorganisierungskonzepte zeichnen sich dadurch aus, daß pragmatische und kurzfristig realisierbare Gestaltungsalternativen bevorzugt werden. Ein Konzept, das sämtliche Sonderfälle abbildet oder aufwendige EDV-Anpassungen voraussetzt, bindet Ressourcen und führt selten zu signifikanten Verbesserungen von Logistikkosten und -leistungen.

Detaillierungsphase

Im Anschluß an die Konzeptphase erfolgt die Konkretisierung der ausgewählten Gestaltungsalternativen. Im Sinne einer Feinplanung werden Maßnahmen zur

Optimierung des Informations- und Materialflusses über die gesamte logistische Kette hinweg erarbeitet und in Maßnahmenkatalogen zusammengefaßt. Inhalt und Umfang der Maßnahmen werden durch das Ausmaß der Systemveränderung geprägt. So galt es beispielsweise bei der Feinplanung eines integrierten Montage- und Prüfkonzepts, Maßnahmen zur Materialbereitstellung, Beschaffung, Disposition und Steuerung sowie zur Personalqualifizierung auszuarbeiten.

In einem weiteren Reorganisationsprojekt, das die Restrukturierung der Auftragsabwicklung zum Inhalt hatte, waren Maßnahmen zur Anpassung und Erweiterung der bestehenden EDV-Architektur zu konkretisieren. Hier lag der Schwerpunkt der Feinplanung in der Erstellung und Verabschiedung eines Pflichtenheftes.

Neben der planerischen Konkretisierung des Restrukturierungsansatzes sind in dieser Phase die Voraussetzungen für die Realisierung der erarbeiteten Maßnahmen zu schaffen. Insbesondere sind notwendige Hilfs- und Betriebsmittel zu bestimmen, Fragen der Eigen- und Fremderstellung zu klären und Beschaffungsmaßnahmen einzuleiten.

Realisierungsphase

Die Realisierungsphase hat die Umsetzung der in der Detaillierungsphase formulierten Maßnahmen zum Inhalt. Die Basis hierfür bildet ein detaillierter Realisierungsplan, der sämtliche Umsetzungsschritte in ihrer zeitlichen und sachlichen Struktur abbildet. Akzeptanz und Erfolg des entwickelten Konzepts werden wesentlich durch den Vorbereitungsgrad der ausführenden Mitarbeiter bestimmt. Durch Schulungen müssen die Mitarbeiter deshalb in die Lage versetzt werden, Grundlagen und Funktionsweise des Systems zu beherrschen. Zur Verdeutlichung der ablauforganisatorischen Implikationen einer kundennahen Produktion hat sich der Einsatz von Planspielen als hilfreich erwiesen.

Konsolidierungsphase

Im Rahmen der Konsolidierungsphase erfolgt die Stabilisierung und Weiterentwicklung der realisierten Reorganisationsmaßnahmen innerhalb der operativen Bereiche. Durch permanente Steuerungs- und Kontrollaktivitäten ist sicherzustellen, daß die geplanten Abläufe konsequent angewandt und tatsächlich beherrscht werden. Ebenso muß gewährleistet sein, daß auftretende Schwachstellen unmittelbar bereinigt werden und veränderte Rahmenbedingungen Berücksichtigung finden.

Weitere Schwerpunkte der Konsolidierungsphase bestehen in der Anpassung der Planungsparameter des betrieblichen Informations- und Steuerungssystems hinsichtlich Kosten und Bestände sowie in der Erfolgs- und Wirtschaftlichkeitskontrolle der durchgeführten Reorganisationsmaßnahmen.

Ausgehend von den Controllingfunktionen
– Ziele setzen,
– Koordinieren von Zielsetzungen und Informationsversorgung,
– Durchführen von Soll/Ist-Vergleichen,
– Überwachen von Zielen und Zielerreichung auf deren Konsistenz,
– Reagieren auf Abweichungen und
– Überwachen von Frühwarnindikatoren

hat das Logistik-Controlling Informationen über die Kosten- und Leistungsentwicklung der Logistikfunktionen zu gewinnen und im Sinne der verfolgten Zielsetzungen bereitzustellen. Es ist zunächst erforderlich, aus der Vielzahl der möglichen Kennzahlen (vgl. Abb. 87) die für die Praxis relevanten zu identifizieren und für deren Gewinnung EDV-Unterstützung auf verschiedenen Aggregationsstufen zu bieten; denn nur mit einem gezielten Logistik-Controlling können die JIT-Ziele auf Dauer erfolgreich verfolgt werden.

Auf der Grundlage der Wirtschaftlichkeitsbeurteilung lassen sich Schlußfolgerungen für das weitere Vorgehen ziehen. Hierbei stehen Fragen der Übertragbarkeit der Konzeptlösung auf andere Produkte oder Bereiche im Vordergrund.

Ausbreitungsphase
Mit der erfolgreichen Umsetzung von Pilotprojekten sind zwei Effekte verbunden. Zum einen ergeben sich aus den primär am Material- und Informationsfluß ausgerichteten Strukturveränderungen Gestaltungserfordernisse an die Aufbauorganisation, das betriebliche Informations- und Planungssystem sowie an produktionsübergreifende Schnittstellen wie z. B. die Entwicklung und Konstruktion. Zum anderen wird vom Management die Forderung erhoben, den Anteil kundenorientiert produzierter und beschaffter Teile und Produkte bilanz- und wettbewerbswirksam zu erhöhen. Inhalt der Ausbreitungsphase ist es, diese Anforderungen in den weiteren Reorganisationsprozeß so zu integrieren, daß kein Konflikt zwischen vorhandenen Ressourcen und Ausbreitungsumfang und -geschwindigkeit entsteht. Die ausgewählten Ausbreitungsschwerpunkte manifestieren sich wiederum in Projekten, die den Analyse-, Gestaltungs- und Realisierungsprozeß durchlaufen. Bei der Auswahl der Projektmitarbeiter ist auch auf die Erfahrung der in die Pilotprojekte involvierten Mitarbeiter zurückzugreifen.

Die zeitliche Dauer der Planungsphasen unterliegt einer großen Streuung, so daß Mittelwerte nur eine geringe Aussagekraft als Planungsgröße besitzen. Es hat sich gezeigt, daß die Unternehmen, die mit einzelnen Pilotprojekten beginnen, diese in einem Zeitraum von 6–9 Monaten realisieren. Diese Gruppe von Unternehmen benötigen für einen Durchdringungsgrad von etwa 75% einen Zeitraum von 28–36 Monate. Eine zweite Gruppe von Unternehmen beginnt den Reorganisierungsprozeß auf breiter Front mit einer Schulung einer kritischen Anzahl von

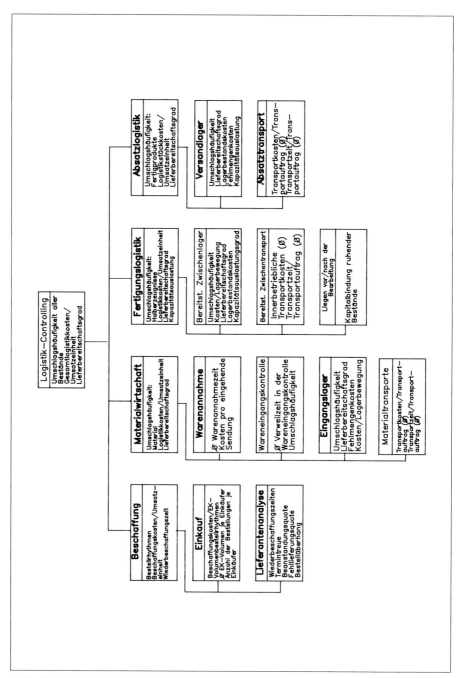

Abb. 87: Die Kenngrößen des Logistik-Controllings

Mitarbeitern (2–5% der Beschäftigten): In dieser Gruppe werden Projekte parallel durchgeführt und im Mittel zwischen 9 und 12 Monaten realisiert. Die Zeitdauer für einen Durchdringungsgrad von 75% ist gegenüber der ersten Gruppe wesentlich kürzer und beträgt zwischen 18 und 20 Monaten.

Betrachtet man die zehn Unternehmen mit den höchsten Zielerreichungsgraden, so zeigt sich, daß diese ausschließlich der zweiten Gruppe zuzuordnen sind und für 75% Durchdringungsgrad weniger als 18 Monate benötigten.

5.5. Aus- und Weiterbildungskonzept

Die Einführung einer kundennahen Produktion benötigt eine kritische Anzahl von Mitarbeitern sowohl auf der unteren Ebene, die sich um die alltägliche Unterstützung kümmern, als auch auf der höheren Ebene, um größere strategische Attacken abzuwehren und Ressourcen zu beschaffen.

Voraussetzung für die Herbeiführung der angestrebten Verhaltens- und Strukturveränderungen ist es, Willens- und Fähigkeitsbarrieren über sämtliche Hierarchiestufen hinweg abzubauen. Hierzu wurde ein dreistufiges Aus- und Weiterbildungsprogramm für die Machtpromotoren, die Fachpromotoren und die Mitarbeiter konzipiert.

Stufe 1: Managementinformation
Diese Stufe beinhaltet für die gesamte Führungsmannschaft über die Bilanz- und Wettbewerbsbedingungen des Konzepts sowie Implikationen auf Personal, Organisation und Investition.

Die Abgrenzung dieses Konzepts gegenüber anderen Vorgehensweisen mit einer Schilderung des Standes der Anwendung in vergleichbaren Unternehmen weltweit ist ebenfalls Inhalt dieser Phase.

Stufe 2: Ausbildung und Motivation der Fachpromotoren
In dieser Stufe genügt es nicht, die Grundlagen und Methoden des Konzepts zu erläutern, sondern es müssen konkrete Handlungsanweisungen in Form von Checklisten und Fallstudien bis hin zu Maßnahmenkatalogen und deren erwartete Wirkungen entwickelt werden. Für die Fachpromotoren wurde ein fünftägiges Intensivseminar entwickelt, in dem 80% des Stoffes anhand von Fallstudien durch Vorträge von Praktikern dargelegt werden.

Die Besichtigung exemplarischer Anwendungsfälle und die Diskussion mit Planern und Betroffenen rundet diese Stufe ab. Ziel ist es, den Fachpromotoren das Werkzeug für die Umsetzung der Ideen an die Hand zu geben und ihnen Sicherheit bei ihrer Anwendung zu vermitteln.

Stufe 3: Schulung der betroffenen Mitarbeiter

Die von einer Reorganisation betroffenen Mitarbeiter werden in einem ein- bis zweitägigen Programm geschult, in der die Zielsetzung, die Planungsprinzipien des Konzepts und die Konsequenzen ihrer Außerachtlassung sowie die organisatorischen Neuerungen vorgestellt und diskutiert werden. Darüber hinaus haben sich zur Stabilisierung des eingeführten Konzepts wöchentliche stundenweise Schulungen als zweckmäßig erwiesen. Einige Unternehmen haben darüber hinaus gute Erfahrungen mit Gruppensitzungen gesammelt, deren Mitglieder die Aufgabe haben, Schwachstellen zu erkennen und zu beseitigen. In jedem Fall sollten aber die Mitarbeiter in die Detailgestaltung der Abläufe ihrer künftigen Arbeitsplätze einbezogen werden.

Während die Information und Ausbildung der Macht- und Fachpromotoren vor dem Beginn des eigentlichen Einführungsprozesses ansetzt, können Schulungsmaßnahmen für die ausführenden Mitarbeiter vorbereitend oder parallel zur Planungs- und Installationsphase durchgeführt werden. Die dritte Möglichkeit ist ein »learning by doing« am installierten System. Ein hoher Vorbereitungsgrad kann mit einer sehr früh einsetzenden Schulung erzielt werden, die parallel zur Planung verläuft und Erkenntnisse aus den Planungsüberlegungen im Ausbildungsprogramm berücksichtigt. Die letzte Möglichkeit, das »learning by doing«, ist die schnellste Art der Schulung. Die Mitarbeiter können direkt am System lernen. Die große Gefahr hierbei ist jedoch eine langdauernde Anlaufphase. Diese bestärkt die Mitarbeiter, die der Innovation hemmend gegenüberstanden, in ihren Ansichten und kann somit die Diffusion des Konzepts verzögern.

5.6. Effiziente Einführungspfade

Die empirische Analyse der Reorganisationskonzepte zeigt, daß allgemeingültige Aussagen darüber, welche Einführungsstrategie grundsätzlich die richtige ist, nicht getroffen werden können. Der Erfolg der Einführung hängt vielmehr davon ab, ob und inwieweit es gelingt, die unterschiedlichen Aspekte der Einführung auf die spezifischen Unternehmensbedingungen anzupassen. Wesentliche Parameter im Umfeld der Unternehmung sind z. B. die Wettbewerbssituation in der Branche und die Sensitivität der Kunden hinsichtlich logistischer Leistungen. Unternehmensinterne Restriktionen können sich aus der Erfahrung mit Reorganisationsprojekten, dem Ausbildungsstand der Mitarbeiter und der Starrheit der Organisation ergeben.

Die in Abb. 88 dargestellten Einführungspfade zeigen zwei grundsätzliche Vorgehensweisen zur Gestaltung einer kundennahen Produktion und Logistik auf. Im ersten Fall erfolgte eine kontinuierliche Einführung des Konzepts auf der Grund-

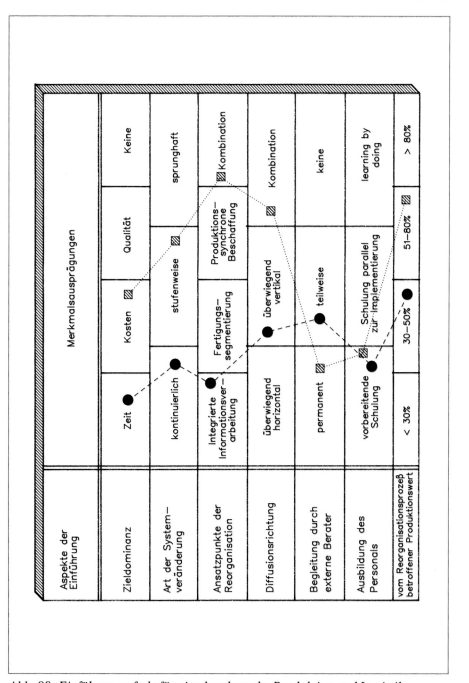

Abb. 88: Einführungspfade für eine kundennahe Produktion und Logistik

lage eines Pilotprojektes zur Implementierung einer KANBAN-Steuerung in der Montage. Im Vordergrund stand dabei die Reduzierung der Durchlaufzeiten in der Baugruppen- und Endmontage. Durch die mit der Schaffung selbststeuernder Regelkreise verbundene Reduzierung der Liege- und Wartezeiten sollten die Voraussetzungen für eine kundenauftragsbezogene Montage geschaffen werden. Gleichzeitig galt es, die im Fertigwarenlager gebundenen Bestände weitgehend abzubauen. Nach der erfolgreichen Realisierung des Pilotprojekts erfolgte die Ausbreitung der Steuerungsprinzipien auf weitere Produktbereiche. Hiermit verbunden war eine produktorientierte Segmentierung der Montagen. In einem späteren Schritt wurden die Hauptlieferanten in das Konzept eingebunden. Insgesamt konnten fast 50% des Produktionswertes der Unternehmung in das Reorganisationskonzept einbezogen werden. Als wesentlicher Erfolgsfaktor für die schnelle Umsetzung des Projekts erwies sich der hohe Vorbereitungsgrad der am Reorganisationsprozeß beteiligten Mitarbeiter. Durch vorbereitende Schulungsmaßnahmen und zyklische Informationsveranstaltungen wurden nahezu alle Fachpromotoren aus den Bereichen Produktion, Logistik, EDV, Konstruktion und Entwicklung, Controlling und Vertrieb sowie über 70% der direkten und indirekten Mitarbeiter mit dem Konzept vertraut gemacht. Die Schulungsveranstaltungen wurden ebenso wie die Ist-Analyse durch den Einsatz externer Fachleute unterstützt.

Der zweite Einführungspfad war durch die Dominanz des Ziels der Kostenreduzierung innerhalb der gesamten Wertschöpfungskette geprägt. Dem verfolgten Ansatz lag eine stufenweise Reorganisationsstrategie zugrunde. Dabei wurden gleichzeitig Projekte im Rahmen der produktionssynchronen Beschaffung und zur Einführung der Fertigungssegmentierung durchgeführt. Die Diffusion des Konzepts erfolgte sowohl vertikal auf vorgelagerte Fertigungsstufen als auch horizontal auf andere Produktsparten. Von der Reorganisation waren nahezu 80% des Produktionswertes betroffen. Auch in diesem Fallbeispiel wurden intensive produktvorbereitende Schulungen durchgeführt. Das Projekt wurde über sämtliche Phasen des Reorganisationsprozesses von externen Beratern begleitet.

Als effizient können beide Einführungspfade allerdings nur dann bezeichnet werden, wenn sich die realisierten Konzepte im operativen Tagesgeschäft bewährt haben.

Beispiele weniger erfolgreicher Reorganisationsprojekte zeigen, daß der Mißerfolg nicht in der Logik des Konzepts oder in der fehlenden Akzeptanz der Fachpromotoren oder Mitarbeiter, sondern vielmehr auf mangelnde Führungskompetenz der Machtpromotoren zurückzuführen war. Die Geheimnisse erfolgreicher Reorganisation liegen weder in der Festschreibung von Abteilungsegoismen noch in der Förderung von Mißtrauensprinzipien. Sie beruhen auf der Fähigkeit zur bereichsübergreifenden Kooperation, dem permanenten Bestreben zur Fehlerbeseitigung sowie in dem Willen, herausragende Leistungen zu erbringen. Dies setzt eine auf die Ziele der Reorganisation abgestimmte Unternehmenskultur voraus.

Effiziente Einführungspfade zeichnen sich deshalb aus durch

– intensive Schulungs- und Informationsmaßnahmen, die Inhalt und Bedeutung einer kundennahen Produktion und Logistik als Wettbewerbsinstrument vermitteln;

– Anreiz- und Controllingsysteme, die die Erfolgsfaktoren einer kundennahen Produktion und Logistik abbilden;

– eine aktive Mitarbeit aller am Reorganisationsprozeß beteiligten Bereiche und Mitarbeiter.

Voraussetzung hierfür ist die Formulierung eines systematischen Einführungspfades. Die Einführungsstrategie kann dadurch einen wesentlichen Beitrag für den Erfolg der Reorganisation und somit für die Sicherung der Wettbewerbsfähigkeit der Unternehmung leisten.

VI.
Kapitel

6. Anwendungsschwerpunkte des Just-In-Time-Konzepts in europäischen Unternehmen

6.1. Durchdringungsgrad

Eine Anwenderanalyse nach Branchen zeigt, daß Automobilindustrie, Elektrotechnik/Elektronik, Elektro- und Elektronikindustrie sowie Hausgeräteindustrie zusammen mit ihren Zulieferanten die Anwenderskala dominieren (vgl. Abb. 89). Auch finden sich unter den JIT-Anwendern Unternehmen aus der Prozeßindustrie (Chemie, Kunststoff, Pharma, Glas). Diese Unternehmen stehen erst am Anfang der JIT-Durchdringung.

Hinweise auf Verbreitung und Anwendungsschwerpunkte des JIT-Konzepts im deutschsprachigen Raum gibt auch die Abbildung 90, in der veröffentlichte Fallbeispiele zusammengestellt wurden. Die größere Zahl der Anwendungsfälle von JIT liegt nach wie vor im unternehmensinternen Bereich. Es ist aber erkennbar, daß auch die Gestaltung der externen Logistik nach JIT-Prinzipien im Sinne einer produktionssynchronen Beschaffung einen zunehmend wichtigen Anwendungspunkt darstellt. Dabei handelt es sich vielfach um Unternehmen, die zunächst eine interne Reorganisation nach JIT-Prinzipien durchgeführt haben und sich nun aufgrund guter Erfahrungen weitere JIT-Potentiale in der externen Logistik erschließen wollen.

Die Einsatzschwerpunkte des JIT liegen überwiegend in Teilbereichen der eigenen Fertigung, wobei die Projekte längst das Pilotstadium verlassen haben. Größere Unternehmungen zeigen ein stärkeres Interesse an einer Auseinandersetzung mit den JIT-Prinzipien. Nach umfangreicher Überzeugungsarbeit sind es aber die Klein- und Mittelbetriebe, die die praktische Anwendung vorantreiben.

Bei der Auswahl geeigneter Steuerungskreise für die JIT-Anwendung wird in der Regel die Vormontage an die Endmontage organisatorisch angebunden. Meist kann dann auf ein Zwischenlager verzichtet werden.

Die notwendige Sicherungsfunktion hinsichtlich der Materialversorgung übernehmen lokal und quantitativ exakt zu definierende Puffer. Erst allmählich wird dieses System auf die vorgelagerten Bereiche ausgedehnt, so daß auch eine montagegerechte Teilefertigung möglich wird. Der montagesynchronen Fertigung folgt die produktionssynchrone Beschaffung, und zwar sowohl für das Rohmaterial, wie für extern zu beziehende Baugruppen oder Bauteile. Die Initiative für die JIT-Auseinandersetzung in der Unternehmung geht im allgemeinen, verursacht durch steigendes Umlaufvermögen und unzureichenden Lieferservice, von der Geschäftsleitung aus. Ohne deren umfassende Unterstützung ist ein Pilotprojekt

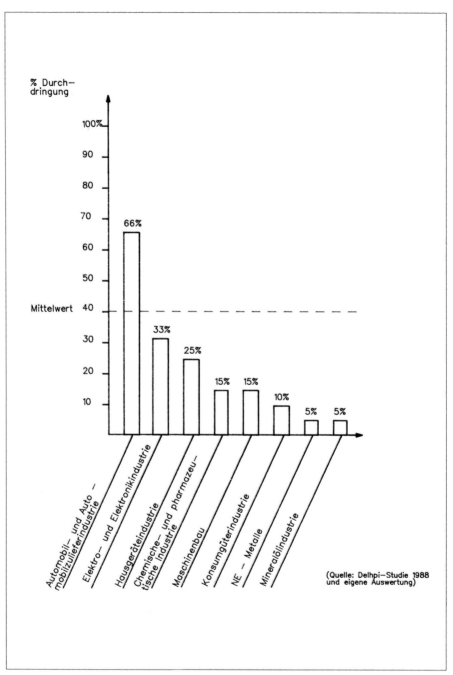

Abb. 89: Durchdringungsgrad von JIT

AEG AG (1987)
AGIE AG (VH) (1988)
AUDI AG (1986)
AUDI AG (1987)
Avon Cosmetics GmbH (1985)
Avon Cosmetics GmbH (1986)
Barmag AG (1986)
BBC AG (1986)
Bizerba Werke Wilhelm Kraut
GmbH & Co. KG (1987)
BMW AG (1986)
Bornemann & Haller KG (1987)
Robert Bosch GmbH (1987)
Bosch Siemens Hausgeräte
GmbH (1986)
Bosch Siemens Hausgeräte
GmbH (1987)
Brox Fahrzeugteile
GmbH & Co. (1987)
Cerberus AG (1987)
Claas (1985)
Clark Equipment GmbH (1986)
Daimler Benz AG (1988)
John Deere Werke (1987)
Dralle GmbH (1986)
E.G.O. Electro Gerätebau
GmbH (1985)
Erba AG (1986)
Flachglas AG (1988)
Flender AG GmbH & Co. (1987)
Flohr Otis GmbH (1988)
Ford AG (1988)
Carl Freudenberg (1985)
General Motors (A) (1985)
Spedition Häring (1985)
Hewlett Packard GmbH (1986)
Hottinger Baldwin Meßtechnik
mbH (1986)
IBM Deutschland (1988)
INA-Schäffler-Wälzlager KG (1988)
Jellinghaus GmbH & Co. (1988)
Jungheinrich (1986)
Keiper-Recaro (2985)
Klöckner-Humboldt-Deutz AG (1987)

Klöckner-Möller GmbH (1988)
Knorr-Bremse AG (1988)
Knürr AG (1987)
3 M Deutschland GmbH (1985)
3 M Deutschland GmbH (1988)
Martonair (1985)
Friedrich Merck Telefonbau
mbH (1987)
Messer Grießheim GmbH (1987)
Metrawatt GmbH (1987)
Miele & Co. (1987)
MTU Friedrichshafen GmbH (1987)
MTU Friedrichshafen GmbH (1988)
Adam Opel AG (1988)
Optyl Holding GmbH (1988)
Osram GmbH (1986)
Osram GmbH (1987)
Philips GmbH (1988)
SEL AG (1988)
Siemens AG (1987)
Siemens AG (1988)
SKF GmbH (1985)
Steyr-Daimler-Puch (1985)
SWF Auto-Electric GmbH (1986)
SWF Auto-Electric GmbH (1987)
Unicardan (1985)
VDO-Adolf Schindling AG (1988)
Vickers Systems GmbH (1988)
Volkswagen AG (1988)
Wabco Westinghaus Fahrzeugbremsen
GmbH (1987)
WIFAG Maschinenfabrik (1987)
Wilkinson Sword (1985)
Wohlenberg KG (1985)
Zahnradfabrik Friedrichshafen
GmbH (1987)
Zahnradfabrik Friedrichshafen
GmbH (1988)
Zahnradfabrik Passau GmbH (1985)
Zahnradfabrik Passau GmbH (1987)
Zellweger Uster AG (CH) (1988)

Abb. 90: Veröffentlichte Fallstudien aus Unternehmen

selten kurzfristig zu realisieren. Erst wenn die Geschäftsleitung mit den JIT-Prinzipien vertraut und von der ökonomischen Richtigkeit dieses Konzepts überzeugt ist, sollte mit der Einsetzung eines verantwortlichen Teams und der organisatorischen Ausgestaltung bzw. Planung zur Realisierung begonnen werden.

Eine Ursache für die Suche nach neuen Produktionsstrategien ist die zunehmende Variantenvielfalt der Produkte. Diese Varianten führten bei Anwendung konventioneller Auftragsabwicklung zwangsläufig zu Beständen. Außerdem ziehen hohe Losgrößen eine Verringerung der kurzfristigen Lieferbereitschaft nach sich, da lange Bearbeitungszeiten Kapazitäten für die Fertigung alternativer Produkte blockieren.

Aus den Kenndaten der Unternehmung läßt sich keine Korrelation zwischen der Häufigkeit der Wiederauflage und der Realisation von JIT herleiten.

Elemente von JIT sind für Einzel- und Kleinserienfertiger ebenso geeignet wie für die Massenfertigung. Selten erfolgt eine globale Anwendung der JIT-Prinzipien auf die gesamte Organisation. Gerade in der selektiven, bereichsbezogenen und abgestimmten Anwendung liegt ein wesentlicher Vorteil dieser neuen Produktionsstrategie.

Die Reihenfolge der Anwendung der JIT-Prinzipien auf die einzelnen Produkte läßt eine Präferenz für die A-Teile als Hauptumsatzträger erkennen. Bei diesem Einteilungskriterium steht die Verringerung der Bestandswerte im Vordergrund.

Liegt das Hauptaugenmerk auf der Beschleunigung des Durchsatzes, erfolgt eine Produktklassifikation nach dem Kriterium der Durchlaufzeit. Bei Arbeitsgängen mit langen Durchlaufzeiten sind organisatorische Maßnahmen einzuleiten, die eine Reduzierung der Liege- und Nebenzeiten ermöglichen. Die Rationalisierungsmaßnahmen setzen an den durchlaufkritischen Teilen an.

Die Analyse der Anwendungsschwerpunkte des JIT-Konzepts zeigt, daß nicht die alleinige Kombination der JIT-Bausteine und die sich dahinter verbergenden Techniken die überraschend positiven wirtschaftlichen Resultate erbringen, sondern die Integration diese Bausteine zu einer unternehmensspezifischen Produktions- und Fertigungsstrategie. Tatsächlich werden viele Elemente als Niedrigtechnologie und leicht einführbar betrachtet.

Bei Betriebsbesichtigungen ist häufig nachzuvollziehen, daß automatisierte Läger, kostenintensive und hochautomatisierte Anlagen, Roboter und Transportsysteme nicht effizient genutzt werden. Trotzdem wird in Diskussionen über eine erforderliche Produktionsstrategie die Hardware-Investition als Problemlöser in den Vordergrund gestellt.

Natürlich haben diese Investitionen erhebliche Auswirkungen auf das Leistungsergebnis; es bedarf aber einer Balance zwischen Ablauforganisation, Hardware-Investitionen und ausgebildeten Mitarbeitern zum Betrieb dieser Produktionsmittel.

6.2. Mißverständnisse bei JIT-Anwendungen

Das JIT-Konzept und die Fertigungssegmentierung zeigen, ungeachtet der Kritik an Einzelaspekten, nach vorne, weil sie organisatorische, personelle und qualitative Defizite herkömmlicher Fertigungskonzepte einklagen, die im Grunde in allen Branchen anzutreffen sind. Folgerichtig reagieren Führungskräfte mehr oder weniger produktiv auf die Provokation dieser Konzepte. Nirgendwo zeigt sich dies deutlicher als in der Klage, daß diese Konzepte qualitative Überkapazitäten in besser ausgebildete Mitarbeiter, ein verändertes Verhalten mit gemeinsamer Verantwortung für das Gesamtergebnis und eine Einbeziehung von Zulieferanten und Abnehmern in die Gesamtoptimierung der Abläufe voraussetzen und damit eine Effizienzsteigerung in Frage zu stellen ist. Darin äußerst sich ein mehrfaches Mißverständnis.

»JIT erfordert personelle Überkapazitäten«
Die Erreichung von Wettbewerbsvorteilen durch eine kundennahe Produktion und Zulieferung erfordert eine erfolgreiche Beseitigung von organisatorischen Schwachstellen. Hierzu sind Problemlösungskapazitäten notwendig, für die der Mitarbeiter einen wesentlichen Erfolgsfaktor darstellt. Zur Einführung einer JIT-Produktion ist diese Kapazität in ausreichender Menge bereitzustellen, so daß neben der Abwicklung des Tagesgeschäfts auch Ressourcen für eine kreative Fehlerbeseitigung vorhanden sind. Diese Forderung nach personeller Problemlösungskapazität wird häufig gleichgesetzt mit mengenmäßiger Überkapazität. Ziel ist es, durch genügend ausgebildete und motivierte Mitarbeiter deren Produktivität und somit die Summe der Problemlösungskapazitäten zu erhöhen. Hierbei wird versucht, durch Organisationsveränderungen wie z.B. die Schaffung ganzheitlicher Aufgaben, das Potential der Mitarbeiter zu nutzen. Dies führt zu weiteren Qualifikationsanforderungen zur Wahrnehmung eines erweiterten Aufgabenbereichs.

Die Veränderung von ablauf- und aufbauorganisatorischen Strukturen führt zu einer Konzentration von Kontroll-, Steuerungs- und Entscheidungsfunktionen bei einzelnen Mitarbeitern. So wurden nach einer Fertigungssegmentierung in 83% der Nennungen den Mitarbeitern zwei und mehr Arbeitsaufgaben übertragen, während dieser Anteil vor der Segmentierung lediglich bei 32% lag (Basis: 32 Unternehmen). Von dieser Aufgabenumgestaltung sind sowohl die ausführenden Mitarbeiter als auch die Führungskräfte betroffen. Eine Zusammenfassung unterschiedlicher Arbeitselemente zielt nicht nur auf das Bewußtmachen von Gesamtstrukturen und deren Interdependenzen ab, sondern auch auf die Verlagerung von Verantwortlichkeiten. Selbständiges und zielgerichtetes Handeln durch qualifizierte Mitarbeiter verringert die Reibungsverluste durch Rückspra-

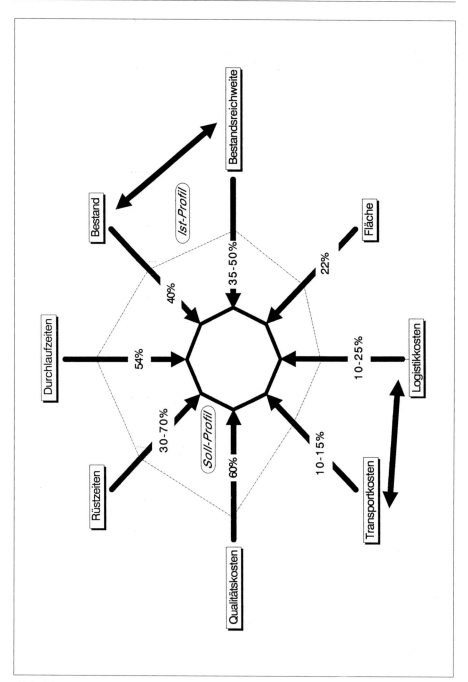

Abb. 91: Wirkungspotentiale von JIT-Reorganisationen

chen und Kontrollen und steigert somit die Verfügbarkeit von Problemlösungs-kapazitäten.

Verbunden mit der Transformation von Erfahrungen und Know-how durch das Personal von einem Arbeitsplatz zum anderen wächst auch gleichzeitig das Problembewußtsein für Nachbarbereiche. Informatorische Isolationen innerhalb der Belegschaft werden durchbrochen und zusätzliche humane Reserven mobilisiert. Voraussetzung hierzu sind aber flexible Organisationsstrukturen, die den Konsequenzen der Höherqualifizierung breiter Mitarbeiterschichten Rechnung tragen. Beispielhaft seien hier zwei Organisationsmodelle idealtypisch dargestellt (vgl. Suzaki 1987), welche den Ausbildungsstand einer zentralen und dezentralen Organisation verdeutlichen. Während in einer zentralen Organisation die Qualifizierung auf wenige Personen begrenzt ist, die gleichzeitig für die Führung einer großen Anzahl von Mitarbeitern verantwortlich sind, ist eine dezentrale Organisationsstruktur durch eine breit qualifizierte Mitarbeiterschar gekennzeichnet. Eine große Anzahl selbständig arbeitender Mitarbeiter trägt hierbei durch ihre intellektuellen wie auch manuellen Fähigkeiten zur eigenständigen Problemlösung bei.

Während die Zuständigkeiten von Führungspersonal – in Fertigungsbereichen z. B. Werksleiter und Meister – traditionell eher verrichtungsorientiert gewesen sind, erfolgt zunehmend eine Verschiebung in Richtung Produkt- bzw. Objektorientierung. Hierbei kommt insbesondere dem Meister im Rahmen einer Dezentralisierung der Produktion und einer Stärkung der Eigenverantwortung der Mitarbeiter in zunehmendem Maße Führungsverantwortung zu. In den untersuchten Unternehmen ergaben sich signifikante Bedeutungszuwächse bei den Tätigkeiten der Mitarbeiterinformation, der Beteiligung an der Entscheidungsvorbereitung der nächsthöheren Ebene und der Beteiligung an dem Berichtswesen.

Zusammenfassend muß das Mißverständnis, daß JIT personelle Überkapazitäten erfordert, in der Form korrigiert werden, daß qualitative personelle Überkapazitäten für eine kundennahe Produktion notwendig sind, nicht aber quantitative. Erforderlich ist ein Qualifikationsniveau der Mitarbeiter, daß in eigenständiger Regie kreativ an individuellen Problemlösungen arbeiten kann. Mit der Zusammenfassung von Arbeitsinhalten steigt gleichzeitig die Einsatzflexibilität des einzelnen Mitarbeiters, der in anpassungsfähige Aufbauorganisationen einzubinden ist. Nicht mehr Personal und damit höhere Lohnkosten sind für eine JIT-Einführung erforderlich, sondern qualifizierte Mitarbeiter und kreatives Führungspersonal.

»JIT ist nur ein Bestandssenkungsprogramm«
Bei der Einführung einer Just-In-Time-Produktion und -Beschaffung wird oftmals mit der These argumentiert, daß das JIT-Konzept ausschließlich darauf abzielt, durch kurzfristige Maßnahmen wie Halbierung der Losgrößen und Abbau von

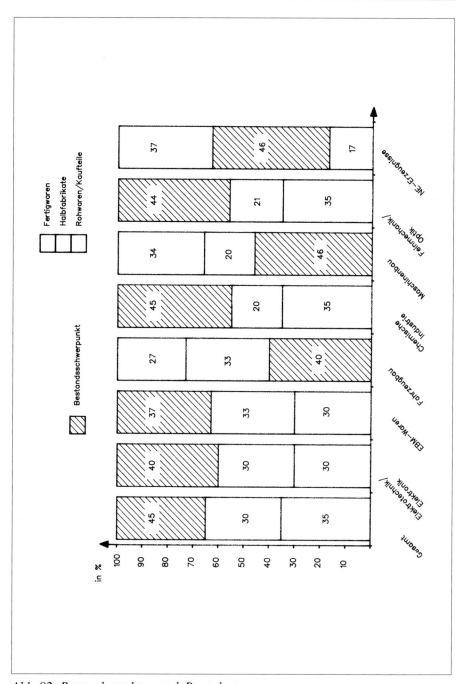

Abb. 92: Bestandsstruktur nach Branchen

Sicherheitsbeständen die Bestände an Rohmaterialien, Zwischenerzeugnissen und Fertigwaren zu reduzieren. Dieser These ist entgegenzusetzen, daß nicht die Tatsache der Bestandssenkung, sondern die Beantwortung der Frage, warum Bestandssenkung so wichtig ist, die eigentliche Problemstellung darstellt. Die meisten Führungskräfte beantworten diese Frage mit dem Hinweis auf die direkten Kosten des Umlaufvermögens, die je nach Ansatz etwa 8–25% des gebundenen Bestandsvolumens betragen können. Die Erkenntnis, daß durch aktives Bestandsmanagement lediglich ein Drittel des gesamten Rationalisierungspotentials einer Just-In-Time-Produktion und -Beschaffung erschlossen werden kann, setzt sich nur schwer durch.

Eine einseitig auf die Bestandshöhe konzentrierte Rationalisierungsstrategie birgt die Gefahr, lediglich die Symptome zu kurieren und nicht deren Ursachen zu beseitigen. In einer Produktion, die auf eine Flußoptimierung ausgerichtet ist, verdecken Bestände störanfällige Prozesse, unabgestimmte Kapazitäten, mangelnde Flexibilität, Ausschuß und mangelnde Liefertreue. Die mit diesen Ineffizienzen verbundenen indirekten Bestandskosten sind Gegenstand eines permanenten Programms zur Bestandsoptimierung. Durch Beeinflussung des Bestandsniveaus sollen Probleme aufgedeckt und ein unmittelbarer Zwang zur Problemlösung initiiert werden. Die Ergebnisse in den Fallstudien zeigen, daß etwa die Hälfte des Produktivitätsfortschritts auf den Mechanismus der Bestandssenkung, Problemerkennung und Problembeseitigung zurückzuführen ist. Produktivitätssteigerungen von im Mittel 18% sind in 118 Unternehmungen erreicht worden. Abbildung 91 zeigt die wesentlichen Wirkungspotentiale von JIT-Reorganisationen auf.

Die Implementierung von Just-In-Time-Prinzipien führt in den seltensten Fällen zu dem Idealtyp einer Null-Bestands-Produktion, da sowohl technische als auch betriebswirtschaftliche Einflußgrößen Handlungsmöglichkeiten und Nutzen einer Bestandsreduzierung bestimmen. So hat sich in zahlreichen Anwendungsbeispielen eine Strategie als sinnvoll erwiesen, die, bei Reduzierung des gesamten Bestandsvolumens von bis zu 70%, artikelspezifisch eine Erhöhung der Bestandsreichweite für Teile mit geringem Verbrauchswert, auf niedriger Wertschöpfungsstufe oder in absoluten Engpaßbereichen zum Inhalt hat. Ziel ist es, durch den Aufbau physisch begrenzter Materialpuffer Flußgrad (Quotient aus Durchlaufzeit und Wertschöpfungszeit) und Lieferbereitschaft gleichermaßen über den gesamten Wertschöpfungsprozeß hinweg zu optimieren. Als Ergebnis dieses Optimierungsansatzes beeinflußt das JIT-Konzept vor allem die Bestandsstruktur, da mit zunehmender Kundennähe eine Erhöhung der Umschlagshäufigkeit der Bestände angestrebt wird. Maßgebend hierfür ist neben einem aktiven Bestandsmanagement vor allem die Verkürzung der Wiederbeschaffungs- und Durchlaufzeiten. Eine Veränderung der Bestandsstruktur resultiert aus der Einführung von Bevorratungsebenen. Eine Bevorratungsebene ist ein Lager, bis zu dem eine prognose-

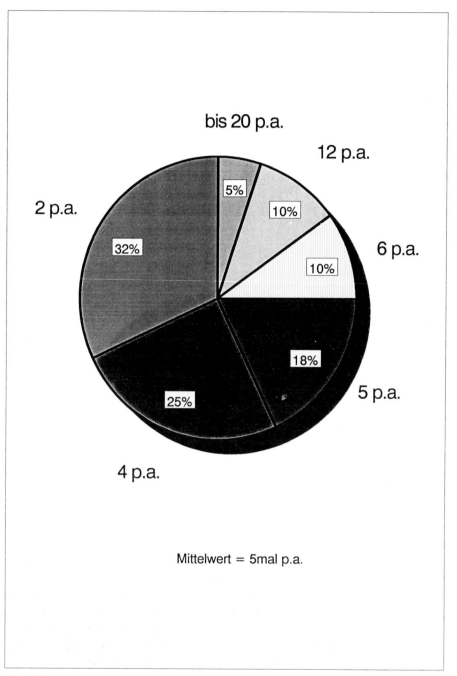

Abb. 93: Lagerumschlagshäufigkeit

orientierte und ab dem eine kundenauftragsorientierte Disposition erfolgt. Abb. 92 zeigt die empirischen Ergebnisse der branchenbezogenen Auswertung von Bestandssenkungsschwerpunkten. Die dabei auftretende Verteilung der Lagerumschlagshäufigkeiten zeigt Abb. 93. Sie beträgt im Mittel 5 p. a. Nach Einführung des JIT-Konzepts ergaben sich im Vergleich zum vorherigen Ist-Zustand die in Abb. 94 dargestellten Bestandswirkungen.

»JIT ist nur in der Großserienfertigung mit wenigen Varianten anwendbar«
Kundennahe Produktion und qualifiziertes Wachstum führen zu einer steigenden Variantenanzahl. Durchlaufzeiten in Produktion und Zulieferung werden dabei ebenso zu einem kritischen Erfolgsfaktor wie die Produktentwicklungszeiten. Hierfür eignen sich JIT-Methoden, insbesondere im Produktanlauf und in der Variantenkonstruktion. Vielfach, insbesondere bei großvolumigen Teilen und Baugruppen, ist JIT sogar eine notwendige Voraussetzung für die Bewältigung der Variantenvielfalt. Durch schnelle und akkurate Informationen werden Bestände ersetzt und Durchlaufzeiten verkürzt.

Aus der Analyse der Unternehmungen, bei denen JIT-Einführungen realisiert wurden, ergaben sich in Hinblick auf die Variantenvielfalt drei Cluster. Mit 39% liegt ein Schwerpunkt bei Unternehmungen, die zwischen 100 und 1500 Varianten zu bewältigen haben. Ein ebensogroßer Prozentsatz entfällt aber auch auf Anwendungsfälle, die mit nur maximal 30 Varianten als »variantenarm« zu bezeichnen sind. Ein knappes Viertel der Unternehmungen weist 31 bis 100 Varianten auf, so daß insgesamt über 60% aller Unternehmen mehr als 30 Varianten produzieren.

Grundsätzlich erlaubt die Umsetzung des JIT-Konzepts die Verfolgung von zwei Variantenmanagement-Strategien, die aus Wirtschaftlichkeitsgesichtspunkten immer konsekutiv geprüft und möglichst weitgehend realisiert werden sollten. Zum einen ist dies die Strategie der Komplexitätsreduzierung, zum anderen die Strategie der Komplexitätsbewältigung.

In den Projektstudien wurden sechs Möglichkeiten des Variantenmanagements erarbeitet, die helfen können, eine kundennahe Produktion nach JIT-Prinzipien zu realisieren. Es lassen sich vier Formen des Variantenmanagements der Komplexitätsreduzierung und zwei der Komplexitätsbewältigung zuordnen:
1. Reduktion der Kundenbreite
2. Reduktion der Programmbreite
3. Reduktion der Halbzeugvielfalt
4. Reduktion der Rohstoffvielfalt
5. Verschiebung des Variantenbestimmungspunktes Richtung Ende der Wertschöpfungskette
6. Fertigungssegmentierung

Die beiden ersten Ansätze zur Komplexitätsreduzierung zielen auf eine Reduktion des Produktionsprogramms ab (vgl. Abb. 95). Bei der Reduktion der Kunden-

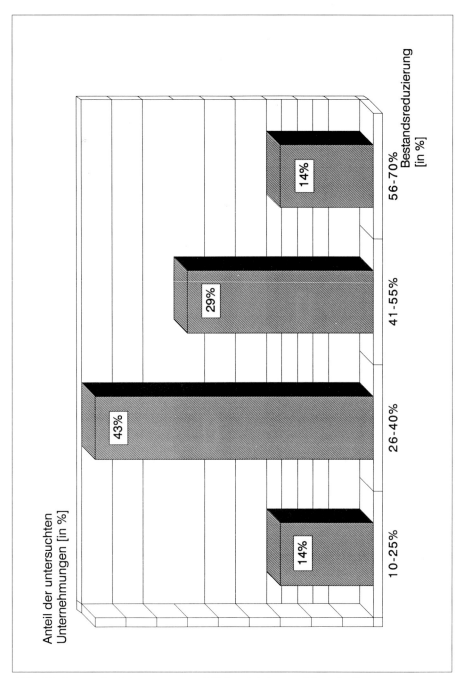

Abb. 94: Bestandswirkungen einer JIT-Produktion und Beschaffung

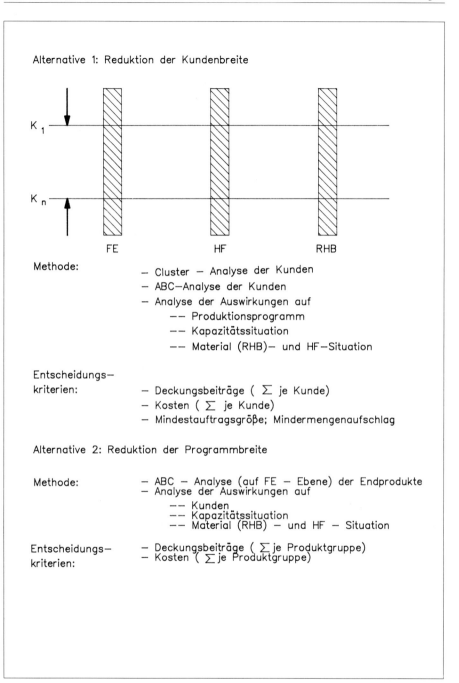

Alternative 1: Reduktion der Kundenbreite

K_1

K_n

FE   HF   RHB

Methode:
- Cluster − Analyse der Kunden
- ABC−Analyse der Kunden
- Analyse der Auswirkungen auf
    - −− Produktionsprogramm
    - −− Kapazitätssituation
    - −− Material (RHB)− und HF−Situation

Entscheidungs−
kriterien:
- Deckungsbeiträge ($\sum$ je Kunde)
- Kosten ($\sum$ je Kunde)
- Mindestauftragsgröße; Mindermengenaufschlag

Alternative 2: Reduktion der Programmbreite

Methode:
- ABC − Analyse (auf FE − Ebene) der Endprodukte
- Analyse der Auswirkungen auf
    - −− Kunden
    - −− Kapazitätssituation
    - −− Material (RHB) − und HF − Situation

Entscheidungs−
kriterien:
- Deckungsbeiträge ($\sum$ je Produktgruppe)
- Kosten ($\sum$ je Produktgruppe)

Abb. 95: Variantenmanagement I

breite wird hierzu ein »indirekter Weg« gewählt, indem beispielsweise eine Clusterbildung der Kunden nach Branchen erfolgt oder aber – mit Hilfe einer umsatzorientierten ABC-Analyse der Kunden – eine Gruppenbildung vorgenommen wird. An diese Gruppenbildung schließt sich ein Bewertungsschritt an, indem Deckungsbeiträge und Kosten der identifizierten Kundengruppen auf signifikante Unterschiede hin verglichen werden. Wird beispielsweise festgestellt, daß die Differenz zwischen den Deckungsbeiträgen von A-Kunden und C-Kunden beträchtlich ist, so könnte über die Einführung von Mindestauftragsmengen und Mindestmengenaufschlägen Abhilfe geschaffen werden. Ähnlich wird bei der Reduktion des Produktionsprogramms vorgegangen, wobei der Ausgangspunkt der Analyse das Produkt ist und erst nach der deckungsbeitragsorientierten Differenzierung der Produktgruppen die Auswirkungen auf die Kunden hinterfragt werden.

Diese beiden Variantenreduktionsansätze sind interdependent und unterscheiden sich im wesentlichen im Ansatzpunkt der Analyse. In beiden Fällen sind die Auswirkungen auf die Kapazitätssituation sowie auf die Bestandssituation in allen Produktionsstufen zu ermitteln. Vor dem Hintergrund der Identifikation von Rationalisierungspotentialen durch eine verringerte Variantenzahl und verringerte Bestände sollten marktstrategische Fragen nach der Abgrenzung des Liefersortiments neu diskutiert werden.

Nur in seltenen Fällen lassen sich die beiden erläuterten Methoden auf breiter Basis in der Praxis realisieren, zumal vom Marketing her – aufgrund zahlreicher Interdependenzen – oft Schwierigkeiten bei der Einschätzung der Auswirkungen einer Reduktion des Produktionsprogramms bestehen. Daher streben viele Unternehmen eine Reduktion der Variantenvielfalt auf Produktionsstufen unterhalb der Fertigerzeugnis-Ebene an. Standardisierungsmöglichkeiten bestehen sowohl auf Halbzeug-Ebene als auch im Bereich der Roh-, Hilfs- und Betriebsstoffe. Während der Fertigerzeugnisbereich bei diesen beiden Variantenreduktionsalternativen unangetastet bleibt, sind simultane Auswirkungen von Variantenreduktionen im Halbzeugbereich auf den RHB-Bereich und umgekehrt denkbar (vgl. Abb. 96). Für diese beiden Komplexitätsreduktionsprogramme sind federführend die F&E-Abteilung zuständig, die in Zusammenarbeit mit Produktion, Logistik und Marketing kundenanforderungsgerechte Baukastensysteme zu entwickeln haben.

Zur Reduktion der Logistikkosten, die aus der Variantenvielfalt auf allen Produktionsstufen resultiert, ist eine Verschiebung des Variantenbestimmungspunktes in Richtung Ende der logistischen Kette anzustreben (vgl. Abb. 97). Diese Methode der Komplexitätsbewältigung identifiziert zunächst die variantenbestimmenden Einflußfaktoren und prüft, inwieweit durch Konstruktionsveränderungen am Produkt oder neue Fertigungsverfahren der Variantenbestimmungspunkt nach hinten, d. h. in Kundennähe, verschoben werden kann. Ideale Anwendungsbeispiele sind Produkte, bei denen die Varianz durch kundenspezifische Blenden,

Alternative 3: Reduktion der Halbzeugvielfalt

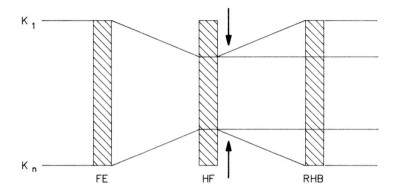

Methode: — Entwicklung, Konstruktion eines Baukastensystems
                  — Standardisierung auf Halbzeugebene

Entscheidungs—
kriterien: — Kosten

Alternative 4: Reduktion der Rohstoffvielfalt

Methode: — Standardisierung auf RHB — Ebene
                  (Mehrfachverwendbarkeit von Materialien für die
                  Halbfabrikate — Fertigung anstreben)
                  — Konstruktionsänderungen
                  (Ziel: Baukastensystematik)

Entscheidungs—   — Kosten
kriterien:

Abb. 96: Variantenmanagement II

Aufkleber oder Verpackungen auf der letzten Produktionsstufe oder sogar im Fertigwarenlager realisiert werden kann. Durch diese Methode wird auf allen vorgelagerten Produktionsstufen die Variantenanzahl gesenkt, so daß auch die Bestände und der Verwaltungs- und Handlingsaufwand reduziert, die Prognosesicherheit erhöht und die Transparenz in der Produktion gesteigert werden kann. Die Einrichtung einer kundennahen Bevorratungsebene, von der aus die kundenspezifischen Varianten innerhalb kurzer Zeit produziert und ausgeliefert werden können, gestattet eine schnelle und flexible Anpassung an Kundenwünsche in quantitativer und qualitativer Hinsicht.

Der weitestgehende Ansatz zur Komplexitätsbewältigung impliziert strukturell die modulare Gestaltung der Produktion durch Fertigungssegmentierung. Ablauforganisatorisch kann dann die Fertigungsauftragsgröße differenziert werden, indem in vorgelagerten Bereichen Standandmengen gefertigt werden und in den nachgelagerten Bereichen (in der Regel in den Montagebereichen) kundenauftragsorientiert produziert wird (vgl. Abb. 98). Die Trennung der Bereiche erfolgt über eine Bevorratungsebene, die wie beschrieben am Variantenbestimmungspunkt implementiert werden kann. Zwischen den Fertigungssegmenten sind Regelkreise zu implementieren, die nach festgelegten Abrufregeln und Liefervereinbarungen organisiert sein können. Das Konzept der Fertigungssegmentierung basiert der kybernetischen Erkenntnis, daß eine strukturierte Vernetzung eine deutliche Stabilisierung, Effizienzerhöhung sowie Steigerung der Reaktionsfähigkeit bewirken kann. Durch die Bildung selbstregulierender, dezentraler Subsysteme, die untereinander eine reduzierte Anzahl von Verknüpfungen aufweisen, wird eine Verfolgbarkeit aller internen Aktivitäten ermöglicht. Die verbleibenden Verbindungen sind transparent und gleichzeitig durch eine besonders intensive wechselseitige Verbindung gekennzeichnet.

Insbesondere die beiden Konzepte Verschiebung des Variantenbestimmungspunktes an das Ende der Wertschöpfungskette und Reorganisation der Produktion im Sinne der Fertigungssegmentierung ermöglichen es, den beiden Hauptkosteneinflußfaktoren, nämlich Menge eines standardisierten Produkts, die zu Kostensenkungen führt, und Steigerung der Variantenanzahl sowie der daraus resultierenden Kostensteigerung Rechnung zu tragen. In Abb. 99 ist das sich neu ergebende Optimum exemplarisch dargestellt. Ein besonderer Kostenvorteil segmentierter Fabriken ergibt sich durch die Forderung des Marktes nach zahlreichen unterschiedlichen Varianten der Produkte. Da in Fertigungssegmenten gezielt Flexibilität für ein begrenztes Produktionsspektrum vorgehalten werden kann, steigen die variantenabhängigen Kosten bei zunehmender Variantenvielfalt weniger stark an als in herkömmlichen Fabriken.

JIT eignet sich folglich nicht nur für die Massenfertigung, sondern auch für die Fertigung variantenreicher Klein- und Mittelserien. Durch die Modularisierung

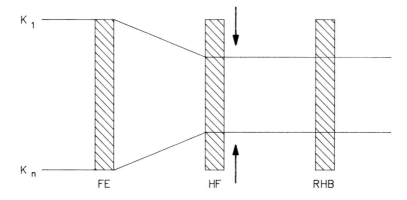

Alternative 5: Verschiebung des Variantenbestimmungspunktes
Richtung Ende der Wertschöpfungskette

K_1

K_n

FE   HF   RHB

Methode:

    — Identifikation der variantenbestimmenden Einfluß—
       faktoren (Isolierung; Ziel: konstruktionsmäßige
       Verlagerung ans Ende der logistischen Kette)
    — ABC—Analyse auf Halbfabrikate (HF)—Ebene
    — Konstruktionsänderungen / Fertigungsverfahrens—
       änderungen (einfachster Fall: nur Veränderung
       der Ablauforganisation, falls z.B. die Varianz
       über die Verpackung realisiert wird)
    — Festlegung der Bevorratungsebene (Varianten—
       bestimmungspunkt)

Entscheidungs—
kriterien:

    — Kosten (besonders Logistikkosten)

Abb. 97: Variantenmanagement III

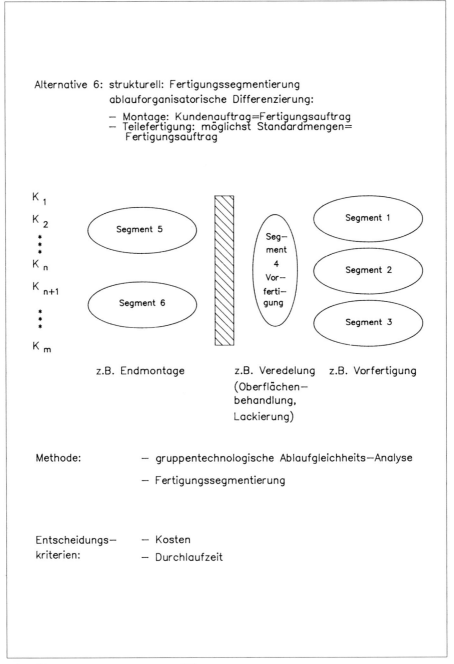

Abb. 98: Variantenmanagement IV

der Produktion sollen kundennah strukturierte Fertigungssegmente geschaffen werden, die schnell, pünktlich und flexibel die quantitativen und qualitativen Kundenanforderungen erfüllen können.

»Bei der Einbeziehung von Zulieferanten in das JIT-Konzept von Abnehmern wird Marktmacht virulent«
Eine kundennahe Produktion erfordert eine flexible Ausrichtung der gesamten Wertschöpfungskette an den Marktbedürfnissen. Hierbei konzentrieren sich Aktivitäten zur Ausschöpfung von Flexibiliäts- und Kostensenkungspotentialen nicht nur auf innerbetriebliche Bereiche, sondern umfassen auch Endabnehmer und Zulieferanten. Erst die Einbeziehung von Zulieferunternehmen in das JIT-Konzept von Abnehmern trägt in entscheidendem Maße zur Realisierung einer Fertigung mit kurzen Lieferzeiten, niedrigen Beständen und hoher Versorgungssicherheit bei. Vorherrschende Meinung ist aber, daß nur Unternehmen mit Marktmacht die Vorteile dieses Konzepts auf Kosten schwacher Zulieferanten nutzen können.

Als wesentliche Aufgabe der betrieblichen Beschaffung gilt es, das richtige Material am richtigen Ort zur rechten Zeit unter wirtschaftlichen Bedingungen bereitzustellen. Im Konzept der produktionssynchronen Beschaffung wird ein Verhältnis angestrebt, bei dem die Versorgungssicherheit im Mittelpunkt steht. Weniger die Nutzung kurzfristiger Chancen als vielmehr die langfristige Sicherung von Einsparungspotentialen ist die hierbei anzustrebende Zielsetzung.

Daß derartige Ziele nicht unbedingt auf Kosten der Zulieferanten verfolgt werden müssen, zeigt die Betrachtung von Beschaffungsstrategien. Als Beschaffungsstrategien seien in diesem Zusammenhang Verhaltensweisen von Abnehmern bezeichnet, die sich anhand der Kriterien
– Markt,
– Lieferant,
– Produkt,
– Bevorratung,
– Steuerung der Kapazitäten und
– Entwicklung
charakterisieren lassen. Die verschiedenen Ausprägungsmöglichkeiten für die einzelnen Betrachtungsfelder kennzeichnen hierbei die grundsätzliche Orientierung einer Unternehmung in ihrem Beschaffungsbereich. Aus der empirischen Untersuchung ergaben sich hierbei Schwerpunkte (vgl. Abb. 100), die auf
– einem neutralen Beschaffungsverhalten (28 Nennungen),
– einer autonomen Position von Lieferanten und Unternehmen (30 Nennungen),
– der Existenz von Produkten mit hohen Variantenzahlen (25 Nennungen),
– einer unabhängigen Lagerführung von Lieferanten und Unternehmen (32 Nennungen),

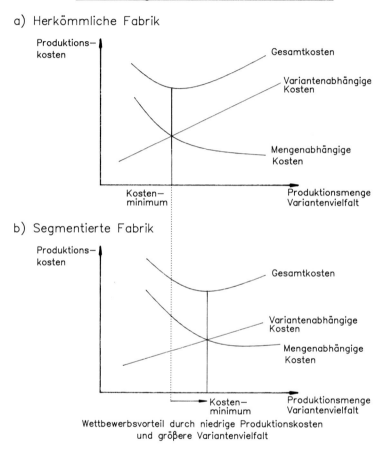

Abb. 99: Der Kostenvorteil flexibel automatisierter und segmentierter Fabriken

Strategiefelder	Ausprägungsmerkmale				
Markt	kurzfristige Chancen nutzen 7 ≙ 22%	Aufbau und Unterstützung neuer Marktsegmente 3 ≙ 9%		neutral 28 ≙ 88%	
Lieferant	autonom 30 ≙ 94%	Rahmenvereinbarungen 22 ≙ 69%	langfristige Kapazitätsauslastung 2 ≙ 6%	Bewertung und Kooperation 3 ≙ 9%	Integration 2 ≙ 6%
Produkt	hohe Variantenzahl 25 ≙ 78%	hohe Verbrauchskontinuität 10 ≙ 31%	kurze Wiederbeschaffungszeit 3 ≙ 9%		kooperative Qualitätssicherung 5 ≙ 16%
Bevorratung	unabhängige Lagerführung 32 ≙ 100%	Definition einer gemeinsamen Bevorratungsebene 1 ≙ 3%		produktionssynchrone Anlieferung 6 ≙ 19%	
Kapazitätssteuerung	autonome Steuerung der Fremd − Kapazität 31 ≙ 97%	Eigen− wie Fremd− Kapazität 1 ≙ 3%		produktionssynchrone Fertigung beim Zulieferanten 1 ≙ 3%	
Entwicklung	autonom 29 ≙ 91%	gemeinsame Produktionsentwicklung 0		gemeinsame Produktentwicklung 3 ≙ 9%	

Abb. 100: Beschaffungsstrategien

– einer autonomen Steuerung der Fremdkapazitäten, d. h., der Abnehmer hat
  keinen Zugriff auf die Kapazitäten der Lieferanten (31 Nennungen), sowie
– einer autonomen Entwicklung der Kaufteile durch die Lieferanten (29 Nennungen)

lagen. Diese Verteilung kennzeichnet eine Bevorratungsstrategie, die weder eine
durch hohe Marktmacht gekennzeichnete Abschöpfungsstrategie, noch eine durch
starke Integration gekennzeichnete Investitionsstrategie darstellt. Vielmehr ist ein
Verhalten festzustellen, welches sich durch gegenseitige Partnerschaft auszeich-
net und zwischen diesen beiden Extremen liegt.

Gleiches zeigt sich auch an der Bereitschaft, längerfristig miteinander zu koope-
rieren. Als juristisches Instrument bildet der Rahmenvertrag eine Möglichkeit,
Verhaltensweisen in beiderseitigem Sinne festzuschreiben und somit die Grundlage für eine auf lange Dauer ausgelegte Partnerschaft zu legen.

Entgegen der vorherrschenden Meinung, daß Abnehmer mit Marktmacht Vorteile auf Kosten schwacher Lieferanten erlangen, ist zu konstatieren, daß nur eine
auf Dauer angelegte Partnerschaft erfolgreich sein kann. Das Ausschöpfen von
Rationalisierungspotentialen basiert hierbei nicht auf einer Abschöpfungsstrategie, sondern auf einer mit Rahmenverträgen gegenseitig zugesicherten Partnerschaft.

»JIT-Belieferung schließt den Wettbewerb aus«
Hochvernetzte Zulieferer-/Abnehmer-Systeme mit ihren vielfältigen Abhängigkeiten erfordern zunehmend eine betriebsübergreifende Abstimmung, um das
Effizienzpotential ausschöpfen zu können. Ein weitverbreitetes Mißverständnis
unterstellt hierbei, daß eine derartige JIT-Belieferung automatisch den Wettbewerb ausschließt.

Eine JIT-Belieferung beinhaltet sowohl für den Abnehmer als auch für den
Zulieferanten Vorteile und Risiken. Um derartige Vorteile nutzen zu können, sind
vertragliche Regelungen notwendig. Diese Verhaltensweisen können im Rahmen
einer produktionssynchronen Beschaffung durch Rahmenverträge dann rechtlich
festgeschrieben werden, wenn beide Vertragsseiten zu einer Übereinkunft kommen.

Ob eine derartige Zusammenarbeit aber gleichzeitig einer Einschränkung des
Wettbewerbs gleicht, läßt sich anhand der Auswirkungen auf die Zulieferantenan-
zahl und an der Zeitdauer von Rahmenverträgen ablesen.

Daß sich in der Tat eine JIT-Konzeption auf wenige Zulieferanten mit größerem
Liefervolumen konzentriert, läßt sich aus dem Ergebnis einer Delphi-Befragung
von 116 Automobil- und Automobilzulieferunternehmen ersehen (vgl. Abb. 101).
Hierbei ist eine klare Reduktion der Zulieferzahlen zu erkennen, wobei als prio-
risiertes Verhältnis eine Zwei-Quellen-Versorgung angestrebt wird.

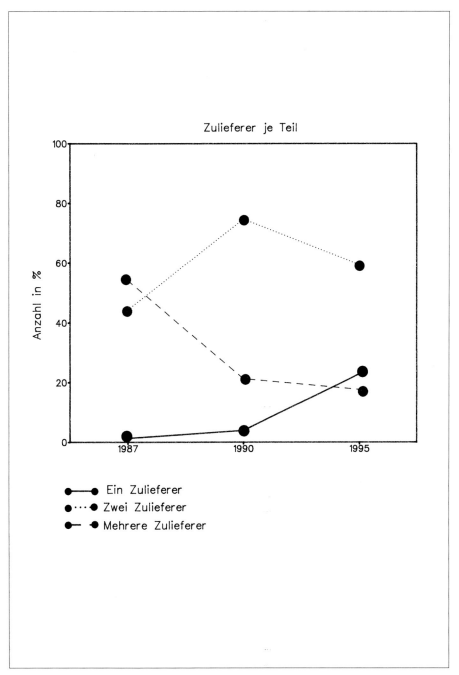

Abb. 101: Auswirkungen auf die Zahl der Zulieferer

Betrachtet man die Ausgestaltung einer partnerschaftlichen Zusammenarbeit in einem Zulieferer-Abnehmer-Verhältnis, so ist festzustellen, daß diese nicht ohne bestimmte Randbedingungen erfolgreich verlaufen kann. Daß die gegenseitige Ausrichtung von Logistikstrukturen nicht nur auf die Nutzung kurzfristiger Erfolgspotentiale abzielt, verdeutlicht Abb. 102. Anhand der Dauer von Vertragszeiten und somit dem Verhältnis der Zusammenarbeit von Zulieferanten und Abnehmern ist zu erkennen, daß dieses von zunehmender Partnerschaft gekennzeichnet ist. Eine derartige Kooperation schränkt den Wettbewerb für eine bestimmte Dauer der Zusammenarbeit zwischen den Zulieferanten ein, erfordert aber Eignungskriterien von den Beschaffungsunternehmen, um überhaupt diese Form der Zusammenarbeit zustande kommen zu lassen. Somit findet der Wettbewerb bei der Auswahl von Zulieferanten statt. Hierbei wird die Aufrechterhaltung von stabilen Zulieferbeziehungen nicht nur als abhängig von den obersten Kriterien Qualitätsstandard, Preis und Termintreue gesehen, sondern auch von Faktoren wie Flexibilität, Know-how oder der Möglichkeit einer kundenspezifischen Bevorratung. Dem Mißverständnis, daß eine JIT-Belieferung den Wettbewerb ausschließt, ist somit entgegenzuhalten, daß dieser sich verschoben, aber nicht eliminiert hat. Zwar ist eine Konzentration auf weniger Zulieferanten festzustellen, doch erfolgt der Wettbewerb jetzt bei der Auswahl derselben, wobei neue Anforderungsgrößen Berücksichtigung finden.

»JIT ist nur mit Lieferanten in räumlicher Nähe möglich«
Zur Ausnutzung von Rationalisierungspotentialen im betrieblichen Beschaffungsbereich ist es erforderlich, daß eine bestandsarme und zeitgerechte Anlieferung durch die Beschaffungsquellen sichergestellt wird. Ein Mißverständnis, das in diesem Zusammenhang häufig auftaucht, ist die Annahme, daß eine JIT-Belieferung nur mit Lieferanten in räumlicher Nähe zum Abnehmer möglich ist. Um mögliche Probleme wie etwa
– mangelnde Lieferflexibilität, bedingt durch lange Lieferzeiten,
– eingeschränkte Versorgungssicherheit durch das Auftreten von Fehlmengen und Qualitätsmängeln bei Lieferungen,
– hohe Sicherheitsbestände und
– hoher Handlings- und Transportaufwand vor allem im Wareneingang
erfolgreich beseitigen zu können, sind nicht Lieferanten mit dem Eigenschaftsmerkmal der räumlichen Nähe auszuwählen, sondern diejenigen, die ein der entsprechenden Unternehmenssituation angepaßtes Leistungsprofil vorweisen. Zur Auswahl der Beschaffungsquellen sind dann diese Kriterien in individueller Gewichtung anzustreben.
Derartige Kenngrößen im Sinne einer gezielten Lieferantenauswahl sind z. B. die Qualitäts- und Termintreue, das Produktions- und Produkt-Know-how oder

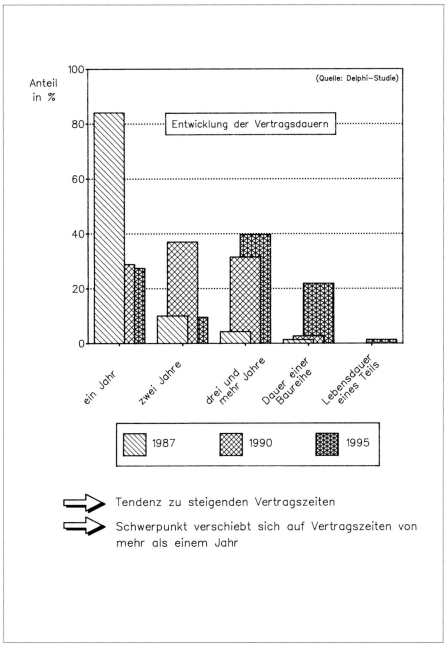

Abb. 102: Auswirkungen auf die Vertragszeiten zwischen Fahrzeugherstellern und Zulieferern

die Flexibilität bei Bestelländerungen. In Abbildung 103 ist zu erkennen, welches Gewicht der geographischen Lage eines Zulieferanten in der Praxis bei der Auswahl für eine JIT-Belieferung beigemessen wird.

Trotz der geringen Bedeutung dieses Kriteriums finden Lieferantenbewertungen noch häufig in einem unzureichenden Maße statt. So mußte bei 16 Unternehmungen festgestellt werden, daß die Lieferantenbewertung als Maßstab unternehmensindividueller Anforderungen nicht ausreichend war und die Ursachen hierfür in einer

– mangelnden Bewertung der Lieferanten hinsichtlich der Mengen- und Termintreue,
– mangelnden Bewertung der Lieferanten hinsichtlich der Qualität der Lieferungen,
– Lieferantenbewertung nur nach den Kriterien Preis, Qualität und Liefertreue und
– informellen Lieferantenbewertung

lagen. Schwächen in der logistischen Struktur von Beschaffungssystemen werden demnach schon in einer mangelhaften Auswahl von Lieferanten begründet, da der Schwerpunkt häufig nur auf traditionelle Kriterien gelegt wird.

Dem Mißverständnis, daß JIT nur bei Lieferanten mit Abnehmernähe funktioniert, ist entgegenzuhalten, daß ein noch so gutes Logistikkonzept die alte Kaufmannsweisheit, daß im Einkauf der Gewinn liegt, außer Kraft setzt. Das Unternehmen, das unter Wettbewerbsbedingungen weltweit die preisgünstigsten Einkaufsquellen erschließt, erzielt Vorteile. Beispiele aus der Elektro- und Elektronikindustrie sowie der Hausgeräteindustrie zeigen, daß dies auch unter Nutzung einer modernen Informationstechnologie über große Entfernungen möglich ist.

»JIT verlagert Bestands- und Qualitätsprobleme auf Zulieferanten«
Zur Realisierung einer produktionssynchronen Beschaffung ist eine Neugestaltung des Materialflusses zwischen Abnehmern und Lieferanten notwendig, um mit einer Flußoptimierung über die gesamte logistische Kette kurzfristig auf Marktveränderungen reagieren zu können. Bedeutet eine derartige auf direkten Wegen basierende Materialflußstruktur, daß auftretende Bestands- und Qualitätsprobleme auf die Zulieferanten verlagert werden?

Die Verfolgung des Ziels einer zeitgenauen Anlieferung setzt neben einer engen Zusammenarbeit zwischen Produzent und Zulieferunternehmen auch strukturelle Veränderungen bei den Zulieferanten voraus.

Hierbei ist die Schnittstelle zwischen Lieferant und Endverbraucher so zu gestalten, daß eine Direktanlieferung ohne Kontrollen, Verpackungen und Lagerungen ermöglicht wird. Existierende Strukturen mit ihrem entsprechenden Datengerüst sind auf Schwachstellen zu untersuchen und in eine der Situation angepaßte optimale Form zu überführen.

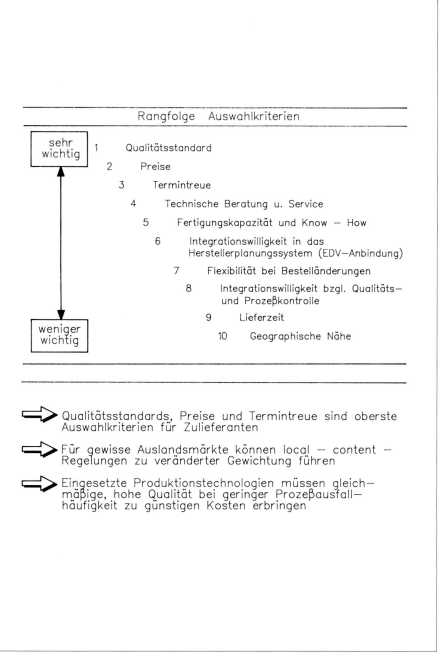

Abb. 103: Kriterien für die Auswahl von Zulieferanten

Wesentliche Strukturelemente in diesem Logistikkanal sind:
- Qualitätskontrolle,
- Verpackung,
- Lagerung und
- Transport.

Voraussetzung für eine Direktanlieferung von Zukaufteilen an die verbrauchende Stelle sind möglichst fehlerfreie Zustellungen. Nur dann, wenn die Qualität der angelieferten Produkte sichergestellt ist, kann auf eine Wareneingangsprüfung beim Abnehmer verzichtet werden. Die Forderung, daß nur einwandfreie Teile an den jeweiligen Verbraucher weitergegeben werden dürfen, gilt hierbei auch für die Zulieferanten. Dies kann aber nicht mit einer Problemabwälzung gleichgesetzt werden; vielmehr gilt es, durch gemeinsames Verantwortungsbewußtsein bei durchzuführenden Aufgaben vorhandene Verbesserungspotentiale auszuschöpfen. Präventive Maßnahmen, etwa die FMEA-Methode, wie auch prozeßbegleitende Hilfsmittel, z.B. SPC oder Qualitätsaudits, werden hierbei zu erfolgswirksamen Gestaltungsgrößen.

Die Verpackung als zweites Strukturelement kennzeichnet eine logistische Handhabungseinheit. Anzustreben ist hierbei eine einheitliche Dimensionierung der vom Lieferanten versandten, vom Spediteur transportierten und vom Verbraucher benötigten Mengeneinheiten, so daß bestehende Ausgleichsvorgänge und damit Handling vermieden werden können. Als Grundfunktion der Anlieferung muß daher gelten:
Liefereinheit = Transporteinheit = Verbrauchseinheit.

Dies kann erzielt werden durch standardisierte Behälter mit einheitlichen Kennzeichnungen, die in der Produktion des Lieferanten beladen und direkt in der Fertigung des Abnehmers bereitgestellt werden können.

Die Lagerung von Zukaufteilen dient zum Ausgleich von zeitlichen, räumlichen und mengenmäßigen Differenzen zwischen Warenangebot und Warennachfrage. Die Bildung zweier unabhängiger Sicherheitsbestände läßt sich aber nur dann verhindern, wenn eine Bevorratungsebene in gemeinsamer Absprache festgelegt und deren Reichweite beiden Partnern bekannt ist. Hierbei werden nicht Bestände verlagert, sondern durch Informationen ersetzt. Voraussetzung hierzu ist demnach eine von beiden Seiten definierte Bevorratungsebene in ihrer Anforderung und Ausprägung sowie ein Kommunikationssystem, das eine Integration der Informationsflüsse gewährleistet.

Der Transport als weiteres Strukturelement kennzeichnet alle raumüberbrückenden Vorgänge zwischen Zulieferanten und Abnehmern. Um einer bei der produktionssynchronen Beschaffung möglichen Erhöhung der Transportfrequenz vorzubeugen, ist eine geeignete Transportkonzeption zu wählen. Hierbei kann es dienlich sein, z.B. Lieferanten in ein Gebietsspediteurkonzept einzubeziehen und

Komplettladungen zu entsprechend niedrigen Tarifen zum Abnehmer zu transportieren. Durch die Integration in den Informationsfluß können dem Spediteur auch Auftragsabwicklungsinformationen unmittelbar zur Verfügung gestellt werden. Aber auch die Umstellung der Lieferkonditionen von »frei Haus« auf »ab Werk« verschafft durch die Verantwortungsverlagerung auf den Abnehmer eine höhere Transparenz der Transportkosten.

Die aus der Veränderung derartiger Strukturelemente resultierenden Rationalisierungspotentiale lassen sich deutlich an empirischen Beispielen erkennen. Hierbei galt es, für eine Untersuchung fünf Pilotprojektzulieferanten im Sinne einer produktionssynchronen Beschaffung anzubinden. Der größte Teil (66–77%) der Materialdurchlaufzeit vom Zulieferanten bis zum Abnehmer wurde durch den Verbleib in einem Rohstofflager beeinflußt, so daß hier ein erster Ansatzpunkt zur Verbesserung vorhanden war. Weiterhin konnte ein zusätzlicher Handlingsaufwand für die Zwischenlagerung der Teile bei drei Lieferanten festgestellt werden. Zur Reduktion der Bestandsreichweiten um ca. 60% auf durchschnittlich 5–10 Arbeitstage wurde eine Erhöhung der Anlieferungsfrequenz und ein Gebietsspediteurskonzept vorgeschlagen.

Die Beispiele zeigen, daß JIT nicht mit einer Verlagerung von Bestands- und Qualitätsproblemen auf die Zulieferanten einhergeht, sondern im Sinne einer partnerschaftlichen Zusammenarbeit ein gemeinsames Ausschöpfen durch eine wertanalytische Betrachtung des Material- und Informationsflusses anstrebt.

»JIT verhindert Innovationen«

Ein verbreitetes Mißverständnis geht dahin, daß durch JIT Innovationen beim Endabnehmer verhindert werden, weil nicht kurzfristig der jeweils beste Zulieferant herangezogen werden kann. Richtig ist die hierbei zugrundegelegte Feststellung, daß Lieferbeziehungen im Rahmen einer JIT-Belieferung langfristig im Sinne einer Wertschöpfungspartnerschaft angelegt sind. Wie die empirische Beobachtung zeigt, führt dies in der Konsequenz jedoch genau zu dem gegenteiligen Ergebnis, als in dem Mißverständnis angenommen wird. So gelingt es erst durch die enge und frühzeitige Einbeziehung und Synchronisation der Entwicklungskapazitäten des Zulieferanten, dessen Forschungs- und Entwicklungspotential effizient zu nutzen und in das Endprodukt einzubringen. Ein permanenter Rückfluß von Fertigungs- und Komponenten-Know-how ermöglicht auch eine effiziente Konstruktion und schnellere Einführung neuer Produkte (vgl. Abb. 104).

Probleme können allerdings entstehen, wenn ein echter Technologiesprung stattfindet, etwa bei der Substitution von mechanischen Elementen durch Mikroelektronik und von metallischen Werkstoffen durch Kunststoffe oder Keramik. In derartigen Fällen kann eine Überprüfung der Beschaffungsstrategie und ein Lieferantenwechsel erforderlich sein. Die Erfahrung zeigt jedoch, daß solche grundlegenden Technologiesprünge für Zulieferteile in unregelmäßigen und größeren Abständen erfolgen. Dazwischen liegen meist längere Zeitabschnitte, in denen im wesentlichen Produktmodifikationen erfolgen, für die sich langfristig angelegte Wertschöpfungspartnerschaften – gegebenenfalls mit einem neuen Zulieferanten – als besonders effizient erweisen. Hierbei kommt auch zum Tragen, daß die überwiegend mittelständischen Zulieferanten tendenziell eine überdurchschnittliche Innovationsbeweglichkeit im Vergleich zu Großunternehmen aufweisen. Die Strategie der langfristigen Zusammenarbeit mit Zulieferanten im Rahmen des JIT-Konzepts wird deshalb auch durch Technologiesprünge nicht grundsätzlich in Frage gestellt, sondern erfordert lediglich im konkreten Einzelfall eine Überprüfung.

»JIT ist erst bei Null-Fehler-Produktion möglich«
JIT und Qualität sind untrennbar miteinander verbunden. Qualität ist eine der Voraussetzungen für JIT, denn das Ziel einer JIT-Produktion ist die Herstellung der kleinstmöglichen Menge zum spätestmöglichen Zeitpunkt unter Ausschluß jeglicher Verschwendung im Produktionsprozeß. Will eine Unternehmung je eine funktionierende Produktion der Losgröße 1 erreichen, so ist für Nacharbeit oder Neuproduktion keine Zeit.

Falls ein Teil nicht auf Abhieb einwandfreie Qualität aufweist, käme es unmittelbar zum Produktionsstillstand. Ohne Qualitätsproduktion lassen sich demnach Bestände nicht völlig beseitigen. JIT zielt daher auf eine Sicherstellung der Qualität an der Quelle ab, indem gleich beim ersten Mal die richtige Qualität produziert wird. Demgegenüber stellt der traditionelle Ansatz Qualität erst im nachhinein fest: Es wird zunächst produziert, dann geprüft und dabei entsprechend den produktbezogenen Qualitätsanforderungen nach Gutteilen, Nacharbeit und Ausschuß differenziert. Die Qualitätssicherungsstelle wird als »Quelle der Qualität« angesehen.

Während im traditionellen Qualitätssicherungskonzept noch die Minimierung der Qualitätssicherungskosten im Mittelpunkt stand, orientiert sich die beschriebene JIT-gerechte Qualitätssicherung an der Minimierung der Fehlerfolgekosten. Abb. 105 zeigt, daß damit gleichzeitig die Qualitätssicherungskosten minimiert werden. Das JIT-Konzept strebt zur Erreichung dieser Zielsetzung eine weitgehende Dezentralisierung der Qualitätssicherung an.

Auf diese Weise sollen Qualitätsmängel erst gar nicht entstehen bzw. sofort am Ort der Entstehung abgestellt werden. Es wird angestrebt, daß ausschließlich Gutteile zum nächsten Arbeitsgang weitergegeben werden. Eine solche Qualität ist für eine Just-In-Time-Anwendung unerläßlich. Für den Beginn einer Just-In-Time-Implementierung kommt es aber nicht unbedingt auf perfekte Qualität als vielmehr auf vorhersehbare Qualität ohne große Ausschußschwankungen an.

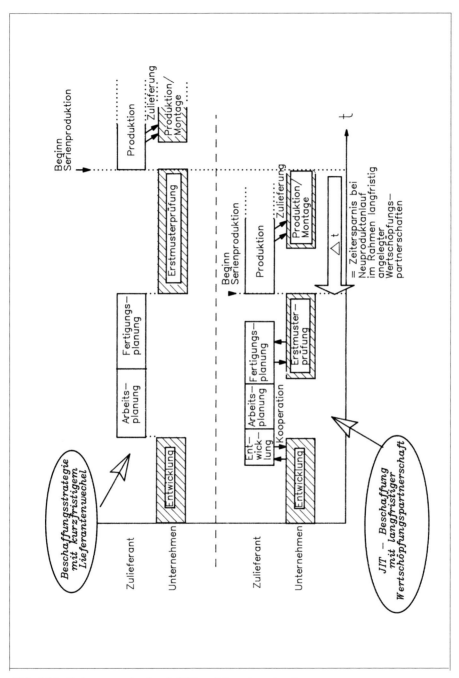

Abb. 104: Zeitersparnis durch JIT und Synchronisation

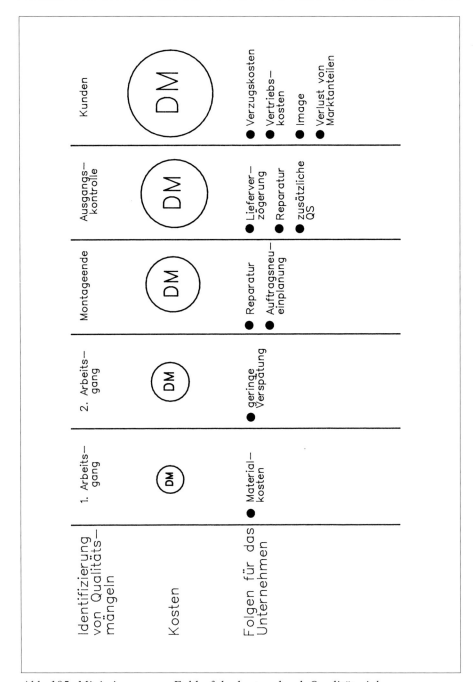

Abb. 105: Minimierung von Fehlerfolgekosten durch Qualitätssicherung

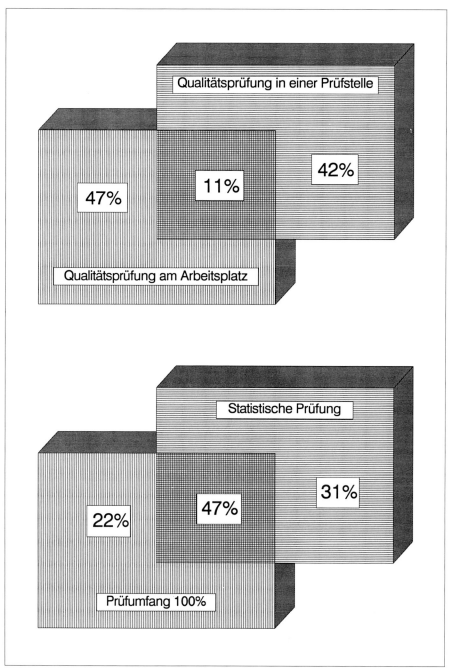

Abb. 106: Prüfort und Prüfumfang (n = 36)

In der Praxis hat sich gezeigt, daß fast die Hälfte aller Qualitätsprüfungen am Arbeitsplatz vorgenommen werden können (vgl. Abb. 106). Eine zentrale Qualitätsprüfung wird in den folgenden Fällen unvermeidbar sein:

1. Prüftechnische Gründe (z. B. Spezialmeßgeräte mit schwingungsisolierten Fundamenten) verhindern eine Prüfmittelbereitstellung am Arbeitsplatz.
2. Erforderliche Spezialqualifikationen des Prüfpersonals lassen sich den Produktionsmitarbeitern nicht vermitteln.
3. Hohe Kosten für die Anschaffung dezentral bereitzustellender Prüfmittel oder hohe Einarbeitungskosten für die Ausbildung der Produktionsmitarbeiter in die Qualitätsprüfungsmethoden verhindern eine wirtschaftliche Dezentralisierung der Qualitätssicherung.

Bei allen drei Argumenten ist aber – neben der Verringerung der Fehlerfolgekosten – auch die durchlaufzeitverlängernde Wirkung zentraler Qualitätssicherungssysteme zu berücksichtigen. Die empirische Untersuchung hat mit 85,7% einen deutlichen Schwerpunkt für Qualitätssicherungssysteme ergeben, die Prüfungen sowohl während der Fertigung selbst als auch nach Abschluß des Fertigungsprozesses durchführten (vgl. Abb. 106). Immerhin verzichten bis heute etwa 11% der Unternehmen auf eine prozeßbegleitende Kontrolle.

Wie schwer es den Unternehmen fällt, die Verantwortung für Qualität auf die Produktionsmitarbeiter zu übertragen, läßt sich am geringen Anteil für diese Alternative ablesen. In Unternehmen mit fertigungsbegleitender Prüfung und Endprüfung wird nur ein gutes Zehntel der Qualitätsprüfung alleine durch Fertigungsmitarbeiter bewerkstelligt. Immerhin wird aber schon in 60% der Fälle eine gemeinsame Verantwortung von Fertigungs- und Qualitätssicherungspersonal für die Qualitätssicherung in der Fertigung übernommen, was auf eine schrittweise Einführung der Selbstkontrolle in der Fertigung hindeutet.

Die empirische Erhebung hat im Hinblick auf die Prüfart ergeben, daß nur knapp ein Viertel der Qualitätsprüfungen 100%-Prüfungen sind. Fast die Hälfte der Unternehmungen wenden einen Methodenmix aus statistischen und 100%-Prüfungen an: Meist werden Stichproben geprüft, und es wird sukzessive oder in einem Schritt – bei Ablehnung der Stichprobe – auf eine 100%-Prüfung übergegangen (vgl. Abb. 107).

Für eine Just-In-Time-Produktion empfiehlt sich der Einsatz einer integrierten Qualitätssicherung, die durch die folgenden drei komplementären Strategien erreicht werden kann:

1. Qualitätssicherung durch Automatisierung: Übernahme der Kontrolle durch automatische Einrichtungen im Produktionsprozeß und damit Sicherstellung einer gleichbleibenden Wiederholhäufigkeit im Prozeß.
2. Qualitätssicherung durch Selbstkontrolle: Motivationssteigerung der Mitarbeiter zur Hebung des Qualitätsstandards.

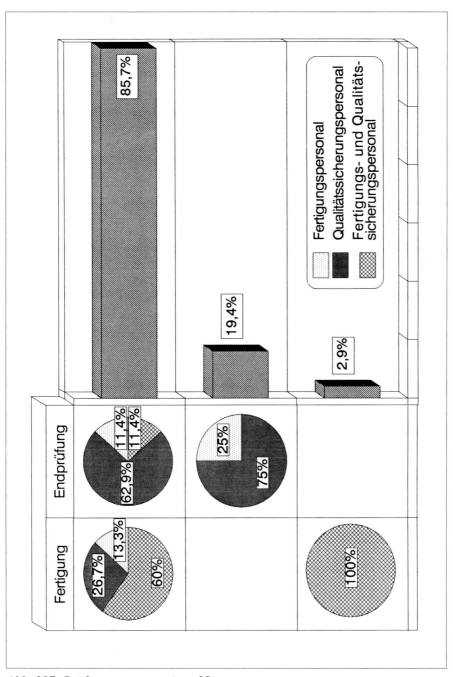

Abb. 107: Prüfverantwortung (n = 35)

3. Qualitätssicherung durch Prozeßkontrolle: Konzentration der Kontrolle auf Prozeßparameter.

JIT erfordert auch im Hinblick auf die Qualitätssicherung die Betrachtung der gesamten logistischen Kette. Unternehmensindividuell sind die jeweils geeigneten Methoden der Qualitätssicherung zu selektieren und anzuwenden (vgl. Abb. 108).

Die JIT-Einführung setzt also keine Null-Fehler-Produktion voraus, sondern lediglich vorhersehbare Fehlerraten im Sinne prognostizierbarer Prozesse. Als Methode liefert das JIT-Konzept eine Reihe von Hilfestellungen zur Verbesserung der Qualitätssicherheit:

1. unmittelbare Rückmeldung, die durch niedrige Bestände ausgelöst wird,
2. Beschränkung auf Produktionsraten, die eine permanente Anlaufkontrolle benötigen,
3. die Möglichkeit des Mitarbeiters, eine Maschine anzuhalten, und auf eine unmittelbare Lösung zu drängen, wenn ein Problem auftritt.

Durch die dem JIT-Konzept inhärente, klare Zuordnung von Verantwortlichkeiten und die damit verbundene Transparenz wird eine Erhöhung der Qualitätssicherheit erreicht.

»JIT erfordert neue Planungs- und Steuerungssysteme«
Die Planungs- und Dispositionsaktivitäten in der logistischen Kette werden in der Regel zwischen den Fertigungs- und Montagebereichen des Produzenten von der Produktionsplanungs- und Steuerungsabteilung, zwischen Produzent und Lieferant von der Einkaufsabteilung und zwischen Produzent und Kunden von der Verkaufsabteilung durchgeführt. Um diese vielfältigen Planungs-, Dispositions- und Kontrollaufgaben wirtschaftlich wahrnehmen zu können, werden überwiegend MRP-Systeme eingesetzt. Es wird befürchtet, daß die vorhandenen PPS-Systeme aufgrund des in JIT-Konzepten präferierten Holprinzips obsolet werden könnten. Diese Befürchtung wird durch empirische Beobachtungen widerlegt. Die Unternehmen haben häufig ihre Ablauforganisation den Erfordernissen der MRP-Systeme angepaßt und über Jahre hinweg mit hohen Aufwendungen die erforderlichen Grunddatenbestände aufgebaut. Eine JIT-gerechte Informationsverarbeitung, die in einem überschaubaren Zeitraum und mit begrenzten Aufwendungen eingeführt werden soll, kann nur auf der Grundlage der bestehenden Systeme erfolgen. Nahezu alle namhaften Software-Anbieter haben inzwischen hierauf reagiert und bieten JIT-Methoden als modulare Erweiterung ihrer MRP-Systeme an.

»JIT erfordert Überkapazitäten in Anlagen«
Dem JIT-Konzept liegt die Erkenntnis zugrunde, daß Bestände in der Produktion und im Fertigwarenlager gespeicherte Kapazitäten darstellen. Es wird daher

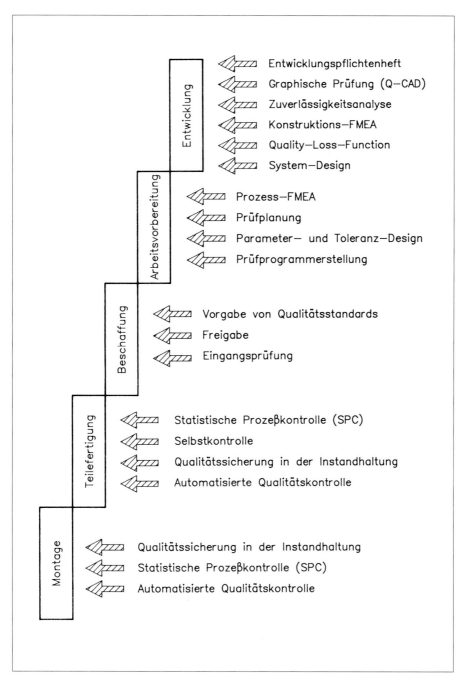

Abb. 108: Methoden der Qualitätssicherung in den Stufen der logistischen Kette

postuliert, daß es zweckmäßiger ist, »Kapazitäten nicht im Umlaufvermögen, sondern im Anlagevermögen zu speichern«. Es ist folglich eine Erweiterung des Anlagevermögens zugunsten des Umlaufvermögens mit dem Ziel kurzer Durchlaufzeiten und hoher Flexibilität anzustreben, damit die jeweilige Produktvariante genau zum Zeitpunkt des Bedarfs produziert werden kann. Diese Forderung wird begründet durch die Beobachtung, daß der Kunde immer die Produkte nachfragt, die gerade nicht vorrätig sind.

Eine JIT-gerechte Strukturierung der Fabrik nach Fertigungssegmentierungs-Prinzipien erfordert neben Reorganisationsmaßnahmen zur Vereinfachung der betrieblichen Abläufe auch eine abgestimmte Investitionsstrategie mit folgenden Zielen:

- Entflechtung der Kapazitäten durch Anschaffung von Maschinen mit kleinen Kapazitätsquerschnitten,
- Harmonisierung der Kapazitätsquerschnitte der Anlagen durch engpaßorientierte Reorganisationsmaßnahmen und Implementierung neuer Betriebsmittel und
- Installation flexibler Betriebsmittel, besonders an Schlüsselstellen im Segment.

Offensichtlich werden derartige Anforderungen an die Betriebsmittel häufig nur durch Neuinvestitionen abgedeckt, denn derAnteil neuer bzw. neuartiger Maschinen in den Fertigungssegmenten liegt bei den befragten Unternehmen bei gut einem Drittel der Maschinen. Der Wert des in den untersuchten Fertigungssegmenten enthaltenen Anlagevermögens reicht von 300.000 DM bis zu 220 Mio. DM mit deutlichem Investitionsschwerpunkt bei der Baugruppen- und Endmontage.

Neuinvestitionen lassen sich nach den folgenden Orientierungsschwerpunkten systematisieren:

- Kapazitätsorientierung,
- Automatisationsorientierung und
- Flexibilitätsorientierung.

Die Kapazitätsorientierung resultiert aus der aufgrund der Individualisierung der Nachfrage erhöhten Prognoseunsicherheit und schlägt sich in einer veränderten Strategie des Kapazitätsaufbaus nieder. In der Montage können Bedarfsschwankungen zwischen Varianten aufgrund ihrer in der Regel hohen Flexibilität aufgefangen werden. Die neue Dimension des Wettbewerbs unter Berücksichtigung des Erfolgsfaktors Zeit macht es jedoch zunehmend erforderlich, die Flexibilität im gesamten Wertschöpfungsprozeß zu erhöhen. Hierzu bietet sich an, eine Kapazitätsharmonisierung dadurch sicherzustellen, daß das Kapazitätsangebot in den der Montage vorgelagerten Produktionsbereichen geringfügig höher ausgelegt wird als in der Montage, wie dies Abb. 109 verdeutlicht.

Bei Investitionen zur Steigerung des Automationsgrades standen in der Regel folgende Motive im Vordergrund:

- Qualitätssteigerung durch reproduzierbare Prozesse

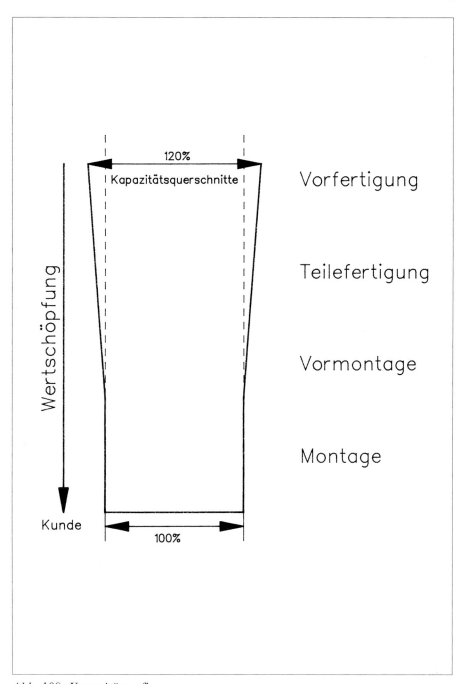

Abb. 109: Kapazitätsaufbau

- Rationalisierung durch höhere Anlagennutzung und geringere direkte Lohnkosten,
- Entkopplung von Mensch und Maschine.

Die Flexibilitätsorientierung bei Neuinvestitionen basiert auf der Erkenntnis,
daß die Wettbewerbsfähigkeit eines Unternehmens von seinem Handlungsspielraum abhängt. Dieser ist um so geringer, je später sich das Unternehmen auf Veränderungen einstellt. Vorteilhafter sind frühzeitige Reaktionen oder besser noch
eine »Strategische Vorbereitung« des Unternehmens auf Veränderungen durch
den Aufbau von Flexibilitätspotentialen.

Neben Investitionen in flexible Anlagen, die gemäß der empirischen Erhebung
in fast drei Viertel aller Fälle in Kombination mit Spezialmaschinen eingesetzt
werden, sind – zur Flexibilitätserhöhung – Investitionen in Rüstzeitverkürzung
einerseits und Investition zur Schaffung einer flexiblen Infrastruktur andererseits
erforderlich.

Investitionen und organisatorische Konzepte zur Rüstzeitverkürzung zielen darauf ab, Flexibilitätspotentiale einzurichten und auszunutzen, die eine Verkürzung
der Zeit für die Umstellung auf eine neue Fertigungsaufgabe erlauben.

Ein im Fertigungssegment hergestelltes Produktspektrum führt zu variablen
Fertigungsabläufen, die eine Umrüstung bestimmter Betriebsmittel zwischen den
Losen verschiedener Produkte erforderlich machen. Bei abgestimmten Kapazitäten im Fertigungssegment kommt diesem Umrüstvorgang für eine kurze Durchlaufzeit der Produktlose eine entscheidende Bedeutung zu. Es ist daher zu beobachten, daß Investitionen bei Fertigungssegmentierung häufig nicht mehr vorrangig auf eine Verkürzung der Hauptzeiten abzielen, sondern der Rüstzeitverkürzung dienen.

Durch diese Investitionen wird gezielt der »Wechsel« als ständig wiederholter
Vorgang im Produktionsablauf des Fertigungssegments automatisiert. Auf diese
Weise kann auch bei der Kombination universeller und produktspezifischer Betriebsmittel, wie sie in drei Viertel aller untersuchten Fertigungssegmente vorkommt, die erforderliche Durchlaufflexibilität gewährleistet werden.

Investitionen zur Erhöhung der Segmentflexibilität betreffen auch ganz wesentlich die Schaffung einer flexiblen Infrastruktur im Fertigungssegment. Hierzu
sind Investitionen für

- Lager- und Transportsysteme,
- integrierte Pufferlager,
- dezentrale Qualitätssicherung,
- schnelle Layoutveränderbarkeit sowie damit verbunden
- geeignete DV-Systeme und Schnittstellen
erforderlich.

Die Ver- und Entsorgung der Fertigungssegmente ist einerseits durch eine sinnvolle Gestaltung der Schnittstellen zu vor- und nachgelagerten Bereichen und andererseits durch generelle ablauforganisatorische Regelungen zu gewährleisten.

Tatsächlich ist für die Umsetzung von JIT die Schaffung von gezielten Überkapazitäten erforderlich. Allerdings erfordert dies nicht allein Investitionen, sondern impliziert auch eine Vielzahl ablauforganisierter Flexibilisierungsmaßnahmen. Vor allem Rüstzeitminimierungskonzepte und eine flexible Infrastruktur des Segmentumfeldes können die sinnvolle Ausnutzung der vorhandenen, oft völlig ausreichenden Kapazitäten, unterstützen.

»JIT verhindert eine effiziente Automatisierung«

Die Einführung von neuen Technologien schafft die Voraussetzung für die Integration von Einzelsystemen, die in den einzelnen Informations- und Materialflüssen Hilfestellung leisten. Dabei ist ein Automatisierungsgrad zu wählen, der bei allen Systemkomponenten etwa das gleiche Niveau aufweist. Es stellt sich die Frage, ob diesem Bestreben einer effizienten Automatisierung organisatorische Maßnahmen, wie die des JIT-Konzepts, im Wege stehen oder aber ob diese beiden Lösungsansätze nicht eine gegenseitige Ergänzung darstellen.

In vielen Automatisierungskonzepten wurde häufig der Mensch als Problem angesehen und mit der Steigerung des Automatisierungsgrades aus dem Produktionsprozeß verdrängt. Rationalisierungsbemühungen begründeten sich dabei hauptsächlich in einer Einsparung von Lohnkosten, weniger hingegen in einer Steigerung der Produktivität. Erst mit der Erkenntnis, daß der Mitarbeiter ein wesentliches Problemlösungspotential darstellt, wurden seine Fähigkeiten nicht als Problem sondern als Lösungskapazität angesehen. Eine Steigerung der Flexibilität und Effizienz der Produktion kann demnach nicht nur durch eine Automatisierung sondern auch durch eine Reorganisation vorhandener Material- und Informationsflüsse erreicht werden. Die Synthese von JIT und CIM erfordert aber Arbeitsstrukturen, in denen sich das Leistungspotential der Mitarbeiter entfalten kann. Für den Mitarbeiter in der Produktion bedeutet die Einführung von automatisierten Technologien häufig eine Loslösung von taktgebundener ergonomischer Arbeit. Ausschlaggebend für die Effizienz der Produktion wird die Gewährleistung eines störungsfreien Auftrags- und Materialflusses, um die kapitalintensiven Produktionsmittel zu nutzen. Erst eine Höherqualifizierung der Mitarbeiter schafft die Voraussetzung, daß die enge Ausrichtung auf den eigenen Arbeitsplatz abgelöst wird durch das Mitdenken und Handeln im Sinne einer Optimierung des gesamten Fertigungsablaufs. Dieses kann verstärkt werden durch eine Verlagerung indirekter Funktionen auf das Fertigungspersonal, was einer quantitativen und qualitativen Aufgabenverschiebung zwischen ausführenden Mitarbeitern in der Produktion und den Führungskräften gleicht. Hierbei werden Arbeitselemente der Planungs-, Fertigungs- und Kontrollaufgaben so zusammengefaßt, daß der Mitarbeiter eine größere Anzahl unterschiedlicher Arbeitsvorgänge ausführt. Neben der Erweiterung des Arbeitsinhaltes wird eine Beteiligung der ausführenden Mitarbeiter an dispositiven Tätigkeiten wie Arbeitsverteilung, Fertigungsfortschrittsüberwachung und Betriebsmittelprüfung angestrebt. Verdeutlicht wird dieser Zusammenhang aus den Untersuchungsergebnissen von Fertigungssegmenten, bei denen die übertragenen Arbeitsaufgaben bei der Qualitätskontrolle, den Rüst- und Instandhaltungstätigkeiten sowie Steuerungsaufgaben gelegen haben.

Es kann somit festgestellt werden, daß JIT nicht eine effiziente Automatisierung verhindert, sondern eine Vorstufe zur Automatisierung mit Verbesserungspotentialen ermöglicht. Voraussetzung sind aber Veränderungen traditioneller Aufgabenstrukturen und der gezielte Einsatz der Automation zur Entkopplung des Mitarbeiters von der Maschine sowie eine zeitgleiche Zurverfügungstellung von Informationen an dezentralen Arbeitsplätzen.

»JIT erfordert zusätzliche Fertigungsfläche«
Mit der Realisierung von JIT kann anlagenseitig aus zwei Gründen eine Erhöhung der Fertigungsfläche verbunden sein. Zum einen kann aus der Erhöhung der Investitionen im Anlagenvermögen zur Sicherstellung eines kontinuierlichen Materialflusses ein größerer Fertigungsflächenbedarf resultieren. Zum anderen erfordert die Verkleinerung der Kapazitätsquerschnitte bei Anlageninvestitionen tendenziell mehr Fertigungsfläche für die Bereitstellung der gleichen Gesamtkapazität.

JIT kann aber auch eine Verringerung der Fertigungsfläche bewirken, insbesondere dann, wenn durch Flexibilisierungskonzepte mehrere Bearbeitungsschritte auf einer Anlage zusammengefaßt und so eine Komplettbearbeitung von Teilen und Baugruppen erreicht werden kann. Insgesamt, so haben die empirischen Untersuchungen ergeben, steigt der Fertigungsflächenbedarf durch die JIT-Implementierung um ca. 10% an. Eine isolierte Betrachtung der Fertigungsfläche widerspricht allerdings dem logistischen Ansatz. Für die Beurteilung der Flächensituation sind neben den Fertigungsflächen auch die Lager- und Bereitstellflächen heranzuziehen. Solche Flächenbilanzen können neben Fertigungs-, Lager- und Bereitstellflächen aus Vollständigkeitsgründen auch Büroflächen und Sozialflächen enthalten. Die Heterogenität der untersuchten Unternehmungen verbietet die Angabe branchenübergreifender Flächensenkungspotentiale. Diese sind zudem von der Ausgangsbasis der Unternehmung vor der JIT-Einführung abhängig. So schwankt die Relation »Fertigungsfläche zu Lagerfläche«
zwischen 1,6 zu 1,0
und 1,0 zu 1,0
vor der JIT-Implementierung. Durch die Einführung des JIT-Konzepts sind drasti-

sche Lagerflächensenkungen möglich, so daß die Relation »Fertigungsfläche zu Lagerfläche« auf einen Wert von 1,0 zu 0,6 absinkt.

Unter Lagerfläche sind alle Flächen sowohl im Lager als auch in der Fertigung zu verstehen, auf denen Bestände vorgehalten werden. Mit JIT wird eine möglichst weitgehende dezentrale Materialbereitstellung am Ort des Verbrauchs propagiert. Zentral sollen dann vor allem noch Teile und Baugruppen gelagert werden, die einer hohen Mehrfachverwendbarkeit unterliegen. Es lassen sich grundsätzlich drei Lagertypen identifizieren, die sich nach Bereitstellungsort und Bereitstellungssystematik unterscheiden.

Beim Typ A werden die Anlieferungen zunächst nach Sachnummern eingelagert. Dies ist vor allem dann üblich, wenn eine Vielzahl von Bauteilen, die in mehreren Fertigungssegmenten benötigt werden, zentral gesammelt werden. Vor dem eigentlichen Produktionsbeginn werden in einem segmentnahen Bereitstellungslager kommissionierte, zumeist kleinere als die vom Lieferanten angelieferten Mengen zur Bearbeitung bereitgestellt. Die für die Leistungserstellung erforderlichen Teile entnehmen die Segmentmitarbeiter selbständig. Die Materialversorgung des Bereitstellagers liegt in der Regel im Verantwortungsbereich des Haupt- oder Wareneingangslagers. Eine Einlagerung nach Aufträgen (Typ B), bei denen die Teile quasi kommissioniert vorgehalten werden, verringert das Materialhandling, da auf eine zusätzliche Bereitstellung in der Fertigung verzichtet wird. Bei Auftragsbeginn wird das notwendige Material komplett an die Bearbeitungsstellen geliefert. Der geringste Handlingsaufwand ergibt sich beim Typ C. Hier wird das benötigte Material bei der Anlieferung direkt an den Arbeitsplatz bzw. die dafür vorgesehene Bereitstellungsfläche abgestellt. Jede zusätzliche Handhabung entfällt. Es liegt eine auftragsbezogene, bearbeitungsplatzorientierte Materialversorgung vor.

Gerade der Materialbereitstellungstyp C ist für eine JIT-Produktion besonders geeignet. Durch die Verwendung von Fertigungsfläche als Bereitstellfläche wird eine transparente Bestandssituation geschaffen, die eine physische Bestandskontrolle erlaubt.

Gelingt durch technische oder organisatorische Maßnahmen eine weitergehende Bestandssenkung, so steht die freigewordene Fläche für alternative Verwendungszwecke zur Disposition.

Während JIT-Anwendungen in Einzelfällen mehr Fertigungsfläche erfordern, läßt sich eine Verringerung des Gesamtflächenbedarfs feststellen. Betrachtet man nur die Fertigungs- und Lagerflächen, so läßt sich in der Regel eine Flächenreduktion von ca. 20% erreichen. Durch die Verlagerung des Bestandsschwerpunktes in die Fertigung läßt sich kurzfristig die Bestandstransparenz und langfristig die Fertigungsflexibilität im Sinne alternativer Verwendungsmöglichkeiten der Bereitstellflächen erhöhen.

»JIT geht die wichtigsten Probleme in der Produktion nicht an, sondern verstärkt diese«

Unternehmungen, die sich mit der JIT-Implementierung befassen, stoßen in der Regel sehr schnell auf Schwachstellen, die einen effizienten Material- und Informationsfluß verhindern. Diese Schwachstellen wirken sich immer auf die Größen
– Bestände,
– Kosten (insbesondere Logistikkosten) und
– Durchlaufzeiten
aus. Im Gegensatz zu Logistikkosten und Durchlaufzeiten lassen sich Bestände relativ leicht ermitteln, und Veränderungen in diesem Bereich sind am deutlichsten »visuell erfahrbar«. Mit Einführung der japanischen KANBAN-Prinzipien begann eine Abkehr von der bis dahin gängigen Bestandsphilosophie, nach der Bestände die Voraussetzung für eine einwandfrei funktionierende Fertigung sind. Statt dessen wurde die These postuliert: »Bestände verdecken Fehler!«. Den beiden konträren Auffassungen liegen folgende Überlegungen zugrunde: Die Optimierung jeweils einzelner Funktionen wie Einkauf, Produktion und Vertrieb erfordert aufgrund inhärenter Unsicherheiten Bestände, die eine reibungslose Produktion, eine prompte Lieferung, eine Überbrückung von Störungen, eine wirtschaftliche Fertigung und eine konstante Auslastung der Produktionsanlagen erst ermöglichen. In einer Produktion, die sich am Flußprinzip orientiert, verdecken Bestände störanfällige Prozesse, unabgestimmte Kapazitäten, mangelnde Flexibilität, Ausschuß und unzureichende Lieferbereitschaft. Senkt man nun die Bestände, so werden diese Probleme offensichtlich. Darüber hinaus entsteht ein unmittelbarer Zwang, diese zu lösen. Hierdurch wird eine permanente Rationalisierung des Produktionsgeschehens initiiert.

In der Praxis der Umsetzung der JIT-Ideen hat sich gezeigt, daß diese aus Japan stammende Vorgehensweise der »Bestandsreduktion zur Problemverdeutlichung« konfliktträchtig ist. So kann es zu Akzeptanzproblemen bei der JIT-Implementierung kommen, denn es müssen simultan sowohl die durch die Bestandssenkung verdeutlichten Probleme der häufig funktionsorientierten Produktionsorganisation als auch die Probleme bei der Reorganisation selbst gelöst werden. Die Gefahr einer Verschärfung der Probleme in der Produktion ist durch eine solche Vorgehensweise gegeben. Daher empfiehlt es sich, die JIT-Implementierung als einen spiralförmigen, nicht endenden Prozeß (siehe Abb. 110) zu beschreiben. Diese Vorgehensweise soll im folgenden exemplarisch erläutert werden: Die in einem ersten Schritt erhobenen Bestandsschwerpunkte werden in einem zweiten Schritt auf ihre Ursachen hin untersucht. Hier sollen beispielhaft Problemlösungen für zwei besonders typische Bestandsursachen erläutert werden:
– fehlende Kapazitätsharmonisierung und
– Gleichbehandlung aller Teile, Baugruppen und Produkte.

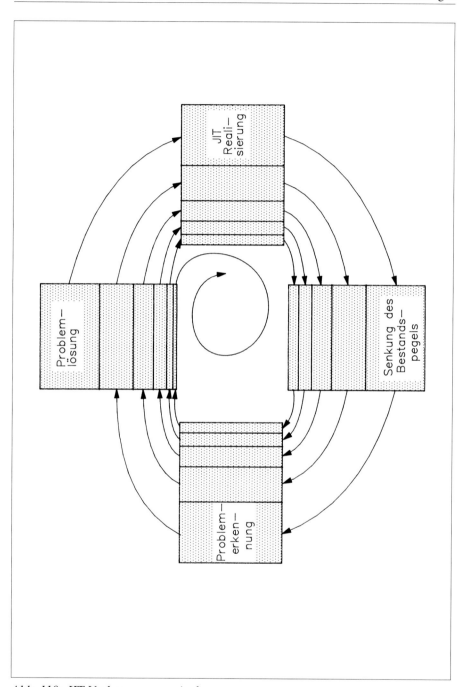

Abb. 110: JIT-Verbesserungsspirale

Kapazitätsquerschnitte lassen sich grundsätzlich auf zweierlei Weise angleichen. Zum einen läßt sich die Harmonisierung über ablauforganisatorische Maßnahmen, zum anderen über strukturelle Kapazitätsanpassungen realisieren. Ab-
lauforganisationsveränderungen zielen zunächst vor allem auf eine Angleichung
der oft unterschiedlichen Losgrößen von nacheinandergeschalteten Fertigungsstufen ab. Darüber hinaus sind Rüstzeitminimierungskonzepte geeignet, um neben
einer Flexibilitätserhöhung auch eine Erhöhung der Kapazitätsanpassungen zu bewirken.

Bei den strukturellen Kapazitätsanpassungen stehen Erweiterungs- oder Ersat-
zinvestitionen in Anlagen im Vordergrund. Die zweite typische Ursache für über-
höhte Bestände ist die undifferenzierte Lagerung aller Teile und Baugruppen.
Während A-Teile in der Regel Bestands- und Kostenprobleme verursachen, ist bei
C-Teilen eher die Gefahr von Problemen durch eine schlechte Teileverfügbarkeit
gegeben. Diesem Tatbestand kann durch eine Ungleichbehandlung von Teilen und
Baugruppen Rechnung getragen werden, indem unterschiedliche Materialbereit-
stellungs- und Steuerungsstrategien eingesetzt werden. So ist häufig produktseitig
eine Trennung der Produktion in Renner und Exoten zu empfehlen, der eine Differenzierung nach den zugeordneten Produktionskapazitäten und nach der Auflagefrequenz zugrunde liegen kann.

JIT hat folglich einen strukturell und ablauforganisatorisch effizient gestalteten
Materialfluß zum Ziel. Probleme werden in einem entsprechend organisierten
Materialfluß nicht verstärkt, sondern sie werden transparenter. So wird die Notwendigkeit der Lösung der Probleme offensichtlich und in der Regel eine schnelle Umsetzung von Rationalisierungsmaßnahmen erreicht.

»JIT erhöht das Risiko des Produktionsausfalls überproportional«
Die Just-In-Time-Produktion führt zu einer engen, flußorientierten Verknüpfung
der logistischen Kette. Pufferbestände werden weitgehend durch kurze Reaktionszeiten der jeweils vorgelagerten Stufe ersetzt. Es wird befürchtet, daß durch diese
enge Verknüpfung das Risiko überproportional steigt, weil bei einem Stillstand
einer Stufe alle jeweils nachgelagerten Stufen der logistischen Kette zum Stehen
kommen können (vgl. Kromschröder 1988).

Eine Systematisierung der Risikodiskussion ist möglich, wenn die Störquellen
einzeln betrachtet werden, die das Risiko eines Produktionsausfalls mit sich bringen. Problematisch sind insbesondere
– der Ausfall von Maschinen,
– der Ausfall von Mitarbeitern,
– Qualitätsprobleme,
– fehlende Zulieferungen sowie
– Streiks.

Für alle Teilaspekte gilt zunächst grundsätzlich, daß mit der Einführung von JIT durch die Senkung der Bestände Fehler im Wertschöpfungsprozeß transparent werden. Die Beseitigung dieser Fehler erhöht die Sicherheit gegen Produktionsausfall auch in der angestrebten bestandsarmen Produktion. Darüber hinaus bietet JIT organisatorische und technische Gestaltungsmöglichkeiten, die zu einer Risikominderung geeignet sind.

Den Ausfallrisiken von Maschinen und Mitarbeitern kann durch den Aufbau flexibler Kapazitäten sowohl in den Anlagen als auch beim Personal begegnet werden. So zeigte sich im Rahmen einer empirischen Erhebung zur Fertigungssegmentierung ein eindeutiger Trend zur Höherqualifizierung der Mitarbeiter, die überwiegend mehrere Arbeitsplätze bedienen können. Parallel dazu wurden in der Mehrzahl aller Fertigungssegmente innerhalb der Fertigungssegmente und in einigen Fällen außerhalb der Segmente redundante Maschinenkapazitäten geschaffen, um Maschinenstörungen überbrücken zu können. Hinzu kommt eine flexible Gestaltung des Produktionsprozesses, so daß kurzfristig jeweils genau das produziert werden kann, was der Kunde verlangt. Soll dagegen die Lieferflexibilität aus Beständen befriedigt werden, so zeigen Erfahrungswerte, daß immer gerade diejenigen Teile auf Lager sind, die der Kunde nicht benötigt. Ein bestandsarmer, aber flexibler Produktionsprozeß senkt im Vergleich dazu das Risiko, den Kunden nicht beliefern zu können.

Auch bei Qualitätsproblemen wird angeführt, daß Bestände das Weiterlaufen der Produktion beim Auftreten von Qualitätsproblemen ermöglichen. Tatsache ist aber, daß Bestände ihre Qualitätsprobleme verdecken und erst eine 100%-Kontrolle der »Ware in Arbeit« erfolgen muß, um die fehlerhaften Teile auszusortieren. Bei einer JIT-Produktion werden deshalb diese Probleme bereits durch eine andere Qualitätssicherungsstrategie abgefangen. Die Grundregel, daß nur Gutteile weitergegeben werden dürfen, erfordert eine laufende dezentrale Qualitätskontrolle. Hierdurch werden Fehler im Prozeß sofort erkannt und können kurzfristig beseitigt werden.

Für alle internen Risikofaktoren gilt überdies, daß JIT nicht die Gleichbehandlung aller Produktionsstufen bezüglich des Bestandsniveaus bedeutet, sondern eine situationsbezogen angemessene. Dies führt dazu, daß kritische Produktionsstufen, die häufig einen Engpaß darstellen, durch Pufferlager vom übrigen Produktionsfluß zu entkoppeln sind. Durch die gezielte Gestaltung dieser Pufferläger sinkt das Risiko unter das Risiko einer Fertigung mit zufällig entstandenen Werkstattbeständen.

Ein überproportionales Risiko wird häufig auch der produktionssynchronen Beschaffung nach JIT-Prinzipien zugeschrieben, weil sie durch fehlende Zulieferungen ebenfalls Produktionsausfälle verursachen können. Hierbei ist jedoch zu berücksichtigen, daß die Auswahl der in eine produktionssynchrone Beschaffung einzubeziehenden Lieferanten im Rahmen einer umfassenden Versorgungsstrategie und mit dem Ziel einer langfristigen Wertschöpfungspartnerschaft erfolgt. Aufgrund dieser langfristig angelegten Beziehungen besteht die Möglichkeit, das Zulieferanten-Abnehmer-Verhältnis so zu gestalten, daß eine hohe Versorgungssicherheit gewährleistet ist. Hierzu gehört die Verknüpfung der Informationssysteme ebenso wie die Gestaltung von Transport und Anlieferung oder die Übernahme von Qualitätssicherungsfunktionen durch den Lieferanten. Zusätzlich wird auch ein dem Rest-Anlieferungsrisiko entsprechender begrenzter Wareneingangspuffer bestimmt, so daß letztlich nur das Risiko durch höhere Gewalt (Streik, Transportschaden) verbleibt. Dieses Risiko besteht jedoch auch bei jeder anderen Beschaffungsstrategie und kann selbst durch den Aufbau hoher Wareneingangsbestände langfristig nicht wirtschaftlich beseitigt werden.

VII.
Kapitel

7. Führungskonzeption

Eine der großen Herausforderungen bei der Anwendung des JIT-Prinzips besteht darin, allen an der Einführung dieses Prozesses Beteiligten die Grundprinzipien des Konzepts deutlich zu machen, damit sie in der Lage sind, eine unternehmens-individuelle Adaptation vorzunehmen. Dazu bedarf es zunächst der Definition eines spezifischen Zielsystems. Einen ersten Schritt hierzu stellt die Analyse der Mitwettbewerber hinsichtlich Qualität, Kosten und Lieferzeit vergleichbarer Leistungen dar.

Diese Ziele müssen bis in die einzelnen Aktivitäten im Einkauf, in der Produktion, in der Konstruktion und im Vertrieb untersucht werden. Dabei wird immer wieder das Argument vorgebracht, daß in den einzelnen Abteilungen nicht nur der Stand der Technik erreicht ist, sondern darüber hinaus Schritte und Maßnahmen durchgeführt wurden, die zur Zeit nicht mehr zu verbessern sind. Hierzu bedarf es des Abschieds von liebgewonnenen Verhaltensweisen.

Der Einkäufer muß sich z.B. von einer Strategie der Preise »frei Haus« trennen und nun Preise »ab Werk« als Entscheidungsgrundlage vereinbaren. Verbunden mit Gebietsspediteuren kann dies zur Verringerung der Transportkosten um bis zu 15% führen. Der Fertigungsleiter muß sich sagen lassen, daß der Wiederanlauf einer Produktion in kleinen Losen nicht unbedingt mit Qualitätsproblemen verbunden sein muß und maximale Kapazitätsauslastung des Anlagevermögens selten zu einem gesamtbetrieblichen Optimum führt. Der Mitarbeiter darf nicht nur einen Arbeitsplatz entsprechend seiner Arbeitsplatzbeschreibung ausfüllen, sondern wird auch verantwortlich für die Leistung des vor- und nachgeschalteten Arbeitsplatzes.

Der Vertriebsleiter kann nicht gleichzeitig für alle Produkte die Lieferzeit kürzer als die notwendige Durchlaufzeit einschließlich der externen Wiederbeschaffungszeit setzen. Ausweitung der Bestände in der gesamten logistischen Kette sind die Folge. Vielmehr ist die Definition spezifischer Servicegrade für einzelne Produktgruppen erforderlich, mit dem Ziel, für zusätzliche logistische Leistungen auch einen Marktpreis bzw. Wettbewerbsvorteile zu erzielen.

Um die JIT-Konzeption effizient anzuwenden, bedarf es einer neuen Führungs-konzeption, die nicht auf Funktions- sondern auf die Gesamtoptimierung der logistischen Kette vom Abnehmer über den Produzenten zum Zulieferer abzielt und eine Optimierung zwischen Anlagevermögen und Umlaufvermögen zum Ziel hat. Die Komponente »Zeit« wird dabei zum kritischen Erfolgsfaktor, da sie ein wesentliches Element zur Gewinnung von Marktanteilen, der Wirtschaftlichkeit und der Rentabilität des Anlagevermögens darstellt. Aus diesem Grund sind Größen wie Lieferzeit, Einführungszeit eines neuen Produkts, Durchlaufzeit der Aufträge,

Wiederbeschaffungszeiten und Zeitbedarfe für Änderungs- und Neukonstruktionen neben den Kriterien Produktivität und Kosten zur Beurteilung der Leistungsfähigkeit einzelner Abteilungen der Unternehmung heranzuziehen.

Die JIT-Konzeption propagiert die Eigenverantwortlichkeit bei der Leistungserstellung. Das konventionelle System der Mitarbeiterführung über Anweisung und Kontrolle wird zugunsten einfacherer Koordinationsregeln aufgegeben. Die hierzu notwendigen Rahmenbedingungen sind:

a) Änderung der Denkgewohnheit »mehr ist besser« in »weniger ist besser«
So ist z. B. die Notwendigkeit hoher Bestände zur Aufrechterhaltung der Lieferbereitschaft, einer hohen Kapazitätsauslastung und der Versorgungssicherheit durch Zulieferungen, die Durchführung von Rüstvorgängen durch Spezialisten und die Übertragung der Qualitätssicherung als alleinige Aufgabe einer Instanz »Qualität« in Frage zu stellen. Ziel sind geringere Bestände zur Aufdeckung von Fehlern, kurze Rüstzeiten und weniger Ergebniskontrollen durch die Qualitätssicherung, dafür aber mehr Selbst- bzw. Prozeßkontrolle.

b) Enge Zusammenarbeit zwischen Management und ausführenden Mitarbeitern in Werkstatt, Einkauf und Vertrieb
Um eine enge und gute Zusammenarbeit zu erreichen, ist der regelmäßige Kontakt der Führungskräfte zu ihren Mitarbeitern notwendig. Der Erfolg dieser Zusammenarbeit ist kurzfristig erkennbar. In einem Unternehmen aus der Elektrotechnik verbrachte ein Führungsmitglied sechs Monate lang 70% seiner Arbeitszeit in der Produktion, um die Akzeptanz der Mitarbeiter vor Einführung von JIT zu gewährleisten. Der Produktionsleiter in einer anderen Unternehmung hat gemeinsam mit den Werkstattmitarbeitern die Rüstzeiten um 80% gesenkt, ohne fremde Unterstützung.

c) Learning by doing in Pilotprojekten
Just-In-Time kann in den seltensten Fällen über das gesamte Produktionsprogramm gleichmäßig eingeführt werden. Hierzu bedarf es der Initiierung von Pilotprojekten, die drei Kriterien erfüllen müssen: Erstens müssen sie in sich wirtschaftlich sein, zweitens repräsentativ für das Produktionsprogramm der Unternehmung und drittens erweiterungsfähig. Solche Pilotprojekte können Ergebnisse in einem Zeitraum von 3–5 Monaten liefern. Allerdings ist die Bereitschaft der Führungskräfte erforderlich, konventionelle Dispositions- und Produktionsmethoden zu verändern. Dabei ist in Kauf zu nehmen, daß eine Pilotanwendung nicht konfliktfrei im Unternehmen zu implementieren ist. Erforderlich ist deshalb: Vertrauen!

d) Vertrauen

Ein Element für die Effizienz von JIT wird in dem Grundsatz »Aufmerksamkeit für die Mitarbeiter« gesehen.

Dies bedeutet, daß nicht allein materielle Anreize die Motivation der Mitarbeiter steigern, sondern in ebenso starkem Maße Beachtung und Anerkennung. Vertrauen manifestiert sich auch in der Übertragung von Tätigkeiten zur Reorganisation der Abläufe und Strukturen.

Wettbewerbsfähige Produkte können nur arbeitsteilig, d.h. in enger Zusammenarbeit der einzelner Mitarbeiter, gefertigt werden. Die gemeinsame Verantwortung für das Ergebnis ist durch Bildung eines Arbeitsteams zu fördern. Entscheidungskompetenzen sind dem ausführenden Bereich zu übertragen. Eine der Grundideen, die für die Effizienz von Just-In-Time-Konzepten entscheidend ist, ist die Einführung selbststeuernder Regelkreise. Diese verlangen jedoch stabile Abläufe sowie Mitarbeiter, die genügend Wissen und Entscheidungskompetenz besitzen, um bei auftretenden Störungen im Sinne des Gesamtoptimums reagieren zu können.

Damit verbunden ist die Ausweitung der Eigeninitiative des einzelnen Mitarbeiters hinsichtlich seiner Arbeitsleistung bzw. Arbeitsergebnisses.

Der Entscheidungsspielraum und die Kompetenz der Führungskräfte erweitern sich erheblich. Die Organisationstiefe nimmt ab, da teilweise auf übergeordnete Instanzen zur permanenten Koordination bzw. Kontrolle verzichtet werden kann. Die größere Anzahl kleiner, selbständiger Einheiten verlangt die Vorgabe präziser operativer Ziele, so daß eine effiziente Leistungsbeurteilung möglich wird.

Die organisatorische Nähe eigenverantwortlicher Führung und Mitarbeiter erlaubt es, auf Verbesserungsvorschläge bezüglich des Ablaufprozesses und des Produkts schneller reagieren zu können und diese konsequenter zu nutzen. Mit der Mobilisierung dieser »humanen Reserven«, so zeigen praktische Beispiele, steigt das Interesse an der zu erfüllenden Tätigkeit, und es verbessert sich gleichzeitig der Qualitätsstandard an den einzelnen Arbeitsplätzen.

e) Kommunikation und Transparenz

Nach wie vor ist es eine wichtige organisatorische Aufgabe, die richtige Information der richtigen Person zum richtigen Zeitpunkt zur Verfügung zu stellen. Auf eine unnötige Papierflut ist zu verzichten; demgegenüber bieten offene Kommunikationswege über vertikale und horizontale Unternehmensebenen hinweg schnelle, dem Menschen angepaßte Möglichkeiten zum Informationsaustausch.

Dazu tragen Problemlösungsgruppen, aber auch eine größere Transparenz der Planungs-, Produktions- und Beschaffungsabläufe bei. Die Sichtbarkeit der geplanten JIT-Abläufe, z.B.:

- durch Standardbehälter und räumlich begrenzte Pufferläger,
- durch Leistungskontrolle am Ende jedes mit selbststeuernden Regelkreisen ablaufenden Produktionsabschnitts pro Zeiteinheit (z. B. pro Tag),
- durch eine den ganzen Produktionsabschnitt sichtbare Reihenfolgeplanung,
- durch Signallampen, die Störungen anzeigen,
- durch Rückführung von qualitativ schlechten Teilen zur Nacharbeit an den Ort der Verursachung,
- durch gezielte Veröffentlichung von Kennzahlen und Kostenarten pro Abteilung und
- durch die Wahl geeigneter Layouts (z. B. U-Form) mit räumlicher Konzentration der Arbeitsplätze

ermöglicht eine ungeschriebene und unausgesprochene Kommunikation für alle, die in den Wertschöpfungsprozeß eingebunden sind. Transparenz erlaubt somit einen fast kostenlosen Informationsaustausch über Planabweichungen und führt zu einer direkten Rückkopplung und damit zu einer schnelleren Fehlerbeseitigung.

f) Flexibilität durch Aus- und Weiterbildung
Um die Flexibilität zu steigern, sollten die Mitarbeiter fähig sein, unterschiedliche Funktionen auszufüllen. Hierzu müssen konkrete Programme zur JIT-Schulung durchgeführt werden. Die Mitarbeiter erhalten eine Höherqualifizierung, sind flexibler in ihren Einsatzmöglichkeiten, schneller und exakter in der Leistungserfüllung. Das Management sollte mehr Vertrauen in die Mitarbeiter und ihre Fähigkeiten entwickeln, so daß auch Komplettbearbeitungen, also Makroarbeitsgänge, und keine Beschränkungen auf einfachste, abgesteckte Arbeitsfunktionen möglich sind. Die Flexibilität und Motivation der Mitarbeiter unterstützen, neben Aus- und Weiterbildung, Erfolgsbeteiligungsprogramme.

g) Disziplin und Gruppenarbeit
Die organisatorischen Regelungen im JIT-System sind von allen Mitarbeitern exakt einzuhalten. Auftretende Schwachstellen und Probleme werden bei Abweichungen sofort erkennbar und lassen sich den Verantwortlichen direkt zuordnen. Der Ablauf ist somit transparenter.

Das JIT-Konzept bedeutet die Abkehr von der Entscheidungszentralisation der Vergangenheit. Es ist eindeutig mitarbeiterorientiert, was vor allem durch dessen Verantwortung für die Qualität des Leistungsergebnisses deutlich wird. Dem Mitarbeiter ist »so viel an Freiraum einzuräumen, daß er an seinem Platz einen eigenen Beitrag« in Hinblick auf die Gesamtzielerreichung zu leisten vermag. Der Formalisierungsgrad der Organisation nimmt ab. Es erfolgt eine Zielvorgabe, wobei nach dem Anordnungsprinzip der Lösungsweg innerhalb definierter Schranken variabel von den Mitarbeitern zu gestalten ist. Dies ist analog zu dem partnerschaftlichen Verhältnis mit dem Zulieferer im Rahmen der Vorgabe »lockerer« Konstruktionsspezifikationen zu sehen. Der Fachvorgesetzte wird von Routinetätigkeiten entlastet und kann sich unter Einbindung der Mitarbeiter der Lösung auftretender Probleme widmen. Diese gemeinsame Verantwortung bei der Problemlösung wird dadurch unterstrichen, daß diese annonciert und bekanntgemacht werden. Beispiel hierfür bildet die weite Verbreitung von spezifischen Problemlösungsgruppen wie

– Lernstattzentren,
– Werkstattzirkel und
– Quality Circles.

Die Lernstatt ist darauf ausgerichtet, für einen begrenzten Zeitraum in regelmäßigen Treffen mit einem Teilnehmerkreis von 8–12 Personen aus der Produktion betriebliche Erfahrungen auszutauschen und zu vertiefen sowie die Kommunikation zu fördern und betriebliche Zusammenhänge zu erläutern.

Wesentlich intensiver in Richtung eines mitarbeiterorientierten Führungskonzepts ausgerichtet ist der Werkstattzirkel. Von gleichem Mitarbeiterumfang wie die Lernstattzentren bilden sich auf freiwilliger Basis Problemlösungsgruppen, die sich aus den Betroffenen (Meister, Vorarbeiter, Handwerker) zusammensetzen. Die Inhalte sind mit dem Management als auch dem Betriebsrat abzustimmen.

Quality Circles, aus 3–15 Mitarbeitern bestehend, werden konstituiert, um Probleme zu identifizieren, zu analysieren und um Lösungsmöglichkeiten vorzuschlagen. Sie dienen sowohl der Kommunikation und der Information als auch der betrieblichen Fortbildung.

Diese umfassende Partizipation der Mitarbeiter am Leistungserstellungsprozeß verringert die Distanz zwischen der Arbeitsaufgabe und der Person. Die bislang, trotz verstärkter EDV, nur unzureichend reduzierten Unsicherheiten hinsichtlich der Planvorgaben innerhalb logistischer Abläufe scheinen wirtschaftlich lösbar durch eine Erweiterung der Entscheidungskompetenz im operativen Bereich. Dies ist aber lediglich dann erfolgversprechend, wenn neben einer klaren Zielvorgabe eine kooperative Beschlußfassung erfolgt. Es wird ein Interessenausgleich zwischen verschiedenen Hierarchieebenen in Form von Anforderungen und Leistungsbereitschaft angestrebt. Die Zielvorgaben gehorchen dem Top-Down-Prinzip, der Entscheidungs- bzw. Durchsetzungsprozeß dem Bottom-Up-Prinzip; so ist die Beteiligung wie auch der aktive Einsatz der Erfahrungen und des Wissens der Mitarbeiter zu nutzen.

Die umfassende Einbeziehung der Mitarbeiter bei der Planung und Konzeption der JIT-Konzepte ist deshalb so wichtig, weil das Kontrollsystem lediglich die Ergebnisse genauer Produktionsabschnitte erfaßt. Hierin liegt auch ein wesentlicher Unterschied zu konventionellen Planungs- und Steuerungskonzepten, bei denen über ständige Rückmeldungen in Form eines EDV-Programms das Betriebsgeschehen abgebildet wird.

Das Modell des industriellen Leistungsprozesses als logistische Kette macht die gegenseitige Abhängigkeit der einzelnen Elemente besonders deutlich. Diese Abhängigkeit ist richtungsneutral, da der Material- wie der Informationsfluß sich auf gleicher Ebene, aber entgegengesetzt bewegen. Folglich erfordert das JIT-Konzept die gemeinsame Abstimmung der in den Ablauf eingebundenen Elemente. Dies wird über die umfassende Unterrichtung der Mitarbeiter über die Organisation des betrieblichen Ablaufs, die mitarbeiternahe Planung sowie der Vorgabe klarer Ziele möglich. Die Akzeptanz der Mitarbeiter ist dann zu erreichen, wenn anhand der Vorgaben eine individuelle Interpretation der Aufgaben und des Gesamtablaufs vollzogen werden kann. Hierauf sind die Motivationsbemühungen zu richten. Ein wirksames Instrument hierfür bilden dabei die beschriebenen Problemlösungsgruppen, die ständige Weiterentwicklung der JIT-Anwendung sowie die Konfrontation jedes involvierten Mitarbeiters mit seinem spezifischen Beitrag zur Erfüllung der Forderung einer bestandsarmen Produktion.

Neben der Vorgabe klarer Anweisungen und der Einrichtung neuer Organisationsstrukturen ist es Aufgabe der betrieblichen Führung, die Identifikation der Mitarbeiter mit den vorgegebenen Zielen zu erreichen. Hierzu eignet sich eine schrittweise Einführung. Die allmähliche Umsetzung, häufig auf Teilbereiche oder ausgewählte Produkte der Unternehmung beschränkt, erleichtert die Eingewöhnung für die Mitarbeiter. Erst bei einer ausreichenden Identifikation mit den vorgegebenen Zielen ist eine hinreichende Sicherheit des Leistungsvollzugs gewährleistet. Aufgrund der Transparenz der logistischen Kette auch für jeden einzelnen Mitarbeiter, der jeweils das Führungspersonal, besonders direkte Vorgesetzte, auffordert, »realistische« und konfliktfreie Vorgaben zu machen. Das JIT-Konzept mit seiner besonders ausgeprägten situationsbezogenen Komponente muß Freiräume offenlassen, so daß individuelle Problemlösungen umgesetzt werden können. Die Mobilisierung des Erfahrungswissens ist als wesentliche Ursache für die Produktivitätssteigerungen bei der Anwendung des Logistikkonzepts zu nennen. Ebenso sind zur Erleichterung der Identifikation mit den JIT-Prinzipien die Mitarbeiter über die Verbesserungen und Kosteneinsparungen zu unterrichten. Durch diese Maßnahmen werden Ressourcen für notwendige Investitionen frei, die eine weitere Anwendung und Ausdehnung der bestandsarmen Produktion ermöglichen.

Damit läßt sich einerseits die zentrale Forderung der Verschiebung der Relation von Umlauf- und Anlagevermögen erfüllen und andererseits das betriebliche Umfeld (z.B. bessere Arbeitsgestaltung, saubere Arbeitsbedingungen) verbessern.

Neben Interpretation und Identifikation ist die Integration des neuen, für Teilbereiche geltenden Organisationskonzepts mit der bestehenden Struktur eine wichtige Bedingung. Es geht dabei um die Schnittstellenproblematik zu Nachbarbereichen, die Aufgabenteilung sowie den notwendigen Informationsaustausch. Dem schließen sich Fragestellungen über die Einbindung des Individuums in diese Organisation an. Im einzelnen ist dies beispielsweise die Entlohnung sowie die aktive Unterstützung und Fortschreibung der Prinzipien der bestandsarmen Produktion durch die Mitarbeiter. Nicht das Erreichen von Einzeloptima steht im Vordergrund, sondern es geht um ein die gesamte logistische Kette umfassendes Konzept; deshalb ist die synchrone Abstimmung sämtlicher Leistungsbereiche so wichtig.

Die JIT-Produktion erfordert ein mitarbeiterorientiertes Organisationskonzept. Mit der Übertragung gezielt erweiterter Freiräume bei der Aufgabenerfüllung steigen die Anforderungen an die Vorgesetzten. Erfolgversprechend und im Einklang mit der neuen Produktions- und Logistikstrategie steht ein partizipativer Führungsstil, der die Bedürfnisse wie auch das Erfahrungswissen der Mitarbeiter im Rahmen des Leistungserstellungsprozesses mitberücksichtigt.

VIII.

Kapitel

8. Effizienzbeurteilung der JIT-Einführung

Die Einführung von JIT-Konzepten mit dem Ziel einer kundennahen Produktion und Logistik zeigt Wirkungen auf die Gestaltungsvariablen Zeit, Bestände, Flexibilität und Qualität. Die Beeinflussung dieser Gestaltungsvariablen führt gleichzeitig zu einer Verbesserung der Kosten- und Leistungsstruktur sowie zu einer Veränderung der Bilanz- und Wettbewerbsposition der Unternehmung. Ziel der Wirkungsanalyse ist es, die durch eine JIT-Produktion und -Logistik erschließbaren Potentiale aufzuzeigen, um damit Reorganisationsmaßnahmen auszulösen und zu rechtfertigen. Bei der Analyse von JIT-Konzepten ist zu berücksichtigen, daß die Veränderung der Gestaltungsvariablen auf die gleichzeitige Anwendung mehrerer JIT-Prinzipien zurückzuführen ist. Hieraus ergibt sich die Problematik, daß nur beschränkt Aussagen über die Wirkungsintensität einzelner Prinzipien getroffen werden können. Die in dieser Untersuchung durchgeführte Wirkungsanalyse basiert auf empirischen Ergebnissen von über 200 JIT-Konzepten, die in den vergangenen zehn Jahren vom Verfasser begleitet wurden. Die Ergebnisse konnten durch einen globalen Vergleich der Situation vor und nach Einführung der Konzepte ermittelt werden. Dabei ist davon auszugehen, daß die realisierten Ergebnisse auch durch weitere projektbegleitende Aktivitäten, wie einmalige Bestandsbereinigungen, beeinflußt worden sind. Im Rahmen der Analyse wurden die Veränderungen der wesentlichsten Zielgrößen erfaßt. Neben den merkmalsbezogenen Mittelwerten werden höchster und niedrigster Wert in den untersuchten Fallbeispielen genannt.

8.1. Bestands- und Liquiditätswirkungen

Bestände nehmen in industriellen Unternehmungen neben Spekulationsfunktionen insbesondere Ausgleichs- und Sicherungsfunktionen zur Überbrückung von Marktschwankungen und Kapazitätsungleichgewichten wahr. Maßnahmen zur Bestandssenkung erstrecken sich auf die Bestandskategorien Rohwaren und Einkaufsmaterialien, Ware-in-Arbeit, Zwischen- und Fertigerzeugnisse. Sie umfassen:
– die Losgrößenreduzierung,
– die Reduzierung von Dispositions- und Entscheidungsstufen, eine Erhöhung der Prognose- und Dispositionsqualität,
– eine Verringerung von Dispositions- und Steuerungsrhythmen,
– eine verbesserte Ersatzteillogistik,
– die Reduzierung von Produktionspuffern und Lagerstufen,

– die Verringerung der Fertigungstiefe,
– ein aktives Variantenmanagment sowie
– die produktionssynchrone Versorgung von internen und externen Lieferanten (vgl. auch Eidenmüller 1989).
Weitere Bestandssenkungseffekte resultieren aus der Reduzierung der Durchlauf- und Wiederbeschaffungszeiten.

Die Umsetzung dieser Maßnahmen führt in den seltensten Fällen zu dem Idealtyp einer Null-Bestands-Produktion, da sowohl technische als auch betriebswirtschaftliche Einflußgrößen Handlungsmöglichkeiten und Nutzen einer Bestandsreduzierung bestimmen. So hat sich in zahlreichen Anwendungsbeispielen eine Strategie als sinnvoll erwiesen, die, bei Reduzierung des gesamten Bestandsvolumens von bis zu 70%, artikelspezifisch eine Erhöhung der Bestandsreichweite für Teile mit geringem Verbrauchswert, auf niedriger Wertschöpfungsstufe oder in absoluten Engpaßbereichen zum Inhalt hat. Ziel ist es, durch den Aufbau physisch begrenzter Materialpuffer den Flußgrad (Quotient aus Durchlaufzeit und Wertschöpfungszeit) und die Lieferbereitschaft gleichermaßen über den gesamten Wertschöpfungsprozeß hinweg zu optimieren. Als Ergebnis dieses Optimierungsansatzes beeinflußt das JIT-Konzept vor allem die Bestandsstruktur, da mit zunehmender Kundennähe eine Erhöhung der Umschlagshäufigkeit der Bestände angestrebt wird. Eine Veränderung der Bestandsstruktur resultiert aus der Einführung von Bevorratungsebenen. Eine Bevorratungsebene ist ein Lager, bis zu dem eine prognoseorientierte und ab dem eine kundenauftragsorientierte Disposition erfolgt. Abb. 92 zeigt die empirischen Ergebnisse der branchenbezogenen Auswertung von Bestandsstrukturen. Die dabei auftretende Verteilung der Lagerumschlagshäufigkeiten zeigt Abb. 93. Sie beträgt im Mittel 5 p. a. Nach Einführung des JIT-Konzepts ergaben sich im Vergleich zum vorherigen Ist-Zustand die in Abb. 111 dargestellten Bestandswirkungen.
Durch die Verringerung des bislang in Vorräten an Rohstoffen, Halb- und Zwischenerzeugnissen sowie Fertigprodukten gebundenen Kapitals steigt die Kapitalumschlaghäufigkeit. Das gleiche Beschaffungs-, Produktions- und Umsatzvolumen kann mit einem geringeren Kapitaleinsatz realisiert werden. Die freigesetzten Finanzmittel erhöhen kurzfristig die Liquidität der Unternehmung. Langfristig können die freigesetzten Mittel zur Durchführung zusätzlicher Investitionen oder zur Ausweitung des Geschäftsvolumens ins Umlaufvermögen reinvestiert werden. Die auf diese Weise realisierte aktivseitige Vermögensumschichtung vom Umlaufvermögen ins Anlagevermögen oder innerhalb des Umlaufvermögens kann bei gleichbleibendem Bilanzvolumen zu einer Erhöhung der Periodenkapazität führen. Ferner ermöglichen die freigesetzten Mittel eine »Entlastung« der Passivseite der Bilanz, etwa durch Rückzahlung von Fremdkapital.

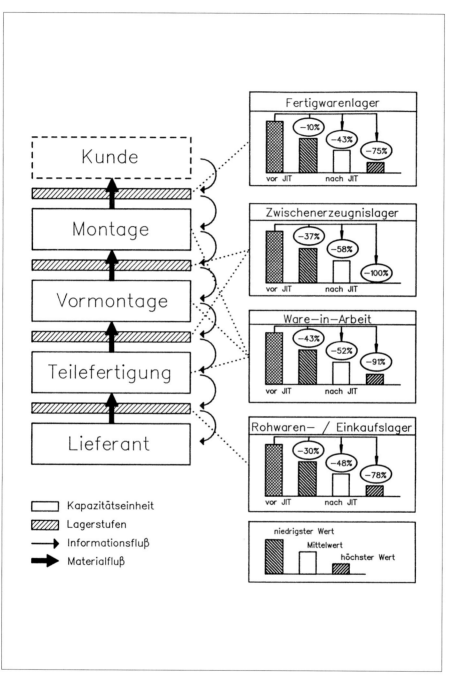

Abb. 111: Bestandswirkungen in der logistischen Kette

In den untersuchten Fallbeispielen überwogen mit einem Anteil von 50% diejenigen Unternehmungen, die die freigesetzten Mittel zur Ausweitung des Umsatzvolumens ins Umlaufvermögen reinvestierten. Bei 40% der Unternehmungen fand eine Verlagerung zugunsten des Anlagevermögens statt. Im Vordergrund standen dabei Investitionen zum Abbau von Kapazitätsengpässen, der gezielte Aufbau sowohl von qualitativen als auch von quantitativen Kapazitäten sowie Ersatz- und Rationalisierungsinvestitionen. Lediglich in 10% der analysierten Fallbeispiele wurden die freigesetzten Mittel zur Tilgung von Verbindlichkeiten herangezogen. Bei der Umwandlung von Umlauf- zu Anlagevermögen stellt sich die Frage nach dem Umfang des durch die Bestandsreduzierung induzierten Anlageninvestments. Diese Frage soll mit Hilfe der Investitionsrechnung beantwortet werden. Hierzu bieten sich die Kostenvergleichsrechnung als statisches Investitionsrechenverfahren und die Kapitalwertmethode als dynamisches Investitionsrechenverfahren an.

Auf der Basis der Kostenvergleichsrechnung kann der Betrag investiert werden, bei dem die Kosten für das zusätzliche Anlagevermögen kleiner oder gleich den Kosteneinsparungen aus der Reduzierung des Umlaufvermögens sind.

Unterstellt man einen proportionalen Zusammenhang zwischen der Höhe des Umlauf-Anlage-Vermögens und den entsprechenden Kosten, dann ergibt sich folgende Ungleichung:

$$(1) \qquad \tilde{k}^{UV} \cdot \triangle UV \geqslant \tilde{k}^{AV} \cdot \triangle AV$$

In (1) bezeichnen:

$\triangle UV \qquad := \qquad$ durch die Bestandsreduzierung verursachte Verminderung des Umlaufvermögens

$\triangle AV \qquad := \qquad$ Investition in Anlagevermögen

$\tilde{k}^{UV} \qquad := \qquad$ Kostensatz Umlaufvermögen

$\tilde{k}^{AV} \qquad := \qquad$ Kostensatz Anlagevermögen

Wird die Ungleichung (1) nach AV aufgelöst, dann erhält man für das maximale Anlageinvestment:

$$(2) \qquad \triangle AV \leqslant \frac{\tilde{k}^{UV}}{\tilde{k}^{AV}} \cdot \triangle UV$$

Aus Ungleichung (2) wird ersichtlich, daß die Höhe des Anlageninvestments vor allem von dem Verhältnis der Kostensätze für das Umlauf- und Anlagevermögen abhängt. Der Kostensatz des Umlaufvermögens umfaßt sämtliche Materialgemeinkosten wie kalkulatorische Zinsen, Ausschuß, Schwund, und Versicherung. Der Kostensatz des Anlagevermögens setzt sich aus Abschreibungen, anteiligen Gemeinkosten sowie Steuern und Versicherungen zusammen. Beide Kostensätze sind pauschaler Natur. Insofern bietet sich die abgeleitete Gleichung in erster Linie zur globalen Abschätzung eines potentiellen Austauschverhältnisses an, wie es in Abb. 112 dargestellt ist. Um Aussagen über das Ausmaß einer Verlagerung von Ressourcen vom Umlauf- ins Anlagevermögen treffen zu können, die den unterschiedlichen zeitlichen Anfall der Ein- und Auszahlungen berücksichtigen, erscheint der Einsatz der Kapitalwertmethode zweckmäßiger.

Bei Anwendung der Kapitalwertmethode kann der Betrag investiert werden, bei dem der Kapitalwert der mit dem Aufbau von Anlagevermögen verbundenen Auszahlungen kleiner oder gleich dem Kapitalwert der mit der Bestandsreduzierung verbundenen vermiedenen Auszahlungen ist.

Es gilt:

$$(3) \qquad C_0^{AV} \leqslant C_0^{UV}$$

wobei sich der Kapitalwert des Anlageinvestments zusammensetzt aus:

$$(4) \qquad C_0^{AV} = A_0^{AV} + \sum_{t=1}^{T} A_t^{AV} \cdot (1 + i)^{-t}$$

Der Kapitalwert der Umlaufbestandsreduzierung lautet:

$$(5) \qquad C_0^{UV} = E_0^{UV} + \sum_{t=1}^{T} E_t^{UV} \cdot (1 + i)^{-t}$$

Setzt man die Ausdrücke (4) und (5) in (3) ein und löst man nach A_0^{AV} auf, dann erhält man folgende Ungleichung für das maximale Anlageninvestment.

$$(6) \qquad A_0^{AV} \leqslant E_0^{UV} + \sum_{t=1}^{T} (E_t^{UV} - A_t^{AV}) \cdot (1 + i)^{-t}$$

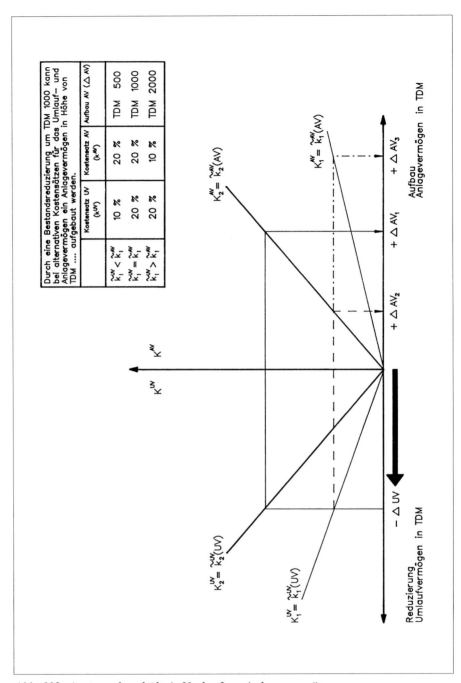

Abb. 112: Austauschverhältnis Umlauf- zu Anlagevermögen

In obigen Formeln bezeichnen wir:

C_0^{AV} := Kapitalwert des Anlageninvestments

C_0^{UV} := Kapitalwert der Reduzierung des Umlaufvermögens

A_0^{AV} := Einmalige Anschaffungsauszahlung zum Zeitpunkt t = 0

E_0^{UV} := Einmalige Bestandsreduzierung zum Zeitpunkt t = 0

A_t^{AV} := Auszahlungen für den Betrieb der Anlage(n) in der Periode t

E_t^{UV} := Einsparungen (vermiedene Auszahlungen) aus der Reduzierung des Umlaufvermögens in der Periode t

i := Kalkulationszinsfuß

t := einzelne Planungsperioden

In nachfolgend angeführter Tabelle ist die Bestimmung des maximalen Anlageinvestments auf der Basis der Kapitalwertmethode beispielhaft dargestellt.

Beispiel: Errechnung der maximalen Anlageinvestments auf der Basis der Kapitalwertmethode mit: Einmalige Bestandsreduzierung von TDM 1000 in t = 0, Zahlungsströme wie in der folgenden Tabelle angegeben, Planungszeitraum von 5 Jahren, Kalkulationszinsfuß i = 0,10					
t	E_t^{UV}	A_t^{AV}	$E_t^{UV} - A_t^{AV}$	$(E_t^{UV} - A_t^{AV})(1+i)^{-t}$	Kumuliert
0	1000		1000	1000	1000
1	300	280	20	18,18	1018,18
2	400	320	80	66,12	1084,30
3	300	360	- 60	- 45,08	1039,22
4	200	400	- 200	- 136,60	902,62
5	200	440	- 240	- 149,02	753,60

In diesem Beispiel wird von einer einmaligen Bestandsreduzierung von TDM 1000 ausgegangen. Der Planungszeitraum beträgt fünf Jahre. Ferner wird angenommen, daß aufgrund des Anlagenverschleißes die Auszahlungen für den Betrieb der Anlage im Zeitverlauf zunehmen. Durch Subtraktion der Auszahlungen bzw. vermiedener Auszahlungen erhält man den Nettoüberschuß der einzelnen Planungsperioden. Aus der Summe der abgezinsten Nettoüberschüsse (Barwerte) resultiert dann das maximale Anlageninvestment. Dieses beträgt in dem angeführten Beispiel 753.600 DM.

8.2. Produktivitätswirkungen

Die Hypothese, daß durch den Mechanismus der Bestandssenkung, Problemerkennung und Problembeseitigung Produktivitätsfortschritte erreicht werden können, wurde von HAYES und CLARK empirisch untersucht (vgl. HAYES/CLARK 1987, S. 96f.). Dabei konnte in amerikanischen Unternehmen ermittelt werden, daß bei einer 10%igen Reduzierung der Ware-in-Arbeit eine Produktivitätssteigerung von bis zu ca. 9% erzielt werden kann (vgl. Abb. 113).

Eigene Fallauswertungen zeigen, daß mit einer 10%igen Bestandsreduzierung Produktivitätseffekte von im Durchschnitt 3% erreichbar sind. Der Mittelwert der realisierten Bestandsreduzierung liegt bei 18%; der Maximalwert bei 42%. Die Produktivitätswirkungen konnten in einem Zeitraum von 9–15 Monaten nach Einführung des JIT-Konzepts erzielt werden. Analysen des Zusammenhangs zwischen Bestandssenkungsmechanismus und Produktivitätsfortschritt ergaben den in Abb. 114 dargestellten Kurvenverlauf. In Abhängigkeit vom Umfang der Bestandsreduzierung steigt die Produktivitätskurve zunächst überproportional an und nähert sich dann degressiv steigend einem Grenzwert. Die Grenzproduktivität aus dem Bestandssenkungsmechanismus nimmt kontinuierlich ab.

Die Höhe und die Realisierungsgeschwindigkeit des angestrebten Produktivitätsfortschritts wird bestimmt von der Bereitschaft der Mitarbeiter, die durch das JIT-Konzept beabsichtigten Struktur- und Verhaltensänderungen zu unterstützen. Voraussetzung hierfür ist die Bereitstellung von Problemlösungskapazitäten, die sicherstellen, daß bestehende Wissens- und Verhaltensbarrieren überwunden werden können. Wesentlich für den Aufbau von Problemlösungskapazitäten ist die Erkenntnis, daß signifikante Produktivitätssteigerungen nicht auf die Wissensvermehrung und Verhaltensänderung einzelner Mitarbeiter zurückzuführen ist. Um Quantensprünge zu erreichen, ist ein funktions- und hierarchieübergreifender Ansatz erforderlich, der einen zielgerichteten und konsensfähigen Veränderungsprozeß ermöglicht. Einen solchen Ansatz stellt das Konzept des »Organizational Learning« dar. »Organizational Learning« bezeichnet den Lernprozeß komplexer

Unter-nehmung	Werk/Abteilung	Auswirkung einer 10%-igen Reduzierung der Halb-fertigwaren-Bestände auf die TFP[1]		Grad an Unsicher-heit[2]
A	1	+	1,15	23,8
	2	+	1,18	30,6
	3	+	3,73	10,3
	4	+	9,11	0,3
B	1	+	1,63	0,1
	2	+	4,01	0,0
	3	+	4,65	0,0
	4	+	3,52	0,0
	5	+	3,84	0,0
C	1	+	2,86	0,0
	2	+	1,14	0,0
	3	+	3,59	0,2

[1] $$TFP = \frac{\text{Gesamtausstoß (Output)}}{\text{Material-, Kapital-, Personal-, und Energieeinsatz (Input)}}$$

[2] Die Wahrscheinlichkeit, daß eine Verminderung der Bestände an Halbfertigwaren keine oder eine negative Auswirkung auf die totale Faktorproduktivität hat.

Quelle: HAYES/CLARK (1987)

Abb. 113: Auswirkungen über 10%ige Reduzierung der Ware-in-Arbeit auf die Faktorproduktivität

sozialer Systeme und ist durch folgende Merkmale gekennzeichnet (vgl. Stata 1989):
– Einbeziehung sämtlicher Organisationsmitglieder oder Funktionsbereiche,
– kollektives Lernen und Verhalten,
– Konsens über Ziele, Maßnahmen und Realisierung sowie
– Informationstransparenz und bereichsübergreifende Wissensakkumulation.

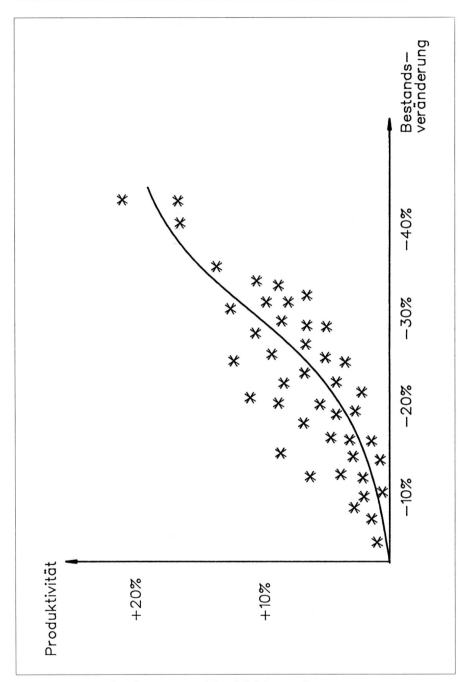

Abb. 114: Bestandsreduzierung und Produktivitätssteigerung

Von zentraler Bedeutung für die Umsetzung des »Organizational Learning« ist die Bestimmung der erforderlichen Problemlösungskapazität sowie deren organisatorische Einbettung in die bestehende Unternehmensstruktur.

Der Aufbau von Problemlösungskapazitäten kann in Form von Pilotprojekten oder durch vorbereitende Schulungsmaßnahmen erfolgen. Dabei hat sich gezeigt, daß eine Gruppe von Unternehmen den Veränderungsprozeß mit einzelnen Pilotprojekten (jeweils 4 bis 8 Mitarbeiter) beginnen, diese in einem Zeitraum von 6 bis 9 Monaten realisieren und dann die nächsten Projekte sukzessive in einem Zeitraum von drei Jahren abarbeiten. Diese Gruppe von Unternehmen benötigt für einen JIT-Durchdringungsgrad von etwa 75% einen Zeitraum von 28 bis 36 Monaten. Die zweite Gruppe von Unternehmen beginnt den Reorganisationsprozeß auf breiter Front mit der Schulung einer kritischen Anzahl von Mitarbeitern (2 bis 5% der Beschäftigten). In dieser Gruppe werden Projekte parallel durchgeführt und im Mittel in 9 bis 12 Monaten realisiert. Die Zeitdauer für einen Durchdringungsgrad von 75% ist gegenüber der ersten Gruppe wesentlich kürzer und beträgt 18 bis 20 Monate.

Betrachtet man die zehn Unternehmen mit den höchsten Zielerreichungsgraden, so zeigt sich, daß diese ausschließlich der zweiten Gruppe zuzuordnen sind und für 75% Durchdringungsgrad weniger als 18 Monate benötigten. Diese Unternehmen haben pro Mitarbeiter im Reorganisationszeitraum pro Jahr im Mittel einen Ausbildungsbetrag von DM 2850,– aufgewandt (Minimalwert DM 860,– p. a., Maximalwert DM 4200,– p. a.).

Die Eingliederung der Problemlösungskapazität in die vorhandene Organisationsstruktur ist abhängig von Zielsetzungen wie Schnittstellenreduzierung, Vermeidung von Redundanzen und Zusammenfassung von Entscheidungs- und Durchführungskompetenzen. In den untersuchten Fallbeispielen ist ein eindeutiger Trend zur dezentralen Problemlösungskapazität in Form von Kompetenzzentren oder funktionsübergreifenden Qualitäts- oder Problemlösungsgruppen zu erkennen (nahezu zwei Drittel der Fallbeispiele). In diesen Unternehmungen wurden flachere Organisationsstrukturen angestrebt und bis zu zwei Hierarchieebenen reduziert. In 10% der Fälle bildeten spezialisierte Fachabteilungen den organisatorischen Rahmen für die Institutionalisierung der Problemlösungskapazität. Bei 20% der Fallbeispiele wurde eine Aufsplittung der Problemlösungskapazität in zentrale und dezentrale Organisationseinheiten vorgenommen.

8.3. Zeitwirkungen

Die angestrebte Integration von Material- und Informationsfluß entlang der logistischen Kette führt zu einer Beschleunigung der Auftragsdurchlaufzeit. In den

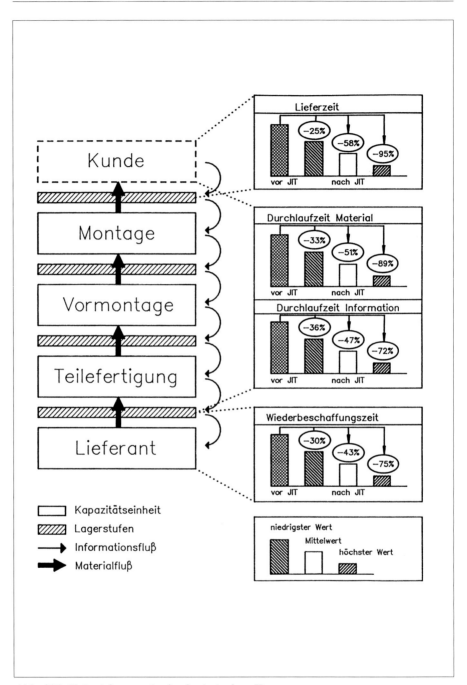

Abb. 115: Zeitwirkungen in der logistischen Kette

untersuchten Fallstudien gelang es, eine durchschnittliche Reduktion der Materialdurchlaufzeit um 51% zu erzielen, wobei die Streubreite zwischen einem Minimalwert von 33% und einem Maximalwert von 89% lag (vgl. Abb. 115).

Die positive Veränderung der Durchlaufzeit ist auf mehrere Prinzipien zurückzuführen. So ergeben sich durch die objektorientierte Betriebsmittelausrichtung bei gleichzeitiger Kapazitätsharmonisierung, die Erhöhung des Wechselpotentials durch Reduzierung von Rüstzeiten sowie durch die Anwendung des Holprinzips signifikante Auswirkungen auf die Transport-, Wege- und Wartezeiten. Die Reduzierung der Rüstzeiten sowie der Einsatz flexibler Maschinen mit kleinen Kapazitätsquerschnitten schaffen die Möglichkeit zur Losgrößenreduzierung. Damit werden ablaufbedingte Warteschlangen und Zeitpuffer zwischen den einzelnen Bearbeitungsschritten weitgehend vermieden. Weitere Maßnahmen wie die Komplettbearbeitung innerhalb selbststeuernder Fertigungssegmente mit Terminverantwortung, die Dezentralisierung von Logistik-, Qualitäts- und Instandhaltungsaufgaben sowie die objektorientierte Auftragsabwicklung zielen darauf ab, den Auftragsdurchlauf innerhalb des Informationsflußsystems zu beschleunigen. So konnten bei den untersuchten Fallbeispielen Verkürzungen von 36% bis 72% (Mittelwert 47%) festgestellt werden. Auf der Zulieferantenseite werden diese Maßnahmen ergänzt durch eine produktionssynchrone Beschaffung mit kurzen und termingerechten Wiederbeschaffungszeiten. Diese wurden für produktionssynchron beschaffte Teile und Baugruppen im Mittel um 43% verkürzt, wobei die Werte zwischen 30% und 75% lagen.

Durch die Reduzierung der Wiederbeschaffungs- und Auftragsdurchlaufzeiten innerhalb der eigenen Wertschöpfungskette wird die Voraussetzung geschaffen, die Lieferzeit zu reduzieren, ohne zusätzliche Fertigwarenlagerbestände aufzubauen. Dabei gilt es, auch an der Schnittstelle zwischen Produzent und Kunde JIT-Prinzipien zur Anwendung zu bringen. Beispiele hierfür sind die Reduzierung von Vertriebslagerstufen, die Einführung von Bevorratungsebenen sowie die Übertragung von Logistikfunktionen auf Spediteure. In den ausgewerteten Fallbeispielen ergaben sich Lieferzeitreduzierungen von durchschnittlich 58%. Bei einer JIT-Realisierung konnte sogar eine Zeitersparnis von 93% realisiert werden. Die Lieferzeit ab Werk beträgt dort 24 Stunden für Standarderzeugnisse.

Die Verkürzung der Zeitdauer des Auftragsdurchlaufs hat unmittelbare Konsequenzen für die Kosten und das Leistungsprofil des Produktions- und Logistiksystems. Dabei ist entscheidend, daß Zeiteinsparungen immer dann zu Kostenreduzierungen führen, wenn als Bezugsgröße zur Kostenbewertung der Faktor Zeit herangezogen wird. Dies gilt insbesondere für den Hauptanteil der Material- und Informationsflußkosten. Für die Bewertung von Durchlaufzeiten ist eine einseitige Kostenbetrachtung allerdings nicht ausreichend. Um das gesamte Wirkungsspektrum von Zeitverkürzungen beurteilen zu können, sind Verbesserungen in der

Leistungsfähigkeit von Produktion und Logistik einzubeziehen. Diese äußern sich in einer höheren Prognosesicherheit, in einer kürzeren Reaktionsfähigkeit auf Änderungen und Störungen sowie in einer Verkürzung der Produkteinführungszeiten. Aufgrund kurzer Durchlaufzeiten nimmt die Abhängigkeit von Prognosen ab. Über die Zeit betrachtet nehmen Prognosefehler für einen zu disponierenden Bedarf in unterschiedlichem Maße zu. Um den Prognosefehler bei Teilen mit unsicherer Bedarfsprognose zu begrenzen, ist eine Reduzierung des Prognosezeitraums erforderlich. Voraussetzung hierfür sind verkürzte Durchlaufzeiten. Dabei gilt: Je höher die Prognoseunsicherheit, desto stärker müssen die Bestrebungen zur Reduzierung von Durchlauf- und Wiederbeschaffungszeiten sein.

Kurze Durchlaufzeiten gewährleisten eine verbesserte Reaktion auf Änderungen. Lange Durchlaufzeiten erfordern ein frühzeitiges Einsteuern von Aufträgen. Aufgrund der langen Zeitstrecke bis zur Fertigstellung des Produkts besteht die Gefahr, daß Eigen- und Fremdteile durch Konstruktionsänderungen sogar mehrfach geändert werden müssen. Dieser Sachverhalt ist insbesondere bei neuen Produkten und Varianten zu beobachten. Durch Reduzierung der Durchlaufzeiten werden Unternehmen in die Lage versetzt, zu einem später erforderlichen Zeitpunkt Aktivitäten zur Fertigung und Beschaffung einzuleiten. Hierdurch sinkt die Wahrscheinlichkeit, daß einmal gestartete Aufträge von Änderungen betroffen werden. Die Möglichkeit, erst zu einem späteren Zeitpunkt mit der Produktion zu beginnen, reduziert das Änderungsrisiko von Bestellungen und Lieferterminen.

Verkürzte Durchlaufzeiten erhöhen die Reaktionsgeschwindigkeit bei Störungen innerhalb des Wertschöpfungsprozesses. Durch den Abbau von Sicherheitspuffern bei Zeiten und Beständen steigen die Anforderungen an die Zuverlässigkeit der Produktions- und Logistikprozesse. Gleichzeitig entsteht ein Zwang, auftretende Störungen unmittelbar zu beseitigen.

Kurze Durchlaufzeiten im Material- und Informationsfluß schaffen das notwendige Flexibilitätspotential, um der Zeitfalle auszuweichen, die durch die Verkürzung von Produktlebenszyklen und die damit verbundene Reduzierung von Einführungszeiten und Marktperioden entsteht. Die kürzeren Marktperioden führen dazu, daß bereits zu Beginn der Marktperiode ausgereifte Produkte verfügbar sein müssen. Sie setzen ferner voraus, daß keine Zeitverzögerungen in der Produktion und Auftragsbearbeitung auftreten, die einer schnellen Marktpenetration neuer Produkte entgegenstehen.

8.4. Qualitäts- und Flexibilitätswirkungen

Die Auswirkungen einer JIT-Produktion und -Logistik auf die Qualität werden durch eine neue Zielfunktion bestimmt, die auf die Vermeidung von Fehlerfolge-

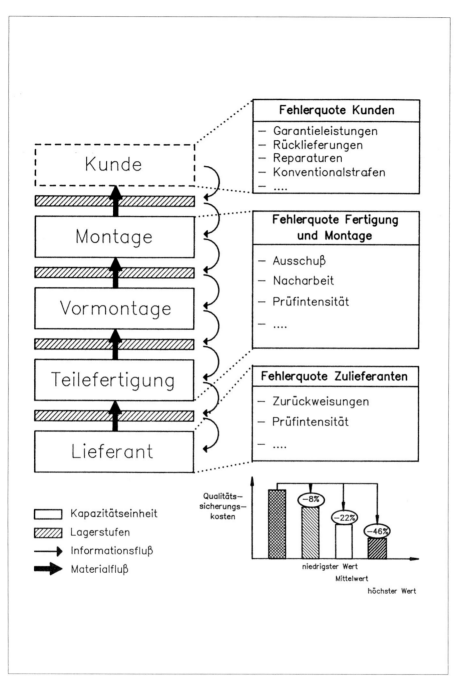

Abb. 116: Qualitätswirkungen in der logistischen Kette

kosten ausgerichtet ist. Wichtigster Ansatzpunkt ist eine Neuorientierung der Qualitätssicherungsmaßnahmen weg von einer nachträglichen Ergebniskontrolle und hin zu einer regelorientierten Kontrolle der Prozeßparameter, die für die Produktqualität und für die Vermeidung von Fehlern ausschlaggebend sind. Es wird angestrebt, die richtigen Dinge richtig zu tun, und zwar gleich beim ersten Mal. Um dies zu erreichen, ist ein geeignetes Produktionsumfeld zu schaffen, das eine hohe Transparenz des Produktionsprozesses und schnelle Rückmeldungen gewährleistet, so daß eine Gestaltung der Qualitätssicherung in Form von dezentralen selbststeuernden Regelkreisen möglich wird. Die Einführung einer derartigen Qualitätssicherungsstrategie führt zu einer Reduzierung von Ausschuß, Nacharbeit und Prüfintensität innerhalb der eigenen Wertschöpfungskette (vgl. Abb. 116). Ergänzt um eine im Rahmen der produktionssynchronen Beschaffung institutionalisierte unternehmensübergreifende Qualitätssicherungskonzeption, kann die Fehlerquote der Zulieferanten stark verringert werden. Als Ergebnis resultieren niedrigere Fehlerfolgekosten bei den Kunden in Form von Garantieleistungen, Rücklieferungen, Reparaturen sowie Konventionalstrafen. Insgesamt konnte durch die Neuorganisation der Qualitätssicherung bei den Unternehmungen eine durchschnittliche Qualitätskostenreduktion von 22% festgestellt werden.

Die Einführung von JIT-Konzepten führt auch zu einer Erhöhung der quantitativen und qualitativen Flexibilität. Quantitativ bietet das Konzept die Möglichkeit, daß durch einen gezielten Kapazitätsaufbau das Kapazitätsangebot in den der Montage vorgelagerten Produktionsbereichen geringfügig höher ausgelegt wird als in der Montage, so daß kurzfristige Kapazitätsspitzen abgedeckt werden können. Begrenzt wird die quantitative Flexibilität vor allem durch betriebliche Arbeitszeitmodelle. In über 50% der JIT-Anwendungen wird eine Flexibilisierung der Arbeitszeiten zur kurzfristigen Beeinflussung des Beschäftigungsvolumens angestrebt. Mit Maßnahmen wie Arbeit in versetzten Schichten, der Einrichtung von Teilzeitbeschäftigungsverhältnissen für Hausfrauen sowie der Freischichtenregelung wird eine Anpassung der Betriebszeit an die Nachfrage versucht.

Der Bedarf nach qualitativer Flexibilität ergibt sich aus den Anforderungen des Marktes hinsichtlich der Verfügbarkeit von Produkten in einer großen Variantenzahl. In einer Auswertung der Mengen- und Variantenentwicklung über einen Zeitraum von zehn Jahren bei 29 Unternehmen konnte ermittelt werden, daß in wachsenden Märkten bei einer Verdopplung des Produktionswerts ein Anstieg der Variantenzahl um das 1,8–2,5fache zu verzeichnen war (vgl. Abb. 117). Noch gravierender erwies sich die Variantenentwicklung in stagnierenden Märkten: Hier stieg die Anzahl der Varianten auf 400–520% des Ausgangswerts bei einer Reduktion des Mengenvolumens um bis zu 20%. Um dieser Entwicklung entgegenzutreten, ergeben sich unter Kostengesichtspunkten grundsätzlich zwei Lösungsalternativen: Entweder wird die Zahl der Varianten reduziert, oder es werden

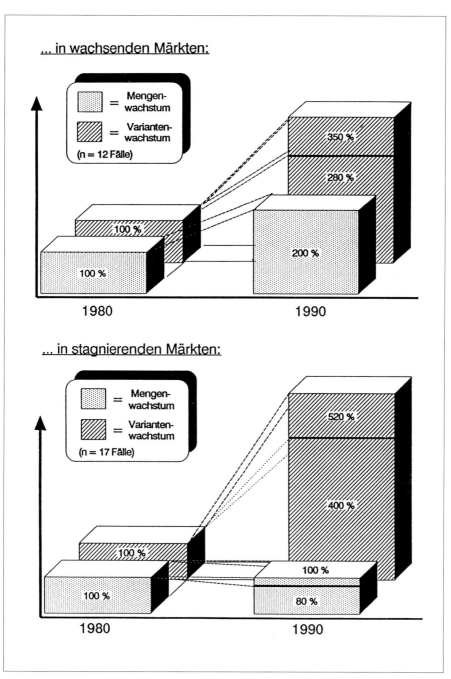

Abb. 117: Entwicklung der Variantenvielfalt

Produktionsbedingungen geschaffen, die die Variantenvielfalt bewältigen. Herkömmliche Strategien zielen auf eine Reduktion der Variantenzahlen ab, etwa durch eine Standardisierung von Produktbauteilen. Bei dieser Variantenbetrachtung kann von einer umgekehrten Erfahrungskurve ausgegangen werden: Die Kosten steigen mit der Anzahl der Varianten, normalerweise mit einer Verdopplung um 20–35% (vgl. Abb. 1). Diese Beobachtung deutet darauf hin, daß neben die Produktmenge die Produktvielfalt als ebenso wichtige Kosteneinflußgröße tritt. In dieser Größe spiegelt sich die Komplexität der Fertigung und damit ein Großteil der betrieblichen Gemeinkosten wider.

Bei einer kundennahen Produktion und Logistik ist ein anderer Ansatz zu verfolgen, die Variantenvielfalt zu bewältigen und damit möglichen Marktnachteilen auszuweichen, die mit einer Standardisierung der Produkte verbunden sein können. Hierzu ist neben einer höheren Personalqualifikation der Einsatz flexibel ausgestalteter Produktions- und Montageeinrichtungen erforderlich. Ergänzt um Rüstkonzepte führen diese Faktoren zusammen zu einem geringeren Anstieg der von der Variantenvielfalt abhängigen Kosten und erlauben damit, eine größere Menge und Variantenvielfalt zu gleichen Kosten zu produzieren. Hinzukommen müssen konstruktive Maßnahmen, die auf eine Festlegung der Varianten am Ende der Wertschöpfungskette abzielen oder zumindest auf bestimmte Stellen in der Wertschöpfungskette beschränken, damit der kapitalintensive Einsatz flexibler Produktionstechnologien dort konzentriert werden kann. Diese Strategie wird unterstützt durch Maßnahmen zur Reduzierung der Fertigungstiefe und -breite. Speziell bei Komponenten, die den Kundennutzen nicht beeinflussen, oder bei Technologien mit geringer strategischer Attraktivität bietet sich eine Verlagerung zu leistungsfähigen Zulieferern an. Bei Unternehmen, die JIT-Konzepte realisieren, ist eine Tendenz zur Erweiterung der Fertigungsbreite in den letzten Produktionsstufen und eine Verringerung der Fertigungstiefe sichtbar (vgl. Abb. 118).

8.5. Kosten- und Leistungswirkungen

Durch eine JIT-Produktion und -Logistik können Kosten und Leistungen des Produktions- und Logistiksystems gleichzeitig verbessert werden. Die empirische Analyse ergab, daß die mit einer kundennahen Produktion und Logistik verbundenen Personalkosteneinsparungen in den direkten und indirekten Bereichen in den untersuchten Anwendungsfällen zwischen 8% und 15% betragen haben, wobei der Durchschnittswert bei 13% lag. Diese Reduzierungen ergeben sich aus der Strategie, die üblichen funktionsbezogenen Teiloptima durch ein an der logistischen Kette orientiertes Gesamtoptimum zu ersetzen. Die Verbesserung der Produktivität ist vor allem auf die stärkere Durchdringung der Organisationsstruktur

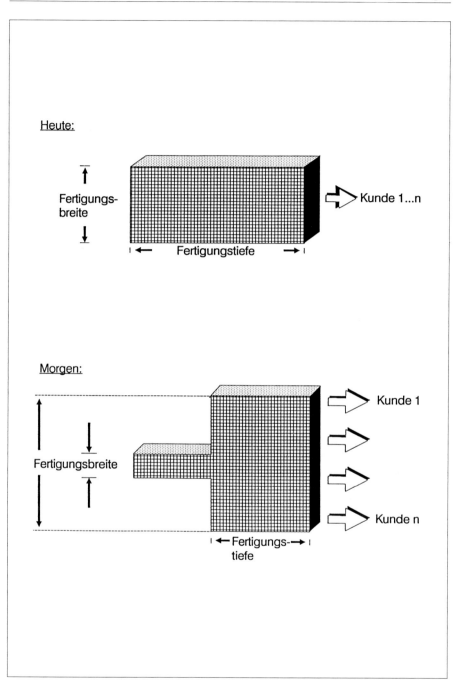

Abb. 118: Strategien für Eigenfertigung und Fremdbezug

mit generellen Regelungen sowie auf die schnellere und wirksamere Fehlerbeseitigung zurückzuführen. Dadurch reduziert sich sowohl der Koordinationsaufwand als auch die Höhe von Reibungsverlusten, die bei einer Vielzahl situationsbedingter Entscheidungen aufgrund mangelnder Übersicht über das Entscheidungsfeld oder widersprüchlicher Ziele auftreten.

Wesentlich beeinfluß wurden die Logistikkosten durch die Reduzierung der Kapitalbindungskosten. Die Fertigung kleiner Losgrößen und die konsequente Ausnutzung des realisierten Durchlaufzeitpotentials bei gleichzeitiger Absenkung der Sicherheitsbestände bei Einkaufs- und Fertigerzeugnissen führte zu einer durchschnittlichen Bestandskostensenkung von 39%. Hiermit verbunden war ein verringerter Flächenbedarf speziell im Lagerbereich, wodurch sich die Relation »Fertigungsfläche zu Lagerfläche« von 1 zu 1,6–1,0 auf bis zu 1 zu 0,6 verbesserte. Aufgrund des Abbaus von Mietflächen und der Umwandlung von Lager- in Fertigungsflächen ergaben sich Einsparungen bei den Raumkosten von durchschnittlich 22%.

Die Einsparungen bei den sonstigen Logistikkosten, die zwischen 25% und 50% lagen, resultierten aus einer besseren Qualität der Ausführung logistischer Prozesse. Durch die bestandsarme Produktion konnten die Lagerrisiken und der Ausschuß erheblich eingeschränkt werden. Entsprechend reduzierten sich die Fehlmengenkosten durch die verbesserte Termin- und Liefertreue.

Bei den Kosten des Produktions- und Logistiksystems waren in den untersuchten Fallbeispielen im Mittel Kostenerhöhungen um 5% zu verzeichnen. Diese wurden im wesentlichen durch Neu- oder Zusatzinvestitionen in Lager-, Transport- und Handlingseinrichtungen sowie durch die Anpassung der bestehenden EDV-Systeme und Organisationsmittel bestimmt.

Die erzielten Kosteneffekte führen zu einer deutlichen Verbesserung des Verhältnisses von Logistikkosten zu Umsatz. Exemplarisch fallbezogene Wirtschaftlichkeitsanalysen zeigen, daß eine Reduktion der Herstellkosten von etwa 10% realisiert werden kann.

Die mit der Implementierung von JIT-Konzepten verbundenen Leistungssteigerungen äußerten sich insbesondere in einem höheren internen und externen Servicegrad.

Kürzere Reaktionszeiten, höhere interne und externe Lieferverbindlichkeiten und reduzierte Änderungserfordernisse bei gestarteten Aufträgen führen insgesamt zu einer deutlichen Steigerung der Liefertreue, die im Durchschnitt bei einer Steigerung um 21% lag. Im schlechtesten Fall wurden 7%, im besten Fall 44% bei der Zunahme der Liefertreue erreicht. Die Lieferfähigkeit nahm um durchschnittlich 24% zu. Allerdings konnten keine Aussagen über die durch die Steigerung dieser Logistikleistungen induzierten Umsatzveränderungen abgeleitet werden.

Verbesserungen konnten auch bei den internen Logistikleistungen festgestellt werden. So konnte die innerbetriebliche Termintreue um durchschnittlich 15% verbessert werden, was vor allem auf die Einrichtung gezielter physisch begrenzter Materialpuffer und auf die Anwendung des Holprinzips zurückzuführen war. Die verbesserte Materialverfügbarkeit hatte in Verbindung mit einer Optimierung von Rüstvorgängen zur Folge, daß eine Erhöhung der Kapazitätsauslastung um bis zu 16% erreicht werden konnte.

Im Rahmen der Einführung von JIT-Konzepten war wiederholt festzustellen, daß logistische Leistungen nur unsystematisch erfaßt, geplant und kontrolliert werden. Zur Steuerung der Produktions- und Logistiksysteme werden in erster Linie Kostengrößen herangezogen. Dies ist vor allem auf die einseitige Betrachtung von Produktion und Logistik als Kostenverursacher zurückzuführen. Die Defizite in der logistischen Leistungsrechnung haben zur Konsequenz, daß über Art und Höhe der erforderlichen logistischen Leistungen, etwa zur Abwicklung einer neuen Kundenvariante oder bei der Einsteuerung von Eilaufträgen, nur unzureichende Kenntnisse vorliegen. Darüber hinaus haben erst wenige Unternehmungen den strategischen Stellenwert logistischer Leistungen erkannt. Zahlreiche Unternehmungen sehen sich durch die Einführung von JIT-Konzepten gezwungen, ihr logistisches Leistungsprofil zu definieren und logistische Leistungen als Wettbewerbsfaktor einzusetzen. Die Leistungsbilanz einer JIT-Reorganisation ist beispielhaft in Abb. 119 dargestellt.

8.6. Bilanz-, Rentabilitäts- und Wettbewerbswirksamkeit von Just-In-Time-Konzepten

Die Bilanzwirksamkeit von JIT-Konzepten resultiert vor allem aus der durch die Bestandsreduzierung induzierten Veränderung des Umlaufvermögens. Sie kann sich sowohl in einer Veränderung der Relation von Anlage- und Umlaufvermögen als auch in einer Veränderung der horizontalen Bilanzstruktur äußern. Eigene Analysen sowie eine Studie des Instituts der Deutschen Wirtschaft in Köln zeigen, daß die Unternehmenspraxis in den vergangenen zehn Jahren verstärkt Maßnahmen zur Rationalisierung des Umlaufvermögens ergriffen hat. So erhöhte sich beispielsweise die Kapitalumschlagshäufigkeit im gesamten verarbeitenden Gewerbe von 1965 bis 1980 um 1,7% (von 5,8 auf 5,9), und von 1980 bis 1987 um fast 17% (von 5,9 auf 6,9). Im Straßenfahrzeugbau wurden sogar noch höhere Werte erreicht. Hier stieg die Umschlagshäufigkeit der Bestände von 7,7 (1965) auf 10,4 (1987) an. Das freigesetzte Kapitalvolumen betrug im verarbeitenden Gewerbe beim Vergleich der Bestandszahlen von 1980 und 1987 ca. 11 Mrd. DM. Der Straßenfahrzeugbau hatte hierbei einen Anteil von 5,2 Mrd. DM. Insbeson-

Logistikleistung

	alt	neu
• Lieferzeit Standard-erzeugnisse	10 AT	2 AT
• Lieferzeit "Exoten"	4 Wochen	9 AT
• Lieferfähigkeit	92 %	99,5 %
• Liefertreue	85 %	99 %
• Lieferqualität	94 %	99,8 %
• Interne Termintreue	87 %	98 %

Logistikkosten

	alt	neu
• Kapitalbindung Bestände	13,9 Mio	10,8 Mio
• Personal	24,3 Mio	23,2 Mio
• Logistiksysteme	10,2 Mio	10,7 Mio
• Externe Transporte und Frachten	7,1 Mio	8,3 Mio
• Bestandsrisiken	1,9 Mio	0,8 Mio
• Sonstige	2,7 Mio	1,6 Mio
• Total	60,1 Mio	55,4 Mio

Umsatzentwicklung: + 17 %
Logistikkosten alt: 14,2 % vom Umsatz

Investment für Reorganisation: 2,7 Mio DM
Logistikkosten neu: 11,3 % vom Umsatz

Abb. 119: Leistungsbilanz einer JIT-Reorganisation (Fallbeispiel)

dere in Zeiten steigender Zinsbelastungen hat die Erhöhung der Kapitalumschlagsgeschwindigkeit und die Reduzierung des gebundenen Kapitals einen hohen Stellenwert bei der Verbesserung der Kapitalrentabilität.

Weitere positive Wirkungen resultieren aus der Erhöhung der Umsatzrendite. JIT-Konzepte können dabei sowohl die Kostensituation als auch den Umsatz beeinflussen. Die Umsatzveränderungen resultieren aus einer Verbesserung des logistischen Leistungsprofils. Sie lassen sich sowohl auf Mengen- als auch auf Preiseffekte zurückführen. Kosteneinsparungen sind sowohl bei den fixen als auch bei den variablen Produktions- und Logistikkosten zu verzeichnen. Damit wird deutlich, daß sich JIT-Konzepte auf die Kapitalrentabilität in zweifacher Weise auswirken: Sie erhöhen den Kapitalumschlag und verbessern die Umsatzrendite.

Die Beeinflussung der logistischen Gestaltungsvariablen kann zu einer Verbesserung der Wettbewerbsposition einer Unternehmung führen. Dies ist der Fall, wenn von Kunden »kritische Erfolgsfaktoren« wie Preis, Qualität und Lieferservice wahrgenommen werden und eine dauerhafte Verbesserung in Relation zum Wettbewerber erreicht wird. Dabei müssen die von der Einführung des JIT-Konzepts betroffenen Erfolgsfaktoren nicht immer ausschließlich die Erfolgsfaktoren der bislang verfolgten Wettbewerbsstrategie sein. Ebenso ist es vorstellbar, daß eine Neuformulierung der Wettbewerbsstrategie mit zusätzlichen oder anderen Erfolgsfaktoren vorgenommen wird, so daß eine strategische Neupositionierung der Unternehmung aufgrund von Ressourcenveränderungen im Produktions- und Logistikbereich möglich wird. Empirisch konnte nachgewiesen werden, daß die Unternehmen über Produktions- und Logistiksysteme der Mitwettbewerber zumeist nur sehr geringe Informationen haben. Know-how-Vorsprünge im Produktions- und Logistikbereich durch die Realisierung von JIT-Konzepten sind daher wesentlich besser schützbar als Produktinnovationen, die vom Wettbewerber leicht nachvollzogen werden können. Die Reorganisation von Produktion und Logistik kann somit einen wirksamen Beitrag zur langfristigen Unternehmenssicherung leisten. Eine globale Abschätzung des Einsparungspotentials bei Anwendung des Just-In-Time-Konzepts (12–15% der Herstellungskosten eines Produkts), der Fertigungssegmentierung und der Computerintegration zeigt Abbildung 120.

Aus diesen Potentialen kann gefolgert werden, daß Just-In-Time dazu geeignet ist, Kapital im Unternehmen freizusetzen, das zur Finanzierung der Investitionen für CIM-Technologien benötigt wird. Zudem führt Just-In-Time zu Strukturvereinfachungen, die die Integration von CIM-Komponenten begünstigen, so daß dann durch CIM weitere Rationalisierungspotentiale erschlossen werden können.

Die Steigerung der Wettbewerbsfähigkeit eines Unternehmens kann mit der Beschleunigung eines Zuges verglichen werden. In diesem Bild entpricht das Pro-

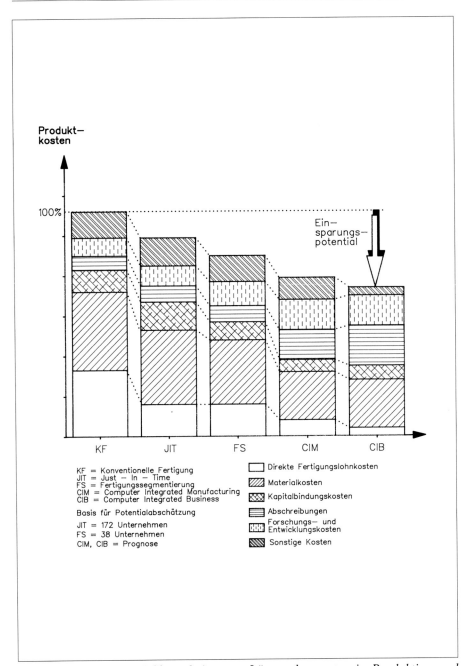

Abb. 120: Kostenentwicklung bei neuen Lösungskonzepten in Produktion und Logistik

dukt der Zugkraft der Lokomotive und das Produktionssystem dem Wagen des Zuges. Bisher galt als wichtigster Erfolgsfaktor eine starke Lokomotive, also ein exellentes Produkt, die alle Wagen – Produktion, Logistik, Organisation – hinter sich herzieht. Weltweit wird nun die Beobachtung gemacht, daß auch schwächere Lokomotiven (Produkte) mit leichtgängigen Wagen starke Lokomotiven mit schwergängigen Wagen überholen. Deshalb ist verstärkt eine Konzentration auf die Geschwindigkeit des ganzen Zuges unter Einbeziehung aller Einflußparameter erforderlich. Dies zeigt sich in dem Investitionsverhalten der Unternehmen, die fast einen gleich hohen Umsatzanteil in die Forschung und Entwicklung (etwa 9%), und in neue Produktionstechnologien (etwa 10%) investieren.

ANHANG

Literaturverzeichnis

Abernathy, W. J.; Wayne, K.: The limits of the learning curve, in: HBR (1974), Sept.–Oct., S. 109–119.

Abmaier, H.-L.: JIT-Verfahren bei Volkswagen und Audi, in: Wildemann, H. (Hrsg.): Just-In-Time Produktion und Zulieferung, Tagungsbericht, Böblingen 1988, S. 222–234.

Abmeier, H.-L.: Organisation modularer Logistiksysteme am Beispiel des Fertigungsdispositions- und Beschaffungssystems der VW AG, in: Wildemann, H. (Hrsg.): Just-In-Time Produktion und Zulieferung, Passau 1986, S. 227–256.

Acker, H. B.: Organisationsanalyse: Verfahren und Techniken praktischer Organisationsarbeit, Baden-Baden 1977.

Adam, D.: Ansätze zu einem integrierten Konzept der Fertigungssteuerung bei Werkstattfertigung, Arbeitspapier Nr. 21, Institut für Industrie- u. Krankenhausbetriebslehre der Universität Münster, Februar 1987.

Armstrong, D. J.: Effizienz in der Lagerwirtschaft, in: Harvard Manager (1986), H. 2, S. 88–97.

Arnold, G.: Schnittstellen in einer JIT-Produktion und -Zulieferung, in: Wildemann, H. (Hrsg.): Just-In-Time Produktion und Zulieferung, Passau, September 1986, S. 962–997.

Arnold, U.: Strategische Beschaffungspolitik, Frankfurt a. M. 1982.

Arnreich, R.: Just-In-Time durch Veränderung organisatorischer Strukturen in einem Zulieferunternehmen, in: Wildemann, H. (Hrsg.): Just-In-Time Produktion in Deutschland, Böblingen 1986, S.132–149.

AWF (Hrsg.): Flexible Fertigungsorganisation am Beispiel von Fertigungsinseln, Eschborn 1984.

Bachmann, G. / Hohenstein, H.: JIT als Bestandteil der Werksentwicklungsplanung der Flachglas AG, in: Wildemann, H. (Hrsg.): Just-In-Time Produktion und Zulieferung, Tagungsbericht, Böblingen 1988, S. 327–347.

Bäck, H.: Erfolgsstrategie Logistik, München 1984.

Balcezak, W.: Tandem Assembles, Tracks And-Tests–Without Paper! In: Modern Materials Handling, Februar 1984.

Baur, F.: Wettbewerbswirkungen neuer Technologien, in: Elbracht, D. / Wildemann, H. (Hrsg.): Flexibilität und Wirtschaftlichkeit neuer Technologien in der Produktion, Tagungsbericht, München 1987, S. 157–172.

Beier, H.: Verhaltensanalyse von FFST-Systemen, unveröffentlichtes Manuskript, Mannheim 1986.

Berg, C. C.: Formeln und Kennzahlen der betrieblichen Beschaffung und Logistik, in: Wirtschaftswissenschaftliches Studium, 11. Jg. (1982), H. 8, S. 377–381.

Berg, C. C.; Volkert, R.: Informations- und Belegfluß der Materialwirtschaft – Durchlaufzeitorientierte Schwachstellenanalyse des materialwirtschaftlichen Belegflusses, in: Beschaffung aktuell (1980), Nr. 7, S. 18–26.

Black, J. T.: Cellular Manufacturing Systems Reduce Set-up-Time, in: IE (1983), November, S. 36–48.

Bleicher, K.: Die Organisation mit Zukunft, in: IBM Nachrichten 38 (1988), 292, S. 7–13.

Bleyer, W.-P.: Organisation der Materialwirtschaft und Lieferantenbeziehungen bei Just-In-Time Konzepten, in: Wildemann, H. (Hrsg.): Just-In-Time Produktion und Zulieferung, Passau 1986, S. 790–803.

Blomeyer-Bartenstein, H. P.; Both, R.: Datenkommunikation und lokale Computer-Netzwerke, 2. Aufl., München 1985.

Böning, D.: Der Beitrag der Beschaffung zur Optimierung des Material- und Informationsflusses aus der Sicht eines Unternehmens der Elektrotechnik, in: Wildemann, H. (Hrsg.): Just-In-Time Produktion und Zulieferung, Passau 1986, S. 535–549.

Börnecke, G.: Kundennähe und Variantenreichtum – eine Herausforderung an die Kommunikationstechnik, in: Wildemann, H. (Hrsg.): Just-In-Time Produktion und Zulieferung, Tagungsbericht, Böblingen 1988, S. 59–82.

Bretzke, R.: Anforderungen an das Leistungsprofil der Spedition als integriertes Element umfassender Logistiksysteme, in: Wildemann, H. (Hrsg.): Just-In-Time-Produktion in Deutschland, München 1985, S. 267–277.

Bretzke, W.-R.: Logistik in der Verkehrswirtschaft – Produktentwicklungen im Dienstleistungsbereich, in: Pfohl, H.-Chr. (Hrsg.): Logistiktrends, Dortmund 1987, S. 52–73.

Brief, U.; Kittel, Th.; Speith, G.: PPS-Systeme auf dem Prüfstand, in: AV, 20. Jg. (1983), H. 3, S. 67–75.

Buchmann, W.: Belastungsorientierte Auftragsfreigabe – Steuerungsparameter, Wirkung im Rahmen der Fertigungssteuerung – Grundlagen, Systeme, Anwendungsverfahren, Hannover 1984.

Bühner, R.: Organisation in den 90er Jahren, in: H. Manager, H. 4, 1986, S. 7–11.

Bühner, R.: Personal und Arbeitsorganisation bei Just-In-Time, in: Wildemann, H. (Hrsg.): Just-In-Time Produktion und Zulieferung, Tagungsbericht, Band 1, Passau 1987, S. 109–125

Bühner, R.: Technische Innovation in der Produktion durch organisatorischen Wandel, in: ZfO, 54. Jg. (1985), H. 1, S.33–39.

Craig, R. J. et al.: Planned production flexibility, in: IE (1975), October, S. 33–37.

Dieck, F.: Integriertes Anlieferungskonzept vom Lieferanten am Beispiel der Adam Opel AG, Werk Rüsselsheim, in: Wildemann, H. (Hrsg.): Just-In-Time Produktion und Zulieferung, Passau 1986, S. 291–339.

Dierckx, H. A. C.: BTX-gesteuerte Logistik – Fallbeispiel eines Gesamtsystems zwischen Verlader, Spediteur, Frachtführer und Empfänger, in: BVL(/Hrsg.): Wachstum und Rationalisierung durch Logistik 1985, München 1985, S. 329–344.

Dumolien, W.; Santen, W.: Cellular Manufacturing Becomes Philosophy of Management at Components Facility, in: IE (1983), November, S. 72–76.

Eidenmüller, B.: Maßnahmen zur Senkung von Beständen im Produktionsbereich, in: Baumgarten, H., Schwarting, C. (Hrsg.): Bestandssenkung in Produktions- und Zulieferunternehmen, Bremen 1984, S. 105–162.

Eidenmüller, B.: Neue Planungs- und Steuerungskonzepte bei flexibler Serienfertigung, in: ZfbF, 38. Jg. (1986), H. 7/8, S. 618–634.

Eidenmüller, B.: Die Produktion als Wettbewerbsfaktor, Wuppertal 1989.

Ellenrieder, J.: Kommunikationstechnologien im Einkauf, in: Beschaffung aktuell (1986), H. 6, S. 20f.

Ellinger, Th.; Wildemann, H.: Planung und Steuerung der Produktion, 2. Aufl., München 1985.

Erdlenbruch, B.: Grundlagen neuer Auftragssteuerungsverfahren für die Werkstattfertigung, Düsseldorf 1984.

Eversheim, W. et al.: Montage steuert Produktion, in: VDI-Z, 126. Jg. (1984), Nr. 4, S. 95–98.

Eversheim, W.; Kosmas, I.; Konz, H.-J.: Einzel- und Kleinserienmontage: Die Montagestruktur anforderungsgerecht gestalten, in: TA, 108. Jg. (1986), Nr. 84, S. 26–28.

Feierabend, R.: Abstimmung und Gestaltung unternehmensübergreifender logistischer Schnittstellen, Berlin 1980.

Feierabend, R.; Reß, A.: JIT in der logistischen Kette vom Absatzmarkt bis zu den Lieferanten, dargestellt am Beispiel eines führenden europäischen Herstellers für elektrische Hausgeräte, in: Wildemann, H. (Hrsg.): Just-In-Time Produktion und Zulieferung, Tagungsbericht, Stuttgart 1988, S. 160–181.

Flynn, M.: JIT in the U.S. automotive industry supplier, in: Wildemann, H. (Hrsg.): Just-In-Time Produktion und Zulieferung, Passau 1985, S. 988–1012.

Förster, H.-U.; Syska, A.: Der Inselstaat steht vor der Integration, in: CAD/CAM-Report (1985), Nr. 10, S. 128–137.

Fox, R. E.: MRP, KANBAN or OPT – What's Best?, in: Sonderdruck, Inventories & Production Magazine, Vol.. 2 (1982), No. 4, July–August, o. S.

Fox, R. E.: OPT vs. MRP Thoughtware vs. Software Part 1, in: Sonderdruck, Inventories & Production Magazine, Vol. 2 (1982), No. 5, September–October, o. S.

Fox, R. E.: OPT – An Answer for America, Part. IV, Leapfrogging the Japanese, in: Inventories & Production Magazine, Vol. 3 (1983), No. 2, March–April, o. S.

Freitag, W.: Materialbeschaffung, Stillstandszeit- und Rüstzeitminimierung sowie

Mitarbeiterschulung zur JIT-Produktion, in: Wildemann, H. (Hrsg.): Just-In-Time Produktion in Deutschland, München 1985, S. 449–461.

Freitag, W.: Just-In-Time Produktion und Zulieferung: Montage und Prüfung von Sensoren; Beschaffung von Rohmaterial und Fertigung von Gehäusen für DMS-Aufnehmer bei der Fa. Hottinger Baldwin Meßtechnik GmbH, in: Wildemann, H. (Hrsg.): Just-In-Time Produktion und Zulieferung, Passau 1986, S. 736–760.

Goldratt, E. M.; Cox, J.: Das Ziel: Höchstleistung in der Fertigung, Hamburg 1987.

Gottschalk, B.; Staehle, W. H.: Vergleich der vorhandenen Ergebnisse und Ansätze bisher geförderter Vorhaben im Bereich Bewertung der Wirtschaftlichkeit von HdA-Maßnahmen, Berlin 1983.

Groß, J.: Produktion auf Abruf durch den Kunden: Steuerungssystem, Materialbeschaffung und Produktionsprogrammplanung bei einem Zulieferunternehmen, in: Wildemann, H. (Hrsg.): Just-In-Time Produktion in Deutschland, München 1985, S. 564–599.

Grebe, L.: Just-In-Time Beziehungen zwischen Stahlhandel und -verarbeitung, in: Wildemann, H. (Hrsg.): in: Just-In-Time Produktion und Zulieferung, Passau 1986, S. 550–564.

Gruner, H.: Übertragungstechnik bei beleglosem Datenaustausch, in: Beschaffung aktuell (1986), H. 6, S. 30 ff.

Haager, K.: Just-In-Time-Maßnahmen und ihre Auswirkungen entlang der logistischen Kette, in: Wildemann, H. (Hrsg.): Just-In-Time Produktion und Zulieferung, Tagungsbericht, Böblingen 1987, S. 158–177.

Häring, F.: Übernahme von Logistikfunktionen durch eine Spedition bei einer JIT-Anlieferung, in: Wildemann, H. (Hrsg.): Just-In-Time Produktion in Deutschland, München 1985, S. 278–298.

Hall, R. W.: Attaining Manufacturing Excellence, Just-In-Time, Total Quality, Total People Involvement, Homewood/Ill. 1987.

Hall, R. W.: Zero Inventories, Homewood/Ill. 1983.

Haupt, R.: ABC-Analyse, in: Kern, W. (Hrsg.): HWProd., Stuttgart 1979, Sp. 1–5.

Hautz, E.: Logistik in einer computer-integrierten Fertigung, in: Mertens, P.; Wiendahl, H.-P.; Wildemann, H. (Hrsg.): CIM-Komponenten zur Planung und Steuerung. Expertensysteme in der Produktion, München 1988, S. 365–379.

Hautz, E.: Materialwirtschaft und Fertigungssteuerung in japanischen Unternehmen, in: Japanisches Produktionsmanagement – Haben wir das richtige Bild? Tagungsunterlagen GF + M Symposium, Mainz, 24. September 1982.

Hay, E. J.: The Just-In-Time Breakthrough, New York 1988.

Hayes, R. H., Clark, K. B.: Warum manche Fabriken produktiver sind als andere, in: Harvard Manager 2/1987, S. 90–98.

Heinemeyer, W.: JIT mit Fortschrittszahlen, in: Wildemann, H. (Hrsg.): Just-In-Time Produktion und Zulieferung, Passau 1986, S. 257–290.

Hermann, F.: Just-In-Time Fertigungsstrategie im Maschinenbau, in: Wildemann, H. (Hrsg.): Just-In-Time Produktion und Zulieferung, Passau 1986, S. 70–78.

Hilken, K. H.: Qualitätssicherung bei der JIT-Beschaffung und Produktion in der Automobilindustrie, in: Wildemann, H. (Hrsg.): Just-In-Time Produktion und Zulieferung, Passau 1986, September, S. 565–583.

Husi, U.: Qualitätsaudit und Lieferantenbewertung, in: Beschaffung aktuell, 5. Jg. (1985), S. 42 ff.

Hyer, N.; Wemmerlöv, U.: Group technology and productivity, in: HBR, vol. 62 (1984), No. 4, S. 140–149.

Ihde, G. B.: Transport, Verkehr, Logistik: gesamtwirtschaftliche Aspekte und einzelwirtschaftliche Handhabung, München 1984.

Jacobs, F. R.: OPT Uncovered: Many Production Planning And Scheduling Concepts Can Be Applied With Or Without The Software, in: IE (1984), October, S. 32–41.

Joseph, H.: Neue Kommunikationstechnologien in der Materialwirtschaft, in: Beschaffung aktuell (1986), H. 6, S. 83 f.

Jünemann, R.: Kostenanalyse des Materialflusses als Planungs- und Kontrollinstrument, in: VDI-Z, 125. Jg. (1983), Nr. 14, S. 585–593.

Jünemann, R.: Beschaffungslogistik – bedarfsgerechte Versorgungskonzepte für die Automobilindustrie, in: Wildemann, H. (Hrsg.): Just-In-Time Produktion und Zulieferung, Passau 1986, S. 413–438.

Jünemann, R.: Neue Technologien und Logistik, in: DGfL – Deutsche Gesellschaft für Logistik (Hrsg.): LOG '88, Tagungsbericht, Hamburg 1988, S. 809–830.

Jünemann, R.: Ergebnisbericht: Untersuchung der Auswirkung von Lieferabrufsystemen in kleinen und mittleren Zulieferunternehmen der Automobilindustrie am Beispiel stahlverarbeitender Unternehmen, Dortmund 1986.

Junghanns, W.: Strategische Investitionsplanung für flexible Produktionstechniken, in: Wildemann, H. (Hrsg.): Strategische Investitionsplanung für neue Technologien in der Produktion, München 1986, S. 236–273.

Kazmaier, E.: Just-In-Time durch simultane Ablaufplanung in einem Unternehmen der Zulieferindustrie, in: BVL (Hrsg.): Wachstum und Rationalisierung durch Logistik 1985, München, S. 393–413.

Kernler, H.: Trends bei PPS-Systemen, in: Handbuch der modernen Datenverarbeitung, 23. Jg. (1986), H. 129, S. 3–7.

Kettner, H. (Hrsg.): Neue Wege der Bestandsanalyse im Fertigungsbereich, Hannover 1976.

Kimura, W.; Terada, H.: Design and analysis of Pull System, a method of multi-stage production control, in: International Journal of Production Research, vol. 19 (1982), No. 3, S. 241–253.

Knapper, W.: Einführungsstrategie und Umsetzung von Just-In-Time bei einem Automobilzulieferanten, in: Wildemann, H. (Hrsg.): Just-In-Time Produktion und Zulieferung, Tagungsbericht, Böblingen 1987, S. 335–347.

Kobyashi, H.: Organisation und Menschen im japanischen Management, Mainz 1982.

Koch, J. E.: Just-In-Time – notwendige Konsequenzen für Technologie und Struktur der Fertigung, in: Wildemann, H. (Hrsg.): Just-In-Time Produktion in Deutschland, München 1985, S. 79–112.

Kottkamp, E.: Kundenspezifische Variantenfertigung auf Abruf durch modulare Produktgestaltung und Reorganisation der Fertigungsabläufe, in: Wildemann, H. (Hrsg.): Just-In-Time Produktion in Deutschland, München 1985, S. 150–158.

Kromschröder, B.: Risk Management im Just-In-Time-Konzept, in: Wildemann, H. (Hrsg.): Just-In-Time Produktion und Zulieferung, Tagungsbericht, Stuttgart 1988, S. 243–272.

Krug, H.: Absenkung der Fertigungstiefe durch Einkauf von Produktionsleistungen am Beispiel der Verbrauchsgüterindustrie, in: BVL (Hrsg.): Wachstum und Rationalisierung durch Logistik 1985, München 1985, S. 44–47.

Kuhn, A.: Gestaltungsaspekte für logistische Systeme – Sammlung und Diskussion innovativer Ansätze, in: gfmt (Hrsg.): Prolog '85, Tagungsband, München 1985, S. 6–33.

Lechner, K.-O.: Computer Aided Manufacturing, in: Wildemann, H. (Hrsg.): Strategische Investitionsplanung für neue Technologien in der Produktion, Passau 1986, S. 591–601.

Lederer, K. G.: Produktionsstrategien in Japan, USA und Deutschland, in: FB/IE, 33. Jg. (1984), H. 6, S. 327–333.

Liesegang, G.; Wildemann, H.: Eine adaptive, mehrphasige Planungsmethode zur Losgrößen- und Reihenfolgeplanung bei Sortenfertigung, in: BFuP, 30. Jg. (1978), S. 164–175.

Litzenberger, U.: Zwei Einführungswege zur Realisierung von JIT-Produktion und produktionssynchroner Beschaffung, in: Wildemann, H. (Hrsg.): Kundennahe Produktion und Zulieferung durch Just-In-Time, Tagungsbericht Böblingen 1989, S. 765–793.

Lohwasser, H.: Erfahrungen mit der JIT-Einführung in Produktion, Einkauf, Vertrieb, in: Wildemann, H. (Hrsg.): Kundennahe Produktion und Zulieferung durch Just-In-Time, Tagungsbericht Böblingen 1989, S. 303–323.

Lommer, W.: »Optimized Operations« in der Massenfertigung von magnetischen

Speichermedien, in: Wildemann, H. (Hrsg.): Just-In-Time Produktion und Zulieferung, Tagungsbericht, Böblingen 1988, S. 203–221.

Loos, U.: Durchlaufzeitorientierte Auftragsabwicklung, in: DGfL – Deutsche Gesellschaft für Logistik (Hrsg.): LOG '88, Tagungsbericht, Hamburg 1988, S. 67–100.

Lütolf, F. / Agustoni, G.: Just-In-Time Produktion und Beschaffung in einem Werkzeugmaschinenbetrieb mit Auftragsfertigung, in: Wildemann, H. (Hrsg.): Just-In-Time Produktion und Zulieferung, Tagungsbericht, Böblingen 1988, S. 491–526.

Maas, R.: Produktionsplanung und -steuerung als integriertes System, in: ZwF, 79. Jg. (1984), H. 7, S. 322–325.

Märzinger, W.: Produktionssynchrone Beschaffung in einem Automobilwerk, in: Wildemann, H. (Hrsg.): Just-In-Time Produktion in Deutschland, München 1985, S. 309–341.

Mertens, P.; Heigl, M.: Neue Wege bei computergestützter Produktionsplanung (Teil 1 und 2), in: ÖVD-Online (1984), Nr. 11, S. 46–53, u. Nr. 12, S. 62–72.

Mertens, P.; Heigl, M.: Neuere Entwicklungen der computergestützten Produktionsplanung, Eignung – Verbindungen – Entwicklungspfade, in: Arbeitsbericht des Instituts für mathematische Maschinen und Datenverarbeitung (Informatik), Universität Erlangen–Nürnberg, Bd. 17, Nr. 2, 1984.

Meyer, B. E.: Zulieferantensteuerung, ablauforganisatorische Verbesserung durch Datenfernübertragung und Fortschrittszahlen, in: Wildemann, H. (Hrsg.): Planen und Steuern der Produktion im Wandel, Tagungsbericht, Böblingen 1985, S. 669–696.

Milberg, J.: Entwicklungsstufen flexibel automatisierter Produktionssysteme, in: Kolloquium, Automatische Produktionssysteme – Bausteine Entwicklungsstufen, Wirtschaftlichkeit –, München 1985, S. 1–25.

Mlakar, T.: CIM für Kleinstserien, in: CIM-Management, 2. Jg. (1986), S. 42–53.

Mönig, H.: Fertigungsorganisation und Wirtschaftlichkeit einer Fertigungsinsel, in: ZfbF, 37. Jg. (1985), H. 1, S. 83–101.

Monden, Y.: Toyota Production System: Practical Approach to Production Management, Atlanta/Georgia Ga. 1983.

Motobayashi, K.: Materialflußbegleitkarten zur Produktionssteuerung, KANBAN-System im japanischen Automobilbau, in: WuB, 115. Jg. (1982), S. 109–110.

Müller, E.-W.: Einkaufsmarketing – eine Chance zur Steigerung des Unternehmenserfolgs am Beispiel der Elektroindustrie, in: BME (Hrsg.): Erfolgreiches Materialmanagement, 15. Deutscher Kongreß für Materialwirtschaft, Einkauf und Logistik, München 15.–17. Okt. 1986, S. 353–382.

Münzner, H.: Anregung zur Optimierung unternehmensspezifischer Logistik-

Konzepte, in: Wildemann, H. (Hrsg.): Just-In-Time Produktion in Deutschland, Tagungsband, Passau 1985, S. 61–64.

Münzner, H.: Beschaffungsstrategien in einem Großunternehmen, in: ZfbF 37 (1985) 3, S. 250–256.

Naito, H. (Hrsg).: Handbuch für das KANBAN-System, in: Sonderdruck, Techni-Transfra-Consult, Frankfurt a. M. 1982.

Nakane, J.: From Seiban to KANBAN/MRP, in: Seminardruck, »Productivity – the Japanese formula«, o. J.

Neipp, G.: Haben Sie den »heißen Draht« zu Kunden und Lieferanten schon installiert?, in: io – Management Zeitschrift 56 (1987) 3, S. 131–134.

Neukirchen, K.-J.: Kundenorientierung im internationalen Produktionsverbund, in: Wildemann, H. (Hrsg.): Just-In-Time Produktion, München 1986, Kap. B 2.

Neumann, E.: Fertigungsstrategie in JIT: Erfahrungen aus 5 Jahren in Teilefertigung, Montage und Beschaffung, in: Wildemann, H. (Hrsg.): Just-In-Time Produktion und Zulieferung, Passau 1986, S. 641–660.

Nührich, K. P.: Bestandscontrolling in der Praxis, in: ZfB-Ergänzungsheft (1984), H. 2, S. 100–113.

o. V.: Materialversorgung bei BMW nach dem JIT-Versorgungsprinzip, in: Blick durch die Wirtschaft v. 24. 1. 1985.

Parbel, J.: Gebietsspediteursysteme in der Beschaffungslogistik, in: Baumgarten, H., u. a. (Hrsg.): RKW-Handbuch für Logistik, Berlin 1981, 8. Lfg. XII/84 Nr. 8580, S. 1–13.

Peters, T.; Waterman, R. H.: Auf der Suche nach Spitzenleistung, 10. Aufl., Landsberg a. Lech 1984.

Pfohl, H.-C.: Realisierung der Logistik in der deutschen Automobilindustrie – Arbeitspapiere zur Logistik –, Nr. 1, Darmstadt 1986.

Pfohl, H.-C.; Kleer, M.: Kooperation zwischen Transport- und Speditionsunternehmen und der verladenden Wirtschaft – Arbeitspapier zur Logistik –, Nr. 2, Darmstadt 1986.

Pfohl, H.-Ch.: Logistik und Unternehmensführung, in: Institut für Logistik der Deutschen Gesellschaft für Logistik e.V. (Hrsg.): Logistiktrends, Reihe Fachtagungen, Bd. 2, Fachtagung 19. 3. 1987, Darmstadt 1987, S. 140–172.

Pladerer, H. C.: Die logistische Kette als Voraussetzung einer bestands- und durchlaufzeitoptimierten Fertigung und Montage, in: Wildemann, H. (Hrsg.): Planen und Steuern der Produktion im Wandel, Tagungsband, Böblingen 1985, S. 302–315.

Pöppel, J.: 80% Export und dennoch Fertigung ausschließlich in Deutschland – Erfolgsrezept oder Unternehmensfehler? in: Neipp, G.; Pfeiffer, W. (Hrsg.): Strategien der industriellen Fertigungswirtschaft, Berlin 1986, S. 123–138.

Popp, W.: Papierarme Steuerung einer Serienfertigung von Automobilaggregaten mit EDV vom Lieferanten bis zum Kunden unter Einsatz von KANBAN-Prinzipien und Fortschrittszahlen, in: Wildemann, H. (Hrsg.): Just-In-Time Produktion und Zulieferung, Passau 1986, S. 353–392.

Pretzsch, H.-K.: Die BWM-Logistik – Logistik als Querschnittsfunktion, in: Beschaffung aktuell (1987), H. 4, S. 30–34.

Priessnitz, H.: Der Zulieferer, das schwächste Glied in der Kette, in: Blick durch die Wirtschaft v. 3. 10. 1986.

Reichmann, Th.: Controlling mit Kennzahlen – Grundlagen einer systemgestützten Controlling-Konzeption, München 1985.

Richi, W.: Fallstudie: Optimierung der Logistik nach Just-In-Time-Prinzipien, in: Wildemann, H. (Hrsg.): Just-In-Time Produktion und Zulieferung, Tagungsbericht, Stuttgart 1988, S. 182–202.

Riedlinger, P.: Just-In-Time Produktion und Zulieferung. Kostenkontrolle und logistische Leistungssteigerung – eine Produktionskalkulation nach Vorgangskosten, in: Wildemann, H. (Hrsg.): Just-In-Time Produktion und Zulieferung, Tagungsbericht, Stuttgart 1988, S. 296–326.

Riedlinger, P.: Kostenkontrolle und logistische Leistungssteigerung – eine Produktionskalkulation nach Vorgangskosten, in: Wildemann, H. (Hrsg.): Just-In-Time Produktion und Zulieferung, Tagungsbericht, 20.–21. September 1988, S. 296–326.

Schäfer, H.: Erfolgreiches Materialmanagement – Logistik und Einkauf am Beispiel eines Automobilherstellers, in: BME (Hrsg.): Erfolgreiches Materialmanagement, 15. Deutscher Kongreß für Materialwirtschaft, Einkauf und Logistik, München, 15.–17. Oktober 1986, S. 2–45.

Schäfer, P.: Beschaffungslogistik und Ersatzteilversorgungssicherheit optimieren mit Beispielen der Transport- und Lagerkostenreduzierung, in: BVL (Hrsg.): Wachstum und Rationalisierung durch Logistik 1985, München 1985, S. 345–352.

Scheer, A.-W.: Die neuen Anforderungen an PPS-Systeme, in: CIM-Management, 1. Jg. (1985), H. 4, S. 32–36.

Scheer, A.-W.: PPS-Systeme: Neue Architektur, in: Computer Magazin (1986), Nr. 7/8, S. 43–44.

Scheer, A.-W.: Computer Integrated Manufacturing. CIM = der computergesteuerte Industriebetrieb, Berlin u. a. O. 1987.

Schleyer, M.: Das kundenorientierte JIT-Konzept von Klöckner-Moeller, in: Wildemann, H. (Hrsg.): Just-In-Time Produktion und Zulieferung, Tagungsbericht, Stuttgart 1988, S. 348–359.

Schmied, E.: Logistik-Angebote, Materialfluß und informationstechnische Integration von Lieferant und Abnehmer aus der Sicht eines Verkehrsbetriebes, in: Logistik, 4. Jg. (1983), H. 3, S. 81–84.

Schmitt, W.: Der Mitarbeiter im Mittelpunkt einer »Just-In-Time-Produktion«, in: Wildemann, H. (Hrsg.): Just-In-Time Produktion in Deutschland, Böblingen 1985, S. 159–192.

Scholz, H.: Kundenorientiertes JIT eines im Werksverbund stehenden Automobilzulieferanten: Fertigungssegmentierung, Materialflußgestaltung, DV-Systeme, in: Wildemann, H. (Hrsg.): Kundennahe Produktion und Zulieferung durch Just-In-Time. Tagungsbericht, Böblingen 1989, S. 129–176.

Schonberger, R. J.: Japanese Manufacturing Techniques: Lessons in Frugality and Simplicity, New York 1982.

Schonberger, R. J.: Produktion auf Weltniveau, Frankfurt/New York 1988.

Schonberger, R. J.: Just-In-Time Purchasing: A. Challenge for US-Industry, in: CMR-Sonderdruck, Lincoln/Nebr. 1983.

Schonberger, R. J.; Ansari, A.: »Just-In-Time«-Purchasing can Improve Quality, in: Journal of Purchasing and Materials Management (1984), Spring, S. 2–7.

Schreitmüller, H.: Fertigungssegmentierung mit integrierter Beschaffungslogistik verkürzt die Durchlaufzeiten, in: Wildemann, H. (Hrsg.): Strategische Investitionsplanung für neue Technologien in der Produktion, Passau 1986, S. 305–337.

Shah, K.: JIT prägt neue PPS-Lösungen: Beispiel aus Mechanik- und Elektronik-Fertigung, in: Wildemann, H. (Hrsg.): Just-In-Time Produktion und Zulieferung, Passau 1986, S. 340–352.

Skinner, W.: The focused factory, in: HBR (1974), May-June, S. 113–121.

Sladek, P.: Marktorientierte Reorganisation der Produktion in einem Unternehmen der Elektronikindustrie, in: Wildemann, H. (Hrsg.): Kundennahe Produktion und Zulieferung durch Just-In-Time, Tagungsbericht, Böblingen 1989, S. 679–706.

Staehle, W. H.: Management – Eine verhaltenswissenschaftliche Einführung, 2. Aufl., München 1985.

Stata, R.: Organizational Learning – The key to Management Innovation, in: Sloan Management Review, Spring 1989.

Staudt, E.: Entkopplung in Mensch-Maschine-Systemen, in: ZfO, 51. Jg. (1982), H. 4, S. 181–189.

Stockert, R.: Konzept eines automatisierten Materialflußsystems in der Kleinserienfertigung, in: DGfL – Deutsche Gesellschaft für Logistik (Hrsg.): LOG '88, Tagungsbericht, Hamburg 1988, S. 133–150.

Strauch, D.; Klement, F.: JIT-Beschaffung als Problemlöser: Aufbau- und Ablauforganisation, Informationsübermittlung, Verpackung, Qualitätssicherung, Transportsteuerung, Lieferantenstruktur und -standorte, in: Wildemann, H. (Hrsg.): Just-In-Time Produktion und Zulieferung, Passau 1986, S. 201–226.

Stübig, H.: Möglichkeiten der Just-In-Time Philosophie in der Automobilindustrie, in: Wildemann, H. (Hrsg.): Just-In-Time Produktion und Zulieferung, Passau 1986, S. 34–69.

Stübig, H.: Möglichkeiten der Just-In-Time Philosophie in der Automobilindustrie, in: Wildemann, H. (Hrsg.): Just-In-Time Produktion und Zulieferung, Passau 1986, S. 201–226.

Suzaki, K.: Just-In-Time and Total Quality Control. Los Angeles/Cal. 1985.

Suzaki, K.: The New Manufacturing Challenge, New York 1987.

Tantow, W.: KANBAN/JIT-Prinzipien am Beispiel der Hausgeräteindustrie, in: Wildemann, H. (Hrsg.): Just-In-Time Produktion und Zulieferung, Passau 1986. S. 505–534.

Thurow, W.: Neues flächendeckendes Konzept des Dispositionsverbundes Zulieferer und Hersteller, in: BVL (Hrsg.): Wachstum und Rationalisierung durch Logistik 1985. München 1985, S. 217–237.

Tress, D.: Kleine Einheiten in der Produktion, in: ZfO, 55. Jg. (1983), H. 3, S. 181–186.

Türke, D.: Montagesynchrone Beschaffung nach dem Hol-Prinzip, in: Proceedings Deutscher Logistik Kongreß, Bremen 1984, S. 211 ff.

Tsantes, S.: The Gospel of JIT according to IC Vendors, in: Electronic Business (1986), May, S. 105 ff.

Ulfers, H.-A.: Belastungsorientierte Auftragssteuerung, in: VDI-Z, 126. Jg. (1984), Nr. 4, S. 71–77.

Ulrich, H.; Hug, R.: Planung und Steuerung der Produktion heute, in: Output, 13. Jg. (1984), H. 1, S. 21–26.

Ulsanner, W.: Die Sitze für den Mercedes 190 werden genau in der Reihenfolge der Produktion ausgeliefert, in: Handelsblatt v. 15. Oktober 1986.

Wäscher, D.: Gemeinkosten-Management im Material- und Logistik-Bereich, in: ZfB, 57. Jg. (1987), H. 2, S. 297–315.

Warnecke u.a.: Gruppentechnologie, in: FB/IE, 29. Jg. (1980), S. 5–12.

Warnecke, H.-J.; Dangelmeier, W.; Greiner, T.: Kapazitätsorientierte Mengenplanung – Baustein eines zukunftsbezogenen PPS-Systems, in: wt. Z. f. ind. Fert., 76. Jg. (1986), H. 6, S. 365–370.

Weber, H.: Problems with introducing KANBAN in UK, in: Presented at Technology Transfer TTI (UK) Ltd., Conference 8. June 1982.

Weber, H.: JIT und KANBAN-Anwendungen bei Ford, in: Wildemann, H. (Hrsg.): Just-In-Time Produktion in Deutschland, München 1985, S. 601–612.

Weber, J.: Logistikkostenrechnung – Grundprobleme und Gestaltungsmöglichkeiten der Bereitstellung, Bereithaltung und Auswertung von Logistikkosteninformationen in Industrieunternehmen, Habilitationsschrift, Friedrich-Alexander-Universität Erlangen–Nürnberg, Lauf an der Pegnitz 1986.

Weber, J.: Logistikkostenrechnung, Berlin et. at. 1987.

Weihe, M.: Bedarfssynchrone Produktion von Schutzgasschweißanlagen, in: Just-In-Time Produktion und Zulieferung, Tagungsbericht, Böblingen 1987, S. 509–549.

Westkämper, E.: Die Integrationstechnik schafft neue flexible Produktionsstrukturen, in: DGfL – Deutsche Gesellschaft für Logistik (Hrsg.): LOG '88, Tagungsbericht, Hamburg 1988, S. 537–566.

Wiendahl, H.-P.: Belastungsorientierte Fertigungssteuerung, München 1987.

Wiendahl, H.-P. et al.: Sichere Fertigungstermine . . . durch einen neuen Ansatz der Fertigungssteuerung, in: io, 52. Jg. (1983), Nr. 1, S. 36–40.

Wiendahl, H.-P.: Reduzierung der Durchlaufzeiten in der Produktion, in: io, 53. Jg. (1984), Nr. 9, S. 391–395.

Wildemann, H.: Strategien zur Qualitätssicherung – Japanische Ansätze und ihre Übertragbarkeit auf deutsche Unternehmen, in: ZfB, 52. Jg. (1982), H. 11/12, S. 1043–1052.

Wildemann, H.: Flexible Werkstattsteuerung durch Integration von KANBAN-Prinzipien, München 1983.

Wildemann, H.: Produktionssynchrone Steuerung von Zulieferungen, in: Industriebetriebslehre in Wissenschaft und Praxis, Festschrift für Th. Ellinger zum 65. Geburtstag, hg. von H. Kreikebaum et al., Berlin 1985, S. 179–195.

Wildemann, H.: KANBAN und DV, in: Mertens, P. (Hrsg.): Lexikon der Wirtschaftsinformatik 1986.

Wildemann, H.: Just-In-Time Lösungskonzepte in Deutschland, in: Harvard-Manager (1986), H. 1, S. 36–48.

Wildemann, H.: Einführungsstrategien für neue Produktionstechnologien – dargestellt an CAD/CAM-Systemen und flexiblen Fertigungssystemen, in: ZfB, 56 (1986) 415, S. 337–369.

Wildemann, H.: Führung in der Produktion, in: Kieser, A.; Reber, G.; Wunderer, R., et al. (Hrsg.): Handwörterbuch der Führung, Stuttgart 1987, Sp. 1719–1731.

Wildemann, H.: Produktionssynchrone Beschaffung, München 1988.

Wildemann, H. (Hrsg.): Just-In-Time Produktion (Fallsammlung), 8. Auflage, München 1988.

Wildemann, H.: Flexible Werkstattsteuerung durch Integration japanischer KANBAN-Prinzipien, 2. Aufl., München 1989.

Wildemann, H.: Handbuch der produktionssynchronen Beschaffung, 2. Aufl., München 1989.

Wildemann, H.: Management neuer Technologien in Produktion und Logistik, in: Management für Technologie und Arbeit, hrsg. v. G. Spur, Berlin 1989, S. 143–151.

Wildemann, H.: Die modulare Fabrik: Kundennahe Produktion durch Fertigungssegmentierung, 2. Aufl., München 1990.

Wildemann, H.: Just-In-Time Produktion, 8. Aufl., München 1990.

Wilke, H.-J.: Erfahrungen beim Einsatz von Just-In-Time-Methoden bei einem Arzneimittelhersteller, in: Wildemann, H. (Hrsg.): Kundennahe Produktion und Zulieferung durch Just-In-Time, Tagungsbericht, Böblingen 1989, S. 237–273.

Windel, H.: Flexibilität, Durchlaufzeit und Kosten: JIT-Ziele und Lösungen bei PKI-Siegen, in: Wildemann, H. (Hrsg.): Kundennahe Produktion und Zulieferung durch Just-In-Time, Tagungsbericht, Böblingen 1989, S. 289–301.

Wyss, A.: Just-In-Time in der Einzelfertigung, in: Wildemann, H. (Hrsg.): Just-In-Time Produktion und Zulieferung, Tagungsbericht, Böblingen 1987, S. 800–824.

Zander, E.: Entgeltfindung bei veränderten Technologien, Arbeitsstrukturen und Arbeitszeitregelungen, in: ZfbF, 38. Jg. (1986), H. 4, S. 289-301.

Zäpfel, G.; Missbauer, H.: PPS-Systeme mit Bestandsregelung zur Senkung von Durchlaufzeit und Beständen, in: Information Management (1987) 1, S. 65–73.

Zeilinger, P.: Fertigungssynchrone Anlieferung von Zulieferteilen im Automobilbau, in: Wildemann, H. (Hrsg.): Just-In-Time Produktion und Zulieferung, Passau 1986, S. 439–464.

Zentes, J.: Logistik im Handel: „Just-in-time" Belieferung, in: Pfohl, H.-Chr. (Hrsg.): Logistiktrends, Dortmund 1987, S. 28–51.

Zimmermann, G.: Ursachen, Möglichkeiten und Grenzen der Reduktion von Beständen durch Anwendung von KANBAN-Prinzipien, in Wildemann, H. (Hrsg.): Flexible Werkstattsteuerung durch Integration von KANBAN-Prinzipien, München 1984, S. 266–289.

Zimmermann, G.: Produktionsplanung variantenreicher Erzeugnisse mit EDV, Berlin/Heidelberg/New York/London/Paris/Tokyo 1988.

Abbildungsverzeichnis

Abkürzungsverzeichnis

AV	»Die Arbeitsvorbereitung«
AWF	Ausschuß wirtschaftliche Fertigung e.V.
BDE	Betriebsdatenerfassung
BFuP	»Betriebswirtschaftliche Forschung und Praxis«
BME	Bundesverband für Materialwirtschaft und Einkauf e.V.
BOA	belastungsorientierte Auftragsfreigabe
Btx	Bildschirmtext
BVL	Bundesverband für Logistik e.V.
CAD	Computer Aided Design
CAM	Computer Aided Manufacturing
CIM	Computer Integrated Manufacturing
CMR	»California Management Review«
DFÜ	Datenfernübertragung
DLZ	Durchlaufzeit
DV	Datenverarbeitung
EDV	elektronische/automatische Datenverarbeitung
FB/IE	»Fortschrittliche Betriebsführung/Industrial Engineering«
FZ	Fortschrittszahl
GF	Geschäftsführung
HBR	»Harvard Business Review«
HwB	Handwörterbuch der Betriebswirtschaft
IA	»Industrie-Anzeiger«
IE	Industrial Engineering
IO	»Industrielle Organisation«
JIT	Just-In-Time
LA	Lieferabruf
LAN	local area-network
MAP	Manufacturing automation control
MRP	material requirement planning
OPT	Optimized production technology
PC	personal computer
PPS	Produktionsplanung und Produktionssteuerung
RA	Rahmenabschluß/-vertrag
t	Zeit
VDA	Verband deutscher Automobilproduzenten
VDI	Verband Deutscher Ingenieure e.V.
VDI-Z	»VDI-Zeitschrift«
WuB	»Werkstatt und Betrieb«
Wt-Z ind. Fert.	»Werkstatt-Technik – Zeitschrift für industrielle Fertigung«
ZfB	»Zeitschrift für Betriebswirtschaft«
ZfbF	»Zeitschrift für betriebswirtschaftliche Forschung«
ZwF	»Zeitschrift für wirtschaftliche Forschung«
ZfO	»Zeitschrift für Organisation«

Stichwortverzeichnis

Der Autor

Univ.-Prof. Dr. Horst Wildemann, Jahrgang 1942, ist Ordinarius für Betriebswirtschaftslehre mit Schwerpunkt Logistik an der Technischen Universität München. Er ist in Wissenschaft und Praxis auf den Gebieten Logistik, strategische Investitionsplanung, Fertigungsorganisation sowie Planung, Bewertung und Einführung neuer Technologien als Experte anerkannt. In zahlreichen Veröffentlichungen, die in engem Kontakt mit der Praxis entstanden sind, zeigt er neue Wege für die wirtschaftliche Gestaltung einer Fabrik mit Zukunft auf. Im deutschsprachigen Raum hat er für die Anwendung der Just-In-Time-Produktion und Logistik Pionierarbeit geleistet und ein den europäischen Verhältnissen angepaßtes eigenständiges Konzept erarbeitet. In den letzten zehn Jahren konnte Wildemann in über 200 Unternehmen die erfolgreiche Einführung des Just-In-Time-Konzepts unterstützen und wissenschaftlich begleiten.